汉译世界学术名著丛书

欧 洲 历 史 地 理

〔英〕诺曼·庞兹 著

王大学 秦瑞芳 屈伯文 译

商务印书馆
创于1897
The Commercial Press

汉译世界学术名著丛书
出 版 说 明

我馆历来重视移译世界各国学术名著。从 20 世纪 50 年代起，更致力于翻译出版马克思主义诞生以前的古典学术著作，同时适当介绍当代具有定评的各派代表作品。我们确信只有用人类创造的全部知识财富来丰富自己的头脑，才能够建成现代化的社会主义社会。这些书籍所蕴藏的思想财富和学术价值，为学人所熟悉，毋需赘述。这些译本过去以单行本印行，难见系统，汇编为丛书，才能相得益彰，蔚为大观，既便于研读查考，又利于文化积累。为此，我们从 1981 年着手分辑刊行，至 2021 年已先后分十九辑印行名著 850 种。现继续编印第二十辑，到 2022 年出版至 900 种。今后在积累单本著作的基础上仍将陆续以名著版印行。希望海内外读书界、著译界给我们批评、建议，帮助我们把这套丛书出得更好。

商务印书馆编辑部

2021 年 9 月

目　录

序　言

　　1973至1985年之间，剑桥大学出版社出版了三卷本的《欧洲历史地理》（*An Historical Geography of Europe*）。本书代表了对先前这三卷本进行压缩和简化的尝试。同时，本书的范围扩展到了不列颠群岛和俄罗斯，而这两者在先前的研究中是缺失的。与此前的版本一样，本书采用的方法是"水平图片"法（horizontal pictures），即选取欧洲历史上的某些关键时期，用章节来追溯在此期间的发展。用"蛋糕层"的方式（The "layer-cake" way）来组织材料，已经被布鲁克（J. O. M. Broek）关于圣克拉拉河谷（the Santa Clara Valley）的研究、达比（H. C. Darby）的《1600年以来英格兰的新历史地理》（*A New Historical Geography of England after 1600*, 1986）以及自它们出版以来的其他著作发展和检验。

　　横向章节，以及相关的纵向穿插事件，都具有异常相似的组织结构，依次处理人口和城市发展、农业、制造业和商业的问题。此外，只有与人类发展密切相关的自然环境变化才会被涉及。只有把握各章中的相关部分，我们才能理清比如将近2500年内人口变化或农业发展的过程。

　　在此感谢《美国地理学家协会年刊》（*Annals of the Association*

of American Geographers）、《社会史学报》（*Journal of Social History*）
和《比 利 时 语 文 学 和 史 学 评 论》（*Revue Belge de Philologie et
d'Histoire*）的编辑们，他们允许我复制本人起初发表在他们杂志
上的线图（line drawings）；剑桥大学图书馆馆员，允许我复制他
保存的图；还有名字出现在上一版书中的我在印第安纳大学历史
系和其他地方的朋友和同事，感谢他们持续的鼓励和帮助。

诺曼·庞兹

英国，剑桥

绪　　论

　　本书的中心主题是欧洲过去 2500 年历史中不断变化的人类活动空间模式。人类所处的位置由三个因素决定：环境本身，居住在那里的人们所具有的生活态度和社会组织形式，最后是他们的技术水平。这三个因素以各种方式相互作用。各种环境一方面鼓励、放任或约束人类的活动，另一方面它们被改变，以符合人类需求。人类的观念和看法是一个永远存在，但在方程式中总不可预知的因素。而在整个历史中，人和环境的关系已被人们掌握的技术所改变。无论产生于何处的技术，均通过人类交往得以传播。技术有时受到欢迎和使用，有时遭到拒绝。它们相互间的关系极为复杂，下面的模式是对此进行的一个总括，本书将详细阐述该模式。

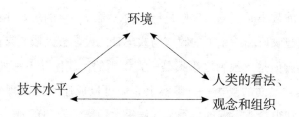

　　环境是人们生活在其中的全部地理背景，它包括山脉、丘陵、山谷、平原等地形。这些地形通过许多方式影响到人们的居住、

运输和交流，更不用说农业了。人们禁不住认为，地貌的影响是静止不变的。它可能被认为是"永恒不变的山丘"，一直屹立在那儿，见证着人类物种在其更近的历史阶段的到来和发展。但是，大陆的自然轮廓甚至在历史时期也发生了细节上的变化。总的来说，变化微小得不为人所察觉，但有些变化的影响却是历史学家不可忽视的，如欧洲海岸附近的变化最显著：桑田变为沧海。另一极端是，平坦的海岸线向前推进与河口淤塞。

　　构成地球的岩石是环境的一个至关重要的部分。它提供了建筑材料，可能包含水源、石油矿藏、固体燃料矿床和金属矿床。在气候和植被作用下，岩石变成土壤，并通过多种多样的方式提供农作物赖以生长的培养基。土壤通过任何长时间段耕作，都会或好或坏地被改变。土壤是"一个经营的结果"，今天最好的土壤是那些得到数世纪用心经营的土壤。虽然人类对土壤结构的影响可能不那么显而易见，但人类与自然的关系中没有什么比这一方面更重要的了。

　　最后，天气和气候是环境普遍的、不可分割的方面。天气是日日发生的波动，气候则是长期或平均的状况。直到近来，天气才能提前数小时预测。气候是已知的，围绕一年的气候序列，人们建立起农历和一系列的收获与欢庆日，大多数人依此来计算时间推移。但是，预测之事不是一直发生的，气候并不总如预期。有凉爽、湿润的夏季——事实上它们可以成序列地出现几个片段——和很冷或很湿的冬季。气候每次偏离常规和预期，带来的是艰难困苦；这样的偏离会通过其他时机在某种程度上得到弥补，即比预期更好的、光照更长且有及时雨的天气。在农作物的选择、土壤的排水和农产品的晾晒上，只能针对天气加以微调。天气是且仍是最不受人类控制的自然环境要素。

社会本身内嵌了对环境的态度。所有社会都相对保守，不愿打乱其已经能够与自然环境建立的任何稳固关系。一般说来，惯例的改变是不情愿地被接受的，这是解决食物、土地和燃料短缺的需要所出现的必然结果。斯图尔特·皮戈特（Stuart Piggott）已区分了保守社会和革新社会，前者不愿变革其社会组织及其开拓栖息地的方式；后者无论多么不情愿，也会接受变革。[①] 没有什么特定的人类活动曾是在孤立状态下进行的；它是系统的一部分，依赖其他部分并与其相互配合，它们在某种程度上与人类活动是互补的。任何革新或变化都必然具有意义深远的影响，而这在农业领域表现得最明显。例如公地农业、休耕和三区轮作农业等做法在技术上变得过时后仍持续了很久，因为每一做法与体系中的其他做法密切关联，而体系是作为整体而兴起或衰落的（见第十一章）。在一个保守社会中，社会结构、手工业、农业和贸易环环相扣，以致自愿革新异常困难，即使并非不可能。

人口规模对环境和技术产生持续影响。人口增长可能带来资源匮乏，也可能激励发明。在特定范围内，人口是个移动因素；它可以为了寻找土地或工作而迁徙。在不断变化的人类活动空间模式中，人口的规模和分布一定是必要成分。在农业模式和强度、手工业和之后的工厂工业规模以及城镇增长等因素背后，是大量

---

①　Stuart Piggott, *Ancient Europe from the Beginnings of Agriculture to Classical Antiquity* (Edingurgh, 1965), 17–18.

衣食住需要被满足的个体。我们很难避开这样的结论：尽管与真正的马尔萨斯人口增长水平还相差甚远，但增长的人口有时也可推动革新。其机制是简单的。初期的不足，不论是季节性的、异常的抑或长期的，都会造成价格的小幅上升，而这反过来会催生更大的创造力以满足需求。

人口规模远非导致匮乏或盈余的自发因素。它在某种程度上由社会道德观念决定，比如，一些社会道德观念可能赞成早婚、容忍溺婴或把大家族树立为社会身份的标志。人口规模依旧受制于流行病和其他形式的疾病，这是生物环境的一部分。这些疾病的影响，因为密集居住区人口过剩和人口迁移而增加。另一方面，技术进步带来的其中一个结果是卫生状况和公共健康的改善，于是死亡率降低。在今日世界，我们经常看到广阔的革新领域，它们的目标原本是要解决匮乏，但最终由于增加了人口以及需求而导致了更大的困难。

第三个因素是技术革新。技术革新的目的总是要增加或加速农业、手工业或其他人类活动的生产过程。通常，革新是要解决匮乏，而这些匮乏源自人类需求的增加、自然资源的枯竭或两者的结合。正是不断改进的技术，使得新石器时代的农夫能够蚕食森林，中世纪的农民可以耕种重黏土（见第六章）。技术革新使得炼铁高炉或鼓风炉取代了简易风炉，其他革新带来的则是采用煤代替木炭作为工业燃料。在每一个实例中，均有些人受损，但从长远来看，公认的常识告诉我们，变化为最多数的人带来了更大利益。

每个革新都有其空间的方面。革新在所使用的材料、所需要的劳动力或所供给的市场等方面带来了某些变化，这些变化转而造成了活动场所的变迁，因为参与革新的那些人感知到一地比另一地更有利。下文包括了许多由生产阶段转变而引起地理变迁以应对生产因素的不断变化的例子。但是，这样的变化并非必然或自发的。如果相关数据被输入电脑，无疑可以计算出一地与其相关场所的成本效益。今天，这样的计算可做数千次。但是，早期的人们不是电脑的奴隶，他们按照他们所感知的那样来判断环境，他们的观点在某种程度上总带有其所生活的社会价值的色彩。

活动计划

　　然而，怎样组织研究不断变化的人类活动空间模式？这个活动本身有各种各样的形式，以至于选择和组织成了主要问题。但是，本书必须有所限定。只有那些在维持人类生活上起重要作用的活动才予以考虑：农业和手工业、选择定居和生活的场所，以及建造躲避风雨的居所。其他许多主题可能已包含在内，每个主题都以某种方式反映社会与自然环境互动及其技术水平。建造的建筑物样式、社会行为及其习惯的模式，甚至陶器和装饰的风格，都展现了空间模式。空间模式随时间而变化，并且可对其进行地理分析。

　　在环境、社会和技术三者互动关系的大框架内，本书探究自公元前5世纪到20世纪早期一系列限定的主题。它们是：定居和农业、城市的成长、手工业的发展以及贸易的角色。但是，其中每一主题的基础都是另外两个因素：政治组织和人口。

国家地理可能被认为与本书以上所述的那些主题的研究无关。事实上，国家地理几乎完全被排除在各种历史地理之外。然而，政治组织根本不可被视为理所当然。边界不仅限制了政治责任，它也给经济管理制度设置了障碍。尽管本书的总体倾向是把大陆广阔的空间模式看作一个整体，但是常常会发现政治边界突变与自然环境毫无关联。对此的解释，必须联系各方为追求自己利益而出现的相互冲突的经济和社会政策。在史前欧洲后期最初的发展阶段，部落区也是经济组织区域。这同样适用于希腊城邦（*polis*）和罗马城区。甚至在中世纪，当政治边界可能已被认为不重要时，人们仍在继续努力使其系统化从而强化其决定性影响。

在现代，国家获得的权力和承担的责任前所未有。随着需求的增加，政治边界的作用随之加强。边界日益——特别是在最近——被视为区分了对待土地使用、工业发展、交通和通信结构的态度。人们可能说早期几乎"衔接完美"的欧洲大陆被交错的政治边界割裂得四分五裂、破碎不堪，以致它成了马赛克而非统一体。

本书每一部分对人口地理变化的结论不需做任何解释或提出任何托词。它是我们关注的人文地理学；我们偶尔省略人口成分，就是要把"丹麦王子"从剧本中删除。

人类聚落是人文地理学极为重要的部分。聚落是人们生活的地方，它们的规模和规划以各种方式反映了社会组织和经济活动。它们的规模从孤立的家宅到大都市城区不等。一般说来，聚落是固定结构；它们不能像人和手工业那样迁移，尽管它们可能衰败和被抛弃。就容纳居民而言，许多小住所可能与一些大居所没有

两样；但是就满足人类对住房的需要以及从环境中有机会获得某
种生计而言，它们可能有天壤之别。城市被公认是不同且有别于
农村住所的事物；事实上，它处于系列的末端，另一端连着孤立
的农村。小城镇和大村庄之间的差别只是司法上的，许多大村庄
工业化得犹如城镇；然而一直到 19 世纪，也有成千上万的城镇，
同任何村庄一样在功能上是农用的。但是，在极端情况下，大城
市与村庄总是天差地别，其农业功能已经消失，成为制造业和服
务业中心、行政管理中心。

　　城市地区被给予特别强调，这不仅是因为至少在过去的一个
半世纪中它吸纳了大部分人口，且吸纳的人口数量不断增加，而
且因为城市在西方文化和物质发展中起着极为重要的作用。城市
是专业化生产的中心。城市的"基本"活动常被论及，凭借这项
功能，它维持自己的运转并偿付从他处获得食物和其他材料。一
个工业化城市的基本功能是为国内甚至世界市场提供特定的工业
品，其他城市的功能可能是提供管理、商业和教育方面的服务。
甚至早在公元前 5 世纪，这样专业化的城市在主要人类聚居地就
已开始成形，其过程持续加强直到如今。

　　第二个主题是土地利用和农业，利用土地来生产食物和工业
作物。人类活动没有任一方面比这更紧密依赖于环境所带来的自
然约束了。地形、气候和土壤在决定人们在何处耕作和种植何种
植物上都起着作用；然而，人类已经逐渐改变自己的环境，并对
它进行社会性甚至生物性的适应。用任何有效的方法来改变气候
都是不可能的，但却可以逐步地减缓其影响。防风林、等高耕种、
淹灌和旱耕都是对环境因素的适应。地形不可能被改变，但山坡

6　可以修成梯田并且可选择适应山地的农作物。土壤最易被改变。
虽然对土壤的粗放使用的确会造成土壤退化甚至导致表土层流失，
但是大部分长期耕种的土壤已经通过深耕细作和使用肥料被不断
改变和改善，以至于它们与那些最初由史前人类耕种的土壤几无
相似之处。

人口密度归根结底取决于土壤质量、气候和管理水平。于是，
农业技术和由此产生的收益率至关重要，农业的缓慢变化和农业
生产水平是一个重要主题。

手工业仅次于农业，它从最初时期就提供人类的物质所需，
并通过提供农具来服务于食物生产本身。工业必须从所采用的技
术和结构化组织的角度进行研究，其范围从简陋的纺纱杆到机械
纺纱，从独自在家工作的手工业者到高度结构化的工厂。制造业
的特点是，最初始化的组织形式和最初级的技术在 19 世纪持续存
在，并且它们与最复杂的工厂组织形式并存。劳动密集型手工制
造业的长期存在，在某种程度上源于欧洲许多地区的劳动力过剩，
但是这样的解释并不全面。社会结构的非弹性特征是变化缓慢的
一个重要因素，犹如它在农业中所起的作用。

本书的最后一个主题是贸易的作用。贸易是生产专业化的必
然结果。自人类社会发展的最初阶段就有了专营和贸易，这只是
因为像食盐、火石和制造工具的黑曜石这样的必需品，以及煤玉
和贵重金属这样非必需但值得拥有的材料，都高度局限于它们的
产地。某种程度上，新石器时代的劳动专业化只是表面上的，位
于英格兰东部格莱姆坟场（Grime's Grave）和比利时火山栓的火
石矿坑，除了作为原始"工厂"，其火石被送到其他地区，可能

还会换回其他商品，除此之外，这些矿坑又能算作什么呢？无疑，甚至在 20 世纪，大多数社区都是自立的，其贸易只具有微不足道的重要性。但是，贸易数额和种类趋于增加，贸易路线随着供需而变化。实际上，贸易是人类进步的标记，其空间模式是特别重要的主题。

　　组织如此长时段内的、如此多且不相关联的主题，困难不小。轮流对每个主题在本书所跨的 2500 年内进行探索研究是可能的，但我没有采用此方法，这是因为这样做会失去把各主题整合为一体的机会。因此，取而代之的是呈现一张"图片"（picture），展示它在欧洲历史的七个不同时代的样子。每个时代在欧洲历史中自有其重要性，标志着各发展阶段的顶点。它们分别是：公元前 5 世纪雅典的伟大时期、2 世纪罗马帝国极盛期、查理曼时代、14 世纪早期、文艺复兴时期、工业革命前夜，最后是本书终止时的 20 世纪 10 年代。各相继的"图片"间嵌入一种连续性，追溯发生在两者间的变化。

过　程

　　人们可能会问这些变化是通过什么过程产生的。变化与增长不是很一样，后者意味着已有事物的增加。例如，农业或某个产业可能在其内部结构或技术没有发生任何变化的情况下增长。变化意味着生产因素上的某种改变。重型犁和横织机代表变化，因为它们使同样的劳力更有效或更多产。当然，增长很可能随着变化一同发生，不然变化就没什么意义。没有在增长过程中为应对不同自然环境而产生的结构与技术变化，持续增长是不可能的。

　　变化的动力因素表现为四部分。首先必须是革新：新材料或新工序的发现和使用，或已有技术的改良。我们的目的不是讨论变化的心理特征，不是讨论人类尝试试验或保存传统惯例的倾向。只要指出，一些人比另一些人显现出更多革新倾向就够了。

　　变化的第二个动力因素是传播：革新从那些发起人传播给其他人。这从不是自发的过程。技术或组织上新"发明"的知识不得不通过人来传播。有时人想守住秘密，不愿分享好消息。也有时候，人反对蕴含在适应过程中的变化。在我们讨论的欧洲任何时段都发现了一些物质标准，这些标准的最大区别在部分程度上是抵制创新实践的结果。

　　专业化是变化的第三个动力因素。当社区生产的某种物品或商品开始超过所需时，那就必须卖掉剩余的——它成了行家。小规模的剩余可能没有什么意义，但是超过一定规模时，专业化经营必定伴随组织结构的变化，而这意味着革新。专业化经营可能是季节性的，如佛兰德斯亚麻织造者的冬季工厂（见第十一章），或临时性的，但它往往有向全职发展的趋势。专业化经营产生行家，行家是如此精通自己的工艺或职业，以至于试验和革新很自然地就会被其想到。如同亚当·斯密所举例的制针业，专业化经营增加了生产总量，进而可能促进变化、增长和人类福祉。

　　交换是专业化经营的必然结果。更高效的生产成果通过交换过程传播得更广，而且如果有实例便会促进进一步增长。最后，迁移可能在一定程度上被认为是一种传播形式，它使人们携带不同的技术和组织模式进入他们不曾到过的地区。从史前时代到现在，迁移的重要性太过显著，以至于毋庸赘述。移民有时是难民，并在无意间对变化做出贡献，或者有时仅是个人被诱惑或接受贿赂而从其他地方携带来其技术，这两者并无区别。下面描述的变化，就通过这些方式产生。

第一章　欧洲历史的自然基础

当公元前 6 世纪开始出现有记载的历史时，人类这一物种已在欧洲生活了 100 万年或更久。在如此长的时间内，他们至少四次目睹冰原从北向南扩张而后融化。他们被迫在生理和心理上适应不断变化的环境；在适应过程中，他们的技术水平和对四周环境的控制能力逐渐提高。然而，他们的文化发展水平因地而异。人类物质文化中绝大多数的重要进步，如农业和金属冶炼，产生于中东，经过巴尔干半岛进入欧洲，接着向西北传至中欧和西欧。较发达的地区，如希腊和爱琴海，与最不发达地区，如斯堪的纳维亚和欧洲的大西洋边缘，两者间总是有明显的文化梯度。人们可能会认为，随着较发达的文化像涟漪一样从核心的爱琴海地区向外传播，这样的差别会很快消除。但是，梯度被拉平的事没有发生，也不可能发生。欧洲对新文化和新技术的接受能力本身存在很大差异。在有些地区，同他们在中东的河边平原那样，新石器时代的农民可以在此轻松且成功地立足。而在另外一些地区，由于受到土壤和气候的限制，农民很难生存，只有狩猎－采集者可以从该土地上获得最低标准的生活必需品。

正是这种变化多样的资源分布模式构成了本书的背景。与之相对应的是不断变化和逐渐演进的人口和居住模式，以及农业、手工业和商业模式。虽然它们在发展的同时受到自然环境的影响，但是它们被影响的程度如何一直是被讨论的话题。源自公元前5、前4世纪希腊历史作品的一个思想学派认为，人类社会是由环境塑造的。希罗多德写道："软弱的国家总是养育软弱的人，不可能为这个国家生产充足的农作物、提供好的士兵。"又如，"亚洲居民中，缺乏精神和勇气的主要原因是温度季节性变化的幅度很小"，然而"山地国家的居民……往往天生拥有与勇气和耐力相配的强健体魄"。[①]根据环境的属性，希腊作家推断出可能的经济制度和政府形式。我们可以在这个背景下看待近来意大利外交部长发表的声明，他不认为共产党能对其国家造成任何威胁："共产主义是一种平原理论，而我的国家是山地。"希腊历史思想的遗产显然仍与我们同在，但是我们今天不会真的持有如此极端的观点。当然，所有的人类活动都受到其所处自然环境的影响。气候、土壤、矿产、河流和通道给人们提供了利用它们的机会，但它们同时也限制了人类活动。这些限制很少是绝对的。大自然根本不会说："或者耕种土地，或者从事制造，你只能走这么远，不能更远了。"它仅仅使这些工作更困难，以致在某个时间或地点促使人们放弃这不公平的斗争，而这个时间和地点因人而异。归根到底，是人们决定既定资源或者特定环境是否能被利用和如何被利用。环境越残酷，他们越有可能放弃努力。但也不能一概而论。人们的动机和适应能力，同人们生活和工作的自然环境一样复杂多样。

---

① 希波克拉底（Hippocrates）语，转引自 A. J. Toynbee, *Greek Historical Thought from Homer to the Age of Heraclius* (London, 1924), 165-166。

人类环境

在人类历史中，自然环境不是固定的、一成不变的。相对于伴随冰原进退而产生的巨大波动，自然环境在人类历史时期的改变很小，然而它对人类社会的发展有着重要影响。陆地的地形变化太缓慢以至于几无重要性，尽管没人可以低估海港淤沙沉积和海岸线进退的形式。但是，自冰原最终消退后，最重要的环境变化是气候波动。冰河期以后的气候逐步改善，但是不规则的、间断性的寒冷仍会返回，尽管不像冰河时期那么大范围。大范围的凉爽和相对干燥的阶段与温暖、潮湿的阶段相互交替。气候变化引起自然植被变化。阔叶林向斜坡的南北两面扩散，其边缘止步于气候再次恶化的针叶林区。植物群的变化造成动物生活变化。建立在人类与环境间的固定关系被动摇，人类被迫迁移或改变自己的生活方式。事后看来，在所谓的亚大西洋期之末，尤为重要的是环境变得更加湿冷。沼泽在中欧和北欧的许多地方开始形成，并遍布高地表面——所谓的毡状沼泽——淹没了树林、掩埋了人类居住的痕迹。

这些气候波动，在高海拔和高纬度地区感受得最强烈。在这里，一两度的温差和几天的生长季长度差别，能被很敏感地感受到，从而人们在边缘地带弃耕。在较低纬度的地区，比如希腊，这些差别则可能几乎不被注意到。

古希腊的古典文明初始时的气候要优于欧洲许多地区，从感觉上说，显然要比欧洲的平均状况更湿润、更凉爽；此种情况持

11

续了将近千年。虽然不能说古希腊和罗马文明总体上在变糟，但是在不列颠北部的哈德良长城或下莱茵兰地区服役的罗马士兵所经受的气候，要比我们现在所知的还要残酷。罗马帝国崩溃之后的黑暗时代，西方世界的气候有了改善。从文学和历史学证据来看，欧洲北半部地区似乎变得温暖干燥了一些。海洋上的暴风雨也更少了。凯尔特传教士们乘着小型简陋的船只沿着大西洋航道自由穿行，挪威人乘着并不太大的船经常航行于斯堪的纳维亚至冰岛、格陵兰岛之间，甚至更远。

到中世纪晚期，气候再次开始变化。其波动是如此平缓，以至于人很难推算变化开始的时间。但是，14世纪初期，环境无疑开始变得更凉、更湿，暴风雨也更多。文学材料证明了这一点。1315至1317年的显著特点是湿冷的气候，这些年内，土地不能耕种，农作物歉收。这是个匮乏和饥馑的年代——还有许多这样的时期，这只是个开始——西欧和中欧许多地区人口锐减。

中世纪的其他时期是潮湿和多暴风雨的气候。前往冰岛的航行很少，去格陵兰岛的航行中断，小型的居民定居点也消失了。一个又一个证据表明暴风雨很严重，农作物歉收。15世纪勃艮第地区的税收记录显示，一个城镇遭遇大暴雨，那年的谷物和葡萄酒都未获得收成。在英格兰，长诗《耕者皮尔斯》（*Vision of Piers Plowman*）中有这样的可怕警告：

> 不到五年就会产生这样的饥荒，
> 作物因洪涝和恶劣的天气而歉收。

诗人基本掌握了饥荒的规律。在中世纪晚期和现代早期，饥荒平均每五至六年就发生一次。疾病总是伴随饥荒而来，体质弱的人很难抵御住而不受感染。

16世纪中期，又发生了一次气候波动，欧洲大部分地区进入一个更冷的时期。这个时期，夸张点来说被称为"小冰期"。欧洲许多地方，即使在气候最平缓时期，也不时有极寒冷的冬季。在小冰期内，这些极端天气变得更频繁、更极端。在普罗旺斯，葡萄酒的产量因夏季阴凉而多云的天气而减少。在北欧，山腰上的耕种面积缩小，林木线降低。阿尔卑斯山的冰河把河谷冲得更深，通道上的雪覆盖得更厚，行进变得更困难、更危险。葡萄园和橄榄园因霜冻而受到重创，北部港口和河流被冰封得更久。欧洲地中海地区受到小冰期的影响似乎不大，一般来说温度降低一两度可能既感受不到也不重要。在阿尔卑斯山以北地区，小冰期一直持续到19世纪。1789至1848年的许多革命运动因粮食匮乏而引发，而粮食匮乏则源于恶劣天气和粮食歉收。然而，必须要注意，恶劣的天气和1816至1817年的农作物歉收（有时被描述是欧洲最后一次大饥荒），实际上源于东印度群岛上的火山——坦博拉山（Mount Tamboro）的大爆发；它向大气中喷发的一层厚厚的火山灰使太阳能大大减少。

19世纪早期的极寒冬季在查尔斯·狄更斯的小说中有生动描述；这样的天气逐渐变得稀少，也不那么极端。可以说，至19世纪80年代末，小冰期结束了。上个世纪①没有明显的气候走势，

———————————

① 指20世纪。——译者

尽管有时据说气象事件显示更冷的气候会复发。

这些气候波动势必对人类活动产生影响，但是在缺乏精确天气记录的情况下很难对其进行分析。受它们影响的结果可能在南欧不明显，很可能对西欧和中欧的优良土壤影响也不大，但在人类居住的边缘地区——山区、斯堪的纳维亚和波罗的海地区，以及英格兰的重黏土区——受它们的影响最大。中世纪晚期和现代早期，在这些地区定居的人减少。直到 19 世纪晚期小冰期结束，人们才重返这些较高海拔和高纬度的地区。19 世纪末，瑞典的诺尔兰（Norrland）（见第十一章）地区的农业增长，可能只是因气候周期性改善的结果。

欧洲地貌

欧洲大陆在公元前 5 世纪的主要面貌和我们今天所见到的大同小异，只是土地在细节上有所变化。和现在一样，那时的欧洲大陆由一大片平原组成，从大西洋海岸向东一直延伸融入更广阔的俄罗斯平原（见图1-1）。河流从南或东南向北或西北流过平原，其流经路线只是因时间和人的活动而发生细微改变。向北，在森林的覆盖之下，平原几乎不知不觉地逐渐融入斯堪的纳维亚和西不列颠高地。向南，平原被许多小山丘阻隔，这些小山丘紧凑但不规则地分布在从法国中部，经德意志、波希米亚和波兰至乌克兰一线。在这些小山丘之间，是因地壳运动和河流侵蚀形成的沟壑和盆地。这个时期人类主要的迁移路线和小型贸易通道都要穿过这些小山丘。在这些为树林所覆盖的主要是陡坡和平坦的山顶

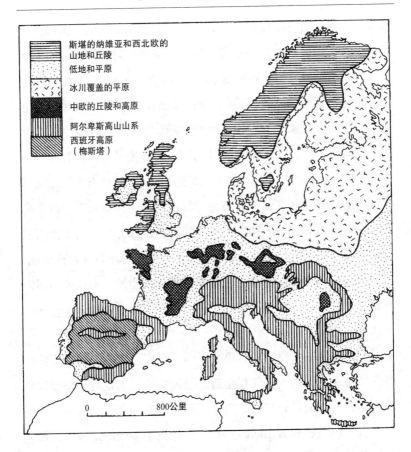

图1-1　欧洲地貌

的小山丘和高原的南部，坐落着阿尔卑斯山系。不论是此时还是其他任何时期，阿尔卑斯山系都是人类活动的最大障碍。

　　这些是欧洲主要的地形区。在每个地形区，地形、气候和土壤既为人们定居和发展提供了条件，也施加了限制。在每一个地形区，人们的应对态度有其共同特征，而有别于其他地形区。斯堪的纳维亚地区最突出，在这个地区，坚硬的岩石、贫瘠的土壤和极具限制性的气候共同限制了人类的定居。直到19世纪，该地区仍是狩猎者和驯鹿牧人的保留地。此地区的贫瘠在某种程度上因其矿产而有所弥补，但直到中世纪晚期矿产才得到开采。

　　欧洲大平原提供了最大的可能性。其整体平缓，没有一处位于海平面1000英尺以上。然而，其表面的沉积物各有不同。北部和东部的许多地区在冰河时期被冰原所覆盖。冰融化后，留下来的是大片的重黏土——冰砾泥——还有粗沙和碎石，这些沙石从冰块中解冻出来后，随着洪水沉积下来。它们都不是多产性土地，也不易耕种。这些沙子产生了欧洲最贫瘠的土地，形成低地国家和德意志北部的荒野。"勃兰登堡贫瘠的松树"（"starveling pines of Brandenburg"）就植根于冰水砾。

　　没有冰冻的平原地带有很大不同。形成这个地方的石头比斯堪的纳维亚地区的石头年代更近、硬度更小，但是石头坚硬度也有差别，一方面是石灰岩、白垩岩和砂岩间的差别，另一方面是石灰岩、白垩岩和黏土间的差别，这造成了多变的地势。其形成的地貌基本上包括：山脊，通常这些山脊两面是不对称的，一面要比另一面陡峭得多，并被黏土质地的低地隔开。"坡-谷"地形是不列颠低地、法国北部和德意志大部、波兰南部和未被冰原层覆盖的俄罗斯等地区的典型特征。石灰岩质的山脊和高地形成了易于为史前人类耕种的砂土。中间的黏土更黏重、更潮湿，较不利于早期犁耕，而且这种土地上通常生长的是茂密的树林。尽管人们占领了这些不太令人满意的土地，但他们不得不等到中世纪晚期更复杂的耕种工具产生时，才能对这些土地进行清理和耕作。

中欧的山丘和高原带（belt）有时与北部平原形成较大势差，有时又走势平缓。形成山丘和高原带的岩石比形成低地的岩石年代要久远得多，质地要坚硬得多。山丘和高原带的气候明显更湿、更凉，其土壤更低产。史前人类几乎没有触及这些山丘，古典时期和中世纪的人们定居在此的主要目的是开采其中的矿产，主要是铁矿和有色金属矿石。

组成阿尔卑斯山系的一系列高山，比中欧的山丘更年轻、更高、更险峻。它们从西班牙延伸至高加索，这条线路上的一大段都成为运输和交通不可逾越的障碍。从地质上来说，这些地貌特征形成的时间并不长，它们被磨损的时间还不够长。它们的顶部在冰河时期被冰所覆盖，现在显现出的险峻是因受冰雪侵蚀而造成的。然而，阿尔卑斯山系被山坳所截断，这提供了从低海拔穿过山脉的通道。最宽的山坳位于法国南部，介于比利牛斯山和阿尔卑斯山之间。在奥地利的阿尔卑斯山及其在喀尔巴阡山脉中的延长线之间也有个大通道，多瑙河就从这个位于德国南部平原和匈牙利的高山环绕的大平原之间的山坳流过。不过，它离开匈牙利平原时的河道更为壮观，那是它在喀尔巴阡山脉中切出来的一系列峡谷。多瑙河南部有一个穿过巴尔干半岛山脉通向地中海海滨的山谷通道。

不过，阿尔卑斯山系完全是北欧和地中海盆地之间的一个大分水岭，不仅是气候的分水岭，也是文化的分水岭。劳伦斯（D. H. Lawrence）从奥地利徒步穿过阿尔卑斯山到达意大利后，记

15

录下了他所见到的两个地区间的反差："阿尔卑斯山北部"，他写道，"长期处于冬季，夏季稍纵即逝；而阿尔卑斯山南部长期处于夏季，间歇性的寒冬绝不会延续太长时间……阿尔卑斯山北部的 6 月，可能还处于深冬。阿尔卑斯山南部的 12 月或 1 月，甚至 2 月，可能还是盛夏"[①]。

劳伦斯穿过阿尔卑斯山时，利用的不是惯用的山间窄径，而是从一个隘口通过。那里有无数的隘口，任何一个都可以通过曲曲折折的路线抵达狭窄的山谷；大多数隘口都位于海拔 6000 多英尺。这些隘口不在大众迁徙的路线上，它们绝大多数会因冬天的风雪而变得危险和困难。其中一些隘口是古罗马军团所使用过的，汉尼拔在公元前 218 年入侵意大利时肯定用过其中一个，可能是塞尼山（Mont Cenis）山隘。但是，阿尔卑斯山的山隘在中世纪被使用得更频繁，它们为商人提供了往来意大利和德意志南部之间的最短路线。

阿尔卑斯山系的交叉道，极少有比亚得里亚海海口和流向匈牙利平原的河流之间的通道更重要的。亚得里亚海距离萨瓦（Sava）河谷只有 40 英里，所有通道的海拔也不会超过 1500 英尺。通过这条路线，无数的入侵者从北欧和东欧进入意大利。在更为晚近的时代，奥地利和匈牙利通过这条路线把他们的政治控制延伸到地中海（见第十一章）。

地中海本身几乎被阿尔卑斯山系的诸山脉所环绕。在北部的大部分海岸，阿尔卑斯山脉一直延伸至地中海水域，最多被一块

---

① Phoenix: The Posthumous Papers of D. H. Lawrence (New York, 1936), 49.

狭长的冲积地所隔开。荷马写道："沿灰海的海滨，有质地松软的水草地，葡萄树在此生长，不会枯萎。土壤层肥厚得足够耕种，可以指望在丰收的季节收割好庄稼……它还有个安全的海港，这里绝没有停泊船只的可能……所有船员必须要做的就是将船搁浅。"[①] 地中海地区是欧洲最独特的地方。这个地区气候的主要特征是，夏季炎热干燥、冬季温暖湿润。这也决定了它的植物生长特点：农作物在冬季生长、春季开花、早夏结果，之后在高温干燥的时期枯萎，像橄榄树和葡萄树这样的木本作物生长得很好。但是，荷马记载的情况相反，草地不充足，干草稀少。自然植被适应了当地干燥炎热的夏季，这些植被大部分由耐旱的灌木林和针叶树组成。夏季几乎没有什么饲料可喂养动物，它们在炎热的季节往往被迫迁至山林。

16

地中海地区直至现代一直都是文化发展的前沿地带。最早的伟大文明发源于希腊，巴尔干半岛南部是欧洲最早种植农作物、冶炼金属和形成城镇的地方。地中海盆地内的交通很便利。地中海几乎没有潮汐，海面上的暴风雨也绝没有大西洋上的暴风雨威力大。地中海是孕育船员技术的温床，从最早时代开始，中东文化和希腊文化通过船只向西被运送至意大利、西班牙半岛和暴风雨猛烈的大西洋海滨。

欧洲的植被

随着气候变暖，冰原逐渐消融，针叶林遍布被极地冰原所覆

---

① *Odyssey,* trans. E. V. Rieu (Harmondsworth, 1946), IX, 130-141.

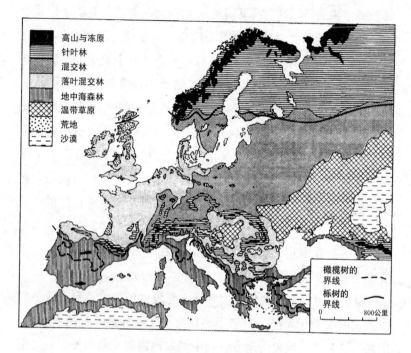

图1-2　历史时期欧洲的植被带

盖的欧洲大部分地区。当针叶林向北延伸扩展后，则是阔叶林的
生长扩展。大约公元前5000—前2500年，所谓的大西洋时期，落
叶树——依据不同的土质有山毛榉、橡树、榆树和白杨等——覆
盖欧洲大部分地区（图1-2）。之后，气候变得更冷、更干燥些。
针叶林和阔叶林间的界线被重新界定，针叶林再次出现在纬度较
高的地方以及东北部的沙土地。至这个时期，新石器时代的农民
大批侵入到了森林地区，特别是土壤适于耕种的森林地区。铁器
的出现只是加速了对森林的破坏。被森林所覆盖的土地被清理出

来用于耕种，但农业只是间歇性的。几年之后，田地废弃，但是原始的森林几乎不可能重生；在这块土地上通常也只能生长些灌木丛和荒野植被。

在公元前最后的 1000 年中，气候变得湿润——亚北方期——这样的气候一直持续了整个古典时期。正如我们所知的（见本章"人类环境"部分），沼泽在排水不畅的地方蔓延开，将象征着森林财富的花粉粒和"泥炭砾"吸附在其中，树木在无氧的环境下得以保存。

公元前 5 世纪，欧洲已经失去了大部分的森林覆盖。林地仍很广泛，但只有那些没有开垦价值的林地才未受到破坏。之后的两千年中，森林的边界不断收缩，最后在欧洲大陆最密集的居住区和耕种区，森林缩减至不能再减的程度，只能为当地的居民提供必要的木材、燃料和放牧之地。

地中海地区是一个特例。这里的林地绝没有阿尔卑斯山北部那么茂密，甚至更易受到动物和人类的破坏。木材被用于烹饪、取暖，甚至建筑，但增长不足，甚至是在古典时期，诗人米南德（Menander）在诗句中对此给予描述：

> 我是个放牧人……
> ……之后来了个烧炭人
> 在这同一块土地上，树桩被用尽
> ——米南德，《公断》（*The Arbitrants*），第 25—30 行

17

然而也有例外。达尔马提亚（Dalmatia）丛林直到中世纪才消失，

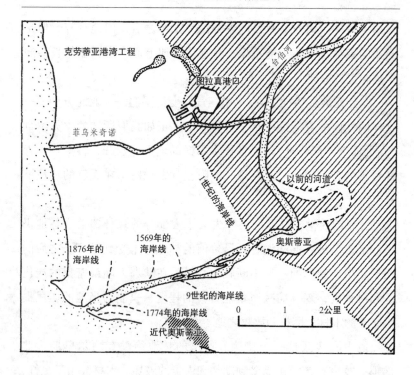

图1-3　台伯河河口的海岸变化

这些<u>丛林</u>被砍伐用来为威尼斯制造船只；意大利中部的亚平宁山脉上的<u>丛林</u>则消失于现代。

特别是在地中海地区，森林砍伐的后果是水土流失。没有树木固土，土壤极易被冬天的暴雨冲入溪谷，堵塞河流，淤塞海港。柏拉图在著名的《克里提亚》(*Critias*) 中，把希腊被冲蚀后的景色形容为"瘦骨嶙峋之人的骸骨，所有的脂肪和柔软的土壤已经流失，只剩下光秃秃的地表"。沉积与侵蚀相反相成。从山上而来的土壤至少部分沿着海岸和河口沉积，这样就形成了荷马所形容的浸水草甸。自罗马人在台伯河河口修建了他们的奥斯蒂亚（Ostia）港口起，台伯河将海岸线向前推移了至少 3 英里（见图 1-3），地中海海岸沿线的许多地方逐渐形成了沼泽。

欧洲的土壤

土壤质量是一个对人类在欧洲定居具有深远意义的因素。不是土壤本身固有的肥沃程度，而是土壤被耕种的难易程度，起着重要作用。假设用简易的木制犁或者耙就能有效地耕作，土地可能在若干年之后不得不丢弃就没有什么大不了的了。这样，阿尔卑斯山北部被耕作的最原始的土壤不是本质上养分充足的黏土，也不是人类早期无法排干的溪谷淤积层，而是轻质壤土、砾石阶地，甚至沙质荒野等，几乎没有比这更贫瘠的土壤了。

这些轻质土壤中，黄土居于首位，这是随风飘动的沉积物。它源自冰雪融化后显露出的干燥黏土，作为疏松的沉淀物沉积于遍布中欧和东欧的大部分低地。它结合了沃土的化学成分和易于耕种的轻薄质感（见图 1-4）。它对早期的人类定居和农业的影响不可估量。它引导了人类的迁徙，为新石器时代的中欧农民提供了几乎绝无仅有的栖息地。

相反，源自冰川沉积的土壤几乎总是贫瘠的；冰砾泥太重，冰水沉积沙又太贫瘠。自冰原融化后，斯堪的纳维亚的古老岩石上难以形成土壤，最好的土壤是山谷沿线和近海滨的冰河沉积。

地中海盆地的土壤没什么可取之处。其整个地区都是山地，遍布的岩石是石灰岩。该地产生的最好土壤是轻薄的碱土，最差

19

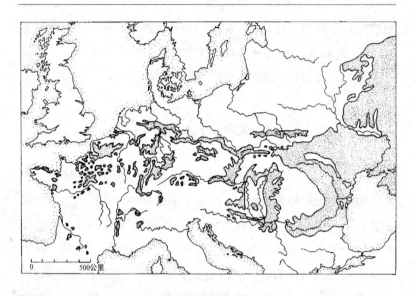

图1-4 欧洲的黄土

的是大片的裸礁石，矮小、抗旱的灌木丛也难以在其上立足。最好的土壤形成自从山上冲下来沉积在山谷和海岸沿线的淤泥。迄今为止最富饶的土壤是下埃及的土壤，希罗多德已告诉我们它是"尼罗河的礼物"。在地中海的欧洲范围内，最广阔的沃土是北意大利的波河河谷和马其顿与色雷斯的平原。但是，围绕地中海海岸的山地和海洋间，也还有许多小块的肥沃低地。

河流与道路

欧洲历史上的一个特征是，运输和交流的发展和维持相对便利。迁徙仅有的最大障碍——阿尔卑斯山系——被沟壑分解，可从山口穿越，这几乎不是大障碍。当拿破仑从米兰望向阿尔卑斯山山峰时，他可能做了最好的评论：这些东西"外强中干"，看起来难对付但实际上很容易穿越。在其他地方，黄土地带和石灰岩山脊提供了横穿欧洲大陆的通道，道路在一年中绝大多数时候都是干燥的，几乎不会被茂密的丛林阻碍。在古典时期前的欧洲，贸易量很小，但道路网络已得到发展；通过这些道路，金属类商品和黑曜石工具或打火石可以从大陆的一端运到另一端。从1世纪起，罗马人在将紧密交织的道路网络遍布从莱茵河西部到多瑙河南部的整个大陆方面没有什么困难。其中，许多道路一直沿用至19世纪以前，也根本没有大的变化。

然而，从长远来看，河流被证明是欧洲最重要且永恒的财富。那些流向地中海的河流遭受了该地区的气候之苦。大多数河流径直流入大海。冬季通常河水猛涨，而夏季很多河流干涸。这些河流很少被用作航道。然而，一些较大的河流更能经受考验，水位更高，流动更规律。波河和罗讷河就属于这一类，埃布罗河（Ebro）和瓦尔达尔河（Vardar）没有太大商用价值。甚至台伯河也被用于向罗马城运输木材和粮食。

流向阿尔卑斯山以北的河流，远比流向地中海盆地的河流更有用。它们的流动更有规律，水位更高，其枯水期和冰冻期短得几乎影响不到航运。尽管罗马人有远大的修路计划，但他们仍充分利用河流来运输大件的重物。在中世纪和现代早期，离开河流的长途运输不可想象。河流从中欧的山丘和山脉流向四方。北部平原的河流受到北欧冰河作用的巨大影响，它们的流向转向西北，以至于东欧部分地区与北海港口建立了直接联系。这些北方河流流域间没有不可逾越的鸿沟，现代证明通过运河把各流域间联系起来是可行的（见第十一章）。至19世纪早期，仅使用内河河道乘驳船从比斯开湾海岸（Bay of Biscay）驶向黑海，至少在理论上是可能的。然而，这将是一个艰难的旅程。船只必须非常小，以便能够通过所有的水闸和运河，政治风险也需要考虑。但是，这样的问题不是欧洲大陆的自然禀赋所致，而是人类滥用天之所赐的结果。

21　　　这是欧洲土地提供给其移民的便利和限制。它的自然禀赋远不够丰富。真正适合早期人类耕种的土壤区域很小，而天气又如此怪异多变以致农作物周期性歉收不可避免。三分之一以上的陆地不能供养定居的农业人口。至本书所覆盖的时期之末，能够供养人类生存的地区已经增加，部分是因气候本身得以改善，也因为不断发展的技术扩大了可耕地的面积。相比之下，欧洲的矿产财富并非无足轻重，尽管在19世纪前许多资源还不可知，且无论如何也不能被利用。煤矿在罗马时期已为人所知，但产量在18世纪前无关紧要。含铁的金属更重要，这些金属充足，分布广泛，易于加工，能够支撑现代技术发展之前的铁器使用文化。然而，有色金属，特别是那些早期人类使用最多的——铜和锡，其产出却极为有限。锡只在两个地方被大量发现：不列颠西南部和萨克森－波希米亚。青铜时代文化建立在长途贸易的基础之上，青铜与用于制作青铜的金属，其获取难度在铁器使用文化的扩散中必定扮演了一个重要角色。下一章会介绍公元前5世纪，即历史时期初期的欧洲概貌。至这个时期，铁器使用文化已遍布北海和波罗的海南面的欧洲大部分地区，并传至英格兰低地。青铜文化仍存在于不列颠的北部和西部以及波罗的海周边，但欧洲北极圈内的少量人口仍实践着一种石器时代晚期的文化。希腊和拉普兰（Lapland）间的文化代沟相差了 3000 年。

精选书目

Bradford, J. S. P. *Ancient Landscape; Studies in Field Archaeology.* London, 1957.

Bunbury, E. H. *A History of Ancient Geography.* London, 1879; reprint, 1959.

Garnett, A. "The Loess Regions of Central Europe in Prehistoric Times." *Geographical Journal* 106 (1945): 132−141.

Smith, C. T. *An Historical Geography of Western Europe before 1800.* London, 1967.

Thompson, J. O. *History of Ancient Geography.* Cambridge, U. K. , 1948.

Wright, J. K. *The Geographical Basis of European History.* New York, 1928.

第一部分
古典文明

从地理学角度看，选择公元前 5 世纪中叶来研究并没有什么
价值。日期可以选择前一个世纪或后一个世纪；结果差不多一样，因为物质生活变化相当缓慢。但是，对欧洲的某个角落来说，公元前 5 世纪中叶是一个特别有趣且重要的时期。正是在这个时期，古典希腊文明繁荣昌盛，留下了传世的文学、艺术和哲学瑰宝，这些财富的重要意义无论何时也不会被磨灭。这使得公元前 5 世纪的希腊极为重要；尽管希腊戏剧可能与城邦分布或农作物种植没有什么关联，但后者至少成为悲剧作家写作背景的一部分。

至公元前 5 世纪中叶，希腊人同波斯人打了一场大战；他们坚不可摧并享受胜利成果。特别对雅典人来说，这是个充满希望、令人欣喜的时代，这样的时代常常出现在一场耗时耗财的战争之后。若干年之后，这一成就极为丰富的时期被希腊人自己的相互妒忌和仇恨所打破，他们即将发动伯罗奔尼撒战争。对希腊人来说，这个短暂的时期是古代历史上被记载最完备的时期。希腊的历史学家和剧作家详尽说明了他们在欧洲一角的生活和活动。而且，后世对古希腊的浓厚兴趣导致对整个希腊世界详尽的考古研究。其结果是，在欧洲历史上，我们首次能够深入探究一群特别的人的生活，了解他们是如何生活甚至如何思考的。

然而，这里存在一个重要限制。如果我们把欧洲看成一个整体，就会发现我们对那个时代的希腊人的看法不能超出地域范围太多。西西里和南意大利的希腊世界众所周知，因为它在希腊自身的公共事务上起着重要作用。考古学已揭示了许多关于希腊人的意大利邻居伊特鲁里亚人（Etruscans）和西西里西部的迦太基人，以及那个时代正在台伯河旁的山丘上发展并构成罗马的小型定居点的历史。但是，在这个边缘之外，我们只知道有史前社会，我们对它们的认识源自希腊人留下来的模糊记录，以及近期更多有力的发掘证据。

24

在这些条件下，很难描绘出一幅均衡的欧洲图景。该画面必然由希腊文明所支配，而希腊只是欧洲很小的组成部分，只涉及少部分的人口。这很不幸，因为希腊人和他们的邻居只是欧洲民族马赛克拼图的一部分。在物质层面，他们的文化属于铁器时代晚期文化；而铁器时代晚期文化已遍布欧洲大陆许多地区。希腊人的定居和农业，与中欧拉特纳凯尔特人（La Tène Celts）或法兰西、伊比利亚半岛的早期铁器时代文化下的定居与农业之间不存在根本差异。农作物因气候而不同，住所因建筑材料而不同，工具因使用目的而不同，但差异往往不过是表面的。希腊人、伊特鲁里亚人和早期罗马人的物质文化，基本上都属于欧洲铁器时代的文化。

然而，叠加在斑驳的文化形式之上的是希腊的城邦，它们是具有城市化核心的、小而独立的领地，决定了我们对古典世界的认知。绝大多数这样的城市核心仍是小型的，大都是农业性的。在规模和功能上略大于大村镇。但是，它们在两方面又不同于后者：每一个都是独立领地的核心，领地和城邦核心的居民共同建造公共建筑来美化城邦，赋予它普通村镇所不具有的社会和美学意义。

希腊人把自己与其文化边界之外的野蛮人做对比。事实上，希腊文化特征非常缓慢地向西穿过地中海，而后向北传播至中欧。野蛮部落的要塞开始具有希腊城市的某些特征，正如希腊的手工艺品最初发现于北部野蛮人聚居区。希腊世界和"野蛮人"的文化分界，根本不是希腊人自己以及后世所认为的那么明显。

对公元前5世纪欧洲的记述，很大篇幅是关于希腊城邦的分布。希腊人通过城邦看世界，并形成了自己的农业、手工业和商业。虽然人们对城邦知之甚多，但是对希腊人所从事的农业、手工业和他们相互间的商业贸易了解得相对较少。尽管如此，我们仍要探究人类活动的每个领域，并考察它们的空间分布和相互关系。本章的组织形式不是把希腊人同野蛮人世界分开论述，它们是欧洲文化的两个部分，城邦和部落的政治社会组织要综合考量。同样，只要能够获得充足可信的证据，欧洲所有地区的农业和手工业都应予以考察；最终，欧洲的商业要作为一个整体来考察。其结果证明：在物质文化上，从希腊世界到欧洲大陆最北部存在着梯度变化。它是个连续的梯度，没有断层。当一个人穿过希腊人的势力范围到达色雷斯人和凯尔特人的势力范围，再从色雷斯人和凯尔特人的势力范围到北欧日耳曼部落的势力范围，他不会感到有急剧的落差。在这样的行程中，他只会感到时光倒流，从高度成熟的铁器时代文化，经过较原始的金属文化，最后到达仍在磨制石器和打制骨器的人群当中。

25

　　希腊黄金时代和罗马黄金时代间隔了六个世纪。2世纪中叶被选为古典世界的第二个剖面。安东尼王朝统治的时代几乎是当之无愧的，它见证了罗马帝国发展的巅峰。这个时期的特点是和平，但并没有如一些称颂者想让我们相信的那样绝对；另一个特点是幸福，但又没有如一些人所阐述的那么普遍。尽管如此，它仍是个相对繁盛的时期，此刻罗马完成了对西欧和南欧的控制，城市的数量和规模也在增长，甚至罗马边界以外的野蛮民族也要依靠帝国供给陶器、金属器皿和他们自己的工匠所不能制造的其他商品。

　　600年的跨越是可能的，只要在这期间物质文明没有发生具有异常重要影响的变化。这只是增长而非变化。古典文明没有特别的创新。他们的技术属于欧洲铁器时代晚期，此外，他们的贡献就很少了。希腊人的精英致力于文学和造型艺术。罗马人的精力则集中于组织和管理。他们做的所有这些都是大范围的，但是其中几乎没有什么是欧洲其他具有想象力、创造力和动力的民族所不能做的。

　　如果说在希腊英雄时代和罗马英雄时代间技术领域没有发生大的变化，那么欧洲的政治地理可说是发生了影响深远的变化。城邦首先被并入地方联盟和国家，随后被并入马其顿帝国。整个爱琴海地区和中东世界皆在马其顿帝国统治之下。这反过来粉碎了在动荡中残喘的希腊君主国，直至它们被罗马的武力逐个征服。

　　罗马帝国的壮大和辉煌是一部史诗剧。它从一个普通的城邦扩张成为一个覆盖了几乎半个欧洲的帝国，更不用说中东和北非的绝大部分也被其包含在内。这是意大利中部拉丁部落为达目的所具有的决心和意志铸就的丰碑。一方面这仍是希腊世界不团结、分散的证据，另一方面这是欧洲部族软弱的表现。本书第一部分不打算追踪古希腊罗马世界多变的政治形式。这属于政治史学家的研究。在此只要强调以下一点就够了：在罗马帝国为自己划定的界线内，希腊城邦和野蛮部落不再是自治单元，而是变成了帝国体系的组成部分。强烈的地方情感曾驱使希腊城邦一方面用纪念性的建筑装饰自己，另一方面以鸡毛蒜皮的借口同邻邦开战。这种情感在罗马的控制下有所缓和。同时，帝国更具建设性的方面——它的规划建设、纪念性建筑和对实际日常生活需要的关注——遍布于帝国的每个部落中心并在各地开花结果。

26

在其他人类活动领域内，罗马帝国继承的是希腊人和铁器时代晚期欧洲人的遗产。2世纪和公元前5世纪间的差别在于问题的强度或程度。虽然几乎可以肯定农业分布更广泛，但农作物、耕作方式和工具大体上一样。农村人口——到当时为止，在人口中占大头——仍居住在乡村并且把当地的城市或中心地区看作是政府和宗教仪式的中心、具有更精尖工艺和消遣娱乐的地方。富人比六个世纪前更富有，他们比希腊人生活得更奢靡。希腊世界没有什么堪与哈德良皇帝在蒂沃利（Tivoli）建造的、作为静养之用的精致别墅，或尼禄的黄金屋，或任何高居于罗马帕拉丁山之上的帝国宫殿相媲美。但是，如果希腊人想要，他们是有技能来建造的。

像研究希腊世界那样来调查2世纪的人口和城市发展、农业、食品生产和手工艺、地方买卖和长途贸易，最终描绘出来的景象几乎一样，但东地中海地区的希腊世界所特有的那些特征向西和向北扩散。物质文化水平随着罗马人把城市和庄园传至不列颠北部、莱茵河和多瑙河而提升。甚至在边界之外，北方的日耳曼部落也受到帝国的影响，他们愈发想要尝试罗马的事物，渴望进入帝国，分享其中的快乐。

第二章 古典时期的欧洲

　　至公元前5世纪中叶，长久的波斯战争苦难结束，作为胜利者希腊城邦联盟的头领，雅典创造了为后世所羡慕的文明。著名的雅典剧作家不断创作，同时象征雅典荣耀和辉煌的建筑已经开工，它们矗立在卫城之上，俯瞰着城市。同时，希腊城邦在南意大利和西西里建立的殖民地，以各自不同的方式效仿爱琴海城市领先的地方。此刻，罗马还是个坐落在意大利中部台伯河边一堆山丘上的小城镇。伊特鲁里亚城邦联盟北部不远处的地方，创造了在某种程度上与爱琴海的希腊文明相似的文明。罗马曾是这个松散的伊特鲁里亚联盟的一部分，当时它的独立地位一点也不稳固。

　　翻越阿尔卑斯山的拉特纳（La Tène）文明，被由铁制武器和战车武装的凯尔特人传播至中欧许多地方，并向西欧、伊比利亚半岛和不列颠群岛推进。在此地之外的北方、东北方的地域，仍存留着青铜时代文化。在波罗的海地区、斯堪的纳维亚地区和不列颠群岛最外缘，石器时代的人们开始学习农业的基本原理。在极北端，北极圈外缘，猎人和牧人仍实践着南欧早在1万年前就已终结的文化；他们的工具和削尖的骨制武器，属于旧石器时代的高级水平。这个历史时期的欧洲根本不存在如公元前5世纪中叶那样显著的南北间、阿提卡和芬兰间的文化梯度。

希腊世界

政治地理

很难对该时期的欧洲政治进行分类整理，也不可能绘制出一幅欧洲大陆政治地图。从有政治组织的领土的意义上来说，只有希腊和意大利半岛上存在国家，其政府能进行有效统治。其他地方充其量不过是不确定和变化着的部落地区。

希腊世界，包括爱琴海滨海地区、岛屿和在意大利、西西里乃至更远地方的某些区域，皆由城邦（希腊语 *poleis*）组成。这些城邦的数量难以估算。其中一些城邦同北欧的部落一样不稳固，另一些同周边邻邦相融合或是从其中分离出来。多达 343 个城邦先后加入提洛或雅典同盟。尽管所有城邦都要求独立或自治，人们却发现它们的规模和政治上的弱点使得其独立难以实现。在希腊人看来，城邦是许多邻近村庄结合（*synoikismos*）的产物。亚里士多德写道："当若干村庄联合成一个单独的社会团体，且大到几乎可以自立，那么城邦就产生了。"[1] 这只是对这个长期且缓慢的过程所做的理性描述。从狭义上来说，城市之所以成为城邦的核心和焦点，通常取决于不断增强的防御考虑。城市一般筑有城墙，在堡垒中聚集着市民住所，但并不是城邦的所有市民都居住在城市中心，许多市民在周边的农村有自己的住所和农田。根据修昔底德的记载，雅典人曾居住在乡下和村庄，尽管"现在联合成一

---

[1] *Politics*, I. 1.8.

个独立城市"，但许多人"因旧习而一般仍住在他们出生的乡村住所"。[1] 他们不得不这样，否则从家里到农田的路程就太远了。

雅典城邦的面积有约 1000 平方英里，斯巴达将近 3000 平方英里。但是，绝大多数城邦要比这小得多。科林斯的面积只有 340 平方英里。大多数城邦的面积不超过 100 平方英里，雅典北部的彼奥提亚（Boeotia）的 22 个城邦的平均面积不超过 30 平方英里。在这样的小城邦里，绝大多数市民可以居住在市中心，每天来往于田地与住所之间。

城邦的分布在很大程度上由崎岖、不连贯的地形所决定。大部分城邦占据了海滨附近或沿岸的小面积平原区域。它们几乎很少分布在内陆山地和崎岖的希腊西海岸。城邦间的边界通常是贫瘠的山脊地带，如西塞隆（Kithairon）山脉隔开了雅典和彼奥提亚的诸城邦。图 2-1 说明了提洛同盟诸城邦的分布。这些只是其中一部分城邦。如彼奥提亚和伯罗奔尼撒的那些城邦就不是其中的成员，图中也没有显示。伯罗奔尼撒半岛和希腊西部的城邦正在形成过程中。甚至斯巴达也"不是连续建成的，它没有雄伟的神庙或其他大型建筑物；它更像一群村庄，像希腊的古城镇"[2]。

希腊世界延伸到爱琴海以外的地方，包括南意大利和西西里部分地区，以及黑海、普罗旺斯，甚至的黎波里塔尼亚（Tripolitania）地区（见图 2-2）。因人口过剩，希腊城邦的殖民者移民至此，并建立了子邦。尽管这些子邦出于子女般的忠诚仍同

---

[1]　Thucydides, II. 16-17.

[2]　Thucydides, I. 10.

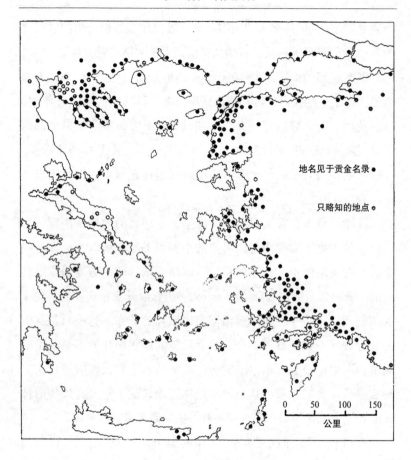

图2-1　提洛同盟的全体成员

29　　母邦保持联系，但它们是完全独立的。联系的紧密程度在伯罗奔
　　　尼撒战争中得到证实。希腊殖民地的数量比希腊自身的城邦数量
　　　要少得多，但面积通常要比希腊诸城邦本身大得多。在意大利和
　　　西西里——所谓的大希腊地区（*Magna Graecia*）——城邦紧临着

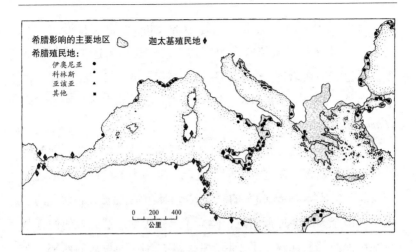

希腊影响的主要地区
迦太基殖民地
希腊殖民地:
伊奥尼亚
科林斯
亚该亚
其他

0 200 400
公里

图2-2 地中海的希腊聚居地

海岸,它们的政治控制并未深入到内陆地区太远。西西里和意大利的部族在山林中继续过着他们传统的生活,无疑,他们受到山下平原的希腊人的影响,但绝没有被他们统治。

很难把希腊界定为希腊人所理解的希腊文"Hellas"的字面意思。它是希腊人生活的地区,但希腊人讲着许多不同的独特方言;邻近希腊世界的边界地区,这些方言逐渐变成独立的"蛮族"的语言。尽管希腊人具有共同的文化元素,但他们根本不知道政治统一,直到在马其顿的亚历山大大帝和罗马人的先后强制下,才被迫有了政治上的统一。但他们最多是为了共同防护而形成不稳固的地区联盟,其中最大最强的联盟是为抵御波斯而形成的以雅典为核心的联盟。它后来转变成了雅典人扩充权势的工具,联盟内部的矛盾最终导致了伯罗奔尼撒战争的爆发。在亚该亚、彼奥提亚和三叉形的哈尔基季基半岛（Chalcidice）也各自形成了联盟。哈尔基季基的城邦联合很密切，它们甚至铸造了统一的货币。无论它们在语言、文化和政治上有何差异，"Hellas"在一件事情上是一致的，那就是对"缺少法律的弱小族群"——"蛮族"（barbaroi）的蔑视。

人们绝不会认为希腊人是唯一的城邦缔造者。完全不同的民族——腓尼基人，在这个时期也进行了极为类似的殖民活动。他们发起于黎凡特（Levant）的海滨城市。他们是船员，在北非的迦太基，即今天的突尼斯附近，建立了母殖民地。从此，他们逐渐在地中海西部盆地建立了子邦。他们定居到西西里岛的西部，在那里建立了摩提亚（Motya）、帕诺尔莫斯（Panormus，今巴勒莫［Palermo］）；但从西西里岛的其他地方被希腊人控制。另一方面，他们似乎能将希腊人驱逐出地中海西部的大多数地区，自己则定居于北非海岸沿线和撒丁岛、西班牙南部。在表面上，腓尼基人的殖民地很像希腊的殖民地，但是它们更商业化，并在一定程度上受到迦太基母邦的控制。

除了迦太基人的敌意，大希腊地区的希腊人还要面临来自伊特鲁里亚人和意大利的意大利语部族的敌意。伊特鲁里亚人占据了意大利中部的一大片地区，集中于托斯卡纳地区。他们的语言不同于意大利语，通常被认为源于亚洲，他们被认为是来自东方的入侵者。近些年，人们对这个观点提出了质疑。现在认为伊特鲁里亚文化形成于意大利本土，它与意大利语部族文化的区别也不再如以前所认为的那么分明。公元前5世纪中叶，伊特鲁里亚文化从北部的伦巴第平原扩展至南部的那不勒斯附近。它阻挡了希腊人向北方的文化渗透，包围了尤为重要的意大利民族——罗马人。名义上的 12 个伊特鲁里亚城市形成了一个松散的组织，有点像希腊联盟，每个成员城邦的骄傲态度和爱国精神使他们无法从属于一个更大的统一体。

伊特鲁里亚联盟内部的不统一导致它没能占领那不勒斯地区。伊特鲁里亚人被逐出罗马，他们未能征服意大利内陆山地的意大利部族。正是他们的崩溃，为罗马的成长提供了机会。公元前 5 世纪的罗马只是另一个小城邦，与伊特鲁里亚的那些城邦没有显著差异。其居民是源自半岛的意大利部落的拉丁人。他们经历了一种村镇联合，这要归因于公元前 6 世纪的塞尔维乌斯·图利乌斯（Servius Tullius）。人们认为是他建立了塞维安城墙（the Servian Wall），将罗马山丘中的原始村落围在其中。但这只是个传说，所谓的塞维安城墙实际上直到公元前 4 世纪才建立。公元前 5 世纪中叶，罗马"城"的处境危险，受到伊特鲁里亚人和意大利部族的双重威胁；其重要性在未来才完全显现。这个时期，意大利部族似乎要强大很多，他们抑制了希腊人在南部的扩张，并且对罗马本身一直都是个威胁。他们居住在山谷，享有的资源有限，不断增长的人口迫使他们涌向海岸平原地区。这种持续的压力最终导致罗马人发动了对他们的长期战争，李维的编年史对此进行了描述。

在希腊人、拉丁人和伊特鲁里亚人的势力范围之外，并不存在其他的地方城邦，只有最初级的政治组织存在。随着铁器使用文化向西、向北传播，青铜时代即将结束。早期的铁器时代文化，被视为等同于上奥地利的哈尔施塔特（Hallstatt），当时已遍布欧

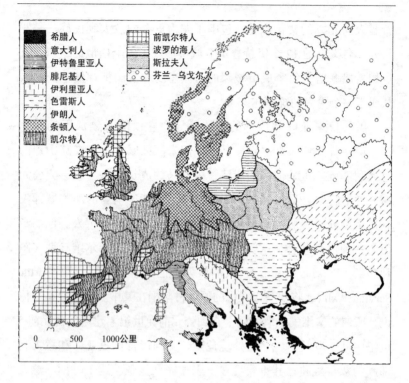

图2-3　公元前5世纪欧洲民族-语言分布图

洲大多数地方。更精致和更复杂的铁器文化，其位于瑞士的典型
遗址而得名"拉特纳文化"，开始取代早期的铁器时代文化。文
化的传播一部分得益于人们的地理迁移，一部分则是因为工匠个
人的活动，其中金属制造工和制陶工最重要。然而，绝不能夸大
铁器时代欧洲人迁移的规模和融合程度。他们形成的地方文化没
32　有根本差异，而是因他们陶器的发展风格而有所不同。除伊特鲁
里亚人之外，横跨北意大利的还有科马西尼人（Comacines）、阿

特斯特人（Atestines）和维朗诺瓦人（Villanovans）。我们甚至不能认为他们细微的文化差别是反映在政治组织上的。我们也没有任何把握说他们所讲的是何种语言，不论他们是意大利民族因此与拉丁人相关，还是语言学上的凯尔特人，或介于两者之间（图2-3）。

在阿尔卑斯山的另一边住着凯尔特人。传统上人们将他们的社会组织称为部落。事实上，他们形成了大概数百个团体，具有某种形式的"国王"或领导者，其部落领地有一个核心地带。一般说来，核心地带有一个圆形的堡垒，并由河堤、沟渠和栅栏保护。类似城邦的核心，它很可能容纳部分居民的住宅，紧急时刻为所有族人提供住宿。酋长居住在部落神的旁边，在此地储藏谷物，谷物很可能如不列颠南部一样储藏在地下成排的深洞中。

凯尔特人从他们在德意志南部的原始家园向西、向南迁徙了数个世纪。他们借助的是所拥有的铁制武器和迄今为止在欧洲形成的最可怕的战争机器——敞篷双轮马车。凯尔特人间的战争和凯尔特人与前凯尔特人居民之间的战争具有地方特色。等级社会开始出现，社会分为操纵战车的作战精英阶层和附庸的农民大众。至公元前5世纪，凯尔特人在某种程度上横跨了西班牙，他们在此遇到了更原始的伊比利亚文化，最终被希腊人和腓尼基人在海岸的基地所抑制。

在凯尔特人以外，往北是日耳曼民族。他们居住在波罗的海地区的更南部，他们在此习得了简单的铁器使用文化。他们也向更南的地方广泛扩展。是日耳曼人迫使拥有更复杂武器装备的凯尔特人向南、向西迁移，还是这些民族的农业收益太少，以致他

33

们被迫迁移去寻找新的土地进行耕作，并倾向于迁至阻力最小的地方？似乎普遍的情况是，凯尔特人和日耳曼人都向土壤更肥沃和气候更温暖的地方迁移。

公元前5世纪，斯拉夫人开始作为一个完全不同的民族出现。他们的家园可能位于今天波兰南部和乌克兰西部的平原地区。他们很可能从这里极缓慢地向俄罗斯的欧洲部分的草原和森林迁移。他们大体上是一个定居的农耕民族。他们接触到了来自草原的入侵者，即这个时期最重要、最强大的斯基泰人（Scythians）面前。这是个畜牧的半游牧民族，他们统治和掠夺定居的农耕民族。正是为了防御斯基泰人，斯拉夫人建造了他们设防的"城镇"，如比斯库品（Biskupin）（见本章"聚落"部分）。

斯拉夫人的北部是相关的波罗的海人；除了他们，还有芬兰－乌戈尔（Finno-Ugric）人，他们的狩猎场地横跨俄罗斯欧洲部分，直至西伯利亚。波罗的海人是纯粹的农民，他们仍生活在青铜时代。如果不是不可能，也是很难把种族和语言分别等同于物质文化；但如果芬兰－乌戈尔人已达到了开垦土壤的阶段，或者制造武器和金属工具的程度，那也将是令人吃惊的。500年后，根据众所周知的传闻，塔西佗形容芬兰人为"惊人的野蛮，可怕的贫穷"。

人　口

估算公元前5世纪的欧洲人口数量是无据可依的；实际上，估算18世纪前任何时候的欧洲人口数量都没有依据。没有人口普查，人们只能从军队、粮食交易、贡品数量和居住或耕种面积来推测人口数量多少。显然，许多希腊人认为他们的国家人口过密，希腊的殖民地就是由那些在故土没有居所的希腊人开拓殖民的。人口的最大限额明显与生产粮食的技术和能力有关，而希腊人在农业科学方面几无进步。

34

我们必须从阿提卡开始，因为许多相关的可信资料与其有关：雅典人支配使用的士兵、战船数量说明阿提卡有 3.5 万至 6 万名战斗人员，或人口总量在 11 万至 18 万人。这还必须加上定居于此的"外国人"（*metoikoz*）和奴隶，而这些没有明确证据。雅典繁盛时期阿提卡的总人口估计在 20 万至 33.4 万之间。真实情况可能大约为 30 万，这在一个世纪之后阿提卡的谷物消费估量中得到某种证实。的确，很难根据雅典的数据来推算其他希腊城邦，因为雅典在许多方面都是独特的。相比于其他城邦，雅典能够供养相当密集的人口，因为它可以从黑海海岸和其他地方进口粮食。至于其他城邦，人们可以从它们核心城区的建造面积、可能的耕地面积或它交付给提洛同盟的贡金数量等来推测人口数量。柏拉图认为一个城邦的理想人口数量是 5040；加上其附庸，总数不超过 1.5 万。许多城邦，如哈尔基季基的微型城市，其人口数量必定比该数字小得多。

在欧洲，人口密度唯一可能等同于爱琴海地区的是大希腊地区，叙拉古是唯一一个可与雅典相匹敌的城市。然而，各城镇的规模和可耕种的土地面积显示，其人口总量不可能超过 50 万。而希腊的人口总量或许在 150 万这个量级。

当我们转向意大利其他地区，可找到的证据极为不足。根据已发掘的公墓，一个名为"凯瑞"（*Caere*，切尔韦泰里

［*Ceveteri*］）的伊特鲁里亚城邦的人口估计在 2.5 万左右，伊特鲁里亚城市人口有 20 万。罗马和迦太基的城市都不太大。

对地中海世界之外的人口进行估计，必须要依据的不是居住地的规模或耕地面积，因为现在对其知之甚少，而是经济形态。青铜和铁器时代，在欧洲的任何地方进行的都是多变的农业。粮食产量低，甚至最好土地的养民能力也很有限。而且阿尔卑斯山系北部的欧洲大部分地区在那个时期不能耕种。这表明好的土壤每平方英里最多只可能供养 25 人；在欧洲大部分地区，这个量会掉至 10 人或更少。由此，人们可能会草率地认为欧洲人口数量是如此之多。罗马帝国初期的人口总量被认为在 5000 万左右。如果这近似于正确，那么大约在 450 年之前，该数量可能要小得多。

35 ## 聚　落

公元前 5 世纪，"城市革命"（柴尔德［Childe］的术语）开始遍及整个欧洲。希腊城邦的中心是欧洲最早的城市。城市几乎都不大；许多城市比大型村庄更小，但是都具有不同于纯粹农村聚落的特点。当然，这些城市的绝大多数根本上仍是农业性的，居住其中的居民每日仍要到田里工作。但是，城里还有工匠，且这些城市具有某种管理机构，为市民提供娱乐和消遣。城市与村庄的差异不在面积与执行的功能，而在它为城市的文明生活所提供的设施。

希腊城市通常坐落于海滨附近，而不是海岸边。较大的城市在岸边会有个小港口，如雅典在比雷埃夫斯（Piraeus）有港口，科林斯在肯奇瑞（Kenchreai）和勒凯翁（Lechaion）都有港口。城市通常建造在能提供防御的高地上，具有防御功能的卫城

（*acropolis*）则耸立其上，如在科林斯和阿尔戈斯（Argos），古典时代之前的古风时期这是国王的居所所在。它通常有城墙防护；有些城市的城墙很长且围封的范围又广，很难弄清楚全城防御是如何进行的。例如，雅典的城墙至少16英里长。某种程度上，这个广阔的封闭区源自——特别是早期——紧急时刻驱赶动物的空间需要。随着发展，城市普遍扩散至较低且较平的地面，我们所发现的大多数晚期城市都建造在河边的平地上以方便取水。

山顶的旧城完全没有整齐的规划。街道狭窄而弯曲，胡同和庭院开在两边。甚至在雅典，引用公元前4世纪作家狄凯阿科斯（Dicaearchus）的话说：“街道只是糟糕的旧巷子，住房中只有若干所较好。”[①] 这已在战神山（Areopagus）附近的挖掘中得到证实：“小道和窄巷……还建造了为数不多的房屋、商业机构和工房。”[②] 城市“干燥，供水不足”，冬日，暴雨径流冲开了路边的排水沟。许多住房和工房是在石基上用泥砖建造的。有些房子还有两层，但大多数房子似乎只有一层。德摩斯梯尼（Demosthenes）说，“在私人生活中”，雅典人“很简朴”。没有任何理由怀疑他所写的内容，也没有任何理由认为希腊其他城市会更落后。

公共建筑与家庭建筑形成了鲜明对比。希腊城市居民过着公共生活，希腊城市是个“面对面”的社会。其活动中心是广场（*agora*），尽管通常不完全正确地翻译为“市场”（marketplace）。市场附近有普吕坦内安厅（*prytaneion*，最接近于“市政厅”）、庙

36

---

① 　*Geographi Graeci Minores,* ed. C. Müller (Paris, 1882), I, 101.

② 　Rodney S. Young, "An industrical District of Ancient Athens," *Hesperia* XX (1951): 139.

宇、纪念碑、拱廊（stoa）和公共喷泉。人们在这里，而不是在潮湿狭窄的家里，度过了他们大部分的休闲时光。2世纪周游希腊的帕萨尼亚斯（Pausanias）在旅行指南中评价公共建筑，他这样评价福基斯（Phocis）的帕诺帕斯（Panopus），"如果这也被叫作城市，那它也是没有管理机关、没有体育馆、没有剧院、没有集市、没有喷泉用水的"，而狄凯阿科斯毫不怀疑安泰东（Anthedon）的地位，因为"广场种满了树木，侧面排列着石柱廊"①。

建造这样的建筑物是每个城邦的追求目标。它们既涉及便利、舒适的问题，也是声誉问题。它们是人们会面、交谈的场所。没有这些场所，可能就不会有柏拉图对话，尽管这些公共讨论很少能如苏格拉底的谈论那样被人称颂。然而，几乎没有城市能取得雅典那样的成功，当然，它们也就没有那样的财政资源和物质资源。尽管如此，如帕萨尼亚斯所证实的，没有受到某些风格的公共建筑美化的城市也不是很多。好的建筑风格的传统基于其自身的理由被罗马人保留下来，后来从欧洲消失，直至近代才复兴。

希腊人在大希腊地区所建造的城市，在绝大部分方面与希腊的城市相似。它们都具有大的公共建筑，其中一些纪念碑的残骸仍存留于叙拉古、梅塔蓬图姆（Metapontum）以及其他地方。

意大利中部的城市发展，大体上与希腊世界的城市发展相似。伊特鲁里亚城市很大，一些城市如奥维多（Orvieto）和佩鲁贾（Perugia），坐落在高地上，所有城市都具有严密的天然防御。在这些方面，罗马与伊特鲁里亚的城市风格相符。所有城市都是由

---

① Pausanias, X.4.1.; *Geographi Graeci Minores*, I, 99.

泥砖或石料的住宅组成，具有砖石砌筑的庙宇、公共建筑和某种形式的防御外围，与爱琴海毫不起眼的小城邦几乎无异。

其他仅有的城市居民是迦太基人。他们乘帆而来，其城市无一例外都是海滨城市。他们专注于商业，优良港口对他们很重要。他们的许多城市，包括其中最著名的城市——西西里西部的摩提亚，都位于小岛上，免受他们内陆劲敌的侵扰。但是，地中海西部的少数希腊人聚居区与爱琴海地区的相似，具有天然的防御且附近有良田。

城市文明仅局限于地中海区域，甚至仅在希腊人、伊特鲁里亚人和迦太基人聚居区得到发展。除此之外就是伊比利亚人或凯尔特人建造的聚居区，它们在规模上是城市，但在其构造和公共建筑的成熟度方面又不算是。其中一些聚居区可能几乎很少有常住居民，一些可能主要是用作避难所。绝大多数聚居区位于高地上，依靠河堤和沟渠进行防御。在最复杂的情况下，这些河堤和沟渠形成了一系列的同心圆防御线。它们的防御偶尔是砌筑而成的，如普罗旺斯的恩瑟恩（Ensérune）、德国南部的霍恩堡（Heuneburg）。这样砌筑而成的防御工程，在法国、不列颠南部和西班牙大部分地区都很多。在法国，其中一些防御工程在公元前1世纪抵御罗马人侵者中发挥了重要作用。

在北欧平原，这样防御型的居住区很少。天然防御场所没有那么多，聚居区居民更多是依靠水和沼泽来进行防御。其中，比斯库品建造在波兰中部一个小湖的岛屿上。后来上升的水平面迫使人们放弃了这块聚居地，该聚居地沉没于腐殖土和湖中沉积物中。当它被发掘出后，证实了它是有规划的椭圆形，将近五英亩的占地面积；此外，它不仅有湖水，还有壁垒作为防御。城中有13排木屋，呈直线排列且相互平行，共有至少100幢房子和500以上的人口。这个居住区主要是农业性的；它没有可炫耀的建筑，事实上它与北部平原的其他一些聚落并无二致。然而，在规模上、有规划的设计上、防御上，它显然几近概念中的城市。城市的概念缓慢地从希腊世界向西、向北传至欧洲。当四五百年之后，罗马人把西欧和部分中欧纳入其帝国时（见第三章），才真正为城市扩张打下基础。

人们对地中海盆地的乡村聚居区了解更少，因为其建筑不坚固，也不耐用。大约一半雅典城邦的人必须居住在中心城区之外。大多数人似乎在小巧紧凑的村庄有自己的家，尽管也有分散的农庄和色诺芬笔下的那种大型农场。[①]山上还有个别农场，牧羊人和烧炭人居住、劳作于此。整个希腊世界的居民区风格大体上相似。然而，在内陆地区，大型村庄为了防御而聚集在山顶，如地中海欧洲部分的许多地方今天还存留有这样的村庄。撒丁岛的塔状建筑物（*nuraghi*）是个例外，这些高大的圆形砖石建筑物高耸于一片圆形石砌茅屋之上。它们可能是为防御而建造，这样塔状的建筑风格的传统可能源于古风时期的希腊，并在不列颠北部的史前圆形石塔（*brochs*）中得以延续。

在欧洲地中海以外的地区，主要的居住模式是小村庄或小村

---

① *Oeconomicus*, IX, XII.

落。它们在地点、规划和风格上有极大不同，还没有足够的数据可对其进行归纳。许多村庄，也可能大多数，离设防的围场不远，村民把这里作为他们的中心地和避难所。分散的村落并非异常，但它们在这个自相残杀的战争年代必定冒着某些风险。农民的小屋主要是木制结构，类似于在比斯库品所挖掘出的那些小屋。一些是用草皮所建；而在一些地区，如英格兰南部的达特穆尔高地（Dartmoor）和斯堪的纳维亚，土地表面上的坚硬石头被用于建造房屋。绝大多数房屋的屋顶覆以树枝，偶尔覆以圆木和茅草。大多数房屋的设计是长方形的，且长要比宽长很多。这样的"长条形房屋"属于古老的欧洲传统，可追溯至新石器时代多瑙河流域的农民那里，并一直延续至不远的过去。墙体一般用敲入地面的木桩作为框架，且木桩缝隙间填充着枝条和泥土。

　　有时茅屋和路两旁对准，可能这就是后来"街道村庄"的源头。在沼泽地区，如佛里西亚（Frisia），成组的房屋有时建造在人造土丘（*terpen*）上，在古典时期的潮湿季节它随着地下水位上涨而升高。在瑞士，一些住宅建在浅水湖的人工岛（*crannog*）上。波兰和俄罗斯的挖掘遗址中的证据不足。这些地方的乡村住宅不得不面对的不仅是上升的水平面，还有经常存在的、来自西伯利亚大草原的骑兵们的威胁。大多数定居点都有一定形式的防御。波兰北部的斯塔齐科沃－马勒（Starzykowe Małe）是很好的例子。该居住区包含大约八所带有附属建筑物的房子，大致按圆形排列，用双层石墙设防。整个住宅区建在三面环湖或环沼泽的干燥半岛上。在向东穿过俄罗斯至伏尔加河和乌拉尔山脉的阔叶丛林带中，

38

发现了数百个这样的村庄，都是农民曾经居住的。

更向北，超越定居农业的界线，是沿波罗的海海滨和挪威峡湾（Norwegian fjords）的小型渔业居住区。此地居民使用的工具和武器主要是骨制的。在斯堪的纳维亚内陆和俄罗斯北部是为数极少的狩猎－放牧群体。他们过着游牧生活，但在季节性游荡中也并非无家可归。他们的经济处于石器时代，但这里的石器时代一直持续至南部所谓的"历史时代"。

农　业

欧洲大部分地区的农业收成仅够维持生存，粮食贸易仅限于希腊世界的小部分地区。阿提卡的农业性质因希腊作家而广为人知。土壤贫瘠多石，但得到雅典人的充分利用：雅典人把山坡修成梯田进行耕种，直至1000英尺的高度。然而，1000英尺以上只有崎岖不平的草场以供放羊，干燥的林地和灌木丛可提供烹饪的燃料。烧炭者和山羊面前的森林很快消失，山坡被损坏得伤痕累累。

长在低地的农作物主要是谷物。适合在干燥的碱性土壤生长的大麦分布最广泛，但小麦占据约七分之一的农耕地区。包括青豆和扁豆在内的蔬菜是主要的蛋白质来源。喝的主要是山羊奶，肉吃得很少。尽管鱼肉很重要，但橄榄油是主要的脂肪来源。他们的日常食物稀少，用大麦制成的饼和麦片粥是最主要的食品。

阿提卡是农耕者的地方，农民必须为自己提供生存所需的物品；此外，他们可以供给城市一些油、葡萄酒或蔬菜。然而，雅典一半以上的粮食供给是进口的，主要是从黑海沿海地区。大庄园确实存在，但很少。属于菲尼普斯（Phainippos）[①] 的庄园有 700 至 1000 英亩，必定是用奴隶耕作。但是，家庭农场的面积一般来说从 30 至 50 英亩不等。

耕作的方式是休耕制，即田地被隔年耕种。田地本身几乎必然很小，可能是正方形的。田地的界限主要用从土壤中刨出的石块垒造。耕作的工具是轻型犁（light plow），正如修昔底德所形容的和雅典人的花瓶上所刻画的那样（图 2-4）。饲养的动物很少，且它们大部分时间是在山上，以致粪肥很少。

阿提卡不是希腊所有方面的典型代表。正北方的彼奥提亚更湿润，其冲积土壤更肥沃，显然农作物也更丰盛。营养充足的彼奥提亚人不仅是雅典人提防的对象，还为其邻邦所羡慕。塞萨利和西部山脉间的草场更广阔，当地的人倾向于饲养动物，冬季使用低地的牧场，夏季则使用高地的草场。

大希腊地区的城市比希腊本土的城市得到了更多赐福。其平原更肥沃、更广阔，有些城邦，尤其是锡巴里斯（Sybaris）和阿克拉加斯（Akragas），皆以富足闻名。当人经过意大利半岛，气候变得更湿润，土壤通常更肥沃。罗马和伊特鲁里亚比爱琴海地区更适合农作物的种植。葡萄树变得不太重要，橄榄树消失了，小麦开始代替大麦。拉丁姆（Latium）和伊特鲁里亚的低地居住着农耕者，而从李维的记载中显然可见草原畜牧业盛行于内陆山地。

地中海农业并不比阿尔卑斯山北部的农业发达，同样的农作

[①] 根据德摩斯梯尼的演讲《反菲尼普斯》，此人系生活年代在公元前 320 年前后的阿提卡地主。——译者

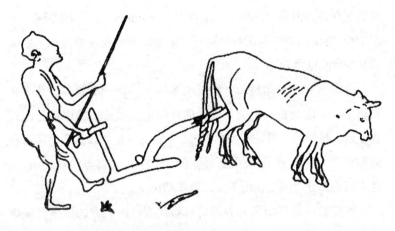

图2-4　陶瓶上的希腊轻型犁

40　　物种植的方式大同小异。但是北欧的耕地更多，农民可以采用轮
耕制，即耕种一块土地若干年后再换另一块。北方土壤多半是轻
质土，易于耕种。根据留存的"凯尔特人"的田地类型，北欧农
田似乎小而密集，适合使用轻型犁，即常用的阿德犁（ard）[①]。这
种农具不能翻地，所发掘的底层土的纹路显示农田是被交叉犁耕
（cross-plowed）的。谷物与南欧的更不同。虽然大麦仍是重要的，
但黑麦开始出现于农作物中。通常种植的小麦种类有二粒小麦和
斯佩尔特小麦，此后这些种类大体上被其他更高产量或更易磨碎
的种类所代替。我们发现，在这个时期人们甚至通过筛选种植的
种子而把基因变化引入其种植的农作物中，尽管这是无意识的。
　　在阿尔卑斯山以北的整个欧洲地区，动物饲养是很重要的。

———————————

　　① 一种不带推土板的轻型犁。——译者

肉和奶是人们必需的饮食。牛被用于耕地，马被用于战争和凯尔特人的马拉战车。不同物种的数量比例是变化的。羊和马的数量相对较少。之后的铁器时代则颠倒了过来；猪的数量较少，羊和牛的数量更多，马的数量则大大增长。这个变化可能仅是因为猪通常出没的林地受到破坏、适合养羊的空旷之地增加。一般说来，农耕区畜牧业对北欧的重要性随着动物饲养增加而减小，在斯堪的纳维亚和波罗的海地区的湿冷气候下人们更倾向于饲养动物，主要是牛。

仅通过挖掘，人们几乎很少能了解到一个农村聚落的经济。然而，在英格兰南部的某些遗址却实现了这一点，尤其是在丹伯里（Danebury）和费尔迪恩（Figheldean），它们都位于索尔兹伯里（Salisbury）平原的白垩岩上。费尔迪恩是一个有 275 人的社区，耕地面积 370 英亩。耕地由一块块密集的格子状田地组成，隔开它们的是未围起来的畜牧用地（见图 2-5）。夏季人们在此放牧，冬季动物被圈养在围场中，以便接收少量肥料。谷物到春季才能播种，这可能意味着大麦是主要的农作物。附近是山顶堡垒，可以为费尔迪恩居民提供庇护、居所和储存空间。[①] 他们真正居住的房屋肯定成群地建在田地间，但是其位置还没有被发现。

在费尔迪恩，农场动物的季节性迁移只是短距离的。但是这个时期，当农场的人们学会在一年中的部分时期利用边缘土地后，

---

① Shimon Applebaum, "The Agriculture of the British Early Iron Age," *Proceedings of the Prehistoric Society* (1954): 103–114.

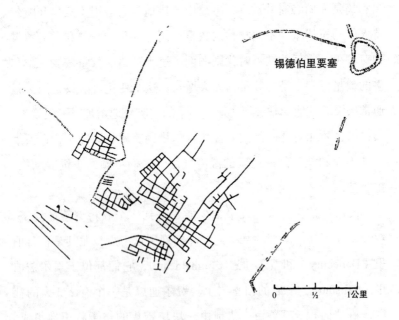

图2-5 不列颠南部的凯尔特田地系统，小块的不规则矩形田地如右上角所示

农场动物也有了长距离的迁移。在一些实例中，如斯堪的纳维亚和阿尔卑斯山地区，人们在夏季把家畜赶至山腰放牧，冬季则赶回低地地区。这样季节性的牲畜迁移可能源自更早期的、前农业社会的迁移模式，它被发现遍及欧洲的丘陵和山地地区。直到今天，这样的方法在某些地方仍被实践。

在俄罗斯南部的大草原，定居的农耕者被牧民、半游牧的斯基泰人所代替，他们带着牧群穿过草地，对定居丛林边缘的农民发号施令，由农民供给他们谷物。潮湿的大草原西部是优良的耕地，是雅典人和其他一些城邦进口谷物的主要货源。

制造业和采矿业

尽管一些历史学家认为在雅典有一些大型的、由奴隶操作的厂房，但公元前5世纪时的制造业跟家庭内部的手工艺相距不远。仅采矿业的规模明显较大。只有文学和碑文证据能让人构想出雅典人从事制造业的图景。大部分生产活动在向城市街道、庭院敞开的厂房进行，这里居住着石匠、青铜工匠、皮匠、制革工、漂洗工、染色工和织布工。我们可以想象拥挤的景象，伴随着高温、噪声和各种各样的气味。一些工匠，特别是石匠，居住在城外，每天赶路上班、下班。一些手工艺往往集中在特定的区域；克拉米克斯（*Kerameikos*）是许多制陶工人的居住地。实际上，这个词正是"ceramics"的由来（"制陶艺术"）。还有一条"大理石工人之街"。纺纱和织布则在家里进行，每一个家庭主妇，如《奥德赛》中的佩涅洛佩（Penelope）一样一直忙于纺织，但她们无疑会用更加高效的工具，即卷线杆和织布机。之后，布料被染色和漂洗。

在《居鲁士的教育》（*Cyropaedia*）中，色诺芬把大城镇工匠较高程度的专业化同小城镇宽泛的专业化进行了比较。他写到，在小城镇"同一个工人制作椅子、门、犁和桌子，通常……还要盖房子。尽管如此，如果他能找到足以养活自己的工作就很感激了……在大城市……因为许多人在每个行业有不同的需求，因此，单单一个行业，通常情况下，甚至这个要求都不需要满足，一个人便足以养活自己。例如，一个人为男士制鞋，另一个人为女士制鞋；甚至在一些地方，一人仅靠补鞋就能谋生。有人专门剪裁，另有人专门缝合，还有人不做任何制作工作而只是把各部分组合

图2-6　一个希腊鞋匠正在测量一双女式鞋，根据 H. Blümner, *Technologie und Terminologie der Gewerbe und Kunste bei Griechen und Römern* (Leipzig, 1912)

起来"[1]。亚当·斯密的评论根本不及色诺芬的描述。

　　希腊的技术水平不高，并不比其在荷马时代的技术先进。人们通常把此归因于奴隶制，这将劳工成本维持在低水平。瓶画是古代希腊艺术丰富的信息来源（见图 2-6 和图 2-7）。它们展示了人们用立经式织机织布；铁在矮炉中被熔化成软铁，用铁砧锻造成简单的形状；制陶工用脚转动轮子旋转陶罐；纺纱和织布处处可见。铁制品制造更具地方性，一些希腊城市发展出自己的特色：卡尔基斯（Chalcis）的剑、彼奥提亚的头盔、拉哥尼亚（Laconia）

43

---

[1]　*Cyropaedia*, Loeb, ed. (Cambridge, Mass., 1968), I, 333.

图2-7 陶瓶上的希腊铁匠，根据H. Blümner, *Technologie und Terminologie der Gewerbe und Kunste bei Griechen und Römern* (Leipzig, 1912)

的刀以及阿尔戈斯的胸甲。雅典本身以其高质量的陶器著称，优质陶器是其主要出口商品。石匠和雕刻家人数众多且技艺精湛，他们似乎没去尝试烧砖，尽管陶瓷砖被用于公共建筑上。人们已利用铅和销钉把砖块连成一体，但是显然并未将其利用在供水系统中，那有待于罗马人来完成。

其他城市没有像雅典那么多样的工艺品，不过科林斯出口青铜器和陶器，卡尔基斯和西锡安（Sicyon）出口金属制品，迈加拉（Megara）出口粗布衣服。大希腊地区的每个城市都有各自的特色产业，其中制陶、纺织和铁器制造是最重要的。但是，古代铁器行业的主要中心是伊特鲁里亚。其重心在位于厄尔巴（Elba）岛对面海岸的波普洛尼亚（Populonia），厄尔巴岛则为其提供最好的铁矿石，直至19世纪依然如此。冶铁主要在托斯卡纳腹地进行，这里有更充足的木炭。

阿尔卑斯山以北的凯尔特人具有同样的一系列手工艺。青铜继续应用于凯尔特人的艺术中，但是独独铁器被用于更重要的目的。熔炼和提炼的方法很接近于希腊人所使用和解说的。特别是在德意志西北部的锡根（Siegen）附近挖掘出的火炉和这个时期巨大的矿渣堆，一定程度上说明了该时期的行业规模。

44

对地中海及北方的民族来说，采矿及采石业显然都是重要的。希腊本身矿藏贫乏。一些黄金取自北部的冲积层，塞浦路斯有一些铁矿区但很快被挖掘殆尽，此处还有重要的铜储藏。但最重要的是，在靠近阿提卡最南端的劳雷恩（Laureion）有银、铅储藏。奴隶从雅典城邦被租来，为某些私人挖矿。虽然每个矿井都很小，然而加起来，银的产出量不小，可能要雇用2万名奴隶。开矿方法很原始，是劳动密集型的。许多矿石被浪费，19世纪时人们仍可从古代矿井的矿渣中提取出银。

铁矿从无数的小矿床中获取，很快被挖掘殆尽并被遗弃。然而，矿石的质量有很大不同，而在这个时期来自某些区域如托斯卡纳、席根兰（Siegerland）和阿尔卑斯山东部的金属尤其宝贵。

人们在奥地利的基茨比厄尔山（Kitzbühel Alps）开采、冶炼铜，这里肯定生产了大量的金属。这个时期，在匈牙利、波希米亚的奥尔山（Ore Mountains），以及哈尔茨山（Harz）也进行了其他矿床的开采。不掺杂些锡，铜不易变硬，而锡是分布最少的金属之一。尽管在奥尔山找到了一些锡，但西班牙西北部、布列塔尼和康沃尔（Cornwall）是锡的主要产地。很有可能，公元前5世纪使用的锡大部分来自康沃尔。西西里的狄奥多罗斯（Diodorus Siculus）在其公元前1世纪的著作中明确谈到了这一点。锡从沙石峪中淘出，在因圣米迦勒山（St. Michael's Mount）而闻名的被认为是 *Ictis* 的近海岛屿装船运出。他的记录在四个世纪前可能仍是准确的；但商人是谁，是希腊人、迦太基人或凯尔特人，我们不得而知。

贸　易

当大多数社群即使不完全自足，也基本上可以自足时，长途贸易的数量、规模和种类也是有限的。希腊城邦所从事的贸易规模最大、种类最多。柏拉图写道："几乎不可能找到不需要进口的城市。"[①] 这个贸易的类型已为人所知，但交易数量成为人们争论的问题；一些人认为，希腊人在相当大的程度上用他们自己的制造品换取欠发达地区的粮食和原料。贸易对雅典和其他一些城邦都很重要，但大多数城邦没有盈余出口以换取所需进口的物品。在雅典，仅有的大规模贸易是粮食的进口。进口的粮食部分来自西西里、埃维亚岛（Euboea）、塞萨利和马其顿，但主要是来自黑海海滨地区，途经博斯普鲁斯海峡和达达尼尔海峡。在北端，贸易被斯基泰人控制，他们反过来用粮食交换雅典最好的陶器和铁制品。在地中海盆地的许多地区都发掘出了特征鲜明的阿提卡陶器，这证明了两个地区间紧密、连续的商业联系。他们也可能是为了

45

---

① *Republic*, II, 370e.

换取粮食。

　　雅典是希腊世界最大的谷物进口方，但不是唯一的。科林斯、西锡安和阿尔戈斯也不得不通过海外贸易来满足自己的部分需要。其他许多城市似乎（至少偶尔）要依赖贸易来维持食物供给。只有大希腊地区的城市不需担心食物短缺，主要是因为有大面积的耕地。在第二次波斯战争期间，叙拉古的盖隆（Gelon）声称，"不论战争持续多久，都能满足整个希腊军队的粮食所需"[1]。幸好，它没经受这种考验。伯罗奔尼撒战争中，一些城邦的战略是封锁其他城邦的食物供给，而这是衡量城邦对谷物进口依赖程度的方法。

　　尽管粮食和陶器在古风希腊的贸易中尤为突出，但它们绝不是进出港口的唯一商品，此外还有红酒和橄榄油贸易，希腊西部的羊毛和黑海的亚麻贸易，以及皮毛贸易。爱琴海附近捕捞大量鱼类，经晒干或腌制后运送至各个城市。按照狄凯阿科斯的说法，安泰东的居民主要是"渔民，他们以捕捞鱼类、紫色贝壳（响螺，紫色染料来源）和海绵为生"[2]。

　　公元前5世纪的雅典是各种商业的中心。色诺芬称"每个穿越希腊的人……不论是乘船或经陆路，都要经过作为圆心的雅典"[3]，它的比雷埃夫斯海港是个天然的转口港，人们在此寻求扩大商业活动。雅典具有一个避风的深水港的优势，在港口海滨附近建造的"船坞"可进行造船和修船工作。码头有时是用巨石建造的，

---

①　Herodotus, VII, 158.

②　*Geographi Graeci Minores*, I, 104.

③　*On the Revenues*, I, 6–7.

但正如荷马时代，通常小船只是被拉到沙滩上，接触不到几乎没有潮汐的大海海浪。

人们对地中海西部贸易的认知比对爱琴海贸易的认知少很多。但其数量比历史资料所示的可能还要大得多。虽然在希腊的殖民地马西利亚（Massilia，即马赛）发掘出了大量阿提卡陶器，但是这些陶器是装什么的、如何付款的，我们还不清楚。然而，希腊贸易在很大程度上最终是由迦太基人从地中海西部驱动的，迦太基人持续统治着商业直至被罗马人替代。可能正是迦太基人对海洋和从塔特苏斯（Tartessos）港口，即《圣经》里的他施（Tarshish），对直布罗陀海峡的控制，使得康沃尔的锡贸易穿过了法兰西。在迦太基人被驱逐出西地中海盆地之后，希腊人的商业确实开始渗入中欧。但这个贸易可能不大，也许包含皮毛贸易，其最重要的商品是琥珀和金属，尤其是铜和铁。伊特鲁里亚人无疑也参与了这个贸易，事实上，还有可能是最重要的合伙人。

北欧贸易的规模和范围比地中海的小得多。我们可能认为每个社群是自足的，不存在粮食贸易。交易的商品很大部分是金属——铁、铜和锡，还有其他工具制造材料如黑曜石。也必定有来自盐泉，如哈尔施塔特的盐贸易，正如人们所知的，琥珀向南被传至地中海。凯尔特人进口的商品中，有来自地中海世界的红酒和装酒、饮酒的容器。众所周知，凯尔特人对酒的渴求是其同古典世界贸易的一个非常重要的因素。①

46

---

① J. M. de Navarro, "Massilia and Early Celtic Culture," *Antiquity* 2(1928): 423–442.

从希腊到罗马

公元前 431 年，雅典和斯巴达之间爆发了战争，这场战争很快席卷整个希腊世界。当 27 年后，战争结束时，雅典一蹶不振，斯巴达也极为衰弱，人口锐减，财富被毁。希腊文明的黄金时代结束。城邦狭隘、妒忌、争吵的时代结束，希腊的霸权为其他强国和组织所掌握。首先，控制整个彼奥提亚的底比斯（Thebes）扮演了该角色。之后，更大、更强的马其顿占据首位，开始兼并邻邦，直到希腊世界的大部分都处在其控制之下。

希腊文明是在波斯的阴影笼罩之下实现的。波斯的威胁仍然存在，马其顿的亚历山大采取的解决办法是希腊人根本不会采取的——入侵波斯帝国，打败其军队，占领其领土。希腊影响传至中东，大约 70 个城市是比照希腊模式建成的。然而，希腊文化和马其顿强权都不能使其从伊庇鲁斯（Epirus，今阿尔巴尼亚）至印度河的广阔地域实现一统。它们分裂成诸多希腊化城邦，相互间继续争斗不断，最后被拥有更强的威力和意志力的罗马所征服。在希腊世界内部，城邦独立的意愿由于外力作用而终止，它们被融入了领邦，而这些领邦对城邦的傲慢与优越感不屑一顾。

与此同时，台伯河边成长起来的小城邦遵循的是同样的发展路线。同马其顿一样，这个小城邦位于希腊世界的边缘之外，是希腊世界和伊特鲁里亚之间的不毛之地。希腊人摧毁了自己，同时，伊特鲁里亚政权也被罗马人摧毁。罗马转变为领邦，世界也逐渐为大型政治集团所统治。城邦的发展抱负被有限的资源所限制，而领邦则不受约束。战争导致征服、接触，首先是与意大利的意大利部族发生冲突，之后是与伊庇鲁斯和迦太基发生冲突；这些冲突如多米诺骨牌一样接连不断，直至罗马建立了自己的帝国。征服生成征服，帝国仅带来帝国的扩张以保卫已赢得的东西。至公元前29年罗马共和国让位于元首统治，它所要做的就只剩巩固和组织所征服的领地，并在其周围建立确定的防御性边境。

之前500年的政治地理变化巨大。相对来讲，其他方面则几乎没有发生变化。人口可能增加了，但没有什么证据可证明。一些城市有了很大发展，如罗马；然而包括雅典、科林斯和叙拉古在内的其他城市，面积都在缩减，地位也在下降。然而另一些城市，如迈加洛波利斯（Megalopolis），其建立、兴盛和毁灭皆在这个时期。乡村聚落在1世纪前多半没有什么变化。只有到了1世纪，罗马人为摧毁各族群对本部族的忠诚，以减小它们的军事威胁，才试图在各省大规模地迁移人口。

罗马帝国的扩张有一定的逻辑，每次扩张都以先前的征服环境为条件。帝国在2世纪达到最大。当600多年的领土扩张结束时，帝国的基本问题仍未解决。这些问题是抵御野蛮人越过边界的，以及协调帝国统治及其本质上源自城邦的社会政治结构。罗马人根本没有真正地协调城邦和帝国。

2世纪的罗马帝国

根据历史学家爱德华·吉本的权威说法，2世纪是人类历史上最幸福的阶段之一，这个时期的罗马帝国接连被皇帝哈德良、安东

尼·皮乌斯（Antoninus Pius）和马可·奥勒留所统治。同时代的
人也认同该观点。亚里斯提德（Aristeides）说随处可见和平和稳
定。德尔图良评论当时所谓的"经济发展"说："耕地占据了森林；
沙地也被用于种植，岩石被凿，沼泽被排干；今天这里的城市如
以前的茅屋一样多。"[1]

这刻画得无疑有些夸张。边界沿线的和平被打破了。帝国内
部存在着反对罗马人统治的叛乱，经济发展缓慢。生产技术就算
有进步，也进步不大，部分是因为统治阶层贵族化的禁锢思想并
不真正关心发明，部分是因为有充足的奴隶劳动力。然而，欧洲
大部分地区享受着比之前更持续的安宁，罗马的征服把城市生活
模式带到了之前自给自足、简陋的乡村社会地区。卡西奥多鲁斯
（Cassiodorus）写道："人们应该聚居在城市。"[2]尽管罗马人在文学
中表达了对乡村生活的热爱，但是他们被都市生活所吸引，并将
这强加给其所统治的民族。

罗马人从未完全丢弃城邦的概念。他们在整个帝国所创造的
城市是消费和地方管理的中心。事实上，帝国成了"一个大城邦
联盟"[3]。人和货物在帝国内的随意移动，使帝国的每个角落都能
受到外面的影响。如果每个小城镇的广场代表着罗马的文化遗产，
那么密特拉（Mithra）神殿和基督教教堂反映的就是被罗马逐渐吸
收和融合的外部影响。但是，文化影响并不全在一个方向上。贸

---

[1]　*De Anima*, 30.3.

[2]　*Letters*, ed. T. Hodgkin (1886), VIII, 31.

[3]　M. Rostovtzeff, *The Social and Economic History of the Rome Empire* (Oxford, 1926-1957), I, 135.

易跑在了帝国扩张的前面，罗马的手工艺品在帝国之外遥远的地方被发现。

政治地理

在留给其后继者们的遗嘱中，奥古斯都建议要保持住帝国当前的边界。总体上，他们都遵照了他的意见。在不列颠，罗马边界固定在哈德良长城一线。在欧洲大陆，以莱茵河和多瑙河一线为界，界线之外的远足仅限于所谓的什一税地（*Agri Decumates*），位于两条河的上游交汇处和达契亚（Dacia，今罗马尼亚）之间。在不列颠北部，罗马的边界有天然的堡垒和高塔作为保护屏障。其他地方可能没有这样的屏障，在莱茵河河口或多瑙河三角洲的多变河道间很难知道罗马的界线在何处。

在这些界线内，帝国被划分成多个省份，或直接受控于皇帝，或受控于元老院。每个省份中的城市（*civitates*）①，或曰城区，相当于罗马的城邦。许多城区，大致上等同于之前的部落地区。罗马施行的去部落化进程在所有地方都不彻底；在许多地方，城市的核心地区即前罗马时期的部落中心。有些地方的核心地区只是从高地迁到低地。在不列颠，有十几个这样的"部落"城市，大多数仍保留着其所代表的部落的名称，如位于伊斯卡（Isca）的杜姆诺尼拉姆（*Dumnoniorum*，今埃克塞特［Exeter］）和位于卡勒瓦（Calleva）的阿特雷巴图姆（*Atrebatum*，今西尔切斯特［Silchester］），它们分别与杜姆诺尼人（Dumnoni）和阿特雷巴

_____

① 此为复数形式，单数形式是 *civitas*。——译者

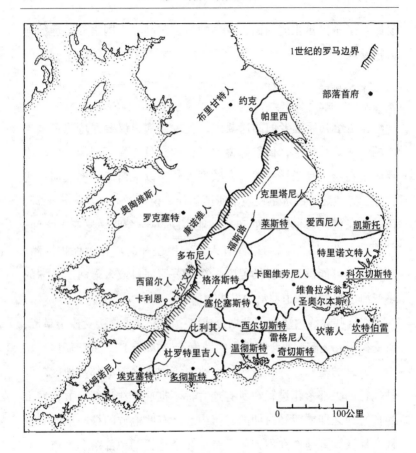

图2-8　罗马人建立的罗马不列颠部落区及其首府

特人（Atrebates）有关（见图 2-8）。根据塔西佗的说法，在高卢
有 64 个部落城市，但真实的数量可能比这要多。在西班牙，部落
城市数量更多，大多数的规模都极小。相反，在巴尔干，高山地
带和稀少的人口决定了相比西部，这样的单位的面积更大但数量更

少。罗马人的政策允许城市表达个性和地方城邦的骄傲，但仍是其　49
罗马化的媒介。甚至在被罗马统治了数个世纪的意大利，意大利部
族的遗产在"数百个相当独立的城镇"中仍很容易见到。[1]

罗马帝国的民族

帝国从一开始就是多民族的，其国内的环境条件鼓励人们在
帝国内迁移。尽管罗马的贵族对东部民族的涌入表达了极度不安，
如尤维纳利斯（Juvenal）写道："我不能忍受一个充满希腊人的罗
马。"塞涅卡轻蔑地记述了被舒适和好收益的前景吸引到城市的自
由族群。但帝国内很少有种族歧视。尤维纳利斯还写道，"叙利亚　50
的奥龙特斯［河］"，"早已注入台伯河"。[2]实际上，罗马已成为
一个世界性的大都市，所有较大的城市中心可能也是如此。现存
的碑文显示，来自希腊或中东的名字的比例在不断增加。

帝国在某种意义上是古代世界的"熔炉"，各种不同的族群
在其中失去其个性并融入罗马民族。融合和同化的过程持续不断，
从未结束。在帝国的欧洲部分，罗马化的过程不同于市中心。同
化根本没能完全延伸至偏远地区。"罗马帝国内总有野蛮部族住在
偏远的山区和沙漠，或还未被征服合并。"[3]如果罗马不干扰其他部
族的传统生活方式，大多数部族是默认罗马统治的。他们珍视他

---

[1]　Rudi Thomsen, "The Italic Regions," *Classica et Medievalia Dissertationes*, IV
(Copenhagen, 1947), II.

[2]　*Satires,* III, 62.

[3]　Ramsay MacMullen, "Barbarian Enclaves in the Northern Roman Empire,"
L'Antiquité Classique 32 (1963): 552.

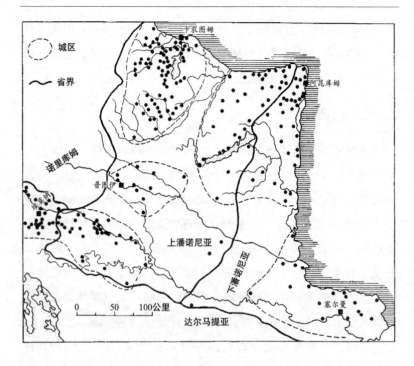

图2-9　罗马潘诺尼亚的碑刻分布

们所获得的安定，以及他们偶尔会得到的手工制品。图 2-9 和图 2-10 从潘诺尼亚（Pannonia）省（该地大致相当于匈牙利外多瑙地区），阐释了罗马化的两个方面，拉丁碑文的使用和乡村住宅建 51 筑。这两方面均产生于聚集地，每个聚集地均以一个罗马城市为中心。就这方面的证据而言，聚集地所处的公开空间很少受到罗马文明的影响。

　　该模式也在各省份重复。任何地方都没有统一的文化标准等

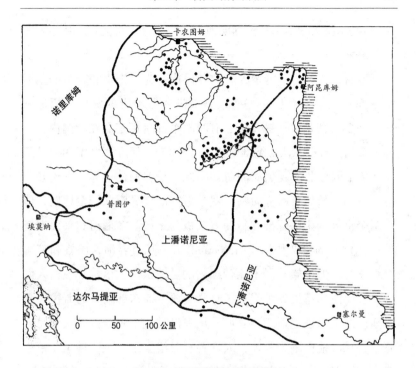

诺里库姆

卡农图姆

阿昆库姆

普图伊

埃莫纳

上潘诺尼亚

下潘诺尼亚

达尔马提亚

塞尔曼

0　　50　　100公里

图2-10　罗马潘诺尼亚的乡村分布

级，只有进步的岛屿在缓慢发展，某些地方不知不觉地进入铁器时代晚期的文化领域。我们无法知道拉丁语在多大程度上取代了凯尔特语和其他语言。可能只是很小的程度，或许除了意大利之外的所有省份都仍是多语种的。3世纪，用凯尔特语书写的法律文件的合法性仍受认可，圣杰罗姆（St. Jerome）宣称，特雷维里（*Treveri*）民族（其部落中心是重要城市奥古斯塔－特雷维洛鲁姆［*Augusta Treverorum*］，今特里尔）在他那个时代仍在说凯尔特语。① 凯尔特语的确未从不列颠西部消失，甚至可能也未从不列颠东部消失。

最后，统称为"野蛮人"的各民族，为了谋生和较高的生活水平而不断涌入帝国。一些人是被需要劳动力的罗马人招进来的，许多人则是被征募入伍。有时整个部落都定居在帝国内，马可·奥勒留自己承认，纳维斯特（*Navistae*）部落大约有 3000 人。

52　　从不列颠北部到黑海的防御线绝不是普通的边界，它隔开了两个世界。虽然有跨界贸易，罗马原产的商品深入野蛮地区，但是两个世界的生活标准和行为方式极为不同。多瑙河和莱茵河就是古代世界的格兰德河（Rio Grande）。② 越过界河，氏族和部落组织盛行，但民族布局不比帝国内的更清晰。就语言来说，人们可能会说凯尔特民族被强加了日耳曼语，而东部新兴的斯拉夫人逐渐向东进入俄罗斯森林。但是从来没有一个民族被另一个民族完全替代。他们融为一体，入侵者有时组成了一个"封建"精英群体。他们所说的语言相互间的差别也不明显。无疑有部落方言，但语言不再是划分民族的有效原则。尽管塔西佗确定了一些部落的名字，但他几乎没有指出它们的语言联系，他可能没有意识到这些联系。他所描述的部落组织是不固定、易变的。部落分分合合，塔西佗所确定的一些部落不久之后就从历史上消失。然而，他把日耳曼人看作一个文化群体，其主要特征是有固定居所。他们确实是一个定居的农耕民族，但会周期性地拔营迁徙。

---

① Patrologia Latina, XXXVI, col. 382.
② 美国与墨西哥的界河。——译者

日耳曼人的东部居住着斯拉夫人——一个北部丛林的农耕定居民族。塔西佗笔下的威尼蒂人（*Venedi*）几乎可以肯定是斯拉夫人；他把斯拉夫人同日耳曼人区分开，尽管区分理由有误。斯拉夫人的定居点稀少，以至于迁徙的日耳曼人可以悄无声息地穿过那里。塔西佗记载在多瑙河北部的广阔地区居住着许多部落。其中一些几乎就是凯尔特人对外大迁徙的一部分；另一些可能是日耳曼人，他们是5世纪入侵帝国的日耳曼人的先祖。而另一些民族，如潘诺尼亚平原的亚济吉人（*Iazyges*），他们和俄罗斯南部的斯基泰人有关，仍是半游牧的牧民。除了后者，这些民族几乎都是定居的农耕民族，他们使用铁制工具，用轻巧的木犁耕地。更北的地区以及波罗的海的东部地区居住着农耕民族，他们是波罗的海民族的祖先，用塔西佗的话来说他们"很少使用铁制武器"。在此，铁器时代显然才刚刚要开始。在这些地区之外，生活着芬尼人（Fenni），"他们以草为食，以皮毛为衣，以地为床。他们把唯一的希望寄予弓箭，由于缺乏铁，他们用骨头制作箭头"[①]。这些都是前农业时代的民族，就文化而言他们属于中石器时代和新石器时代的低级阶段。

人 口

毫无疑问，2世纪欧洲的人口要比之前任何时期的都多，十有八九是中世纪结束前的所有时期中最多的。罗马社会的城市化、不断提高的福利水平、农业的扩展和专业化生产的规模还有贸易，

---

① Tacitus, *Germania*, 46, 3–4.

皆证明并解释了人口的增长。

罗马人习惯于定期进行人口普查，李维记录了部分普查结果。然而，因我们不知实际清点对象，其价值很有限。罗马城集中了此时欧洲最多的人口，然而，对于人口普查的规模也没有可认同的测量方法。我们对其的了解比对六个世纪前雅典人的普查还少。最有希望的调查方法是力求说明城市内的居住密度。但这有很大的可变性。公共建筑占据了很大面积。台伯河另一边的地区，即今天所谓的特拉斯特维尔（Trastevere），则以富人的低密度别墅为特征。相反，高密度公寓居住区的面积大而不定。基于这样的数据，最合理的估计是 80 万至 120 万人。无论真实性如何，其人口数仍大得足以造成住房、食物供给和娱乐等方面的大问题。从罗马沿台伯河向下是奥斯蒂亚港口。人们在此更有望获得答案，因为港口的许多部分仍在，尽管已成废墟。然而，对其人口规模的估计仍从 2.7 万至 6 万人不等。

基于农业资源和已知的技术水平，意大利半岛的人口数量被设定在 600 万至 900 万之间；西西里的人口数更可靠，在 60 万至 100 万之间。高卢的人口证据并不比尤里乌斯·恺撒对其部落规模的估计多多少，600 万至 1000 万的估算似乎合理，但没有得到证实。西班牙南部人口密集，但是北部和西部地区要空旷得多。伊比利亚半岛的总人口数量可能在 700 万至 1200 万之间。不列颠人口数可能达 250 万，多瑙河流域和巴尔干半岛省份的人口在 300 万至 600 万之间。罗马帝国欧洲部分的人口总量可能已有 2700 万至 4700 万，但必须要强调的是，这些数据仅是猜测。

没有证据可知帝国之外的人口规模。我们只能说土地资源和技

术水平共同决定了人口的上限。有观点认为中欧有 300 万至 500 万
人，比东欧和北欧少很多。

聚 落

城市的发展比六个世纪前要先进很多。城市更多，扩展至帝
国外沿。沿莱茵河和多瑙河流域也分布有城市，这是在野蛮民族
边缘建立的城市据点。政府鼓励建立城市。根据塔西佗的记录，
在不列颠，总督阿格里科拉（Agricola）"个人鼓励和官方支持建
立神庙、公共广场和私人宅邸"；塔西佗的偏见认为，"不列颠人
逐渐被诱向那些使堕落变得惬意的便利设施——拱廊和盛宴"。[①] 塔
西佗的偏见不妨搁置一边，罗马的城市似乎确实仅具有文明开化
功能，即没有发展除了农业以外的基本经济功能，而这在乡村聚
落是很容易发展起来的。

然而，帝国逐渐由分散的领地组成，每个领地都有自己的市
中心。这些是帝国组成的基本结构。在可能的任何地区，只要罗
马人把部落地区看作这些结构的基础（见图 2-8），他们就会重新
设置一个他们所希望的核心城市，竟至于重新建造一个。城市建
设的过程持续到 2 世纪。安东尼时期被认为是罗马城市化达到高潮
的标志。此后，城市的规模和数量停止增长，实际上许多城市的
人口数量都在下降。它们的地位因其起源和自治程度而有所不同。
如我们今天一样，罗马人面临着如何界定城市的问题。斯特拉波
写到，西班牙许多城市"不仅是人们相互间交通来往的途经之地，

54

---

① *Agricola*, 21.

也是人们对外联系的途经之所"。他们的基本职业是商业。但是，就西班牙中部的梅塞塔，他是这样写的：某些人认为"有1000多个城市"（他使用希腊术语"城邦"），但是有这么多城市是因为"他们把大村庄也称为城市；然而，首先，基于乡村土壤的贫乏抑或基于其偏僻和野蛮，乡村天然不能容纳许多城市；其次，生活方式和居民的活动……未表现任何城市性"。[①] 斯特拉波是极具洞察力的。法律地位并不总是与经济动能一致，我们把城市看作从根本上与农村无关、各种专业活动展开的地方，这是对罗马城镇的误解。它的主要作用是文明开化。在帝国晚期，这个作用变小了；在一些地方，城市只剩下一个空壳。

然而，有一种城市定居点是毋庸置疑的。经严格设计并有城墙包围的军事要塞是为特定目的而建的，并且对其的需要往往有增无减。军事要塞附近通常是平民住宅区（*cannaba*），其存在是为了满足罗马军团所需。在一些地方，平民住宅区获得了同城市一样的地位。不列颠北部的科斯托皮图姆（*Corstopitum*，即科布里奇［Corbridge］）为驻守罗马长城的军队服务；莫贡齐亚库姆（*Mogontiacum*，即美茵兹［Mainz］），以及布里格提奥（*Brigetio*）和阿奎因库姆（*Aquincum*）（两者都位于多瑙河旁的匈牙利平原），还有奥地利低地地区的卡农图姆（*Carnuntum*，即彼得罗内尔［Petronell］），所有这些最初都是军事驻地，后来发展为平民城镇。

有时，罗马之前的要塞（*oppidum*）被强迫放弃，这里的居民

---

①　　Strabo, III, 2, 5; 4, 13.

和该要塞的功能被迁移至更易接近或欠防御的地方。典型的例子是，放弃高卢的比布拉克特（*Bibracte*）和戈高维亚（*Gergovia*）据点，迁至欧坦（Autun）和克莱蒙（Clermont）；在不列颠，梅登堡（Maiden Castle）和巴金顿（Bagindon）据点被弃并转至多诺瓦利亚（*Durnovaria*，即多彻斯特［Dorchester］）和科利尼乌姆（*Corinium*，即塞伦塞斯特［Cirencester］）。然而，大多数罗马城镇仍然位于前罗马时期的部落中心，并继承了后者的所有功能。在希腊世界，公元前 5 世纪的大多数市中心继续被沿用，尽管时间已经无情地侵蚀了它们。它们不再有半独立的地位，一些已经在村镇联合的大手笔中融合为一个新城市，犹如奥古斯都在许多地方城邦的遗迹上建造了尼科波利斯（Nicopolis）。

　　因为"城市"的定义如此多变，所以几乎不可能估算出城市的数量。图 2-11 的地图只是探索性的。在西班牙南部、意大利中部和希腊有许多城市，但这些城市通常不大。在高卢和巴尔干的省份，城市形成了一个开放且还算恒定的模式，它们可能相对更大并更有规划。许多情况下，城市地区因存留的城墙而可以被测量，但是防御工程直到帝国后期才被建造，此时动荡的环境并不能真正反映 2 世纪的城市规模。但无论是何标准，有些城市在 19 世纪前都属于大型的。高卢的尼矛苏斯（*Nemausus*，即尼姆［Nîmes］）、维耶纳（*Vienna*，即维埃纳［Vienne］）和奥古斯托杜努姆（*Augustodunum*，即欧坦）的面积至少都有 500 英亩，而高卢肯定也有其他面积不足 25 英亩的城市。3 世纪末，入侵开始出现，为了更易防御，大城市设墙区域面积可能缩小了。在有些情况下，甚至是面积锐减：尼姆的面积从 550 英亩缩至 20 英亩，

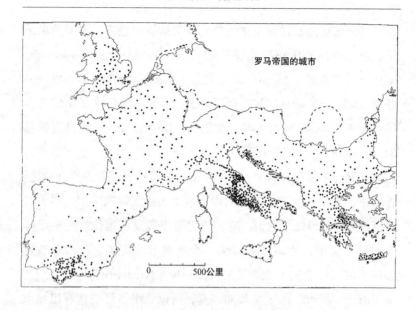

55

图2-11　罗马帝国治下欧洲的城市发展

欧坦从 494 英亩缩至 25 英亩。这证明了这些城市的功能有多么华
而不实。

　　城市不得不接受其周围领地的供给支持，其公共建筑依赖于
居民收入的盈余。一定程度上，公共建筑是该地区私人财富水平
的反映。但是如果地方精英选择不资助或不住在市中心，那该怎
么办呢？里韦特（Rivet）证明，在不列颠，小城镇周围的别墅比
大城镇、重镇附近的更多。人们据此会认为，相比城镇住宅，投
给别墅的资金更充足吗？随着更多的人选择住在自己的庄园，帝
国晚期发生了变化吗？很有可能这是罗马帝国晚期城市衰败的一
个重要因素。

与之前的希腊城市一样，罗马帝国的城市有缜密规划和毫无规划任其发展两种鲜明类型。军营和退役老兵居住的殖民地都是围绕两条在右边相交的主干道有序排列的。这个规划理念很快被应用于民用基础建设。庞培是最早呈现这样规划的非希腊城市之一。这个理念使得罗马城的布局趋于有序、规则化，且在某种程度上意大利和各省的许多城镇的布局都融入了该理念。但是，这需要行使权威；若无权威，城市规划很快就会陷入无序。意大利之外的城市多由罗马人所建，而非从早期的聚落发展而来；城市的发展依傍着有规则的规划。在一些地方，罗马的遗址后来被遗弃且永不被重新占用，但街区的模式大部分被复原，例如在文塔－伊切诺鲁姆（*Venta Icenorum*，即诺维奇旁边的凯斯托［Caistor-by-Norwich］）、卡勒瓦－阿特雷巴图姆（*Calleva Atrebatum*，即西尔切斯特［Silchester］）、阿文提库姆（*Aventicum*，即位于瑞士的阿旺什［Avenches］）。其他远在科尔多瓦（Cordoba）、卢布尔雅那（Ljubljana）、尼姆和约克（York）这样的地区，街道的样子即使已经变形但仍可被认出，不过人们很难在伦敦或维也纳的街道上找到罗马的设计。

首先且最重要的是，罗马的城镇是文明或市生活的场所，富有的居民在此过着舒适的生活并参与部分地方行政管理，但关键是不可威胁到罗马当局。最小的城镇也必定具有一些商业功能，只不过是因为其居民必须要他人提供供给与食品，也必定会有工匠为当地顾客提供服务。在更大的城镇，如里昂、尼姆和伦敦，这些功能在更广范围内发挥作用并且服务了更大区域。事实上，几乎没有任何专门的手工业是满足遥远的、看不见的市场需求的。

57

　　城市建筑在风格和密度上有很大不同。一些城市在很大程度上是由空旷的庄园住宅组成；在另一些城市，一排排的建筑兼具居所和作坊的功能。一楼的房间对着街道开着宽拱形的房门。有铺子（*tabernae*）、商店，工匠在其中制造和出售自己的商品。在18个世纪中只发生了一些改变，铺子至今仍是那不勒斯、杜布罗夫尼克（Dubrovnik）以及其他许多城市的老街区的特色，并且在庞培和奥斯蒂亚被原封不动地保留下来，至今仍能看到其原貌。城市建筑很难超过两层，只有在罗马和奥斯蒂亚才有为人所知的高层寓所。城市建筑通常是用石料所砌，屋顶铺瓦。砖块的使用逐渐普及，有时用作主要以混凝土砌成的墙体的饰面。火灾风险很大，人们通常避免在住所密集的城市建造木质结构的建筑。许多小城市中，西尔切斯特是典范，其住房往往是独立式的，并且有一个宽敞的中庭（*atrium*）。在较大且较拥挤的城市外围，也发现了这样奢侈的住所。

　　公共建筑是罗马城市的必要组成部分，正如在希腊城邦中那样。广场和大殿、神庙和浴室、竞技场和体育馆等设计使得城市具有吸引力，并把民众聚集起来。它们占据了核心市区的大部分地方，并覆盖小城镇的全部。为了更容易管控人群，体育场，如同其直接的衍生物——西班牙斗牛场一样，和剧院有时被置于城市的边缘。每个城市都有神庙，供奉被奉为神明的皇帝。神庙超越了地方崇拜，其祭坛是忠于帝国统一和精神的象征。

　　罗马城市的特点是大肆兴建供水工程，但排放污水就没有那么引人注目了。罗马人对水的需求量很大，很少有大城市需要远距离汲取资源。阿尔勒（Arles）有约30英里长的高架引水渠供

水，其中包括现存最壮观的水利工程——加尔桥（Pont-du-Gard）。 58
供给里昂的引水渠总长 110 英里，甚至罗马时的巴黎也有 15 英里
的引水渠。位于西班牙干旱的梅塞塔高原的塞戈维亚（Segovia），
从遥远的瓜达拉马山脉（Sierra de Guadarrama）引水，现仍存有大
型的引水渠。

军事定居点当然受到防御墙和城楼的防护。2 世纪，除边境城
市外，这些防御工程通常不被认为是必要的。但是，3 世纪日耳曼
人入侵的威胁迫使人们建立城墙，其建立过程通常很仓促，使用
的是能从公共和私人建筑取得的任何材料。

罗马城　在这些范式中罗马城是个特例，它已逐步地发展了
数个世纪。其发展没有规划和控制，公共建筑是按照皇帝的意愿
和可用的土地来建造的（图 2-12）。在没有任何日常交通工具
的情况下，大城市里的人们聚居在市中心，投机建造商在此建造
了高层的、密集的，尤其是危险的公寓区。尤维纳利斯询问过在 59
普雷内斯特（Praeneste）或蒂沃利的人，他"曾担心他的房子坍
塌……我们居住的城市，大部分建筑是用纤细的支柱支撑；为此，
执行官要撑住摇动的房屋，修补墙上的洞口，房屋中的居民极易
被干扰，辗转难眠"[①]。

这是 64 年在一个干燥的夏日被烧毁的城市。塔西佗写道，"城
市狭窄蜿蜒的街道和不规整的街区加剧了火势"，火灾过后，遭到
毁坏的区域被清理干净，碎石、残壁被冲至台伯河，倾泻至奥斯

---

① *Satires*, I, 3, lines 190-198.

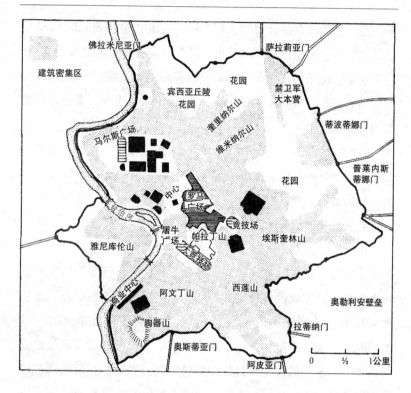

图2-12　帝国时期的罗马

蒂亚的沼泽地，一座新罗马城在原有的灰烬上重建。[①]新街道宽阔平直。新建筑是石头建筑——用当地的凝灰石或石灰华——或砖块和混凝土建筑，但是这些建筑要一层一层地盖起来，所以即使人们不再担心迫在眉睫的崩塌，也仍要继续忍受气味、噪音和拥塞。这些街区（insulae）在3世纪刻在大理石上并在广场上展出

①　Annals, XV, 38-41.

图2-13　罗马城市地图残片，显示了洛利安那仓库——一个谷仓

的城市规划图（*forma urbis*）中有所体现。存留的残垣断壁（图
2-13）证明了苏埃托尼乌斯（Suetonius）所讲的大量公寓街区
（*immensus numerus insularum*）是正确的。只要我们知道了这些街
区的数量，很可能就有办法估算出城市人口，不幸的是这样的残

垣太少了。

水和食物的供给、工业和建筑材料的供给，都成为罗马市政府要面临的问题。坎帕尼亚（Campagna）周边根本没有重要的粮食货源，绝大部分要进口。粮食被运至奥斯蒂亚港口，装上驳船，顺水抵达罗马城。运输中需要使用大量的驳船。以最低的桥为起点，仓库（horren）遍布台伯河下游两岸，储存着谷物和其他食物，包括橄榄油和葡萄酒。破裂的酒罐（amphorce）堆满了泰斯塔修山（Mons Testaceus）。泰斯塔修山仍有 150 英尺高，完全由破盆烂罐组成。人们用马车或驮畜从坎帕尼亚运来蔬菜，木材从山上沿台伯河顺流而下。

在干燥的夏季气候下，水供应产生了更严重的问题。早在至少四个世纪之前，人们就已建造了最古老的引水渠，从附近的坎帕尼亚引水。随着罗马城的扩张，人们不得不从更远的地方汲取资源。这些资源大多位于罗马城东部的阿尼奥（Anio）谷地（见图 2-14）。至 2 世纪，罗马城使用了九种不同的系统，有 264 英里的引水渠。这些系统最早进入罗马城时，建得相对没那么高，但是随着东部高地逐渐盖满了建筑，建造高架渠引水就变得必要了。最后一个重要工程——克劳狄（Claudian）高架渠，从 30 英里外的小溪引水，水渠架在一排巨大的柱子上跨过坎帕尼亚，现在仍留存有遗迹。罗马人无可非议地以他们的供水系统为傲。它是城市发展的前提，是 19 世纪晚期之前西方世界最复杂、最成功的建筑。然而，有趣的是他们的水利技术根本没有应用于蓄水库的建造。

罗马的发展离不开台伯河，事实上，它是古典时代地中海地

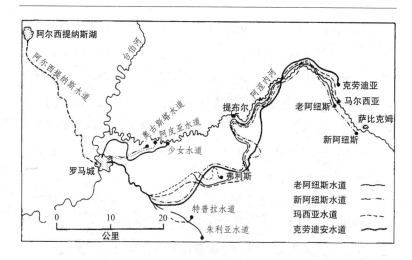

图2-14　罗马的供水。斐利切（Felice）水道是一个文艺时期的建筑，它随着亚历山大水道而出现，后者由亚历山大·塞维鲁皇帝建造于3世纪。基于Thomas Ashby, *The Aqueducts of Rome* (Oxford, 1935) 和 Frontinus (Loeb edition)

区坐落于通航河流旁唯一的大城市。供给通过台伯河运送。虽然台伯河为早期的罗马城提供了防御，但它仍是个激荡不安的威胁，其频繁发生的洪水是灾难性的。奥古斯都命令清理堵塞台伯河的垃圾和阻断台伯河的建筑。虽然经过清理后，河流的威胁会降低，但不会消失，因为它从上游溪谷冲刷而下。奥斯蒂亚位于罗马城下游24英里，它随着罗马的扩张而发展壮大。台伯河沿岸的商业码头，一大片至今仍清晰可辨的浮动流域被开发，使得奥斯蒂亚"不仅仅是世界上最大的消费港口，还是连接东西商业贸易的重要纽带"[1]。奥斯蒂亚成为首个大批量处理商品的港口。

---

[1]　Russell Meiggs, *Roman Ostia* (Oxford, 1960), 61.

乡村聚落 在对乡村聚落的研究中，我们发现有两种不同类型：一种是罗马赋予的形式，一种是从铁器时代晚期留存下来的形式。克劳福德（O. G. S. Crawford）写道："不列颠南部的土著过着几乎同以前一样的生活。"[①] 然而，乡村聚落的发展不断变化。土著居民区（*oppida*）解体，其居民四散开。土地所有权被集中，形成大地产。庄园被引入村庄和小聚落；无疑，许多土著开始仿效他们新主人的生活方式。

庄园是乡村罗马化的工具。一些庄园仅是奢华的乡村住宅，其中哈德良在蒂沃利的庄园是最大的之一。然而，大多数庄园是拥有广阔地产的农场，它们可能雇用奴隶劳动力；许多庄园将工场纳入进来，包括织坊。这些生产是用于贸易抑或自给自足社区的一部分，我们就不得而知了。除了庄园地产，还有自由农的小农场，只是这些小农场的数量可能自迦太基战争的破坏之后持续减少。伊特鲁里亚南部的乡村定居点的证据最多。这个地区很早就已有人居住，但在帝国的统治下，居住区才变得密集，农民的房屋密集排列在地面上。考古证据显示，这个地区的庄园和庄园农场（*villae rusticae*）似乎已相当普遍。再往南，特别是那不勒斯地区，庄园数量更多，而且是城市市场葡萄酒、橄榄油和水果的重要供应基地。庄园越大，家庭农场相对就越少。这是意大利的富有地主吞食农民农场的地区之一。

虽然各处农村聚落的类型都显示了当权者的影响，但没有什么地方能比意大利北部部分地区的"百分田景观"（centuriated

---

① "Our debt to Rome," *Antiquity* 2 (1928): 173–188, 174.

landscpe）①更引人注目。公用土地被测量，并被分为一块块整齐规则的土地，道路或小径穿插其中，之后分配给定居者。这个体制与美国的"乡镇和市镇"（township and range）很相似，只适用于被纳入政府统治下的人口稀少的土地。意大利北部平原就是这样的地方，波河冲积平原两侧的两条带状"百分"农田系统今天仍可见其景观。

在欧洲许多地方的庄园体制中，罗马的影响最显著。一些庄园有棋盘格式或马赛克式的地板、地下暖坑和织造工场。绝大多数庄园由富有的外乡人所建。在莱茵河西边的迈恩（Mayen）附近，挖掘出一个持续使用了三个世纪的庄园遗址。在这三个世纪内，这个庄园从罗马时代之前的铁器时代的一个小茅草屋，发展成为一个如非豪宅也应是精巧的宅邸。虽然我们没有一张罗马帝国时期的庄园分布图，但在土地被彻底勘察过的地方发现庄园分散在大城市中心附近，可能是为了方便出售自己的盈余物品。

我们对罗马诸省地位低下的农民村落了解甚少。这些村落无疑受到了罗马文化某些方面的影响，不过，它们基本上与罗马以前的铁器时代的村落，以及当时罗马边界之外的聚落没有太大不同。关于罗马境外的聚落，塔西佗有这样的记载："他们分散于各处居住……他们的村庄布局不是罗马式的，他们的建筑不是毗邻、交错的。每个人在其房屋周围都留有一片开阔的空地。"②绝大多数房屋用木材和泥土所建。我们设想，松散地集合起来的居住点散

---

① "centuriated"是分成100份的意思。——译者

② *Germania*, 16.

落在丛林各处，而其中由栅栏和沟渠围着的那些则更固定长久。

农 业

农业是罗马帝国的根基。琼斯（A. H. Jones）写道，"国家收入的最大部分"，"来自农业"[①]，虽然庄园地产为数很多，农民的农场却具有根本性的作用。罗马城、一些大城市以及边界沿线的驻防地都要依赖遥远的粮食货源地，但在帝国其他地方，地方社区基本上都自给自足。

谷物是绝大多数人的主要饮食。意大利的主粮是小麦，巴尔干地区和阿尔卑斯山以北的大部分欧洲地区的主粮则是大麦。黑麦和燕麦开始被独立种植，不再仅仅被当作麦田间的杂草。豆子被广泛种植，是主要的蛋白质来源。除此之外，萝卜、饲料作物、用于织布和造绳的亚麻与大麻也有种植。

葡萄酒和橄榄油是地中海地区的生活必需品。同现在一样，普通品质的葡萄酒和橄榄油用于本地消费，高品质的则放到市面上出售。拉丁作家和公众的品味有区别，最好的葡萄酒和橄榄油可售出高价。橄榄油贸易是必要的，因为橄榄油只在地中海周边出产。葡萄酒生产更广泛，但正是罗马人自己推进了葡萄栽培的界线，使其跨越高卢。直到 3 世纪葡萄栽培才传至巴黎、摩泽尔河（Moselle）和莱茵河的河谷。19 世纪，这里仍是葡萄栽培的边界线。

动物饲养在地中海地区的重要性有限，因为夏季很难圈养家畜。无法储存饲料作物以便以后使用，故季节性迁移是利用该地

---

① *The Later Roman Empire* (Cambridge, U.K., 1964), II, 770.

63

区很多地方进行放牧的唯一饲养方式。随季节迁移动物的做法早在数百年前便已发展起来，并继续在有限的范围内实施。公元前111年的一部罗马法律规定要保持迁移路径（*tratturi*），尽管有证据充分显示羊群——可能是它们的牧羊人——有时不愿遵守它们。根本问题是缺乏牧场。饲养的动物主要是绵羊和山羊。牛不太重要，但被用作力畜；驴和骡被用于运输。在阿尔卑斯山以北地区，动物对农场经济更重要，牛和猪的数量相对更大。

无疑，随着人口的增长，古典时期的农耕面积也在增加。这在边境地区可能最显著，这里需要粮食供给守备部队。另一方面，耕地在意大利可能随着大庄园的产生而缩小。耕地数量有多少、面积有多大，这些问题都有待解决。自公元前3世纪发生了摧毁南部大部分地区的战争后，耕地可能一直在增加。普林尼认为它们"毁灭了意大利"。耕地由奴隶劳作，很可能广阔的面积被用于季节性迁移放牧。意大利和绝大多数省份的小农数量减少了。毫无疑问，大面积的农场并入庄园，庄园从事专门化的、用于市场交易的农业生产。我们还不确定，在多大程度上这是从埃及和中东进口食物的结果。毋庸置疑，从土地到辉煌的城市有一个"迁徙"。可能罗马的城市化政策太成功，把农民也吸引至城市，而他们本可以在他们的小农场生活得更好。

罗马的农学家制作了一系列农业手册，是他们为指导富裕的顾客亲手种植橄榄树、葡萄树和异国水果之需所著。农业手册没有告诉我们任何关于犁耕、撒播和收获等基本问题的信息，其读者对这些不感兴趣。结果，我们对田地和耕种了解甚少。我们可以确定的是，轻型犁（*aratrum*）仍继续被使用，但明显已被改制。

有时要增加犁头，有时犁头的嵌入太过费力，以致不得不将其架在轮子上，因此而预示了中世纪的犁（见第三章"农业"部分）。虽然我们不能说重型犁的使用有多么广泛，但我们能确定重型犁的使用需要一个大团队，而不是用小农耕作方式。为数不多的技术革新也是如此：有一种收割机器，这是一种前部边缘带齿可以被推着穿过田地的手推车。有证据显示，意大利北部的波河河谷和罗马东南部湿地不仅有森林被砍伐，还有地面排水的痕迹。

毫无疑问，科路美拉（Columella）所描述的在大庄园（*fundi*）实践的农业，与小农农业之间有很大差异。但是，对于后者，我们几乎一无所知。我们能确定的是，帝国之外盛行的是简单的、用以维持生计的农业。塔西佗写到，在日耳曼"适于种植粮食"，但"不适宜种植水果"，这反映了他地中海的生活背景。日耳曼人实施的是多变的耕种形式，他们频繁变换耕地。他们使用的犁可能是轻型犁，与更南部使用的犁没有不同。他们种植的庄稼是基本的粮食作物小麦和大麦，黑麦种植的规模也不断增长。土地上有"丰富的羊群"，发掘点证实，牛、羊和猪大量出现在饮食中。

制造业和采矿业

制造业在帝国时期变得越来越重要，考古证据充分证明消费水平在不断上升。然而乡村的手工业比城镇的更兴盛。这在部分程度上是因为乡村有大量的原材料：黏土、矿石、软铁和羊毛。除了谷物磨粉和食物加工外，几乎没有专门的城市工业。

罗马最知名的手工业是制陶业，没有什么能比上等器皿的广泛使用更清楚地说明了材料标准的提升。一流品质的器皿是所谓的"萨摩斯"（Samian）或"阿瑞底姆"（Arretine）陶器。其生产遍布意大利和高卢，其遵照标准设计的生产量是极大的。但是在意大利以外地区，凯尔特本土传统的粗糙陶器的生产从未停止，并且罗马帝国后期对这种陶器的需要增加。玻璃生产从中东引入，遍布帝国西部诸省。与制陶业相关的是砖瓦生产，砖瓦几乎被广泛用于优质建筑。

65

采矿业、冶炼业和铸造业是重要的，但有很高程度的地方性。一般来说，金属矿属于国家，国家把矿井租给个人。奴隶承担绝大部分劳动。矿井条件似乎很恶劣，矿工的死亡率很高。罗马人在采矿技术上没有显著进步。铁矿最广泛地被开采和冶炼。从厄尔巴岛获得矿石的托斯卡纳工业仍在运行，但意大利的主要供铁基地是富含铁矿的诺里库姆（Noricum）地区，直至现在这个地区仍具有重要地位。根据卡西奥多鲁斯的权威说法，达尔马提亚还提供武器。其他重要的铁矿和精炼铁供应基地有西班牙中部、下莱茵兰地区和巴尔干部分地区（图2-15）。

罗马人生产了那个时期所有已知的有色金属。其中最重要的是铅，绝大多数城市中的水利工程对铅需求量极大。不列颠是铅的主要产地之一，但西班牙和巴尔干地区也生产铅。铜主要产自西班牙，用于青铜制造。据推测，与铜合铸的锡来自康沃尔。然而，没有证据显示有任何大规模的产锡工程。生产出来的贵金属，被用于制造装饰品和首饰。劳雷恩地区的银矿继续被使用，但产量很少。此时的大多数银来自西班牙南部山地。黄金，大多数是

图2-15　一座浮雕上显示的罗马矿工，来自西班牙利纳雷斯

矿砂，在西班牙、阿尔卑斯山和巴尔干，以及威尔士中部的深矿中都有发现。

有色金属在矿井附近冶炼，因为冶炼过程中要丢弃许多矿渣。提炼出的金属，特别是铜、铅和贵金属，被送至城市供工匠使用。一些城市，尤其是罗马城、卡普亚（Capua）和科林斯是产铜中心；哪里有富有客户的雇用，哪里就有金匠和银匠。

在罗马帝国境外，金属制品工艺只是以小规模且不太成熟的方式实施。炼铁是分布最广的行业，在波兰南部的圣十字山有相当比例的合金冶炼。

商 业

2 世纪的亚里斯提德把罗马描述为已知世界的贸易中心。世界上的所有产品都可见于罗马市场。他没有记述船只运送货物至奥斯蒂亚，从该地舱内空空地驶离罗马帝国，因为罗马几乎没有什么可出口的产品。罗马是个消费城市，纯粹依赖于帝国其他地区。离开了罗马的交通，帝国内几乎没有长途贸易。帝国其他地区由自给自足的社区组成，在每个区域内绝大多数贸易都是内部的。

有时人们认为帝国肯定有定期、快速的商品流通，因为罗马人建立了覆盖整个帝国欧洲区域的、统一的道路体系。但事实并非如此。由古罗马军团建立的道路是为了满足军事需要，其布局不适合民用，而之后也证实了其商用价值很小。可用于地方贸易的绝大多数道路充其量只是小路；实际上河流发挥了最大作用，尤其在高卢和莱茵兰地区。意大利的河流除波河之外，没有什么价值，甚至罗马城下的台伯河一般也只能通行小驳船。陆路交通在可行的路段可以使用四轮马车，在崎岖的路段需要驮畜通行。大量浮雕显示了陆路、水路运输以及船夫牵拉驳船的场景。

有关地中海盆地的统一，以及人们所猜想的两岸间贸易和交流的便利，人们留下了许多文字信息。实际上繁忙的交通主要依靠小帆船，其中几乎没有超过 150 吨排水量的船只，且主要在夏季那半年航行。罗马的主要进口大都来自为数不多的大港口，其中亚历山大里亚和迦太基是最重要的港口。在爱琴海、意大利、西西里海岸沿线，可能还有西班牙海岸沿线，海湾间、小港口间都有地方交通；这些地方交通一直沿用至近代才被并入改良过的道路中。

　　罗马帝国的贸易商品首先且主要是食物，特别是谷物；其次是制造品，绝大多数制造品重量轻，价值相对较高。谷物被运至
67　罗马和其他一些大城市，以及边界沿线的军事基地。橄榄油和葡萄酒也进入了长途贸易，但是文学、碑刻和考古学证据证明贸易总量不大。除了罗马城和军事要塞的食物供给外，商业似乎只能满足少数富有者一时兴起的欲望。对罗马帝国末期被遗弃且未再有人居住的西尔切斯特的发掘，揭示了只有很少量的手工制物品来自外地。

　　没有足够的证据来研究罗马贸易。然而，似乎除了谷物贸易之外，交易量最大的长途贸易介于意大利和西班牙南部之间，而意大利和高卢间的贸易量仅居其后。如果罗马帝国内的贸易品绝大多数是奢侈品，那么帝国和北疆以外的野蛮世界间的贸易品则几乎只有奢侈品。铜、银、玻璃和大量的褐色阿瑞底姆陶罐遍及德意志和波兰平原，少量可见于远至斯堪的纳维亚和波罗的海东部的地区。这些很可能是罗马人在境外购买牲畜、木材和奴隶时支付的方式。

精选书目

关于希腊世界

总论

Bolkestein, H. *Economic Life in Greece's Golden Age*. Leiden, 1958.

Ehrenberg, V. *The Greek State*. Oxford, 1960.

French, A. *The Growth of the Athenian Economy*. London, 1964.

Michell, H. *The Economics of Ancient Greece*. Cambridge, U. K., 1940.

城市发展

Collis, J. *Oppida: Earliest Towns North of the Alps.* Sheffield, 1984.

Haverfield, F. *Ancient Town Planning.* Oxford, 1913.

Pounds, N. J. G. "The Urbanization of the Classical World." *Annals of the Association of American Geographers* 59 (1969): 135–137.

Wycherley, R. E. *How the Greeks Built Cities.* London, 1962.

社会与经济状况

Applebaum, S. "The Agriculture of the British Early Iron Age, as Expemplified at Figheldean Down, Wiltshire." *Proceedings of the Prehistoric Society* (1954): 103–114.

Clark, J. G. D. *Prehistoric Europe: The Economic Basis.* London, 1952.

Ehrenberg, V. *The People of Aristophanes.* Oxford, 1951.

Finley, M. I. *Studies in Land and Credit in Ancient Athens, 500–200 B.C.* New Brunswick, N. J., 1951.

Glotz, G. *Ancient Greece at Work.* London, 1926.

Gomme, A. W. *The Population of Athens in the Fifth and Fourth Centuries B.C.* Oxford, 1933.

Singer, C , E. J. Holmyard, and A. R. Hall. *A History of Technology.* Vol. 1. Oxford, 1954.

Tod, M. N. "The Economic Background of the Fifth Century." In *Cambridge Ancient History,* Vol. 5, 1–32. Cambridge, U.K., 1953.

关于罗马世界

总论

Frank, T. *An Economic Survey of Ancient Rome,* Vols. 3 and 5. Baltimore, Md., 1937–1940.

Frere, S. S. *Britannia.* London, 1967.

Jones, A. H. M. *The Later Roman Empire.* Cambridge, U.K., 1964.

Millett, Martin, *The Romanization of Britain,* Cambridge, U.K., in press.

Rivet, A. L. F. *Town and Country in Roman Britain.* London, 1958.

Rostovtzeff, M. *The Social and Economic History of the Roman Empire.* Oxford, 1926-1957.

Walbank, F. W. *The Decline of the Roman Empire in the West.* London, 1946.

Wheeler, Mortimer. *Britannia. Rome beyond the Imperial Frontiers.* London, 1954.

人口

Boak, A. E. R. *Manpower Shortage and the Fall of the Roman Empire in the West.* Ann Arbor, Mich., 1955.

Brunt, P. A. *Italian Manpower 225 B.C. - A.D. 14.* Oxford, 1971.

Gimbutas, M. *The Slavs.* London, 1971.

MacMullen, R. *Enemies of the Roman Order.* Cambridge, Mass., 1966.

Wacher, J. S., ed. *The Civitas Capitals of Roman Britain.* Leicester, 1966.

城市发展

Loane, H. J. *Industry and Commerce of the City of Rome.* Baltimore, Md., 1938.

Meiggs, R. *Roman Ostia.* Oxford, 1960.

商业

Charlesworth, M. P. *Trade-routes and Commerce of the Roman Empire.* Cambridge, U.K., 1926.

第二部分

中世纪

物质文化沦落至技能一度丧失、技术一度被遗忘和整个生活方式一度降低的地步，这样的事情在人类历史上几乎没有发生过。当然，经济衰退期间经济繁荣程度下降，但是在这种情况下没有什么是不可挽回的。导致西方罗马帝国终结的衰落属于前者。生活降至较低水平，人类从此再度向上拼搏发展。总体来看，中世纪是一个再生时期，但最终出现的模式完全不同于随着罗马帝国衰落而消失的模式。

关于罗马帝国的终结和中世纪的开启的任何争论，都必须考虑到这只是西罗马帝国的"衰落"。以君士坦丁堡为首都的东罗马帝国在风雨飘摇中又存在了1000年，最终屈服于奥斯曼土耳其。尽管西罗马帝国在正式意义上终结于476年，但是在此之前很久，经济和社会已开始衰落，城市规模在缩小，贸易趋于枯竭，帝国的能源和资源被转移用来防御北部和东部的边境。

虽然来自日耳曼部落的侵袭并非新现象，但变得更加严重。少数族群之前定居在帝国境内，但现在全体部落攻破了帝国屏障，向南定居至地中海地区。他们主要不是来破坏的（尽管确实造成了大量破坏），而是来定居的。他们想得到帝国的财富，最主要的是易于耕种的土地。正是帝国的财富吸引他们跨过了莱茵河和多瑙河。

尽管如此，入侵者还是带来了不同层次的种种价值观和水平较低的物质文化。他们不是城市定居者，罗马人所认为的城市在日耳曼人的家乡不为人所知，伴随他们到来的是城市不同程度的衰败。他们进行的是自给自足的农业活动，以至于在他们的定居地几乎不需要商业。他们的物质需求很有限，手工艺品的制造和交易大大减少。依据已发掘的黑暗时代居住点的遗迹和其居民原始的家庭用品判断，物质标准所降至的水平与罗马人征服大部分欧洲地区前的物质水平没有太大不同。

入侵者定居并占据土地后的欧洲地理，完全不同于罗马鼎盛时期的情况。然而，并非所有东西都丧失了。衰败无法抹去先前罗马丰功伟绩的证据：毁灭的城市，破裂的引水渠，还有引导入侵者抵达另一个城市的道路系统。人们对罗马的记忆并未完全消失。在黑暗时代，有关罗马和平与繁荣的传说引发着人们的想象，重建帝国成为人们努力追寻的理想。

不是所有欧洲地区都遭受到同样的入侵。地中海沿岸，特别是意大利，相对较好地免遭入侵。该地区没有受到什么破坏，帝国后期的绝大多数城市继续为人所居住，发挥着某种城市功能。乡村的不安定和人口锐减，促使人们迁至相对安全的城市定居地。城市生活衰减，但并未终止；而在农村，隔离的村庄和农庄，甚至小村子皆遭遗弃，但大型村庄群存在于整个中世纪直到近代。

地中海盆地之外的衰败更全面。城市即使真的仍有人继续居住，也衰落为村庄。一些城市衰落，根本无法复兴。在农村，一种新的人类聚落模式被强加于旧农业体系上，新的农业体系呼应了新来者的社会组织和制度。最后，在中欧、北欧和东欧，一种基于部落和血缘组织的、更简单的生活模式延续下来；该模式在大多数情况下完全自足自给，完全摒弃了城市生活。正是此时，西欧和中欧的民族开始从事罗马人在 2 世纪中断的工作——把帝国的物质文化传遍北欧森林。

欧洲的这三个部分在地图上没有明确界定，但它们构成了此后欧洲社会在中世纪剩余时期复兴的基础。只是因为新的文明体系从根本上不同于已在侵袭过程中被破坏的体系，就说中世纪的进步恢复到了罗马帝国时期的水平，这是毫无意义的。

中世纪社会不同于古典时期社会的有三个方面：其封建体制，其与土地的关系，以及其对城市、市区扩展的态度。中世纪的社会是封建制的。这意味着中央政府相对较弱，其部分功能（许多情况下是大部分功能）被地方夺取和掌握。管理注定与土地占有密切相关。地主、贵族或领主被授予土地，或被认为受赐土地，反过来他们要向各自的君主、领主或主人提供服务。为了履行这些服务，他们把自己的部分土地授予其他能为其尽义务的人。位于封建等级体系最底层的是农民，他们持有领主的土地，通过服务来偿付，如犁耕、收割、运输等。社会通过相互提供服务和保护联系在一起。至少在理论上，它是个严密的体系。人们不能自由迁移，因为那会妨碍他们履行义务。他们被固定在社会的特定位置，几乎没有社会流动或地理移动的可能性。但事实上，社会结构没有它所意味的那么严密，在任何情况下都容易被打破，特别是当服务逐渐被金钱偿付所取代时。

然而，封建的地理模式通过把赋役和义务密切关联，确实获

71

得了某种严密性，这为近代留下了不幸的遗产。简而言之，乡村社区要满足领主所要求的物品和服务的供给。在土地和耕作制度过时之后很久，该模式仍在延续，可能成为社会层面抑制技术进步的最重要实例。

中世纪早期，欧洲大部分地区几乎完全没有如罗马人所知道的那种城市。如果要有专门的工艺和贸易，那么城市生活则是必要的，必须将其重建。虽然城市难以适应基于土地所有制的封建体制，但仍被容忍和鼓励，因为城市的土地所有者有利可图。但中世纪发展演变出的城市模式与古典时代的城市模式有着本质不同。古典时代的都市模式代表着城镇和乡村、中央和管辖地之间的紧密关系。它们是一个整体——城邦或国家——的两个部分。中世纪的城市隔绝了与乡村环境的联系，至多管理着城墙下的土地。乡村是封建制的，城市是属于资产阶级的，两者的关系根本不简单，且通常是紧张的。只有在意大利，古典的组织方式遗产最多；只有在这里，城市控制着自己的领地（*contado*）；只有在这里，土地贵族主要居住在城市，而不是乡村的庄园。

本部分的第一章关注的是西罗马帝国的衰落及其城市和贸易的衰败，以及这个大动荡时期的聚落与农业变化。其组织结构大体与第一部分相似：首先是欧洲的政治地理，日耳曼人和野蛮人的入侵路线和定居与此联系紧密。由于缺少数据，人口变化可能不予论述，但我们要探讨因城市衰败和乡村不安定而引起的人类居住模式的变化。

这些变化在7至10世纪的一段时期内受到抑制。8世纪和9世纪晚期的加洛林帝国标志着西欧短暂的相对稳定期和沿东部边界的推进期，因为这是自 2 世纪以来西方第一次向东进军。人们可以重新估算人口及其分布；人们能一瞥不断变化的农业结构、新的居住模式以及黑暗时代的粗陋手工制品。

　　然而，加洛林王朝时期只是新一轮入侵和外部压力再次影响 72
欧洲前的一段插曲。它不过打开了一扇穿透黑暗时代迷雾的窗户，让我们更清楚地初步认识一下这个时代的农业和聚落状况。因为新型农业和居住形式为应对发展的社会结构而不断发展变化，所以我们所看到的情况变化也相对较快。欧洲在 9 世纪的情况一定不比罗马文明或中世纪文明的鼎盛期的情况更完整，因为其赖以为基础的资料不足。这个时代几乎没有留下什么记录和文献，其建筑几乎都消亡了，直到现在这个时期总体上仍不受考古学家青睐。事实上，证据最集中地反映加洛林帝国在西北欧的中心区域的情况，尤使我们进一步了解了那些逐渐变为教会所有的土地。

　　某种程度上，后面的第五章是对第三章的补充。它记录了本书所关注的人类社会各部分的迅速变化，但这个变化是一种进步而非衰落。如果我们可以发现中世纪的社会和经济的扩张，如果这种扩张可以用百分比来表达，那么人们可能会发现其发展比 19 世纪之前的任何时期都更快。本书探讨了各部分——人口和聚落、城市生活、农业、工艺和贸易——的空间模式的发展和变化，但是，必须强调的是，增长是从相对较低的水平发展起来的。

　　中世纪的膨胀期在 14 世纪初达到顶点。那时，欧洲大陆大部分地区的人口可能停止了增长，除东部和北部地区之外的城市和城镇网络已完成。第六章转向大瘟疫和流行病导致人口削减之前的欧洲，定居点因缺少人们的居住和耕作而被废弃。

　　这部分的最后一章探查中世纪晚期，也就是大约从 14 世纪初至 16 世纪初的两个世纪。相比于 13 世纪的光芒，这个时期通常被认为是灰暗和了无生气的时期；但这夸大了中世纪晚期的恶劣情况。瘟疫不断暴发使得每个人的脑中都充斥着死亡的景象。暴风雨和洪水更频繁——或比早期更频繁地被记录。但是，有很好的证据证明平民所处的境况并不比从前更糟糕。事实上，土地压力的稍许缓解意味着农民在耕种上有更多的选择余地。贫瘠的土地被遗弃，产量增长，有充分的理由可以认为平民的食物供给也有稍许的增加。如果人们仍质疑中世纪晚期的一般福利水平，那么只需看一下建筑活动的规模便可：不仅大地主，卑贱的人也贡献出自己的财产来建造大教堂，这个时期的城市和乡村的堂区都建有大教堂。

　　中世纪的最后几个世纪的特点是，所有经济活动形式都有广泛传播。14 世纪早期，从英格兰东南部和低地国家，穿过莱茵兰地区至北意大利，有一个中轴线：人们沿此轴线发现了大量大城市，欧洲内部的大部分商业活动都经过这条轴线。至 16 世纪初，这个通道扩大至包括德意志中部、波希米亚和阿尔卑斯山系。更东部的山口也被打开用于贸易，维也纳和布拉格、德累斯顿和克拉科夫也被纳入西方的贸易体系。采矿业和商业的边界向东推至喀尔巴阡山和特兰西瓦尼亚（Transylvania），向北推至瑞典丘陵。西方文明远远超出了罗马所确立的界线。

73

第三章 2至9世纪

从哈德良到查理曼大帝的七个世纪间，欧洲地理发生了深刻的变化。罗马帝国的权力和威望在2世纪达到顶峰，随后在3世纪则面对着不断增加的困难。它承受着外来的压力。日耳曼民族威胁帝国的欧洲边境。在东部，帝国则从未成功地明确划定同帕提亚人（Parthians）和中东其他民族的边界。在帝国内部，皇帝在宪法上的角色没有确定，也从未颁布继承法。虽然一些皇帝任命他们的继承者，但他们的选择往往被罔顾规矩的士兵质疑或推翻。有时候，人们可能会说皇帝的选择被下放给了禁卫队，他们是一支备受关注的精锐部队，作为皇家卫队驻守在罗马城的城墙外，随时待命。

政治地理

即使没有来自帝国外部的蛮族敌人的威胁和帝国内部软弱无能统治者的隐患，从不列颠北部到幼发拉底河、从多瑙河向南至撒哈拉沙漠的帝国大部分地区也已产生了严重的问题。在帝国晚期，资源被耗尽。旧有的行省结构保留下来，只发生了稍许的变化；但出于行政目的，帝国被一分为二——甚至一度一分为四——同时有许多地位相等的皇帝。此乃不尽如人意的策略，在戴克里先的统治（284—305年）下，帝国正式分为东西两个帝国；除了君士坦丁统治下的一小段时间外，分裂状态最终稳定了下来。自锡尔米乌姆（Sirmium）附近的多瑙河穿过人口稀少的达尔马提亚的喀斯特地区（Karst）到大海一线，是人口统计学和经济学上的无人之地。东西帝国的边界在这里被认为向南可直达的黎波里海湾，即撒哈拉沙漠最接近地中海的地方。从行政观点来看，这条分割线的选择可能是更英明的。帝国的两半部分有着本质不同。西罗马帝国人口更稀少，经济上欠发达，但更易受到日耳曼人袭击。东罗马帝国则具有多瑙河下游和巴尔干半岛山脉提供的自然防御，不易受到突然袭击；然而，同时它必须要面对波斯的帕提亚人的袭击，没有可资防御的天然屏障。从罗马直接指挥沿肥沃新月地带展开的此消彼长的战争，被证明是不可能的，那么一个更东部的指挥部就很有必要。

　　在君士坦丁的统治下，拜占庭的一个希腊小城市在战略上被用于俯瞰博斯普鲁斯海峡，控制从欧洲到亚洲的陆路，以及黑海与地中海之间的海路，它成为东帝国的首都。它于325至330年重建，随着它所具有的新的行政和军事功能而迅速发展壮大；除1204年被十字军所占领过，它一直未被征服过，直到1453年被奥斯曼土耳其人所攻占。尽管罗马距离莱茵河和多瑙河的北部边界遥远，但直至4世纪皇帝才开始使用位于意大利北部行政中心梅蒂奥拉努姆（Mediolanum，即米兰）的官邸，罗马仍是西帝国的首都。402年，面临哥特人的入侵，西帝国首都迁至拉文纳（Ravenna），依傍波河三角洲的沼泽地作为防御。

图3-1　罗马图拉真圆柱浮雕所展示的罗马边境。它展示了边检站和遭进攻时会被点燃的灯塔

　　尽管为了更好地进行防御，政治边界在好几处发生了改变，但帝国的行省划分没有什么显著变化。莱茵河上游和多瑙河上游之间的什一税地（Agri Decumates）被遗弃了263处，位于多瑙河北部的达契亚行省因难以防守，也在随后不久被丢弃。在不列颠，横穿苏格兰北部的边界为安东尼·皮乌斯所建，之后被遗弃，由哈德良所建立的早期防御工程代替（见图3-1）。

　　尽管没有任何统计数据，但罗马帝国在欧洲的人口在之后的数个世纪中无疑在减少。征召入伍的新兵越来越短缺；戴克里先采用了一种征兵制，帝国外的日耳曼人和其他民族被越来越多地征召。一些被征召入伍的外籍士兵，特别是曾在蛮族领导下服役的外籍军团（foederati）是极不可靠的。欧洲诸省广阔的真空地带可能很快被境外民族渗入，有时大量的外族人定居在帝国的土地上。同时，来自黎凡特的民族，被差别对待，分别被描述为叙利亚人和犹太人，他们向西迁徙，大都作为商人和工匠定居在城镇中。

很难确定人口减少的原因。似乎可以确定的是这与农村环境有关。大庄园吞占农民的土地，以此不断扩大，它们似乎一般使用奴隶进行劳作，奴隶取代了之前耕地的自由农。农村人口承担的赋税很重，并且不断加重。帝国的绝大多数城市，首先是罗马城本身，没有基础行业雇用人口，并支持发展起来的庞大的上层建筑。其被供给的食物是用地方缴纳的赋税购买的。供养军队的重担也落在了小地主身上。不论收成好坏，他们都必须按实际价值的增加（扣除物价因素）缴纳土地税；如果不能缴纳，他们就要背上债务或失去土地。从 3 世纪起，帝国的法令经常指出荒废土地（agri deserti）的面积，并要求它们再次被耕种。农村的衰败既是人口数量下降的原因，也是其结果。早在 4 世纪初农民被迫离开自己的土地时，就产生了这方面的问题。他们成为被束缚在土地上的人（adscriptus glebae），同中世纪的农奴一样不自由。在西罗马帝国终结之前很久，大庄园和附属的农民就是罗马人所预示的中世纪晚期封建土地所有制结构的两个主体。

入侵者

最终，是蛮族造成了帝国的衰亡。没有蛮族的入侵，就不需大量的军事支出，也没有征兵，赋税可以更低，农民的境况也不会那么令人绝望。我们不清楚是什么带来了入侵，终结了西罗马帝国，极大地威胁了东罗马帝国。据说这些入侵者是被来自中亚大草原的鞑靼民族即匈奴人所驱使。那么又是什么驱使匈奴人向西呢？是"亚洲的脉搏"，旧世界中心区域交替的干湿季，还是蛮族部落人口增长，以致其土地无力承担？这都是不太可能的，因为之后所有的证据都证明中欧和西欧的人口很稀少。是日耳曼和其他部落之间的战争促使战败方到罗马帝国境内寻找避难之所？也没有证据支持这个观点。或者驱使蛮族的动力仅仅是对帝国战利品的贪念。可能就是这个原因。帝国曾长久与蛮族通商。远至挪威南部和瑞典中部，人们发现了大量的罗马工艺品，主要是青铜器和陶器。蛮族显然发展出对罗马生活方式的欣赏。随着罗马抵御能力下降，他们压过了帝国边境。

有两点要注意。首先，蛮族入侵帝国的企图算不上什么新鲜事。其次，入侵的蛮族数量相对较少。公元前 390 年中欧的凯尔特人袭击了罗马；公元前 102 年意大利幸免于辛布里人（Cimbri）和条顿人的攻击，辛布里人和条顿人从波罗的海绕行一大圈后，最终被马略在普罗旺斯的阿克瓦埃－塞克斯提埃（*Aquae Sextiae*，今艾克斯［Aix］）打败和歼灭。随后的两三个世纪中，没有明显的蛮族人入侵，这只是因为罗马人建立了坚固、有效的边界防御工程。但是，至 2 世纪晚期，这些工程已发挥至极致，马可·奥勒留把其统治的大部分时间都用于在多瑙河沿线御驾亲征。3 世纪，日耳曼人成群结队长驱直入罗马帝国，诸城市很快就筑起防御工事抵御。不设防的城市周围的城墙被丢弃，一些用城墙围住的设防城市则缩短周界以便防守。在不列颠，人们于 4 世纪沿着面向欧洲大陆的"撒克逊海岸"（Saxon Shore）建立要塞，以海抵御来自西北欧的入侵。

78

卷入这些入侵中的人数较少。他们组成部落社团，随着他们的士兵、家人、牲畜和车队缓慢迁移。但总的来说，他们的人数多到不能以所经之地的农产品为生，所以他们停下来耕种土地，种植农作物。日耳曼部落在4世纪晚期更活跃的迁徙活动可能缘于匈奴人。这些人，类似于先前的斯基泰人，从南俄大草原奇袭东欧。哥特人最先，他们向西、向南迁移。这些人来自数世纪之前的瑞典哥特兰岛（Gotland）。他们首先在现在的波兰地区定居，然后是达契亚和乌克兰西部。他们在此分裂为维济哥特人（Visigoths，或曰西哥特人）和奥托哥特人（Ostrogoths，或曰东哥特人）。在匈奴人的影响下，维济哥特人跨过多瑙河下游进入罗马的莫西亚（Moesia）行省。他们进入罗马时，更像是避难者而非入侵者，但东罗马帝国的皇帝瓦伦斯（Valens）尝试把他们驱逐回去的意图却给自己带来了失败和死亡。他们在巴尔干居住了一代，之后又围绕亚得里亚海上端迁移，进入意大利，袭击了罗马。但是，他们再次撤回，翻过阿尔卑斯山进入高卢。他们定居在阿基坦（Aquitaine），以托洛萨（Tolosa，即图卢兹）为第一个蛮族王国的首府。他们从此处穿过比利牛斯山脉，进入西班牙。

奥托哥特人的迁移则晚了近一个世纪。他们穿过达契亚、潘诺尼亚或匈牙利平原，抵达意大利。他们在此暂住下来，统治罗马人，用他们的首领狄奥多里克（Theodoric）取代西方的最后一位皇帝——罗慕路斯·奥古斯都路斯（Romulus Augustulus）。奥托哥特人作为一个独立的日耳曼民族消失了，他们融入了比他们多得多的意大利人口中；一两代后，他们的语言和文化也消失了。其他日耳曼民族，施瓦本人（Swabians）和阿勒曼尼人

（Alamanni）从德国中部向西南迁移至上莱茵河和多瑙河地区。汪达尔人从德国东部穿过高卢和西班牙抵达北非，最终定居在迦太基附近。勃艮第人，本源上是一个波罗的海民族，定居在莱茵兰中部地区，向西南进入以他们的名字命名的勃艮第行省。法兰克人——居住在莱茵河东部的日耳曼民族联盟——跨过莱茵河并蔓延至高卢。最后，撒克逊人、盎格鲁人和来自德国西北部及丹麦半岛的朱特人，穿过北海抵达不列颠，逐渐开疆扩土。

　　除了那些来自帝国境外并定居下来的人之外，入侵帝国的日耳曼人似乎完全没有规划或目的地漂泊着。领土扩张热或躲避匈奴人的观点，都不能解释汪达尔人异常迂回曲折的迁移路线。民族大迁徙（*Völkerwanderung*）事件只能说明这些人觊觎罗马的财富，并且他们想过上罗马人的舒适生活，但他们不知道如何实现目标、采取何种路线。

　　大规模入侵图（见图 3-2）显示欧洲几乎没有未被触及的地方；一个民族大旋涡席卷欧洲大陆，其后果是城市遭毁坏，文明被毁灭。且远不只是这样的情况。涉及的人数相对较少。最大的日耳曼民族，如维济哥特人或奥托哥特人，他们的人口数量不可能多于 10 万人；而最小的民族，如阿勒曼尼人或勃艮第人，不可能少于 2 万人。定居在高卢的日耳曼民族的人口数量不可能超过总人口的 4% 或 5%，而他们在自给自足的农业环境下极易被同化。

　　奥托哥特人不是最后一个先前从属于帝国而后入侵帝国的日耳曼民族。将近一个世纪之后，伦巴第人随之而来。这个民族似乎起源于德意志东部的巴登高（Bardengau）。他们一直生活在这里，直到 6 世纪中期他们同格皮德人（Gepids）进行了战争；格

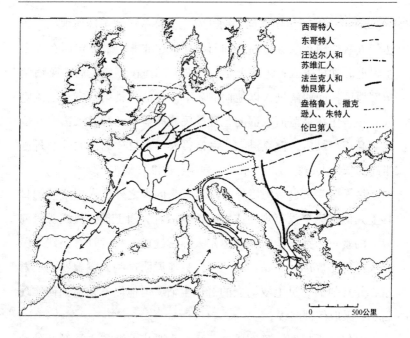

图3-2　5至6世纪日耳曼和蛮族入侵者的路线

皮德人是哥特民族的一支，在奥托哥特人迁至意大利后，他们仍
居住在潘诺尼亚平原。伦巴第人摧毁格皮德人后，带着膨胀的胜
利欲入侵意大利。他们占领了北部平原并定居下来，现在这里仍
以他们的名字命名，他们很快又向南深入意大利半岛。入侵帝国
领土的日耳曼民族中，数伦巴第人在政治和文化上最不发达。他
们统治的国家以之前罗马的帕维亚（Pavia）城为首府，这个国家
实际上是一个松散、混乱的部落领土聚集体，没有囊括整个半岛。
随着476年罗慕路斯·奥古斯都路斯的退位，西罗马帝国的统治权
遭到尚存的坐镇君士坦丁堡的东罗马帝国皇帝的声索。意大利的

重要地区，主要是那些离大海最近的地区被收复；但在整个伦巴第人统治期间，这些地方仍是东罗马帝国的偏远地区（见图3-3）。同时，数量不可能很多的伦巴第人自身也融入了意大利混杂的民族大群体中。

然而，另一个民族——斯拉夫人，这个时期开始在中欧登台，事实上可能是他们促使日耳曼人迁移。斯拉夫人的语言是印欧语系的早期形式，这说明他们早期独立生活在波罗的海南部的森林和沼泽地区。我们不清楚他们何时开始向南扩散。波兰学者亚日泽维斯基（Jażdżewski）认为，他们在6世纪占领了东欧大部分地区。如果他们确实定居在这个地区，那么他们肯定与日耳曼民族、波罗的海民族、立陶宛民族的先祖以及来自俄罗斯草原的鞑靼民族等其他民族共居。一段时间内，他们为下游的多瑙河所阻，没有船队，难以通过这条宽阔的河流。但是，他们跨过了多瑙河，在7世纪遍布了巴尔干半岛；并且向南进入希腊，在伯罗奔尼撒半岛建立起斯拉夫殖民地。东罗马或曰拜占庭皇帝为了阻止他们发动了一场失败的战争。无休止的入侵和战争减少了东欧和东南欧的人口，这推动了斯拉夫人的迅速扩散。不论是什么压力促使他们向前，斯拉夫人肯定受到在广阔的、人口锐减的土地上定居和耕种这一生活方式的吸引。他们强制推行自己的语言，以至于今天波兰语和马其顿语明显具有共同的根源。但是，他们不可能发现他们所占据的土地完全无人定居。根据种族标准判断，南部的斯拉夫人不同于北部的许多斯拉夫人。他们是宽头颅，而他们北部的亲属具有长头颅的北欧人特点。这说明新来的斯拉夫人与当地

81

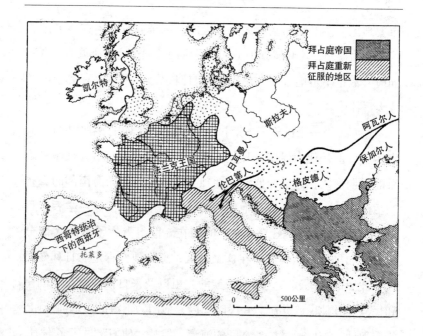

图3-3　6世纪中叶查士丁尼大帝时的欧洲

土著人通婚并强行推行他们的文化，但在种族上却被当地人同化。

　　4至6世纪所有入侵的背后原因是俄罗斯大草原的鞑靼人。他们是游牧民族，生活依赖于牧群。我们不确定他们的迁移活动为什么向西转。可能是因为中亚日益严重的干旱环境，更可能是因为鞑靼人之间争斗不休。东欧的定居者在很早之前就感受到了来自鞑靼人的压力，但首要的袭击来自匈奴人。匈奴人是马上民族，他们的凶残和移动速度弥补了他们人口的相对不足。他们使哥特人骚动起来；4世纪晚期他们闯入潘诺尼亚或匈牙利平原，大约50年内都是不让罗马人安生的邻居。而后，451年，他们在阿提拉的带领下开始向西远征，最后以他们在巴黎东南部的某个地方"加泰罗尼亚平原"（"Catalaunian Plain"）的彻底失败而告终。但是，他们没有被消灭，而是仍具有充足的资源入侵意大利，他们蹂躏了北部平原的大部分地区，并摧毁了罗马的一个重要大城市阿奎利亚（Aquileia）。之后，他们返回匈牙利平原，他们在此失去了凝聚力和力量。他们需要一个几乎具有超人领导力的人把争吵不断的鞑靼各部落凝聚起来。阿提拉正是这样的人。他死后，匈奴人在多瑙河中部平原地区仍过着游牧生活，他们是令人不安的邻居，但又不是特别危险。

匈奴入侵之后，又有至少三波来自南俄大草原的侵袭。首先到来的是阿瓦尔人（Avars），他们之前居住在伏尔加河下游附近。他们肆虐了东欧，然后驱逐了多瑙河地区的伦巴第人并定居在此。同之前的匈奴人一样，阿瓦尔人以此为基地对意大利北部进行突袭，并向南进入巴尔干地区，甚至袭击了君士坦丁堡。但是，他们的主体仍留在匈牙利平原，威胁着西边的日耳曼民族和北边、南边的斯拉夫民族，大约790年，查理曼消灭了他们，终结了他们的劫掠行为。

继阿瓦尔人之后的是他们在南俄草原上的邻居——保加尔人（Bougars）。他们沿黑海北部海岸迁移，向南至多瑙河下游。他们在此征服了斯拉夫人，打败了试图阻止他们的东罗马帝国军队。接下来，他们创立了舞台中心位于多瑙河下游南部的保加尔人国家。该国扩展至喀尔巴阡山脉和巴尔干山脉之间的低地，首府位于普利斯卡（Pliska）。所有入侵的鞑靼人数都不多，他们同当地人通婚，很快被同化。保加尔人失去了自己的民族特性，甚至他

82

们的语言也消失了，被遍及多瑙河南部的斯拉夫语取代。然而，在匈牙利平原，鞑靼人的数量因9世纪到来的马扎尔人（Magyars）而增多。他们在种族上也被那里复杂的人口所同化，但在文化上他们仍处于优势；现在作为当地语言的匈牙利语，源自亚洲大草原，而非波兰的森林和沼泽。草原民族的最后一次大爆发是1241年鞑靼人的入侵，第五章的"入侵"一节对此进行了论述。

罗马世界遭受的仅有的另一次大入侵来自南边和东边，由阿拉伯人领导的伊斯兰民族所组成。他们征服的程度、定居的范围和对欧洲的影响，在本章的"伊斯兰教和地中海"部分有所探讨。

西罗马帝国消亡之后，各种各样的日耳曼国家被建立起来。这些国家最初是部落的，其边界是流动的；这些入侵民族几乎不具有建立稳定领土单位的制度和传统。勃艮第人、维济哥特人、奥托哥特人、施瓦本人和伦巴第人都在西罗马帝国境内创建了国家。不列颠的日耳曼入侵者形成了盎格鲁－撒克逊"七国时代"下的许多小王国。一些国家被更强大的邻国征服和同化：施瓦本人被维济哥特人、勃艮第人被法兰克人征服和同化。伦巴第人取代了意大利的奥托哥特人。不列颠的许多部落王国先减为三个——韦塞克斯（Wessex）、麦西亚（Mercia）和诺森伯里亚（Northumbria），最终形成英格兰王国。原帝国边界之外的环境甚至更加易变。在东部和东南部的斯拉夫人土地上的德意志和在多瑙河流域的鞑靼人统治区，部落"王国"扩张又收缩，诞生又消亡。法兰克王国是蛮族王国中最辽阔、最持久的。其建造者克洛维（Clovis）的后继者们将其分之又分，而法国人视克洛维为国王路易一世。墨洛温王朝的这些小统治者之间无休止的战争，只是反映了家族之间的不和与妒忌。幸运的是，他们相互间的战争被一个强势有力的家族所终止，查理·马特家族重新统一了四分五裂的法兰克王国，这为一个复兴的西方帝国奠定了基础。

依据它们继承罗马帝国制度的程度，人们可以把欧洲很宽泛地分为三块区域。第一个是东罗马帝国，即"第二罗马"帝国或君士坦丁堡帝国。在本章所探讨的时期内，东罗马帝国包含整个小亚细亚、希腊和南巴尔干半岛地区，以及地中海的大部分岛屿。对海洋的掌控，使得帝国可以在地中海沿岸的任何地区登陆，深入物力所能达到的内陆地区。东罗马帝国收复了北非的汪达尔地区和南意大利，以及意大利半岛和其他飞地，包括拉文纳总督所管辖的区域（环绕意大利半岛海岸）。拜占庭帝国的这些外围地区，和君士坦丁堡之间的文化及商业联系是紧密的。这反映在艺术和建筑上，这种情况一直持续到海洋和海上运输交通控制权被伊斯兰军队取得之时。

第二个区域里是一些蛮族王国，其形成与罗马的行省框架是相称的。法兰克人、哥特人或伦巴第人的"法律"取代了罗马法律，尽管他们的法律不是没有受到后者相当的影响。他们的统治者把自己当作罗马帝国的继承者，这完全符合他们的理想；其中的查理曼大帝在800年复兴了西罗马帝国的概念。

第三个区域是位于原帝国边界之外的广大地区。它包括所有的中欧和东欧地区，以及除君士坦丁堡有效控制地区之外的部分巴尔干半岛地区。在政治和经济上这些是欧洲最落后的地区。其组织是部落的，尽管某些部落和他们的统领有时坚持维护对广阔地区——即他们所形成的国家的主权；但至少在10世纪前，这些

都不是持久的。直到封建制度、君主政体与基督教的土地、民族
组织等概念和制度从第二个区域的国家向东和向北传播时，变化
才姗姗来迟。

伊斯兰教和地中海

我们被告知，罗马帝国的特点是它包含了整个地中海，使之
成为自己的内湖——"我们的海"。这带来的必然结果是地中海提
供了内部的运输和交通途径，使帝国各个部分处于一个单一的功
能单元中。这个观点的延伸就是，对地中海海上贸易的任何阻隔
都会打破相互依赖的微妙平衡；这尤其与亨利·皮雷纳的观点有
关。欧洲的省份转而依靠自己，停止依靠同亚非的商业贸易，变
得自给自足。皮雷纳认为这才标志着罗马帝国真正的终结；帝国
终结的标志不是维济哥特人对罗马的占领或罗慕路斯·奥古斯都
路斯的退位。

7 世纪，地中海的统一被打破。中东民族一直是帝国面临的
问题，但是直到 7 世纪他们才成为威胁。他们的目的不统一，但
是伊斯兰教的兴起改变了这一点。伊斯兰教的产生，被认为源于
先知穆罕默德 610 年从麦加避难至麦地那。他宣讲的信仰很快被
沙漠的阿拉伯人接受，并由他们传至中东和北非的非阿拉伯民族。
这些不同的民族立刻具有了一个共同的目标，因为伊斯兰教而成
为激进的好战分子和改宗者。其统领一度仍是阿拉伯人，但其人
力是从整个北非、中东甚至远至波斯的地方招募的。在"先知"
的继任者——哈里发的带领下，伊斯兰教军队遍及中东和安纳托
利亚。670 至 677 年，他们进攻君士坦丁堡失败。640 年他们入侵

埃及。之后的半个世纪中他们扩散到整个北非，直至大西洋。711年，他们穿过直布罗陀海峡，入侵西班牙。维济哥特王国瓦解后，他们翻过比利牛斯山，横穿法兰西，最后于732年在图尔（Tours）被法兰克人打败、逐回。他们撤出法兰西后，到800年时，他们的边界定在西班牙北部的坎塔布连（Cantabrian）山和比利牛斯山。

皮雷纳的论点尽管简洁，但还是遭受了严厉的批判。他无疑夸大了帝国晚期地中海的海上贸易。在穆斯林切断陆海贸易之前，欧洲诸省份早已陷入自给自足的境地，"无市场的经济"于4世纪而非7世纪开始形成。如果说皮雷纳夸大了罗马帝国晚期的贸易量，那么他也低估了7和8世纪的贸易量。基督教的欧洲世界和穆斯林的中东、北非之间没有不可穿越的屏障。军事战争的间隙仍有贸易在继续，许多贸易在叙利亚人、犹太人等中东人自己的掌控中。贸易可能比以前更危险。穆斯林对船舶，甚至对欧洲海岸进行劫掠和袭击，但中东的物品仍有渠道进入西部地区，布、锡和西欧其他制造品能继续到达东方。总之，拜占庭人保留了其对西西里、卡拉布里亚（Calabria）、克里特岛和爱琴海诸岛的控制，但这些地区所有的交通只能依靠海洋来维持。

人口和聚落

有个争论已久的问题：日耳曼人和蛮族人的入侵是人口史和聚落史的转折点吗？他们的入侵导致城镇和乡村广泛被丢弃和摧毁，以至于必须从头再来？日耳曼派的观点认为这一变化影响深远，7和8世纪的景观大部分是日耳曼入侵者的创造。罗马派则持相反观点，他们认为大多数人口仍存在，之前的聚落点继续被居住。依据研究的地区不同，两个观点都正确。人们知道最多的是帝国城市的命运，因为大概知道它们的数量，并且要完全摧毁它们很难，几乎不可能。被罗马人自己认为是城市的地区，其数量在西部省份肯定已达到了 600 个。其中一半当然在意大利，高卢有 100 多个。根据吉尔达斯（Gildas）的观点，不列颠有 28 个，

85　但大多数历史学家认为其数量会稍低一些。欧洲东部省份的城市更少，但帕萨尼亚斯在一种希腊旅行指南中提出希腊半岛上有不少于 140 个。巴尔干半岛的城市很少；绝大多数很小，最大的是道路中枢和军事基地。当入侵者横扫欧洲、横渡海峡、进入不列颠时，总计接近 1000 个的城市发生了什么？没有城市幸免于入侵者的袭击，所有城市都被占领，有些是在长期的、毁灭性的围攻后被占领。一旦入侵者定居下来，它们的命运如何呢？

首先，新来者一般用不到城市，缺少维持城市的资源。正如所见到的那样，帝国的城市结构叠加在乡村省份之上，用乡村的税收来建造和维护城市。城市几乎不具有经济功能，作为文化和高雅生活的中心，它们对入侵者没有吸引力。意大利可能还有南西班牙则排除在一般情况之外。像阿奎利亚之类的城市，尽管被摧毁，其贸易量也普遍缩水，但城市生活仍在继续。意大利的城市继续聚焦于其小区域的生活，意大利的入侵者很快被充分罗马化，从而在其中安家并设立统治中心。罗马、拉文纳、帕维亚和米兰依旧同入侵前一样是统治中心。

皇帝和城市、地方官员的消失，为另一种领袖——宗教领袖的崛起提供了机会。自从 1 世纪，基督教已传遍罗马帝国，323 年

成为官方宗教。它首先是城市宗教。宣教士以秘密的形式在城市建立自己的势力，4 世纪早期变得更公开。教职人员的等级制度与世俗国家的等级制度并行。每个城市设立主教，城区成为主教的教区。不仅在意大利，在绝大多数西部省份也是如此。尽管城市失去了其他功能，但保留了作为主教所在地（*Cathedra*）的作用。随着世俗力量的衰落，教会人员管理着城市的许多方面，督察防御设施，维持食物供给，甚至与蛮族入侵者谈判。这点没有哪个城市能比罗马城体现得更真切，主教在城内获得更大的权力，在城外则获得越来越广阔的土地。476 年之后，西罗马帝国没有皇帝，东罗马帝国的皇帝距离远且效率低，教皇——罗马主教开始被人如此称呼——由此获得了更大的便利。8 世纪，教皇被默许取得了拜占庭皇帝继续控制的意大利地区，随后伪造的君士坦丁捐赠书被证明是合法的。该捐赠书宣称是伟大的拜占庭皇帝赋予了他们对这些土地的暂时管辖权。没有其他宗教曾做过如此夸张的声明，但其他人也没有这样的条件。

711 年穆斯林入侵之前，西班牙南部也仍延续着城市生活。西欧其他省份则被严重地破坏了。许多城镇被入侵者烧毁。更多的城市被绝大多数存留的定居者所遗弃。有一首盎格鲁－撒克逊诗歌，通常被称为《废墟》（*The Ruin*），生动地描述了一座罗马城市，几乎可以肯定这就是巴斯（*Aquae Sulis*）在 7 世纪的景象：

> 极大腐坏的厂房
> 房顶破裂、掉落；楼塔成为断壁残垣。

　　被劫掠过的墙和压碎的门，结白霜的墙。

　　破旧的防御土墙被切断和毁坏，被流逝的时间所侵蚀。

作为高卢比利时省的重要城市，特里尔被占领和毁坏了不止三次，但是每次袭击之后生活显然又恢复了。西多尼乌斯·阿波里纳里斯（Sidonius Apollinaris）当过世俗的小官员，之后成为法兰西中部克莱蒙的主教。他在这里写信给一个"住在被烧毁了一半的城墙和门上满是恐怖景象的城内"[①]的朋友。然而，他和他的随从继续居住在此，克莱蒙在维济哥特人的战争中幸存下来。其他地方，特别是在法兰西北部，法兰克人的入侵对这里的毁坏最大，城市缩小为小村庄，但他们努力保存了居住区。如图尔的格雷戈里所说明的，在罗讷河附近的维埃纳，罗马的高架渠甚至保留至6世纪。他描述了图尔的店铺街；在巴黎、里昂、图卢兹以及其他地方，某种城市生活在整个入侵时期继续存在，并在之后的平静时期扩展开来。

　　西班牙的南部和东南部是欧洲城市化程度较高的地方，这里的生活仍在继续，至少在较大、较重要的城市是如此。城市幸存下来，维济哥特人把托莱图姆（Toletum，即托莱多［Toledo］）作为自己的首都。穆斯林或曰摩尔人入侵者没有刻意破坏那里，对城市和城市生活的破坏主要源于摩尔人和其北方的基督教国家之间的战争。在沿帝国北部边界的大范围区域和巴尔干半岛地区，城市生活都遭到破坏。这些地区遭受了数世纪的蛮族袭击和入侵，大多数城市主要发挥军事上的作用。许多城市被摧毁并遭完全废

　　[①]　*Letters,* III, no. 2.

弃，如奥古斯塔－劳拉科鲁姆（*Augusta Rauracorum*，即瑞士的奥格斯特［Augst］）、卡农图姆（*Carnuntum*，即下奥地利的彼得罗内尔［Petronell］），它们的物质遗存现在仍可见。阿奎因库姆（*Aquincum*）现在有人定居，只是因为它包含在布达佩斯的外延郊区中。罗马人在多瑙河下游沿线建立起了许多小镇和军团要塞，这里的城市生活戛然而止。当入侵民族开始建立自己的城镇时，他们将这些城镇建在罗马人从未使用过的地方。普罗科皮乌斯（Procopius）写到，在巴尔干半岛腹地的一些城镇"曾被斯拉夫人占领过，现在荒芜、空寂无人，没有人在那里生活"[①]。

　　人们对不列颠的罗马式城市化的兴起和衰落的描绘，会比其他地方更清楚。城镇较少，其考古记录和文学记录更充足。大约 25 个城市中只有 5 个不再有人居住，7 个随后成为主教所在地。在完全废弃的城市中，维翁拉米亚姆（*Verulamium*）在此后相当长的一段时期内被北部一英里外山上的城镇兼修道院圣奥尔本斯（St. Albans）所取代。其他城市——卡勒瓦－阿特雷巴图姆（即西尔切斯特）、维洛科尼乌姆－科尔诺维奥鲁姆（*Viroconium Cornnoviorum*，即罗克塞特［Wroxeter］）、文塔－伊切诺鲁姆（即诺维奇旁边的凯斯托）和文塔－西路鲁姆（*Venta Silurum*，即凯尔文特［Caerwent］）——不再是定居区，这些地区仍未被发掘。随着城市居民退至自己的农场和乡村，这些城市逐渐衰落下去。其他所有城市都有某种延续。在 10 世纪斯堪的纳维亚人入侵时，一些城市成为避难地。而其他城市，如伦敦和约克，则重新

---

① Procopius, IV, 3.

具有了适合中世纪早期西欧新环境的商业功能。

乡村定居点比城市更脆弱。其建筑不够坚固，一旦废弃，很快就坍塌。大量罗马别墅和村庄（vici）遗址在远离晚期定居点的地方被发现，这表明许多地方被广泛遗弃。但是这并没有显示有多少是继续有人居住的，因为人们在原来被废弃的遗址上建立了新的建筑。不可能挖掘下面的村庄遗址去寻找最底层人类定居点的数据，考古证据肯定低估了古典世界和中世纪世界之间的延续程度。在意大利，这种延续性可能是最大的，但早在西罗马帝国终结之前，单个定居点的数量已趋于减少。在维爱（Veii）附近伊特鲁里亚地区展开的密集田野考古工作说明，2和3世纪共计307个已知的定居点，至5世纪减至93个，6世纪减至46个。这似乎部分是因为土地不断集中至大地产所有者手中，部分是因为在这个动荡的年代出于安全考虑，聚落数量往往变得更少而规模更大。定居点不再位于开阔的乡村，而是在任何可驻防的山顶，变化的幅度似乎就有这么大。农民当时要走很长一段路程才能抵达农田，直到最近也仍是如此。但除了这个，沃德－帕金斯（J. Ward-Perkins）写道，"人们会惊讶于巨大的政治变化下，日常生活模式的保守性"[1]。

在西欧其他地方，人们要么放弃小而偏远的定居点，要么在那些战争和入侵时期居民撤出的地方建立避难所（Fluchtburg）。这在塞维利亚（Seville）的伊西多尔（Isidore）的陈述中得到了

---

[1]　"Etruscan Towns, Roman Roads and Medieval Villages: The Historical Geography of Southern Etruria," *Geographical Journal* 128 (1962): 389–405, 402.

验证，小镇只是个"生活更安全"的地方。人们自然要问，入侵的民族在停止漂泊后定居在哪儿？他们是逐出早先的民族，还是建立自己新的村庄？不幸的是数据少而模糊，在没有考古证据的情况下最可靠的是地名。但是，地名远不能绝对可靠地指引发现者。谁给地区起名？是那些定居者，还是那些在提到这个地方时需要某些凭借的人？例如，许多英语地名中含有"*Wal-*""*Wael-*"或"*-ton*"的成分。它们通常的意思是"威尔士人（Welsh）的镇区"或凯尔特人的镇区。这样的名字不可能是"威尔士人"自己所选的。几乎可以肯定，这是由定居在附近的新来者首先使用的，他们需要一个名字来命名当时存在的村庄。如果这属实，人们可能会认为"Waltons"是延续性的证明。但是，被用来指明新来者自己的定居点的地名又如何呢？在不列颠，地名被研究得比其他地方都深入，日耳曼入侵者最早采用的地名含有个人成分的后缀"*-ingas*"或"*-inga*"；"*Hoestingas*"之后变为"Hastings"，意思是霍斯特（*Hoest*）人。绝大多数名字出现于入侵者占领土地后不久。加上后缀"*-ham*"表示家或居住区，这可能出现在较晚时期。因此，"Walsingham"的意思是"沃尔斯（Woels）人的村庄"。人们能以一种粗略的方法沿着入侵民族的迁移路线穿越这片土地。但是，他们建立了以自己的名字命名的定居点吗？关于这一点，不能确定。很可能他们的确占领了已经被清理的土地。尽管他们可能愚蠢到不这样做，但没有遗址发掘，我们不能说他们在之前占领的遗址上建造了茅舍，并且证据还远不够清楚。村庄不同于城市。村庄极易被破坏、被夷为平地。当新建筑被建立起来，它们本可以被建立在同一个地基上或使用原先的柱坑。更可能的是，它们本可以建在同一块地或同一地基的其他地方，或毗邻土地，甚至100码外的地方。如果这能被说成是构成了定居点的延续性，那么很可能不列颠的"日常生活模式的保守性"与伊特鲁里亚的一样不明显。

著名的格洛斯特郡（Gloucestershire）的威辛顿（Withington）聚落案例就是一个例证。这里的中世纪村庄和堂区继承的是罗马晚期的庄园地产。村庄本身建在庄园遗址北部近半英里外最好的耕地上。罗马属地的土地所有者可能在同盎格鲁－撒克逊人的战争中丧生，但是他们半奴隶性质的佃农还活着。他们可能讲凯尔特语，重要的是含有 *Wal-* 或 "Welsh" 的地名出现在堂区中。这就展现了人口的延续性和土地占领的连续性；尽管庄园遗址被夷为平地，但人们在同时代或之后在不远处建立了另一个聚落。盎格鲁－撒克逊对不列颠的占领"包含着与过去农业时代的决裂"，这个观点的确是一个太极端的看法；但几乎没有什么能如威辛顿居住地那样清晰地证明了连续性。

89　　欧洲大陆的情况与此相似。村庄被完全破坏；为了安全和防御，人口变得更集中；日耳曼人落户于高卢和西班牙的罗马化凯尔特人中。无疑，一些凯尔特人逃离并抛弃了他们的土地。但是绝大多数土地上都存在人口和聚落的连续性。日耳曼派声称的变化的前提是日耳曼民族大范围的入侵和定居，但这并没有任何证据。

日耳曼和蛮族的入侵所造成的文化后果仍难以评估。入侵民族可能把自己的一些文化成分强加于他们周围的定居者。至少后者要接受外来语。不可能有一方在文化上被完全同化，而另一方取得绝对支配地位的极端情况。语言变化最容易辨认。在东欧，斯拉夫语取代了多瑙河以北的日耳曼语和南部的色雷斯语。斯拉夫人在文化上足够强大，可以同化保加尔人，可能还同化了匈奴人和阿瓦尔人；但没能同化马扎尔人，匈牙利平原上继续讲马扎尔语。斯拉夫人同巴尔干半岛的罗曼语系民族——瓦拉几人（Vlach）和罗马尼亚人——的关系，因后者后来的迁移而复杂化。但这些罗马化色雷斯人的后裔似乎在当地部分地抵制住了斯拉夫人的文化影响。在西欧，日耳曼民族把他们的语言边界向前推至从法国北部横穿比利时、穿过卢森堡和洛林到汝拉山（Jura Mountains）、再横穿瑞士到阿尔卑斯山一线。日耳曼民族，其中尤其以维济哥特人、勃艮第人和法兰克人著名，他们居住在该界线以外很远的地方。从历史记载和目前的地名来看，这是很明显的。但在语言上他们被当地的罗马-凯尔特人所同化。人们只能推测导致德语在某个地区被叠加、在另一个地区却被同化的因素。显然，入侵民族和本地民族的比例是一比一，但出现的社会和经济分层种类比例也是一比一。日耳曼语词源的地名通常成组地被发现于整个法国，西北部的布列塔尼和东南部的普罗旺斯除外；但没有发现日耳曼语的痕迹。法语在当地重新获得入侵时期被罗马-凯尔特人先辈丢失的区域，但实质上今天的语言界限是5和6世纪的入侵者建立的。

农　业

　　大入侵期间和之后的欧洲农业活动几乎不为人所知。人们认为，从罗马时期到中世纪，南欧的农田系统和耕作方式具有连续

图3-4　中世纪重犁。根据14世纪《君士坦丁法典》(Jenštejn Codex)（布拉格）

性。其他地方的确有变化。帝国时代已有雏形的新型犁被广泛使用。新型犁大部分是木制的，有轮子，有犁板，像犁头一样可用于铲土（见图 3-4）。它要由一大队人来拉，不易控制，在犁沟转弯处难以转弯。它需要整村人共同努力，且这个笨重的器械需要在尽量避免多次转弯的田地上耕作。重型犁的社会和经济结果是可观的。它的使用可能源于南德意志，普林尼在此首次发现它的使用。但它的耕作速度，我们无从得知。除了 11 世纪的一些图画之外，没有任何文学证据，这种犁也早已化为尘土。

　　农作物的种类几乎没有发生明显变化。在地中海地区，小麦和大麦继续用休耕制来耕种。从葡萄酒和橄榄油贸易量缩小的角度来看，葡萄树和橄榄树的种植范围可能比罗马时代要小。阿尔卑斯山以北的主要粮食是各种麦子，尤其是斯佩尔特小麦、单粒小麦以及裸麦。很可能是日耳曼民族把裸麦的耕种传至西方。没有充足的证据表明，此时的大麦和燕麦不及其在铁器时代或中世纪后期那么重要。几乎所有地方都种植蔬菜，葡萄树仍在罗马人引进它的地方种植。畜牧业很重要，9 世纪的多组册（polyptyques，僧侣土地调查表）① 和11世纪的《末日审判书》（Domesday Book）② 显示，牛羊数量确实很大。

贸易和行业

西罗马帝国灭亡之前很久，西部和东部的大庄园都趋于自给自足。其出售的土产品更少了，在庄园中制造的自己所需的商品则越来越多。尽管欧洲当时正在发展为"无市场经济"，但一直都存在必需品贸易，如盐，以及奢侈品贸易，如玻璃、教堂装饰品、昂贵织物。西方的许多长途贸易似乎被来自黎凡特地区的民族——他们有不同的称谓，如"叙利亚人"和"犹太人"，不一而足——所掌控。例如，犹太人普利斯库斯（Priscus）被图尔的格雷戈里描述为法兰克人的希尔佩里克（Chilperic，约570年）国王的奴仆，"普利斯库斯在国王购买珍贵物品时提供了帮助"③。另一位编年史家诺特克（Notker）提到，香料、油膏和医药是从东部被带入的；帕维亚是伦巴第国王所在地，它成为此类商品的商业中心，此类商品很可能是通过威尼斯输入的。然而，商业活动危险且困难，可供交易的可能仅限于可以独自承担运输费用的昂贵商品。在帝国统治下，许多贸易通过沿海船运进行。由于海洋变得不太

91

---

① polyptyques 一般指艺术上的多幅组画，作为僧侣土地调查则无相应的汉译，此处权且做此翻译。——译者

② 由英格兰国王"征服者"威廉一世下令进行的全国土地调查情况汇编。因调查员个个凶神恶煞，令人感觉如临末日审判，故得名。——译者

③ *The History of the Franks,* ed. O. M. Dalton (Oxford, 1927), I, 175.

安全，这种运输方式被放弃了，意大利和法国之间的商品贸易经由阿尔卑斯山通道进行。

制造业的重要性很小，现存的手工艺品显示了其工艺水平自罗马帝国时期起急剧下降。陶器粗糙，金属制品不够精致，织物的品质无疑更差。几乎所有此类物品都用于本地消费。日常生活用品的长途贸易很少或根本没有。

商人使用的通道和其他通道一般是罗马人所创建的。那些通道建造良好，尽管缺乏维护，但至中世纪时仍能被良好地使用。它们形成了连接帝国主要城镇的网络，且这些城镇仍是生产和贸易的主要中心。

精选书目

Bury, J. B. *The Invasion of Europe by the Barbarians.* London, 1928.

Finberg, H. P. R. *Roman and Saxon Withington.* Leicester, 1955.

Latouche, R. *The Birth of Western Economy.* London, 1961.

Moss, H. St L. B. *The Birth of the Middle Ages 395−814.* Oxford, 1935.

Olsen, M. *Farms and Fanes of Ancient Norway.* Oslo, 1928.

Russell, J. C. "Late Ancient and Medieval Population." *Transactions of the American Philosophical Society,* Vol. 48, pt. 3 (1958).

Ward-Perkins, J. "Etruscan Towns, Roman Roads and Medieval Villages: The Historical Geography of Southern Etruria." *Geographical Journal,* 128 (1962): 389−405.

第四章 查理曼时代的欧洲

800 年的圣诞节，法兰克人的国王查理被教皇利奥三世（Leo Ⅲ）加冕为皇帝。不论当时的政治环境如何，这个事件被同代人及后代称颂为帝国在西方的复兴。经过了 324 年，查理或查理曼成为罗慕路斯·奥古斯都路斯的继承者。由此重建的帝国将持续至 1806 年，最终顺其自然地并入拿破仑帝国。日耳曼民族和蛮族入侵是第一波浪潮，第二波浪潮的标志性事件是挪威人、阿瓦尔人的袭击以及摩尔人的重建，短暂的加洛林王朝存在于两波浪潮之间。加洛林王朝时期相对安定，以艺术、文学和学术复兴为标志，这一情况直到 9 世纪末才结束。

政治地理

9 世纪初的欧洲政治地理由两个帝国掌控，西方是刚加冕为皇帝的查理曼大帝的帝国，距离 800 英里的东方是从戴克里先和君士坦丁直接延续下来的帝国。两者都声称是全世界的统治者，相互间实施冷淡外交。它们没有直接交往。处于它们之间的是日耳曼人、匈牙利平原的阿瓦尔人、巴尔干的斯拉夫人。这是两个帝国都想扩张的边界地带。

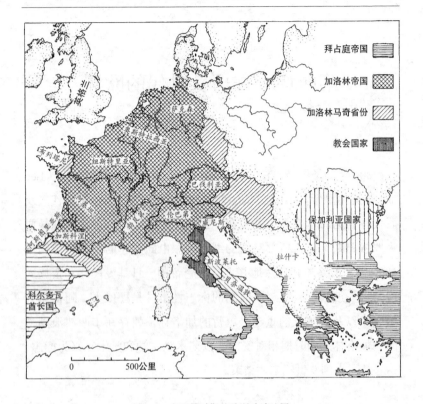

图4-1　查理曼时期的欧洲政治地图

　　查理曼继承的土地是那些由法兰克人在 5 世纪占领并定居的人口稀疏之地。帝国疆域从比利牛斯山扩张至莱茵河，并越过莱茵河上游，包含南德意志大部（见图 4-1）。法兰克人的王国几乎没有凝聚力。其核心位于下莱茵兰地区，没有正规意义上的首府。查理曼有一些宫殿——位于美茵兹附近的英格尔海姆（Ingelheim），以及低地国家的奈梅亨（Nimwegen）和埃里斯塔勒（Héristal）；最重要的宫殿位于亚琛，该宫殿将从拉文纳和罗马劫掠来的大理石用作装饰。他经常来往于各宫殿之间，但绝不会离奥斯特拉西亚（Austrasia）太远。奥斯特拉西亚大约包括低地国家和下莱茵兰地区，它是法兰克人最密集的地区，是查理曼的权力基础。遥远的西部和西南部地区与奥斯特拉西亚没有什么联系，布列塔尼半岛的居民根本不承认查理曼的统治。法兰克王国的统一是查理曼的祖父查理·马特和父亲丕平的功绩。在法兰克王国之前这一地区有许多动荡不定的国家，这些国家由纷争不断、无能的墨洛温王朝诸成员统治。独立的传统在许多地区根深蒂固，帝国的统一需要非凡的智谋和见识。而这个查理曼充分具有这些特质，他以自行裁量、独断决定的方式统治着国家。他把帝国分为许多"郡"（*Gaue*）进行管理。在每个郡任命一个郡守（*Graf*）来执行查理曼大帝的皇权。只要有一个强势的皇帝进行监督，只要查理曼大帝活着，这个体制就是成功的。

　　帝国四周被敌人所包围。摩尔人被驱赶至比利牛斯山脉以南，从比斯开湾至地中海地区是西班牙的马奇（March）——一个在这个方向上被用于保卫法兰克国家的边境省份。布列塔尼人从未被法兰克人征服过，但他们的人数和资源太少，因而未对法兰克人构成威胁。最大的威胁来自东部。查理曼大帝的传记作家艾因哈德写道："除了一些地方有森林或高山作为隔断，划分了明确的界线之外，我们自己与德意志西北部的撒克逊人之间的界线几乎全部穿过一个旷野，以至于双方之间有永不休止的杀戮、偷窃和纵火。"[①]持续不断的边界战争最终在772年使法兰克人征服了撒克逊

93

94

---

① Einhard, vii.

人。13年后，法兰克人的国家边界向东推至易北河和萨勒（Saale）河，在该界线以外建立了许多边境省份或"马奇"省份。

鞑靼阿瓦尔人在匈牙利平原一直居住了大约两个世纪，他们倚仗这个地区侵袭多瑙河河谷、进入德意志南部，翻过东阿尔卑斯山进入意大利。这个危险也解除了。791至796年，查理曼大帝进行了一系列远征，摧毁了阿瓦尔人的势力，歼灭了他们，以至于"像阿瓦尔人那样灭亡"成为斯拉夫人的一句谚语。远征的结果是，巴伐利亚和阿尔卑斯山并入了查理曼帝国。

查理曼大帝与意大利的关系更和睦。伦巴第人实力的下降使得他们的国家出现了政治真空，教皇在圣彼得教会财产上所享有的世俗权威仅能部分填补这种真空。查理曼来到意大利保卫教皇，首次被授予伦巴第王权，加冕成为皇帝。圣彼得土地的南边坐落的是斯波莱托（Spoleto）和贝内文托（Benevento）的公爵领地，它们之前都属于伦巴第王国的一部分，但是现在是查理曼遥远的属地。

查理曼在确立他对西欧和中欧大部分地区控制的同时，东罗马帝国在北方民族和中东民族的打击下全面缩小。9世纪初，东罗马帝国只剩下安纳托利亚和那些关系拜占庭海权的巴尔干部分地区（见图4-2），但帝国在君士坦丁堡都城仍占据着极大优势。大量的防御工程可使都城抵御来自陆地的袭击，陡峭的悬崖可防御来自海上的入侵，船只可提供所需物品。不论政治和军事情况如何，君士坦丁堡总能获得供给。但帝国几乎没有统一的要素。除了一开始就有的种族多元性，帝国又容许并且将各个民族仿佛棋

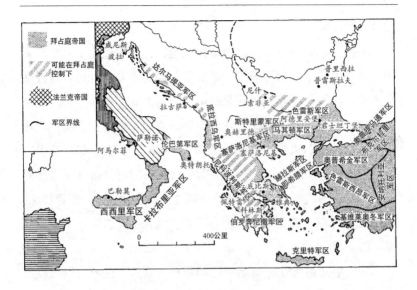

图4-2 9世纪的拜占庭帝国与巴尔干。军区为拜占庭帝国的行政分区

子中的卒子那样在领地内移来移去。希腊语是帝国有效的官方语言，但它从未成功地施加在大多数人头上。另一方面，教会的教义和习俗逐渐从罗马分离，为帝国带来了它曾经有过的统一。实际上，宗教正统成了帝国特有的一种民族主义。

拜占庭帝国继续不稳固地控制着意大利半岛的南部，以及处于北非摩尔人日益逼近的威胁之下的西西里和克里特岛。从阿尔巴尼亚到伊斯特里亚（Istria）的达尔马提亚海岸，海洋和喀斯特间的狭长地带，以及希腊半岛、周边诸岛、马其顿和色雷斯的海岸地区，仍处于拜占庭控制之下。仅凭拜占庭的海上势力而持有的最后一块地方是克里米亚南部海滨，君士坦丁堡从这里能获得部分食物供给。

不列颠、斯堪的纳维亚和斯拉夫地区，既不受控于西罗马帝国，也不附属于东罗马帝国。盎格鲁－撒克逊和朱特的入侵者横穿不列颠，控制了除西部和北部山区外的所有不列颠地区。众多小部落王国减至三个，即诺森伯里亚、麦西亚和韦塞克斯；现在仍存有一些地名来纪念这些小部落。约800年，在小部落中占有主导地位的是麦西亚，其统治者奥法（Offa，卒于796年）是除教皇之外唯一的欧洲统治者，他可以同查理曼平起平坐。尽管如此，他仍无权管辖韦塞克斯和诺森布里亚，也几乎无权管辖东安格利亚（East Anglia）。

在斯堪的纳维亚稀疏地居住的是日耳曼人。他们的组织以部落为单位，但在瑞典中部的低地地区和丹麦的岛屿，与同时代的不列颠一样，更大的政区单位开始形成。我们还很不清楚为什么不断有移民从斯堪的纳维亚迁出。约800年，挪威人还未开始袭击不列颠，但一伙瑞典人已跨过波罗的海，沿东海岸定居；在之后的一个世纪中，他们从这里穿过俄罗斯人烟稀少的森林地区，顺着河流抵达黑海。

斯拉夫人遍布从波罗的海至巴尔干半岛的东欧地区。编年史家不来梅的亚当（Adam of Bremen）在11世纪这样记述：斯拉威亚（Slavia）"从……易北河扩张至斯基泰海（黑海）……从我们的汉堡教区……向东……无限扩张"[1]。他是对的。斯拉夫人在欧

----

① *History of the Archbishops of Hamburg-Bremen,* trans. and ed. F. J. Tschan (New York, 1959), 64–65.

洲的人数也许不是最多的，但他们的分布却几乎是最广的。他们也是最不发达的人群之一。除了在拜占庭帝国的边界，第一保加利亚"帝国"占据大面积地区之外，斯拉夫人的组织仍是部落的。俄罗斯编年史家涅斯托尔（Nestor）举出了约 15 个斯拉夫部落的名字，并且说"斯拉夫种族就是这样分裂的，他们的语言被认为是斯拉夫语"①。至 800 年，扩张的斯拉夫人几乎包围了在语言上与之极其相似的波罗的海民族，并穿过森林抵达伏尔加河的源头。他们在这里建立村庄，等待挪威领导者把他们凝聚成一个国家。

　　大体而言，斯拉夫人占据了东至乌拉尔地区的落叶林带和混合林带。身在北方的仍是芬兰人和拉普人（Lapps）的游牧先祖。南方的欧亚大草原居住着乌拉尔－阿尔泰（Ural-Altaic）部落，他们抑制了斯拉夫人在这个方向的扩张，对所有定居东欧和东南欧的民族构成了威胁。这个时期，居住在黑海东北方的哈扎尔人（Khazars）是最有势力的欧亚草原民族。除了哈扎尔人，还有佩切涅格人（Pechenegs）、库曼人（Kumans）和波罗维茨人（Polovtzi）。战争是普遍的，对某个民族的进攻并强迫其迁移可能造成草原民族的大规模重组。例如佩切涅格人被哈扎尔人打败后向西迁移，转而驱赶马扎尔人翻过喀尔巴阡山脉，定居在阿瓦尔人撤出的匈牙利平原，马扎尔人的后代现在仍居住于此。阿拉伯旅行家伊本·鲁斯塔（ibn Rusta）这样描述他们："夏季生活在欧

---

① *The Russian Primary Chronicle,* ed. S. H. Cross, *Harvard Studies in Philology and Literature* XII (1930): 52–53.

亚大草原，哪里有更好的牧场，他们就带着帐篷迁移到那里，他们甚至耕作土地。但随着冬季的到来，他们迁至河边以捕鱼为生。"[①]

斯拉夫人已分布至多瑙河南部，其中一些成员甚至到达希腊南部；他们在此很快被当地人同化。只有在保加利亚，他们以部落为主导的社会被纳入了更大的政区单位；来自草原的保加尔侵略者已在此建立了国家，成为拜占庭皇帝的重要威胁。

伊斯兰军队已控制了地中海大部，但直到 800 年为止，他们在欧洲内部仅在西班牙一地立足。前一个世纪他们已达到了发展巅峰；约 800 年，他们的边界跨过了西班牙北部。在北方，土著民族在坎塔布连山保持了某种形式的独立，莱昂和阿斯图里亚斯（Asturias）这样的小国已在此出现。东部是法兰克人的比利牛斯山边界，但半岛的其他部分组成了科尔多瓦酋长国，效忠于远在巴格达的哈里发。

人　口

我们对加洛林王朝时期的欧洲人口知之甚少。通常认为罗马帝国晚期显著的衰落仍在继续，似乎有理由认为侵略、战争和破坏抑制了任何复兴。仅有的统计数据是由修道院的土地调查构成的，而这些调查以"多组册"（polyptyques）之名为人所知。圣日

[①]　引自 *Cambridge Medieval History,* IV, 197。

耳曼（Saint-Germain）的巴黎王室的 25 个庄园上的列数人口被用作起点。但这些地方的土壤肥沃，其居住人口可能比法国其他地方更密集。根据这个证据，法国人口可能只有 600 万。欧洲其他地方的数据甚至更不尽如人意。从摩尔人的税收记录提取的细微证据显示，科尔多瓦酋长国有约 400 万人口。意大利的人口可能并没有什么不同，但欧洲其他地方没有任何定量证据。一切都显示人口数量少，分布稀疏。关于斯拉夫人，普罗科皮乌斯这样记述：“他们相互间分散居住，零星地居住在乡村。”[①] 波兰和匈牙利的历史学家认为，每平方英里 12 人的密度是最大值，支持这个人口密度的则是半游牧的生活模式。基于此，斯拉夫土地上可能居住了 600 万人。依照类似的观点，德意志和斯堪的纳维亚会有约 400 万人。不列颠群岛可能居住了 200 万人或更多。然而，必须要强调的是，这些总数都是头脑猜测的，没有真正的数据支持。

现代欧洲的语言分布大体上在 9 世纪早期已确立，从那时起仅有的显著变化是日耳曼语向东推进，进而取代斯拉夫语，马扎尔人到达潘诺尼亚平原（见图 4-3）。其实，语言本身远不是其现在的形式，但罗曼语、日耳曼语、凯尔特语、斯拉夫语和乌拉尔 - 阿尔泰语的根本差异已存在。然而，语族和严格的种族标准没有关联。显著的外表特征对辨别文化群体也没有多少价值。盎格鲁 - 撒克逊人占领英格兰对人口的种族方面没有显著影响，在欧洲大陆上演的入侵和大迁移也是如此。多数情况下，说新语言的人人数很少，在种族上被同化，其人口的体格上也没有留下什么显著特征。

98

---

① Procopius, VII, 14, 29–30.

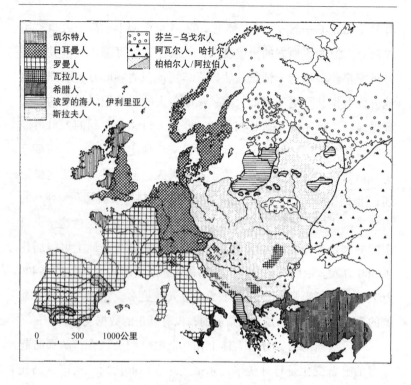

图4-3　9世纪的欧洲民族－语言分布图

图例：
凯尔特人
日耳曼人
罗曼人
瓦拉几人
希腊人
波罗的海人，伊利里亚人
斯拉夫人
芬兰－乌戈尔人
阿瓦尔人，哈扎尔人
柏柏尔人/阿拉伯人

0　　500　　1000公里

聚　落

　　此前500年中城市聚落的衰落和乡村发生的变化，本书已进行了概述。尽管一些罗马城市遭到废弃并崩裂坍塌，绝大多数城市在9世纪初成为居住地。尤其在南欧，一些城市一直有人居住。在许多方面，罗马的街道设计已扭曲，甚至消失，但这是否因为重建而被彻底破坏，抑或因为"城市秩序散漫时期对街道持续不断且相对密集的使用所造成的破坏性影响"①，我们无从得知。但是不论毁坏程度如何，城墙通常存留下来，一直在整个中世纪发挥作用。它们限制了城市的重建。特别是少量通过城墙的门，确保了新街道的样式与老街道差别不大。温彻斯特（Winchester）是很好的证明。其街道是盎格鲁－撒克逊式的，但城市的轴线与罗马的设计极为一致，因为罗马的城门仍被沿用。

在绝大多数城市，甚至在罗马帝国晚期，商业和制造业没有太大的重要性，继续衰落下去。但是，它们从未消失，"无市场经济"是亨利·皮雷纳想象的虚构事物。虽然证据不完整，但仍有说服力。尽管人口减少，环境破败，但许多城市仍保留了基本的城市功能——贸易活动。除了这项残留的功能，它们还在宗教上发挥教堂和修道院的作用。基督教主教确立了他在城市中的地位，因为这是罗马人的城市；没有主教的城市可谓极为贫穷的城市。在大多数情况下，除了主教的教堂，还有修道士团体的教堂。隐修制度正如其名字所示，是作为一种避世形式出现的，早期大多数的和晚期多数的修道院建筑都位于偏远的乡村地区。但修道院往往也在城市中或毗邻城市的地方成长。在9世纪，几乎所有重要城市都有修道士的居所，他们遵从着圣本笃（St. Benedict）的会规。有时，他们居住在城内的封闭之地。更普遍的是他们就在城墙外建立居所，如圣奥古斯丁（St. Augustine）的坎特伯雷（Canterbury）教堂、巴黎的圣日耳曼（Sanit-Germain）教堂和兰

---

① R. E. M Wheeler, "Mr. Myers on Saxon London: A Reply." *Antiquity* VIII (1934): 443–447, 291.

斯的圣雷米（Saint-Remi）教堂。毋庸置疑，城市给他们提供了某种安全感，正如城市的破坏为他们提供了建造的基础。

意大利和西班牙的城市生活，比其他地方衰落得更慢。意大利的小城市往往聚集了其周围地区的人口，其人口减少的数量可能比北部城市更少，但很大程度上它们成为农业型的城市。入侵西班牙的摩尔人比入侵罗马帝国的其他入侵者具有更厚重的城市传统，所以，西班牙半岛的城市作为贸易和手工业的中心，比法兰西的城市发展得更充分。同时，穆斯林统治的松散性允许占街居住，使街道缩成狭窄、曲折的小巷，这是许多西班牙城市的一个持续性特点。

两大帝国首都——罗马和君士坦丁堡，表现出极为不同的发展路线。相较于罗马所具有的功能，它的规模过大了。中世纪早期，帕拉丁山、卡匹托（Capitoline）山和公共集会广场被遗弃，因此它们是今天罗马建筑的丰富宝藏。人口集中于马尔斯（Martius）广场，即老城中心北部的平地，农业遍布这座帝国城市东部和南部的山丘。罗马城中的许多基督教大教堂，如圣约翰·拉特兰（St. John Lateran）教堂和圣玛利亚（Santa Maria Maggiore）大教堂，实际上都被建造在人口稀少的地区。相反，君士坦丁堡是欧洲最大和最繁华的城市。它位于金角湾（Golden Horn）和马尔马拉海之间的一个三角形海角（见图4-4）。该地区由狄奥多西（Theodosius）城墙包围，占地4.5平方英里，今天仍留存着巨大的废墟。城内的一大片地方被竞技场——现在仍是如此——和圣索菲亚大教堂（Hagia Sophia）以及其他教堂所占据。竞技场周围进行着惨烈的战车竞赛。城市更古老的区域一定是居

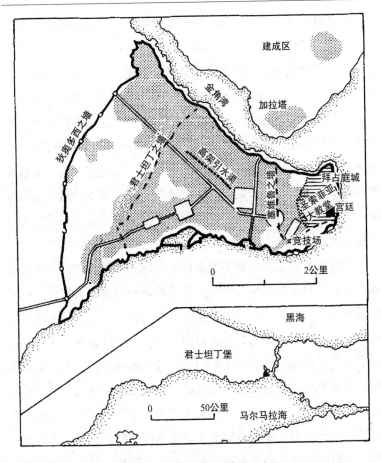

图4-4 9世纪君士坦丁堡的平面图

住密集区，主要是木制建筑。但在西边，在君士坦丁堡城墙和之后的狄奥多西城墙之间是大片的开阔地，穿过此地罗马高架渠从外面的山丘把水引入砖砌的蓄水池，这现在仍是城市的景点之一。

101 　　塞萨洛尼基、科林斯和雅典仍是重要的大城市。所有位于海滨或海滨附近的城市，同君士坦丁堡贸易的城市，以及巴尔干半岛西海岸沿线的城市，其城市生活延续下来，因为这些城市"从海上获得生计"[①]。相比于曾经的地中海罗马帝国，拜占庭帝国才是真正的"海洋国家"。虽为时已晚，但拜占庭人仍在努力把巴尔干半岛城市化，他们建立城市，教化民众，构筑防御区。例如，查士丁尼曾在科索沃地区发展自己的家乡，在村庄周围"建造城墙……在每个角建造塔楼，形成四方形"[②]。他还在村庄建造了引水渠、拱廊、广场和喷泉。但这些恩泽同巴尔干半岛的其他绝大多数拜占庭式的城市建筑一样，在斯拉夫人的入侵中被摧毁。

　　乡村聚落看来几乎每个地方都不一样。小村庄和孤立的居所被遗弃，乡村人口集中到可能具有某种防御功能的大村庄。聚居区的形态曾一度被当作建造者文化联系的表现。但人们不再持有这样的观点，聚居区的形态更可能与社会、经济条件相关。乡村聚落主要采取小村庄和村子的形式，且发展趋势是：小村庄逐渐壮大，成为更大的村庄后向外殖民，建立新的居住区。绝大多数居住区都是无规划的棚屋群，在之后的村庄中不可能见到中世纪早期先民的规划。棚屋是用木头和茅草搭建的，易燃且使用寿命短，建筑的位置和相互关系不断变化。甚至村庄的位置也可能不断移动，但毫无中断地一直作为人们的聚落。

　　在罗马帝国之前的边界外，可能居住着日耳曼民族；在塔西

---

① Constantine Prophyrogennitus, XXX, 143.

② Procopius, VI, 1.

伦对他们的生活方式进行描述的时代，他们居住在由简陋的矩形棚屋组成的小村庄中，这些居住区随时都准备被遗弃。日耳曼人的村庄可能不具有防御性。另一方面，斯拉夫人似乎具有某种形式的公共防御。穆斯林旅行家易卜拉欣·伊本·雅库布（Ibrahim ibn Ja'kub）记录了他们土制的环形防御工程。单单在波兰就有至少250个这样的工程（grocly）得到确认，东德和俄罗斯东部也有许多这样的工程。它们可能为安定时期居住在附近村庄的当地人提供了避难所。这些村庄有小棚屋，但在这个时代可能主要由木、草构筑的简陋穴居组成。

在斯堪的纳维亚南部，一大批定居人口以毁林开荒为生。他们似乎居住在小村子里，这些小村庄类似于在波罗的海哥特兰岛的维哈格（Vallhagar）（见图4-5）发掘出的遗迹。但当危险来临时，他们避难于临近的要塞。这种聚集在土木工程要塞附近的村庄，似乎对于罗马边境之外的欧洲许多村庄来说都很常见，就如罗马人到来前的不列颠一样（见第二章"乡村聚落"部分）。棚屋通常是石制的，使用了大量的泥砾土，屋顶覆以木头和树枝。绝大多数棚屋是加长的，在外形和功能上与西欧的长屋相似。斯堪的纳维亚居住区的西部沿线为地形所限，小村庄位于陡峭山丘和海洋之间狭窄的"潮间坪"；挪威人的萨迦（Sagas）把它们描绘成由父权大家庭组成。这些村庄人口密集，耕地短缺，居民被迫依赖海洋渔业，并利用冰蚀高原的夏季牧场提供的少量资源。如此严酷环境下产生的人口压力，可能造成了9至10世纪的斯堪的纳维亚移民。

102

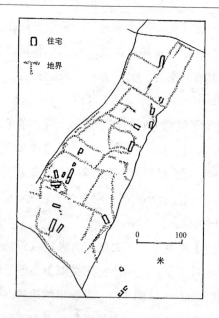

图4-5 维哈格，移民时代哥特兰岛上的一个聚落

农 业

直到9世纪，一扇让人得窥农业状况的窗户才经由多组册（或曰土地登记）和某些加洛林王朝修道院的佃户登记而被打开。土地登记的传统源自罗马帝国晚期的地籍簿，后来在英格兰的《末日审判书》中延续。这样的记录有七份留存了下来，还有一些残片太不完整以致没有太大用处。每份记录描述了一组分散的修道院土地，但是在形式和内容上不太类同，也不能说是9世纪加洛林帝国典型的土地占有状况。很可能大多数耕地被自由农小面积地持有。事实上，多组册的其中之一，即根特圣皮埃尔（Saint

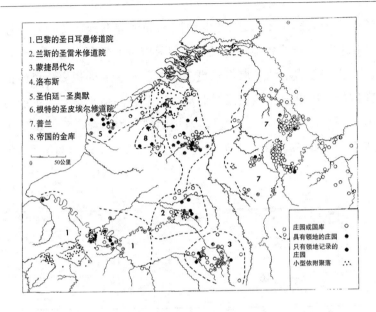

图4-6　9世纪修道院地产中的二分式庄园

Pierre）的多组册是一个土地捐赠目录；这些土地是捐赠给修道院的，大部分都是小面积的。小面积耕地被纳入大地产成为一个明显的趋势，可能是作为送给土地所有者的礼物的；这些土地所有者再立契约把土地转给修道院，或转给世俗地主以获得庇护。

　　在每次调查中，土地被归至庄园或国库。大部分领地，特别是面积较大的领地是二分的，土地被分为私有领地和隶属的租用土地。私有领地是为修道院而耕种的，租用的土地由农民耕种，并提供劳役和某种酬金作为回报。二分式领地在圣日耳曼、圣雷米、洛布斯（Lobbes）和圣伯廷（Saint-Bertin）等修道院的土地上是普遍的，这些修道院主要位于巴黎盆地和法国北部的沃土（见图4-6）；但在低地国家和阿登高地、艾费尔高原（Eifel），二分式领地很少见。人们只能据此推断出法国的封建进程比东部边境地区取得了更多进展。对庄园的规模不可能准确估量。在巴黎盆地和法国北部，这些庄园似乎很大，可能集中于核心村庄。但是，在巴黎西边的佛兰德斯和阿登－艾费尔高原，庄园一般较小。这可能是土壤贫瘠和地形崎岖的结果。

表4-1

庄园	秋种	春种	休耕	总计
A	5	6	5	16
B	10	10	10	30
C	16	16	16	48
D	5	5	5	15

注释：单位为博尼埃[①]（约1英亩）。

就农田制度和农作物而言，多组册是极为模糊的。很显然，农耕制度还处在发展过程中，从最初各不相同的起源缓慢地发展为具有领地、土地租用和劳役的同一形式。只有圣阿芒德（Saint-Amand）的小多组册有证据显示，众所公认的典型中世纪农田和作物耕作制指的是什么。表4-1是有关四个独立庄园的播种区记录。秋种、春种和休耕之间的等分；无疑意味着简单的三耕制体系（three-course system），很有可能是秋季种小麦或黑麦、春季种燕麦或大麦。属于洛布斯修道院的五个庄园，种植的谷物量是：

① bonnier，低地国家的土地面积单位。——译者

斯佩尔特小麦　　　2172 计量（斗 [①]）

燕麦　　　　　　　1028 ⎫
大麦　　　　　　　　630 ⎬1658

秋季和春季正常播种的农作物量近似相等，再次证明了三耕制。另一方面，圣雷米领地上种植的粮食和作为租金收到的粮食总量，在这方面呈现了完全混乱的画面（表4-2）。斯佩尔特小麦的数量优势——超过所种谷物的80%——有力地证明了没有定期轮作，如上面所设想的圣阿芒德修道院的情况。同样可以说，普兰修道院（Prüm）的许多庄园也是如此，燕麦是那里唯一被记录的谷物。尼德兰的艾德森（Aldenselen）是在"任何时候"都种植燕麦的一大片土地。没有证据显示欧洲其他地方有定量的特点，人们也只能认为在其他地方的地产和领地形成之后，相关的管理过程得到了简化，目的可能是努力确保定期供给适当的谷物。

表4-2

	播种的土地	收取的地租
小麦	150	55.5
黑麦	586.5	53.5
大麦	6	271.5
斯佩尔特小麦	7256	2024.0
燕麦	0	15.5
谷物	988	60.0

注释：单位为斗（约 1 蒲式耳）。

[①] modii，单数形式为modius，古罗马单位，约合 8.496 升。——译者

谷类作物提供了绝大多数的食物供给，但可能在园圃中种植了各种不同的蔬菜。主要的饮品是啤酒，主要用燕麦制作的麦芽酿造。葡萄酒只在一些适合种植的地区生产，最好的地区是巴黎附近的塞纳河谷、兰斯附近和摩泽尔河（Moselle）、莱茵河谷沿线。兰斯地区，同现在一样，是法国最北部著名的葡萄酒生产地区，北方一些修道院获取一些小领地以确保葡萄酒的供给。洛布斯修道院的一些佃户自己有些葡萄园，他们被要求每年长途跋涉到兰斯用马车为僧侣运回葡萄酒。所记录的最北部的葡萄园位于里尔和根特附近，这里的葡萄栽培只能通过从更好、更远的园圃带回葡萄酒的花费和难度来证实。

多组册上列出的绝大多数庄园拥有用作收割干草的草场，但数量一般不多。只有在佛兰德斯湿润的土地上，才会有真正广袤的草场。原生态的牧场，在加洛林王朝的庄园经济中起到了重要作用，因为它独自提供了全年的动物饲料。但多组册中几乎没有提到牧场，可能是因为牧场丰足而被当作理所当然。关于农场动物的记录出奇地少。肯定有牛和羊，牛被用于犁地，羊毛被用来织布；但唯一有大量记录的牲畜是猪。里尔附近的一个庄园饲养了 1025 头猪，有 645 块熏猪肋肉（*baccanes*）被腌制。除此之外，如果从租金的一部分——小鸡和鸡蛋来判断，当时还饲养大量家禽。充足的林地不仅用于养猪——猪是主要的动物蛋白质来源——还提供了木材，用作各种用途：从建筑用材（橡、房屋顶板），到桶板和葡萄藤架，还有用于制革的橡树皮。人们毁林造田，开拓居住区，其程度我们无从得知，但圣日耳曼的一个庄园被清理出了足够的土地用来播种 60 斗的小麦。

莱茵河东部的田牧制度甚至比西北欧的更原始。当地人口稀少，可能使用了轮耕体制。主要农作物是黑麦、日耳曼粮谷、燕麦、大麦和园圃蔬菜。动物相对更多，在挖掘遗址中所发现的骨头数量证明了此点。北部平原的牛和山丘的羊特别多。瑞典和挪威沿海地带的食物供给需用渔业补充牛；在牛在食物供给中占了更大比例后，越往北，牧业活动变得越重要。挪威人的萨迦描述了一个这样的社会：干草的割、晒是农耕年月的首要事务。在这样的边缘环境中，土地不得不被最大可能地利用：冰蚀高原在夏季用于季节性的动物饲养。

由于气候因素，南欧的农业更不稳定，更易被干扰。大入侵带来的不安定导致人口集中于大村庄。海滨平原在一定程度上被遗弃。冬季，这里成为沼泽，或用于饲养春季迁至山丘的季节迁移性兽群。意大利南部逐渐进入落后和萧条的境况，这个特点一直持续至现代。意大利中部和北部则更繁荣，这里的教皇试图在坎帕尼亚建立农场；在北部有许多修道院庄园，被管理得同法国北部的修道院庄园一样好。例如，亚平宁山脉北部的博比奥（Bobbio）修道院掌管着大片土地，每年收到的谷物、干草、葡萄酒和动物制品远超所需。它甚至在遥远的加尔达（Garda）湖的湖滨拥有橄榄树林，因为橄榄树不能生长在山丘环境。另一个修道院——布雷西亚（Brescia）的圣朱丽娅（St. Julia）修道院，在北部平原拥有广阔土地；佃户们种植谷物、橄榄树和葡萄，并在夏季把动物赶进阿尔卑斯山；他们在这里制作奶酪，用于偿付给修道院的租金。

意大利海滨地区遭受到了摩尔人的袭击，这阻碍了该地区的发展；但在西班牙，摩尔人沿着地中海岸定居。他们修复和延长了罗马人的灌溉工程，并发展了密集型农业，此种情况一直持续至 17 世纪早期他们被驱逐出伊比利亚半岛时。

关于拜占庭帝国内的农业状况，我们知之甚少。一份可能与马其顿或色雷斯有关的所谓"农民律法"文献，展示了一个小农社会的情况：农民耕种相互交错的小块土地，种植葡萄藤，饲养大量动物。耕种者可能主要是约两个世纪前入侵该地区的斯拉夫人的后裔。他们的产品中肯定有谷物；他们沿海岸通过海运将谷物供给君士坦丁堡。

同欧洲大陆许多地方一样，盎格鲁－撒克逊人的英格兰，在 9 世纪早期缓慢地向封建土地所有制模式发展。庄园在形成，由承担特定义务的自由农耕种。10 世纪末，一份名为《全民的权利和义务》(*The Rights and Duties of all Persons*)的英语文献相当慎重地定义了无自由农和半自由农的义务。在一些庄园，农奴(*gebur*)必须"每周按照命令工作两天……在收获的季节每周工作三天……从献耶稣于圣殿日(Candelmas，2 月 2 日)到复活节(春季播种的时期)这段时期每周工作三天"[1]。人们记起埃尔弗里克(Aelfric)对话中农民的哀歌："我农作非常辛苦；在黎明时分外出，赶牛下田犁地。冬季天气异常恶劣时我才敢待在家，因为我害怕我的主人。但是当每天牛被套上犁，犁头和犁刀被系紧，

107

---

[1] In A. E. Bland, P. A. Brown, R. H. Tawney, *English Economic History: Select Documents* (London,1930), 5-9, 6.

我就必须犁完一整亩的地或更多。"[1] 显然其中的农民使用的是重型的铧式犁，能挖地和埋杂草。但他种植的是什么，就不得而知了。面包粮谷无疑是主要的农作物，而大麦很可能是种植最多的，地名和盎格鲁－撒克逊人制作的粗陋的手抛陶器上留下的印记，都证实了这两者；但人们也种植小麦、燕麦和黑麦。

制造业和采矿业

加洛林王朝时期，制造行业的水准很低。绝大多数制造业处于庄园经济背景下，其产品在当地被消费，很少一部分进入贸易当中。关于制造业的考古学证据微不足道，文学资料中也很少提到。但肯定有手工业：织布、制革和炼铁。如果没有这样的行业，即便是低水平的福利也是不能维持的。砖石建筑的建造很重要，至少对教堂建筑是重要的。大多数人有简陋的木材建筑，皇帝的宫殿有更宏大的木材建筑。手工业是小规模的，可能是在国内经营的。

分布最广泛的是亚麻和羊毛的纺织。布匹作为租金上交给一些修道院。普兰修道院每年收到至少 200 块布；除此之外，它自己的或妇女的工作坊（gynaecia）也从事织布。这远超出需求量最大的修道院所需，故我们必须承认，剩余的被出售给了市场。在埃尔弗里克的对话中有一个"鞋匠"，他除了准备皮革，还制造

---

[1]　*Aelfric's Dialogue,* in Robert S. Lopez, *The Tenth Century* (New York, 1959), 29-30.

"拖鞋、鞋和橡胶靴，瓶子、缰绳和马饰，酒瓶和皮管，马刺和羁，钱包和袋子"。他还说："若没有我手艺的帮助，没人能度过冬季。"[①]

　　铁不仅用于制造工具和武器，还用于建造房屋。埃尔弗里克对话中的铁匠问："没有我的工艺，农民去哪儿能得到犁头或修理断了刀尖的犁刀呢？如果不是因为我的劳动，渔民去哪儿得到他的铁钩，鞋匠去哪儿到锥子，裁缝去哪儿拿到针呢？"[②]铁的生产与矿石的分布一样广泛。人们可能使用了简单的"风箱"把矿炼成胶质的杂质铁，然后锻造成人们所需要的形状。几乎没有证据显示出造铁的地址，但圣日耳曼修道院的其中一个庄园的佃户用 100 磅的铁——可能这是一个小的繁盛期——作为租金；相当数量的铁属于布雷西亚的圣朱丽娅修道院的资产。西撒克逊人的国王伊尼（Ine）的法律记录了一个领主在旅行中有铁匠陪伴。铁的制作肯定是可以被富有者的侍从带至任何地方的。

　　有关有色金属的开采和冶炼，我们知道得更少。铅用于大型教会建筑的屋顶覆盖，但显然是稀缺的。例如，费里尔（Ferrières）的修道院院长卢普斯（Lupus）向韦塞克斯的埃塞伍尔夫（Ethelwulf）请求铅的供给。在韦塞克斯的门迪普丘陵（Mendip Hills），可能有铅矿的开采。法国可能也有铅矿的开采，但日耳曼的大型矿井还未被开发。铜和锡的使用范围很小，我们还不是很了解它们究竟是如何被获得的。另一方面，关于盐的制

[①]　*Aelfric's Dialogue,* in Robert S. Lopez, *The Tenth Century* (New York, 1959), 32.
[②]　Ibid., 33.

作，却有大量证据。盐比其他任何矿物质都更广泛地进入长途贸易。地中海的海岸有盐田，海水在此被太阳高温所蒸发；它们是威尼斯早期繁荣兴盛的基础。在洛林且毫无疑问在其他地方有盐泉，但人们必须燃烧燃料来蒸发卤水。远方的修道院，包括普兰在内，获得了洛林盐泉的权利。

晚期的罗马帝国因生产精致的功能性陶器而闻名。但该陶器的生产随着入侵的到来而停止，粗糙的手转陶器成为主角。玻璃制作在技术上比陶器更困难，但继续被实践。本笃会主教在英格兰北部建立自己的教堂时，他尚能从欧洲大陆获得玻璃和玻璃工人提供的服务；但之后不久，玻璃工艺就在不列颠消失了。

建筑行业在欧洲大多数地方都是重要的。大多数建筑是木制的，几乎没有留存下来。但修道院的地基和其他宗教建筑要求砖石结构。好的建筑石料很难获取，如上文所提到的，查理曼从意大利的罗马城遗址运砖石建造自己的工程。我们不知建筑行业是如何组织的。一些修道院土地上的佃户承担了建造工作，但他们的技术水平如我们所推测的是最低的。合格石匠的缺乏，可能是砖石结构建筑相对量少的原因。

东罗马帝国在部分程度上是个特例。其重要的城市没有像西罗马帝国的那些城市一样衰落，君士坦丁堡仍是一个重要的生产中心。9世纪，工艺行会的规则被编入《长官之书》（*Book of the Prefect*）。该书详细描述了工匠是如何做工的。织亚麻布、皮革、制马鞍的工人，肥皂、蜡烛和香水的制作者，屠夫和面包师，他们都是分开单独组织的；他们被禁止向蛮族出售任何可能具有军事价值的物品。丝绸织染工具有最高的声望。最上等的丝织品专供皇帝，只有次等的丝绸才被允许在市场上出售。

拜占庭帝国内的产品大部分是奢侈品。一些被运送至西部地区，但绝大多数被富有的地主和君士坦丁堡等大城市的市民所消化。其生产规模可能较小，但大部分由自由民操作。然而，据说在希腊南部，布料和地毯制造商雇用了至少 3000 个奴隶，我们不晓得这是否是初期的工厂体系。

贸　易

拜占庭帝国的生产和贸易的活力，与西部衰落的景象形成鲜明对比。这主要是因为东罗马帝国在很大程度上保留了对海洋的控制权。相比于地中海西部，它更容易做到这一点。因为对黑海形成挤压态势的蛮族从未进行过海事活动；而在另一个方向，爱琴海受到克里特岛的保护，而免受摩尔人船只的侵袭。东罗马帝国的海上贸易依旧持续；在地中海西部和大西洋，贸易断断续续。长途贸易主要通过水运，并且运送的大部分是奢侈品。虽然运送过程有危险，但拜占庭的丝绸、来自南西班牙的皮革和中东的香料依然能到达西方。其商品数量少，需求量也小。埃尔弗里克的对话录中，一个商人在回答"你给我们带来了什么"的问题时说："高贵的商品和丝绸，珍贵的宝石和黄金，奇装和香料，葡萄酒和橄榄油，铁和黄铜，铜和锡，硫黄和玻璃，等等。"[①] 这绝对是奢侈品贸易。

---

① *Aelfric's Dialogue,* in Robert S. Lopez, *The Tenth Century* (New York, 1959), 31.

也有较廉价的商品贸易。属于大修道院的、广泛分布的大庄园的形成，促成了各庄园间相当大的商品流动。贸易不是被市场而是被修道院本身组织和控制。侍从驾着马车去盐泉取盐、去园圃运葡萄酒，以及如多组册所表明的，获取布料与建筑用的铁和木材。相比去君士坦丁堡或中东的长途跋涉，这些路程是短距离的，且其关注的主要是劣等商品。人们不能低估日常生活中短途的商品运输量，同样，能确定的是某些修道院收到的一些物品如布料比实际的需要多。我们必然认为剩余的物品会在市场上出售。瑞士的圣加仑（Saint-Gallen）修道院收到佛里西亚的布料（*Pallia fresonica*）——据称商人们溯莱茵河而上，将这些东西运来。尽管北海海岸的佛里西亚人的织布出口是极不可能的，但他们已完全可能参与了贸易。很可能佛里西亚商人处理的布料，实际上是在修道院土地上生产并且被作为租金上交的盈余布料。

因为是在罗马帝国晚期，大部分国内贸易可能是通过水运进行。斯塔沃洛－马尔梅迪（Stavelot-Malmédy）修道院位于今天的比利时，在814年被赋予了船只在莱茵河和摩泽尔（Moselle）支流航行免收通行费的豁免权。引人注目的不是修道院经营了船队，而是这些河流上有足够多的交通量，从而确保了通行费的收取。如果来自低地国家的布料顺着莱茵河向上抵达瑞士，而且可能横穿通向意大利的通道，那么葡萄酒的运输一定是沿着相反的方向。连接西北欧和地中海的另一条路线是沿默兹河（Meuse）谷向上，穿过凡尔登至第戎和罗讷河。无疑，这条路上的大部分地区都使用水路运输，默兹河畔的凡尔登可以确定是著名的贸易中心，因为凡尔登商人（*Virdunenses negociatroes*）相当有名。如果只是因

110

为免遭海运的风险，那么穿过阿尔卑斯山抵达意大利的贸易，可能比直接同法国南部和地中海的贸易更重要。贸易集中于帕维亚，它是伦巴第平原的主要商业中心。最经常使用的通道是源自罗讷河谷的塞尼山口和大圣伯纳德（Great St. Bernard）山口，可能还有瑞士罗讷河上游的赛普提莫（Septimer）山口。通道本身不难走，最大的危险在于道路要穿过山麓间的峡谷（*clusae*）。而这是旅行者最可能受到干扰的地方，加洛林王朝的统治者采取了特别保护措施确保这些"窄道"在自己控制之下。

加洛林王朝也同东部的日耳曼部落、斯拉夫人、阿瓦尔人和其他境外民族进行贸易。穿过萨克森（*saxong*）到西里西亚、穿过大溪谷到波希米亚和多瑙河的黄土带一线的贸易，其中心是莱茵兰地区的城市，其中最著名的是美茵兹和科隆。这些贸易通道继续向东抵达黑海和俄罗斯大草原。商人主要是犹太人和阿拉伯人，他们通行于这条又长又危险的道路上，其中一些商人留下了有关东欧各种情况的有价值的记录。查理曼设法控制贸易，他把贸易限制在其王国东部边界沿线的一些贸易点（见图4-7），禁止向潜在的敌人出售武器。与东部有关的贸易很少被发现，也很少有货币流通。

加洛林王朝北部和东北部的商业最活跃。这里有活跃的市场和更密集的钱币流通，最近几年的发掘也证实了这一点。这里的大部分贸易都通过海运，经过一些港口，其中法国北部的埃塔普勒（Etaples）附近的刚多维克（Quentovic）和莱茵河三角洲的杜尔斯特德（Duurstede，即多德雷赫特［Dordrecht］）是最重要的港口。这里还同不列颠和斯堪的纳维亚有贸易往来，使用的小船

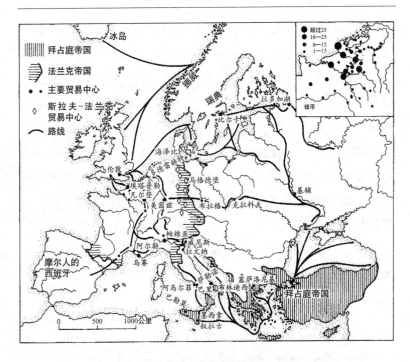

图4-7　9世纪早期欧洲的贸易与贸易路线。插图说明了所发现的那个时期的钱币的分布

不需要设施完备的港口，它们被拉上岸进行装卸。然而，少部分"港口"开始控制贸易。在不列颠南部，这样的港口有伦敦和与此后的南安普敦（Southampton）紧邻的哈姆维（*Hamwih*）。同斯堪的纳维亚的贸易沿北海海岸至丹麦半岛的底端展开，穿过这个最窄处抵达施莱河（Schlei）附近的海泽比（Hedeby）；施莱河实际上是通向波罗的海的峡湾。西部的商人在此与那些同波罗的海的港口和市场，如比尔卡（Birka）以及俄罗斯领土进行贸易的商人建立了联系。海泽比和比尔卡在 9 世纪发展成为拥有商铺和货栈

111

的固定商业中心。这个地区及其贸易的情形由其中的一个商人奥瑟雷（Othere）向阿尔弗雷德国王做了描述。[1]

　　在波罗的海东部沿海，斯堪的纳维亚的商人遇到了从黑海沿俄罗斯大河而来的商人（见第五章）。拜占庭对黑海的控制是毋庸置疑的；以克里米亚的贸易站和俄罗斯河流的入口为起点，商人（大部分是中东人）横跨大陆抵达波兰和西方，以及通向波罗的海的第聂伯河。他们去时携带着拜占庭的工艺品，回来时带着毛皮和其他森林物产。9 世纪的贸易量确实很少，但君士坦丁堡的产业部分上依赖于此。

112　　精选书目

总论

Coon, C. S., *The Races of Europe*. New York, 1939.

Cross, S. H., ed. *The Russian Primary Chronicle,* Harvard Studies in Philology and Literature, 12. Cambridge, Mass., 1930.

East, G. *An Historical Geography of Europe*. London, 1935.

Gregory of Tours. *History of the Franks*. Ed. O. M. Dalton. Oxford, 1927.

Sweet, Henry, ed. *King Alfred's Description of Europe*. London: Early English Text Society, 1906.

人口与聚落

Applebaum, S. "The Late Gallo-Roman Settlement Pattern in the Light of the Carolingian Cartularies." *Latomus* 23 (1964): 774-787.

Pounds, N. J. G. "Northwest Europe in the Ninth Century: Its Geography in the Light

---

[1]　参见 Henry Sweet, ed., *King Alfred's Description of Europe* (London, 1906)。

of the Polyptyques." *Annals of the Association of American Geographers* 57 (1967): 439−461.

Runciman, S., *Christian Constantinople*. London, 1952.

Russell, J. C. "Late Ancient and Medieval Population." *Transactions of the American Philosophical Society* 48 (1958), pt. 3.

经济发展

The Cambridge Economic History of Europe. Vol. 1, *Agrarian Life of the Middle Ages,* 2d ed., Cambridge, U.K., 1966. Vol. 2, *Trade and Industry in the Middle Ages,* Cambridge, U.K., 1952.

The Fontana Economic History of Europe: The Middle Ages, ed. C. M. Cipolla. London, 1972.

Latouche, R. *The Birth of Western Economy*. London, 1962.

Morrison, K. F. "Numismatics and Carolingian Trade: A Critique of the Evidence." *Speculum* 38 (1963): 403−432.

Ostrogorsky, G. "Agrarian Conditions in the Byzantine Empire in the Middle Ages." In *Cambridge Economic History,* Vol. 1, 205−234. Cambridge, U.K., 1966.

Pounds, N. J. G. *An Economic History of Medieval Europe*. London, 1974.

Slicher van Bath, B. H. *The Agrarian History of Western Europe A.D. 500−1850*. London, 1963.

第五章 9 至 14 世纪

从 9 世纪早期到 14 世纪早期的几百年，见证了中世纪文明的兴盛，也见证了土地政治组织的出现。该组织一直持续至 18 世纪末，几乎没有发生根本变化：人口增加至欧洲农业资源可承受的极限，城市模式的发展在工业革命之前几乎没有改变。直到 19 世纪，我们再次进入类似的发展和变化时期。

入 侵

9 世纪开始于另一波来自西欧和中欧核心区之外的入侵浪潮。这些入侵者来自斯堪的纳维亚，他们从挪威海湾和丹麦平原向西抵达不列颠岛和法国；从瑞典向东至俄罗斯海滨，横跨大陆至黑海（图 5-1）。第一批海上劫掠者在查理曼去世前抵达西欧沿海，最后一批则在两个半世纪之后登陆不列颠北部。尽管他们的劫掠仅是欧洲历史上的一段插曲，但至少在地方上具有深远的影响。9 世纪北欧民族人口的急速膨胀，同前几个世纪鞑靼民族的情况一样神秘。这归因于斯堪的纳维亚内部的政治斗争、人口过剩和气候临界地带的环境变化。这些解释没有一个符合所有事实，但每条解释可能都与该地区的某些地方相关。人们可以确定地说，北

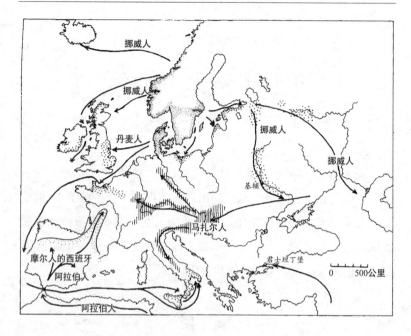

图5-1　9至11世纪斯堪的纳维亚人、阿拉伯人、马扎尔人以及其他的入侵

欧民族把目光落在了西欧积累的财富上，并从西欧的政治弱点获利。他们搜集了战利品，将其运回斯堪的纳维亚。但赃物不可能被允许永无止境地堆积，维京人在波罗的海地区出售了大部分。海盗的劫掠和正规贸易之间的区分不明显，北欧民族经常横跨两者。早期的劫掠发生在夏季；但在 9 世纪末期之前，劫掠者正在不列颠和西欧建立营地，他们开始在此过冬。这样便带来了永久居住。来自挪威海岸的挪威人——真正的维京人——在不列颠北部、苏格兰和爱尔兰建立了永久的家园。伊博拉科姆（*Eboracum*）成为维京城市约维克（*Jorvik*）——现代地名约克就是这样来的。

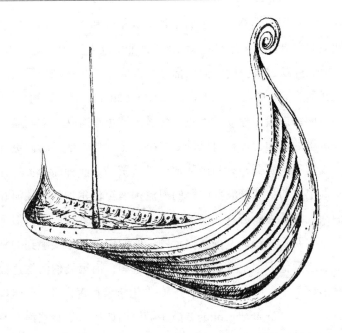

图5-2　斯堪的纳维亚小舟，入侵不列颠和冰岛时使用的就是这类小舟

都柏林由维京人建立，东英格兰成为丹麦法区（Danelaw）；丹麦法区是丹麦风俗习惯盛行的地区。这个地区在11世纪的典型特征是个人的自由程度比其他地方高得多，这反过来吸引了来自斯堪的纳维亚的有主见的定居者，他们也来到了冰岛并定居于此。他们从这里探访格陵兰岛，可能到达了北美沿海（图5-2）。910年，在古挪威人劫掠法兰西沿海数十年后，他们定居在塞纳河下游周边，在诺曼底创立了类似英国丹麦法区的独特地区。一个世纪之后，一批挪威－法国探险者正是从诺曼底占领了阿普利亚（Apulia），进而控制了整个南意大利和西西里岛。1066年，诺曼

人人侵并征服了英格兰，进而蔓延至威尔士和爱尔兰岛，在这个时期他们在语言和文化上更像法国人而非北欧人。

挪威人跨过波罗的海向南部和东部海岸的扩张同样重要。挪威人在奥得河（Oder）口建立了朱木拿（Jumna）贸易中心，在远至芬兰的海岸沿线建立了大量居住区。这里没有什么战利品可获取，这里的土地比他们自己的更贫瘠、更原始，他们转而更合理地开发这里的资源，并与内陆地区进行贸易。此种商业贸易开始于9世纪之前，顺着波罗的海的河流扩展至伏尔加河、顿河和第聂伯河。挪威人顺着这些河流向南，他们绝大多数的旅行似乎都是通过水路。如钱币发掘所揭示的，他们向南最早接触到的是波斯人。之后他们似乎开始了更向西的进程，沿第聂伯河抵达黑海和君士坦丁堡。拜占庭的编年史家、"生于紫色宫寝者"君士坦丁（Constantine Porphyrogenitus）描述了他们如何沿第聂伯河上游造船，划着船途经基辅，穿过激流进入大海。

维京人，或者又被称为罗斯人（*Rus*），建立了以基辅为中心、组织松散的国家；这个国家还包括斯摩棱斯克（Smolensk）、维帖布斯克（Vitebsk）、切尔尼戈夫（Chernigov）以及其他地方的维京人居住地。但是挪威的定居者很快就被当地的斯拉夫人所同化，如在诺曼底被法国人所同化一样。之后挪威人的贸易失去了其重要性，位于欧亚大草原边缘的基辅罗斯首先被库曼人破坏，之后被蒙古人和鞑靼民族所摧毁。在某种意义上，它被莫斯科俄罗斯所取代。莫斯科俄罗斯位于更北方，周围环绕着森林，一定程度上抵御了来自草原游牧民族的入侵。罗斯托夫公国（Principality of Rostov）位于伏尔加河上游和其支流奥卡河（Oka）之间，成为新国家——莫斯科公国的中心。其民族——大俄罗斯人是由斯拉夫人和本地的芬兰－乌戈尔人通婚形成的。俄罗斯社会这时具有的标志性特点一直持续至 19 世纪。

当挪威人定居在法国和不列颠时，马扎尔人正向多瑙河流域移动。他们的数量可能比那些挪威入侵者更多，但影响力较小，因为他们只适于阿瓦尔人刚撤出的环境，过着同样的农牧生活。他们对德意志南部和意大利北部的劫掠受到抑制，至 10 世纪，马扎尔人在匈牙利平原建立起了稳定的国家。然而，他们不是扰乱中欧的最后一个草原民族。鞑靼人是蒙古人霸主——所谓的金帐汗国（Golden Horde）统治下的、松散组织的突厥民族的一部分，1240 年，他们夺取了基辅，向西进入波兰和匈牙利。无论走到何处，他们同以前的匈奴人一样具有极大的破坏性，但中欧现在能更好地组织抵抗了。而汗国内的政治变化召唤他们回去，他们回到了草原，其后代在这里生活至 18 世纪，成为长期困扰俄罗斯和波兰东部的问题。但他们停止了对中欧的骚扰。

欧洲仍旧要面临来自南方伊斯兰势力的威胁。伊斯兰势力在 12 世纪中叶以前一直横跨伊比利亚半岛。他们占领了西西里和地中海其他岛屿，10 世纪甚至一度占领普罗旺斯海岸的加尔德－弗雷内（Garde Freinet），并从这里突袭了罗讷河谷。但是，他们前进的脚步被阻止了，他们被诺曼人驱逐出西西里，逐渐隐退至伊比利亚半岛，他们所面临的是北方的基督教国家：莱昂、卡斯蒂利亚（Castile）、纳瓦拉（Navarre）、阿拉贡（Aragon）、巴塞罗那。10 世纪末，欧洲对伊斯兰发起了进攻。1099 年十字军占领了耶路撒冷；半个世纪后丢失；13 世纪又为重夺此地而发动战争。

116

十字军东征有许多次，其中试图重夺基督教圣地的只有一次。东征具有商业色彩。意大利的商业城市没有参与任何战争，但提供了船只（用于出租），并在十字军占领的地区建立贸易站。尽管有短暂的挫折，在之后的中世纪时期里欧洲的扩张仍持续着。

政治版图

　　加洛林帝国几乎一直都处于查理曼子孙的统治下。843年帝国在凡尔登第一次被分割，之后又在墨尔森（Meersen）被分割。前一次时，帝国被划分为西法兰克、东日耳曼民区；中间是无人管辖区，被称作洛泰尔尼亚（Lotharingia），以继承这片土地的人的名字洛泰尔（Lothair）命名（图5-3）。《墨尔森条约》再次分割了这个非凡的政治规划，分割出意大利王国，而余下的土地被分为法兰西和德意志。西欧和中欧的划分，因边界和归属的变化而不断变更，此种情形一直延续至现代。

　　这些王国太大了，以致不能进行有效的集中管理。它们被分为省、县和郡（*Gaue*），每级单位都有一个地方权贵行使类似王室的职权；这个职权即便不是在事实上，至少在理论上由国王授予。这是封建制度的一方面。另一方面则是换取劳役的土地租赁模式。不列颠和法兰西的发展过程极不同于德意志和意大利。在不列颠和法兰西，中央政府逐渐树立起自己的权威，获得了对诸省一定程度的控制。在英格兰，政治统一的过程在盎格鲁－撒克逊后期诸王的统治下已取得一些进展，实际上在诺曼后继者的统治下完成了统一。法兰西的统一进程要更缓慢一点。987年，查理曼

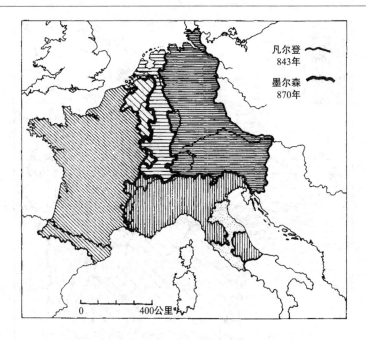

图5-3　9世纪时加洛林帝国的分割

的最后一位继承者让位于卡佩王朝的开创者。于格·卡佩（Hugh Capet）是巴黎的县首，实际上是巴黎周围一小片地区的统治者。以此地为中心，他的子孙和后继者逐渐地、几经波折地将其权威扩展到数个伯国和省。这些伯国、省起初只是在表面上依赖于他们。例如，1204 年，英格兰国王不再做诺曼底公爵，尽管他长期保有这个头衔，诺曼底被并入法兰西国王的领土，之后香槟、布卢瓦（Blois）、普瓦图（Poitou）、马尔什（Marche）和佩尔什（Perche）等诸伯国也并入了法兰西。但至 14 世纪初，统一过程还远未完成，法兰西国王直接控制的只有不足一半的国家领土，未

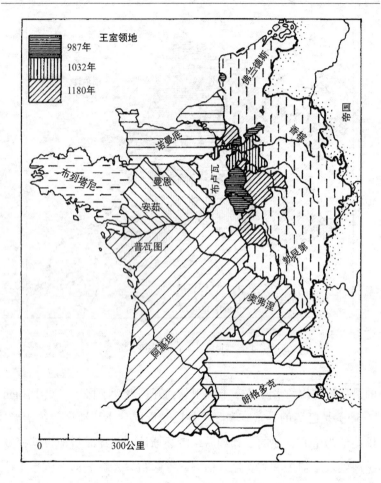

图5-4 以巴黎核心地区为中心的法国统一

来的不祥之兆在于重要的地区仍为英格兰国王所控制（图 5-4）。

有关巴黎所谓的核心性及其在王权扩张过程中的作用，已有大量记述。据说聚集于巴黎盆地并辐射分布的河流，使得国王们能向外控制法兰西的外围地区。用他们曾经的话说，这些流动的河流为法兰西国王而战，但它们根本没有做过这样的事情。如果于格·卡佩的权力中心位于里昂或图卢兹，那么会有人在王权的扩张过程中看到同一类的地理必然性。事实上，国家政治统一的政策只是断断续续地进行，它还需依赖联姻和继承把法兰西半独立的封地纳入国王的直接控制下。

一些法兰西封地的自治权由其他因素所巩固。例如，佛兰德斯成为欧洲最富有和最发达的地区，其资源足以对抗国王。西南部的吉耶纳（Guyenne，即阿基坦［Aquitaine］）和海峡旁的蓬蒂厄（Ponthieu）为英国国王所拥有。布列塔尼位置偏远，文化迥异，甚至从未被纳入查理曼帝国。

德意志和意大利的政治发展过程同英格兰和法兰西相反。中央当局没能强化对诸省的控制，事实上，整个国家四分五裂，留下一大批准主权独立的国家，它们的独立地位实际上直至19世纪才真正终结。查理曼在800年复兴的帝国名号，在他的后继者中摇摆不定，最终消逝。当奥托一世（Otto I）、萨克森公爵和东法兰克国王再次复兴该名号时，这都只是个口气很大的点缀；这个名号实际上只限于德意志和意大利的边缘，甚至只成为一个空头名号而没有实质或权力。

法兰西和德意志帝国的界线最初在《墨尔森条约》中被勾画出来，但从未在地面上划定或确立。沿斯海尔德河（Scheldt）、默兹河、索恩河（Saône）和罗讷河"四河"一线被认作界线，但事实上该界线因争议性的封建归属而模糊不清。没人知道界线的位置，也没有地图标明。居住在边界附近的人们在许多情况下自行

118

119

决定希望归属哪一方；相比于地理或民族主义的考虑，他们更多
地受到归属感和便利问题的影响。然而，界线规范化，将界限限
制在一条为双方所知和认可的线上是大势所趋。随着有关忠诚争
端的兴起及其在边界地区的解决——这是频繁发生的——边界线
也固定下来。

　　欧洲核心地区被早期国家包围。绝大多数国家开始出现于 10
世纪。一般而言，每个国家都有一个人口相对密集的核心地区，
由中央当局进行有效控制。在瑞典，马拉伦湖（Lake Malaren）周
围就是这样一个地位突出的区域，甚至在加洛林王朝以前就是
如此。肥沃的西兰岛（Sjaelland）成为丹麦国家的核心。10 至
11 世纪，波罗的海南部出现了以波兹南（即波森［Posen］）和
格涅兹诺（Gniezno）地区为中心的波兰国家。波希米亚国家把
布拉格发展为中心，匈牙利国家以布达（Buda）和塞克什白堡
（Székesfehérvár）为中心，塞尔维亚国家位于拉什卡（Raška）山
区和盆地内，保加利亚国家位于特尔诺沃（Trnovo）和普利斯卡
之间的多瑙河平原。最后，俄罗斯国家取代基辅罗斯在伏尔加河
上游周围形成，它由大量诡诈的公国组成，相互间激烈地争夺
着“大公”（Great Prince）的称号。自始至终，在蒙古人统治下
的草原上的鞑靼人都对俄罗斯的小国构成了威胁，并使后者成为
自己的附庸国。也正是在这样的环境下，14 世纪初，莫斯科大公
崭露头角。1328 年，俄罗斯教会的大主教所在地从弗拉基米尔
（Vladimir）迁至以前的所在地——基辅，这确立了莫斯科公国的主
导地位。同时，金帐汗国开始分裂，初期的俄罗斯王国所面临的来

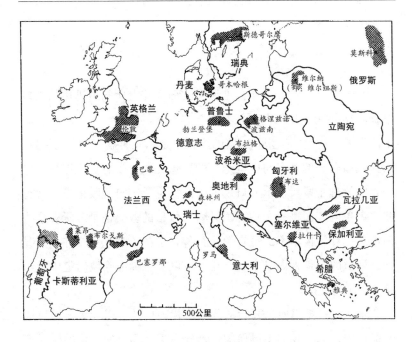

图5-5 中欧各国的核心区域

自这个方向的威胁也放松了下来。

至 14 世纪初期的这段时间，所有这些国家在政治上发展了，并在地域上扩展至国家之间的"边界地带"。如同在西欧，这些国家的边界线变得固定，都城发展为行政中心（图5-5）。

同时，在斯拉夫人、穆斯林，以及似乎有些奇怪的十字军及其威尼斯同盟等多方势力的打击下，拜占庭帝国在缩小。1204 年，十字军及其威尼斯同盟占领了君士坦丁堡，直至 1261 年。同时，希腊许多地区也脱离了拜占庭的控制，威尼斯人则肃清了爱琴海盆地的岛屿和贸易站。

人　口

9 至 14 世纪的 500 年，见证了欧洲大陆上所知最迅速的人口增长。18 世纪晚期以前再没有堪与之相比的增长。人口增长在城市的发展、耕地的扩张和财富的增长中是如此明显，却很难衡量。因为人口普查的观点与中世纪人的思想无关，政府缺乏进行人口普查的管理手段。显示人口规模的证据主要来自税收记录、含有佃户名单的庄园账目和估算"灵魂"数量的教会记录。所有这些都很难解释。根本不清楚它们是否包含了孩子和乞丐。许多情况下，列举的不是人而是家庭，几乎不可能自称准确地确定中世纪家庭的平均规模。

欧洲人口规模何时开始从罗马时代晚期的衰退和大入侵时期的损耗中复兴，我们不得而知。入侵在更小和更地方化的层次上继续，直至 11 世纪晚期。欧洲两部分之间的发展可能很不均衡。人们既不能指望处于摩尔人骚扰下的南欧地区迅速复兴，也不能指望有令人不安的鞑靼人做邻居的东部能迅速崛起，亦不能说发展在任何地方都持续不断。如果晚期的具有更好文献记录的时代可提供一点有关增长的向导，那这也被传染病和饥荒中断了。

这 500 年始末的人口估算，通过两个过程实现：第一，从具有确凿数据的少量地区进行推断；第二，基于土壤质量和开拓方式的计算。第二种方法最多能提供人口最大值，马尔萨斯的验证方式被认为会应用于此。根据这样的论述，欧洲总人口在 9 世纪初被估算有约 4500 万。尽管依据更加薄弱，但同样可估算 1000 年总人口有 5200 万，1200 年有 6100 万，黑死病暴发前夕有 8600 万。据此，人口被认为在五个世纪中大约翻了一倍，平均每年的增长率只有百分之零点几。这样的增长率在 20 世纪的背景下似乎可以完全忽略，但在没有相应技术进步和耕地面积增长的时期，其后果很严重。

就算是在密封的小区域，也不可能知道人口何时开始增长。可能在 10 或 11 世纪已有增长，但增长率是如此缓慢，以至于尽管具有比实际存在还要多得多的文献资源，也异常难以被洞察。当出生率始终高于死亡率时，人口增长。人们可能会问，什么因素有利于促成这样的环境？大入侵的终止，以及传染病和歉收所致饥荒的低发生率，可能就是人口增长的有利环境。但当时的文献资源相对较少地提到饥荒和疾病或许只是一个幻象。然而，几乎可以肯定的是，当时的传染病没有中世纪晚期严重。因为，首先黑死病还未出现在欧洲；再者，人口流动性很低意味着传染病大规模传播的速度较慢。至少在这 500 年的初期，人口增长的一个重要因素是有大量土地有待清理和耕种。有确凿证据证明存在大量新居住区，大多数是依照地方领主的美好意愿所建；他们期望通过这些居住区增加收入。巴黎附近的圣德尼（Saint-Denis）修道院院长苏格（Suger）在他所记述的修道院地产管理记录中是这样说的："我们已建立了一个小镇……把未开垦的土地用于耕种……已有约 60 个佃户……以前这里已有两（平方？）英里多的荒地，对我们教会没有任何收益。"① 人们可能认为，这样的条件允许农民

---

① Suger, *De rebus in administratione sua gestis,* chap. X in *Oeuvres complètes de Suger,* ed. A. Lecoy de la Marche (Paris, 1867), 164-165.

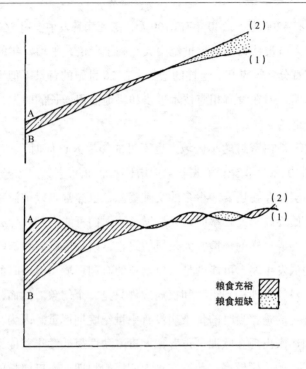

图5-6 与食物供给增长有关的人口增长:(1)马尔萨斯模型,(2)可能的发展过程,考虑到收获的可能波动

在较低的年龄就拥有土地和住宅,而不必等到他可以继承财产时才做这样的事情。他的整个家庭的规模可能要更大。我们不清楚有多余耕地的情况持续了多久。人们肯定认为,至14世纪初几乎已无地可"开垦",这影响了人口的较低增长率。

而且,这个时期有证据显示出现了饥荒危机,特别是1315至1317年席卷西欧和中欧大部分地区的饥荒。原因可能是不稳定的气候状况,这导致了对预期天气模式的极大偏离。这是人口过剩

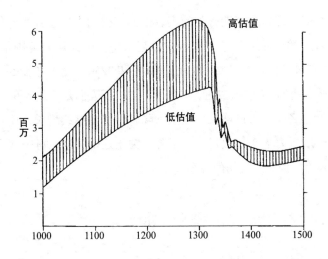

图5-7　英格兰的人口增长，根据J. Hatcher, *Plague, Population and the English Economy 1348-1530* (London, 1977)

状态的表现吗？14世纪初出现了马尔萨斯危机吗？人口无疑对资源造成了巨大压力，大部分人口艰辛度日。在丰年，他们的收成如果算不上富余，也足够度日。在歉收的年份，他们勉强度日；但颗粒无收是灾难性的，许多人饿死。困苦和饥饿并非每年小幅度地增加，而是相对充裕的几个年份可能突然被饥荒和成千上万人的死亡打断。在人口增长到食物生产的静态水平极限之前，我们一定不会想到是人口缓慢增长，而认为是食物供给间歇性的起伏变化——有时食物供给会跌至人口所需的水平之下（图5-6）。

　　英格兰的人口记录要比欧洲其他绝大多数国家都好。不仅是1086年的《末日审判书》为有意义的估算提供了依据，大量的庄园记录以及14世纪的赋税清册也可用于估算晚期的人口。但并非

123

这些文献资源给出了明确的答案，人们获得的人口总数其实依赖于类目中的津贴，而这些未包含在记录中。因此误差范围很大。《末日审判书》的人口数可能在 1500 万和 2250 万之间（图 5-7）。人们所接受的 14 世纪初的人口数额，取决于人们是否认为在 1349 年黑死病之前，人口增长率虽然下降了但仍在继续增长，还是在马尔萨斯压力下人口数量开始下降。关于这个问题，有一些很有力的观点，但没有确切的答案。

城　市

发　展

古典时期城市化的发展和扩散本书已有描述。最古典的城市在 9 世纪仍是居住地，许多已成为有主教教堂的城镇，几乎所有城市都充当了当地的市场。在 9 至 14 世纪的 500 年中，既有的多半城市在规模上扩大了，所担负的功能也多样化了。而且，这些城市中也加入了更多的"新"城镇。城镇的创建在 11 世纪变得重要，此类活动在 12 和 13 世纪急剧增加，而之后新建城镇的潜力耗尽了，相关活动就逐渐减少了（图 5-8）。只有很少的新城镇是创建于中世纪晚期的。很难去计算号称是城市的地方到底有多少。在中欧可能有 3000 个，英格兰有 300 个，法国甚至还要多得多。如果我们加上南欧那些从古典时代留存下来的城市和东欧、北欧异常稀疏的城市网络，城市总数不会少于 6000 个，而且可能还更多。

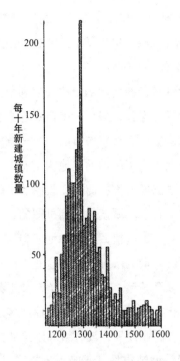

图5-8　中欧的城镇建设，根据 W. Abel, *Geschichte der deutschen Landwirtschaft* (Stuttgart, 1962), 46

中世纪的城市化从根本上与古典时代不同。在古代，城市是城区即城邦的中心，二者有着紧密的联系。市民自由居住在市中心或城市区域，也可在两地间自由来往。市中心是行政和文化中心，它不是从事制造活动和商业活动的场所。中世纪的城市则不同。中世纪的城市同周围的乡村分离，对乡村没有任何控制权；城市赖以运行的法律不同于乡村地区的。市民是自由人，他们可以来去自如，可以从事手工制作和贸易。而农民不能如此，在这个时期大部分欧洲地区，农民"被束缚在土地上"，没有自由，在法律上不能进城；当然，有许多农民实际上也迁移到城市。实际上，中世纪的城市闯入了基于土地所有和使用关系的封建世界，它引入了一个新阶层——中间阶层（the middle class）；这个阶层从事商业和手工业，注定最终要取代封建阶层。

城市及其市民的权利是要偿付昂贵的费用的。这些权利由国王或地方领地领主的许可证所赋予和保证，但反过来市民通常要支付租金。在英格兰，租金通常是适用于整个城市的一个任意的总金额，或由每个建筑用地的个别租金（所谓的土地租用费）组成。另外，领主通常保留了对地方市场出售的商品征收商品税的权利，并从地方法院收缴的罚款中获益。城镇是有利可图的，这就是建立如此多城镇的原因。实际上，城镇，以及许可证和租用土地都太多了，以至于地方商业贸易量无法维持所有这些。仅在英国的德文（Devon）郡就有60多个城镇。在每个城镇，领主都试图从城镇所能吸引的各行业中获得收益。德文郡和其他许多地方的绝大多数领主感到失望：没有商业发展，没有络绎不绝的潜在市民。人们不愿使用租佃土地，城镇市场几乎吸引不来商品，它只是个具有特权的村庄。

德文郡的衰落城镇数量之多是个例外；但每个郡和每个国家都可发现衰落的城镇。许多成功的城市，不论是新城还是老城，均满足一种需求。它们逐渐扩展，吸引商业，用一圈城墙围城，并发展了城市的自治机制。

13世纪和14世纪初的城市和城镇的广泛相似性，掩盖了它们不同的起源。在意大利之外，只有极少数源自罗马帝国晚期的城市，它们显示了某种程度的居住地的延续性——即便算不上城市生活的话。它们的城墙可能已扩建，街道规划已变形，部分可能已毁坏、不可重建。基督教会已强势入城，许多城镇成为主教所在地。修道院、修士和大量的堂区教堂要么都在城内，要么在城外与城市相邻，许多情况下都比所能容纳的人口规模大得多。除了个别例外，西欧和南欧的大城市大都源自罗马时期，威尼斯就是其中之一。这并不令人吃惊。从罗马帝国留存下来的城市具有很大优势。每个城市都充当了道路网络。其城市有城墙防护，砖石建筑如果被毁坏，仍可为之后的建筑提供材料。最后，帝国的光环仍萦绕着它们，并因教会制度而得到加强。

还有一批城镇的起源要归于黑暗时代的特别需求。在那些动乱的年代，绝大多数城镇是设防的避难所。所谓的斯拉夫编年史记述了在赫尔斯坦因（Holstein），当危险过去，人们"从躲避战祸的要塞中出来，各自回到自己的村庄"[1]。类似城市的居住区有某种形式的防御，充当了避难所。这样的居住区通常有壕沟、堤岸和绝壁作为防御，这在中欧是普遍的。在英格兰，在那些受到斯堪的纳维亚人侵扰之威胁的地方，边远的居住区保留了建筑；无疑，在这样的设防地还有仓库和供给。这样的"城镇"也是出于军事或战略原因而建立的。盎格鲁－撒克逊编年史记录：在 913 年，撒克逊人"去……塔姆沃思（Tamworth），在那里建造了城堡……之后在斯塔福德（Stafford），第二年在艾迪斯波里（Eddesbury）……和沃里克（Warwick），第三年在彻伯里（Chirbury）和沃伯顿（Warburton）……冬至前在朗科恩

---

[1] *The Chronicle of the Slavs by Helmold,* trans. F. K. Tschan (New York, 1935), I, 34.

（Runcorn）也建造了城堡"[1]。这些城堡大多数在中世纪晚期发展为城镇，但它们建造的速度表明它们的结构并不复杂。不是所有这样的地方都保留了某种城市地位；在欧洲大陆，大部分地方只能由田间的土木工程代表。但是，一些地方有了永久居民，逐渐发展出了真正的城市功能。

同时出现了商人和工匠的居住区。它们可能是从临时或常规的集会地发展过来的。这样的一些"城镇"产生于波罗的海地区，不是所有城镇都被证明是永久不变的。通常这样的居住区聚集在一个核心、一座建筑或一个机构周围，这样的建筑或机构吸引着定居者，可能给予他们某种程度的保护。布鲁日城就是如此出现在佛兰德斯伯爵城堡附近的。一位编年史家回顾性地描述了人群如何"开始聚集在城门前，在城堡的桥梁附近进行贸易，商人兜售昂贵的商品，客栈老板为那些同王侯做生意的商人提供食宿……房屋增加至一定程度，不久就出现了一个大城镇，这个城镇在通用语中……仍被叫作'桥'，因为布鲁日就是'桥'的意思"[2]。整个西欧都有类似的发展。《末日审判书》（1085—1086年）记录：在特伯里（Turbury）城堡附近（*circa caste llum*）有 42 名商人，在欧雅斯－哈罗德（Ewyas Harold）——临近威尔士的边界地区，城堡（*castello*）中只有两座房屋，显然是在城堡的庭院中。

修道院也可以扮演核心的角色，如德意志的富尔达（Fulda）、法国的克吕尼和科尔比（Corbie）、英格兰的伯里－圣埃德蒙兹

---

[1]　*Anglo-Saxon Chronicle,* Everyman ed. (London, 1912), 78-79.

[2]　*Annales Sancti Bertini,* quoted in R. Latouche, *The Birth of the Western Economy* (London, 1961), 248.

（Bury St. Edmunds）和格拉斯顿伯里（Glastonbury）。《末日审判书》记录，在诺曼人入侵之后的数年间，伯里－圣埃德蒙兹的市镇迅速发展。

但是，并非所有的"新"城镇都有这样的核心，使它们能围绕它成长起来。许多城镇被"植"于旷野，街道被规划出来，房屋被分配给居民。这样建造的城镇在中欧、法国南部和大不列颠很普遍。城镇的起源通常从它们的规划中可以辨别出来。建造的城镇一般由纵横交错的街道组成，四周由城墙或绝壁围住。与之相反，堡垒性质的城镇通常由宽阔的街道组成，这样的街道从位于高地的城堡沿山坡向下延伸。人们也发现了兼具这些元素的复合式城市。如波兰的克拉科夫由作为中心的城堡（Wawel）和城堡之下的某个不规则的"波兰"城镇组成。与之毗邻，在北面发展起来的是有规划的"日耳曼"城（图 5–9）。通常用于表明城市这两个差异明显的街区的地名没有任何种族含义。它们仅意味着每个区所遵照的风俗或"律法"。有时城市的发展甚至更加复杂。希尔德斯海姆（Hildesheim）城（图 5–10）的核心是一个避难所，后者发展为"老"城（Altstadt）。与其邻近的是一个城郊小住宅区，这是一种"堡垒"城镇，早期依附绝壁。城镇的东南方建立了大教堂，成为另一居住区的核心，而北方另一居住区围绕圣米迦勒（St. Michael）修道院发展起来。最后，在 13 世纪又增加了经过规划的"新"城，一个世纪后建立了围墙。希尔德斯海姆城的复杂性，可与中欧的其他许多城市匹敌。有些情况下，如纽伦堡和布拉格，城市扩展到穿过河流，被河流分为四个不同"部分"。源于罗马时期的若干城市的城墙外建立了郊区修道院，如图

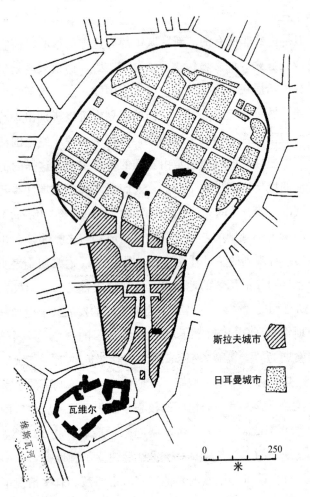

图5-9　平面图显示克拉科夫市的自然元素（斯拉夫）与规划元素（日耳曼）

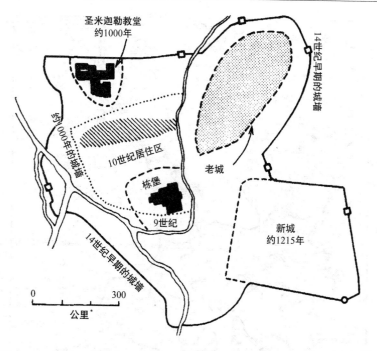

图5-10 平面图显示希尔德斯海姆城发展中的离散元素。新城（Neustadt）是13世纪早期的一个规划城镇

　　*原书为 km，实际似乎应为 m（米）。——译者

卢兹、兰斯和阿拉斯（Arras）。

　　克拉科夫的"日耳曼"城的创立是城市设施向东发展的一部分。许多情况下，新城镇仅是在原设防地增加建造的，以 *Burgwalle*、*grody* 或 *hrady* 之名为人所知。① 有时这些设防地发展

128

———————————

　　① 此三词均为斯拉夫语词，分别意为城堡墙、据点和居住点。——译者

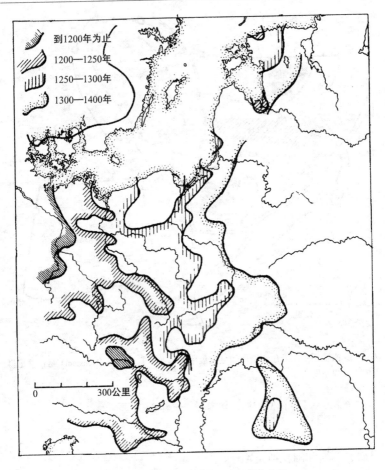

图5-11　德意志东部与中东欧的城镇扩展

为城堡，偶尔它也为教会机构提供了安全的场地并在其中建立了
大教堂。在大多数情况下，新城镇的规划和建设并没有一个前城
市时代的核心地带作为倚靠。中欧和东欧建立了成百上千的这类

城市和城镇，图 5-11 高度概括了中世纪的城市化是如何遍布东欧的。

上述论述表明，从城市发展的观点出发，根据城市的演变方式，该地可划分三个区。南欧的城市生活没有中断。但城市的规模停止增长，许多城市，如罗马城本身变得更小了。一些城市，如阿奎利亚则被摧毁。少量城市，如威尼斯和亚历山德里亚（Alessandria）则被建造起来，但是 12 或 13 世纪的城市地图与罗马帝国晚期极为相似。然而，城市的相对重要性发生了变化。意大利南部的城市重要性下降；而托斯卡纳和意大利北部平原的城市变得更重要，这里的商业和工艺从 11 世纪起一直稳定发展。西班牙南部仍高度城市化；中世纪早期，科尔多瓦可能已是继君士坦丁堡之后欧洲最大的城市。

第二区由罗马帝国的残余省份组成。其城市的重要性下降了。许多城市的人口减少，一些城市被摧毁。这个地区的城市生活不得不重建，但城市的新发展是选择性的。一些城市的发展规模比罗马帝国时期大很多；而另一些则没有达到繁盛，仍然很小。另外，大量新城镇被建造起来，绝大多数是出于商业原因，一些则是出于军事或战略目的。

欧洲余下的其他城市则组成了最后一区。尽管有大批的设防避难地，但城市生活传统，以及所有的城市都是在 9 至 13 世纪期间创立的。其城市发展是对当时各种影响因素的回应，通常发生在最具商业条件的地方。随着南欧和北欧之间商业的发展，莱茵兰地区成为重要的商业通道，也是欧洲城市化程度最高的地区之一。同时，从低地国家和下莱茵兰向东穿过德意志至波兰的天然通道，以"黄土带"和"亮路"（Hellweg）这些不同的名字为人所知，这条道上发展了从法国北部至西里西亚的一系列城市。低地国家南部和下莱茵兰的广大地区是这两条主要通道的交会地，到9世纪时，这些地方开始发展。佛里西亚商人沿莱茵河经商，他们掌控的商品中有布料。布料可能最初来自该地区的修道院庄园，但在维京人的劫掠终止后，早期城镇似乎也发展出了布料生产。无疑，该地区西部的地方统治者——佛兰德斯的伯爵们也促进并鼓励了这一发展。

11世纪期间，从西部的图尔奈（Tournai）和瓦朗谢讷（Valenciennes）至东部的布鲁日和根特这一城市网络出现。除了相对便利的交通之外（无论是区域内的交通，还是以该区域为起点的交通），很难指出这个地区具有任何地理优势。存在着由道路、船运组成的设施和把商人聚集在定期展销会的某种非正式的商人组织，这可能是意大利之外的主要布料生产区和商业区演变的主要因素。这一发展发生在第二区的最边缘，这个地区很少有罗马人定居，它几乎不受罗马城市的影响。绝大多数城市发展于城堡附近，只有阿拉斯起源于一个罗马城市。至13世纪，这个地区成为阿尔卑斯山北部最发达的城市区，具有欧洲地中海地区之外最大的城市。

规模与功能

到13世纪晚期或14世纪初期绝大多数城市的规模有所增加，这一说法可能是正确的。这一增长可以在一些实例中通过一排排的城墙建造反映出来，如科隆（图5-12）的城墙。但市民数量的

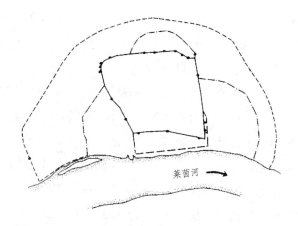

莱茵河

图5-12 城墙随着城市人口增长而扩展的一个例子：科隆市

计算更困难。有证据证明大多数城市的规模仍很小，许多新城镇的面积只有城墙内的若干英亩，其人口数只能以百为单位计量。另一方面，一些城市很大。尽管除了中世纪晚期一些意大利城市的人口清单外，其他城市都没有任何重要的数目资料，但我们知道一些城市的商人数量。例如，图卢兹在近14世纪初有177个屠户，其他城市的面包师数量有数百。这肯定意味着人口数量成千上万。

数量虽不可能精确，我们可认为至13世纪中期，少量人口超过5万的大城市已出现。它们的增长大多发生在12世纪。这样的城市肯定包括米兰、威尼斯、热那亚和佛罗伦萨，在阿尔卑斯山北部有巴黎和根特。摩尔人统治下的西班牙的科尔多瓦和君士坦丁堡也已达到这个规模。更多城市这时的人口数量在2.5万至5万之间，包括意大利北部、低地国家南部和法国北部的一些城市；

131　但在不列颠，只有伦敦属于这类城市。人口数量在 1 万至 2.5 万的
中等规模城市均匀地分布在欧洲西北部、意大利北部和法国南部，
但整个东欧几乎完全没有这样的城市。

　　这些城市发挥的功能与它们的规模有关。所有城市在某种程
度上都具有农业性质。同任何乡村一样，它们的四周是自己的农
田，市民每天来往其间。城市的其他地方则是集市中心，满足各
种需求的市场区域占地太小，以至于农民能够在当天往返于集市
和家。集市的出现吸引着工匠，特别是那些具有与农村生活相关
技艺的工匠，如铁匠和皮革工。大城市具有更广泛的职能，是世
俗的或教会的行政中心，这是它区别于小城市的地方。

　　这几个世纪中，城市大都通过移民发展壮大。土地和乡村人
口的封建控制，从未严格到无人能摆脱的地步。有许多自由农、没
有继承希望的小儿子和那些自由依附于任何领主的人，这些人可能
聚集到具有工作前景的最近城镇。

农　业

　　本章所探讨的 500 年间，中世纪的农业体制逐渐形成。在此
500 年终结前，某些地区的中世纪农业体制开始衰落。在欧洲大部
分地区，谷物占据着人类饮食的大部分，农业受此影响。动物蛋
白是次要的，在欧洲大陆大部分地区，动物没有被当作首要食物。
谷物的最大产出源于两种谷类作物的轮耕制。这样的体制在加洛
林王朝下的欧洲已有先兆（见第四章"农业"）。在随后的几个世
纪中，这种体制逐渐扩展至西北欧大部分地方。我们无法获知这

种体制是如何散布的，但可以合理地认为修道院通过相互间紧密
的联系在三耕制的传播上起了作用。无疑，至 13 世纪，从英格兰
北部至波兰仍在使用此体制。

正如这些年中所形成的，这个体制的特点是春秋谷物交替播
种——春季通常是燕麦或大麦，秋季通常是小麦或黑麦——春播
之后休耕。这适应耕种常规，而且休耕地可用于放牧；但动物，
主要是羊，后来啃咬地上种植的所有东西。农耕群体依赖这样的
粗放牧，土地可获得大部分肥料。南欧根本没有三耕制。该地区
的大部分地方春播谷物不能生长、成熟，夏季的干旱和炎热会使
其枯萎，而秋播农作物——几乎总是大麦或小麦——与休耕交替；
这种体制从古典时期一直沿用至 19 世纪。

三耕制的出现与公耕地的出现、重型犁的使用密切相关，但
这三者未必是不可分的。公耕地的特点是条垄耕作，这样的设计
是为了使犁耕转弯的次数最小化（图 5-13）。这些意味着大队联
畜拖拉重型犁。而这反过来要求村庄的几户人家协作努力，每户
人家都为团队贡献一部分要素；因为很显然，一个拥有六或八头
牛或其他动物的大团队远超出单个农民家庭所拥有的资源。整个
耕作、轮耕和休耕体制需要群体内有一个主导因素，这个群体在
封建土地所有制下似乎已得到了最好的供给。人们一定认为组成
这个耕作制度的若干要素经过一段时间后逐渐集合起来，可能从 9
世纪持续到了 12 世纪。但是，一旦放在一起，它们之间的相互依
赖性会使体制更持久；直到 19 世纪晚期，这个制度在欧洲部分地
方仍是阻碍农业进步的障碍。

与公耕体系相伴的是一种小型田地。这种农田可能由墙或篱

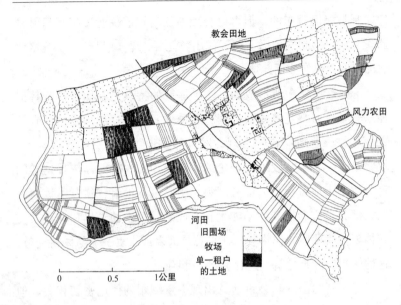

图5-13　保留至19世纪的公耕制度

笆包围，用更轻型的犁进行耕种。这种犁在垄沟末端更容易转弯，可能只需一头牲畜来拉。在某种意义上，这是一种史前或古典耕种模式，它主要存在于不适于公耕制的地方。公耕制需要村庄足够大，能够提供犁和大队联畜，但在欧洲大部分地方，公耕制所意味的密集型农业受到气候和地形的阻碍，其中包括"近大西洋"的欧洲高地地区，还有中欧的许多丘陵地区。这类"封闭"的农耕岛屿，也似乎存在于广阔的公耕农业区，无论公耕制的准则实行于何处。在英格兰的东南部，强行实施三耕制、公耕制的趋势中止，可能是源于与继承惯例和土地使用管理有关的社会原因。

　　只有很少的地区发展出像教科书般单纯的三耕—公耕制。其中之一是位于巴黎盆地的沃勒伦特（Veulerent）西多会（Cistercian）农庄。下面这个 13 世纪的记录显示了其农耕面积：

1. 小麦（秋种）	365.5 阿庞[①]
2. 混合谷物（可能是春种的燕麦和大麦）	323 阿庞 9 毗奇[②]
3. 休耕	333 阿庞 10 毗奇

阿庞是不太固定的土地度量单位，相当于 0.75 至 1.25 英亩不等。这个农庄完全由修道院管理，由世俗人员耕种。结果是人们发现了最简化的庄园开发的案例。其目的是收获固定且符合实际的源源不断的农产品，可以预期的是，最终获得的秋种和春种的农作物大致是等量的。但许多地方没有实现春、秋农作物的对等。隶属于比利时圣特龙德（Saint-Trond）修道院的庄园，春种和秋种农作物极为失衡，总计收获的秋种农作物有 980 斗，而春种农作物只有 55 斗。有证据显示，在低地国家南部的部分地区，9 世纪根特的圣皮埃尔多组册所展现的不规则的作物收成体系延续至 13 世纪，几乎没有被三耕制的趋势改变（图 5-14）。

　　畜牧业在欧洲有公地的地方根本不重要。除了休耕牧场，公耕体系几乎不提供饲料。饲养牛，用于拉犁和拉车；饲养羊，用于羊毛需求量高的地方，如英格兰和低地国家的部分地区。但是，为牛羊提供大部分饲料的牧场通常比较短缺，一般而言它们

134

---

① arpent，法国旧时土地面积单位，约相当于 20 至 50 公亩。——译者
② perche，法国旧时土地面积单位，约相当于 34 或 52 平方米。——译者

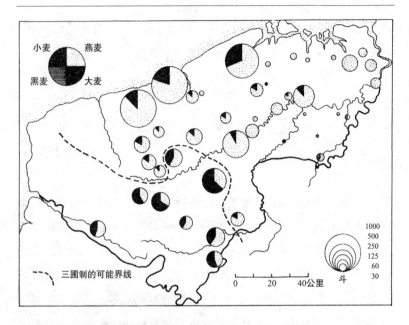

小麦　　燕麦
黑麦　　大麦

1000
500
250
125
60
30

三圃制的可能界线

0　　20　　40公里　　斗

图5-14　12世纪佛兰德斯的谷类种植，根据A. Verhulst and M. Gysseling, eds., *Le Compte Général de 1187* (Brussels, 1962)

是一个群体所拥有的最有价值的土地。动物在有围场的区域更重要，这是对那些无法耕种的贫瘠或崎岖土地的利用方法。总的来说，欧洲的牧场位于湿润的西北部、北部和中部的丘陵地区。在南欧，干草原和灌木丛被用于饲养羊群，主要是因为没有其他可行的用途。

　　如此贫瘠土地上的动物养殖通常是季节性迁徙的。季节性迁徙的常规做法在大移民时期之后还留存多少，人们并不知道。在之后的定居时期，这种常规做法一定再次得到发展。从挪威海湾到西班牙梅塞塔高原和南意大利的丘陵，动物的季节性迁移变得重要。奥地利修道院从在其控制下的崎岖的阿尔卑斯山土地收取的租金，相当部分是用奶酪偿付的；西不列颠山丘的高地地区，在夏季通常用于放牧。

制造业和采矿业

9 世纪，金属的开采和冶炼处于衰退中。铁用于制造武器和工具，但这个时期铁仍在炉中或用原始的风箱冶炼。《埃吉尔的传说》（*Egil's Saga*）中的描述，可与欧洲大部分地区的情况相匹配：

> 斯卡拉格里姆（Skallagrim）是个著名的铁匠，冬季要冶炼许多矿石。他在海边建了一个铁匠铺……不远处就是树林。但当他发现没有石块……无法打铁时……他找到一块石头并带回了铁匠铺……之后就在其上锻铁。那块石头仍在那里，大部分几乎燃烧成矿渣。①

在 11 和 12 世纪间，铁加工扩散得更广泛。《末日审判书》显示，英格兰许多地方都有矿石开采、铁的冶炼和锻造，但产量都很小。在欧洲大陆，制铁工艺尤其通过修道院教团得到扩展，因为他们的房屋建造需要金属。至 13 世纪，对铁和钢的需求量大大增加，并且逐渐开始在一些以所产金属质量闻名的地区得到满足。加尔都西会（The Carthusian）僧侣在萨伏依开采了丰富的阿勒瓦尔（Allevard）

---

① *Egil's Saga,* trans. and ed. E. R. Eddison (Cambridge, U.K., 1930), 57.

矿石。比利牛斯山、德意志西部的锡根地区和阿尔卑斯山东部都还在产矿，罗马人最好的矿石大部分出于这些地方。瑞典的矿产于12世纪开始开采，不列颠威尔德（Weald）和迪安森林（Forest of Dean）的产量也在增加。

　　然而，这个时期几乎没有技术进步。绝大多数铁生产通过所谓的直接冶炼法，极不纯的软铁直接从低炉的矿石中产出，这种低炉形状类似铁匠使用的那种。同时，所使用的坑式炉或风箱与制瓦或制陶所使用的没有什么不同。问题是如何保持强烈的气流，因此，风箱通常建在能吹进风的开阔地带。

　　铅是需求量最大的有色金属，被用于建造、上釉和制管、制桶。德意志中部的哈尔茨山的拉莫斯贝格（Rammelsberg）矿，在1000年前已被开采。《末日审判书》记录了奔宁丘陵（Pennine Hills）南部有铅矿开采；此后不久，萨默塞特郡（Somerset）的门迪普丘陵也有了铅产业。康沃尔和德文郡的锡矿开采可能已衰落。虽然不清楚其何时复兴，但矿井——几乎肯定是冲击矿床或水平坑道的开采——到12世纪时已经开始作业了。西班牙南部有铜开采。自13世纪晚期起，瑞典也出现了铜开采，但之后勘探的大都是贵金属。欧洲的矿产储存少而小，黄金毫无疑问极少。白银大都与铅一同被发现，尤其是在哈尔茨山；欧洲大部分造币的金属都是从此处获得的。

　　本章所探讨的五个世纪，见证了向遥远的市场提供高品质商品的专业制造业的出现。分布最广泛且最重要的是纺织业。在加洛林王朝时期，布匹的生产，无论是羊毛制品还是亚麻制品，在任何地方都是农民的非专业活动。法国北部和低地国家南部似乎大量生产布匹，尽管是粗制的，但却被运往西欧其他地方。与此同时，不列颠南部可能也一直在生产过量的布匹。虽然纺织工业是乡村式的，在农民的农舍中进行，但大约在 1100 年，该工业转向西北欧不断壮大的小城镇；布匹织造在此成为专业的手工艺。因为织布工技艺的进步、生产量的增加，以至于低地国家和法国北部的"纺织城市"成为 13 世纪欧洲最先进的工业地区。来自佛兰德斯沼地乡村和法国北部公耕地的当地羊毛，最初满足了他们的需要。之后，这开始由来自英国中东部的石灰石"湿地"和威尔士边地最优质的英格兰羊毛所补充。至 13 世纪，羊毛已成为不列颠主要的出口品。

与此同时，一个类似的行业正在意大利东部和中部的城市发展。意大利人似乎已从事布匹贸易，之后他们成为具有相当规模的制造商。在 12 世纪期间，他们从欧洲东北部进口布匹，大部分是通过法国东部的大集市进口的（见本章"运输和贸易"部分）。之后，他们通过漂洗、染色和刺绣，对布匹进行进一步加工。低地国家和意大利绝没有包揽 13 世纪欧洲所有的布匹贸易。法国和英格兰的许多城市生产的织物声名远播，只是不曾达到根特或佛罗伦萨的声名。除此之外，农舍中的窄幅织机仍继续制造着大量劳动群众所穿着的粗土布。

纺纱和织布没有包含布匹制造行业的所有工序。亚麻布要漂白和染色；羊毛织品通过蒸洗加厚，通过剪切使表面平滑，并且经过印染。至 13 世纪，这些流程变得专门化，成为技术含量高的纺织行业分支。在该时期，传统纺织行业加入了丝绸纺织。从亚洲被引入拜占庭帝国的丝织工业得以繁盛，因为对高品质丝绸

137 的需求仍在持续增加。该工艺从这里被带至西西里，可能是阿拉伯人带去的，之后扩散至整个半岛。13世纪，采用该工艺的卢卡（Lucca，位于托斯卡纳），之后成为最重要的丝绸制造中心之一，该工艺又从这里传至威尼斯和法国。

亚麻布的制造——最简陋的农舍工业分支——在这个时期发展为一个重要的纺织工业分支。产自南德和瑞士的亚麻布在地中海地区销售，因为亚麻布比厚羊毛更适合地中海地区的气候。棉花也开始被使用。棉花从中东进口，极少量产自西西里；西西里的棉花也是由阿拉伯人引进的。生产的棉线比现代的棉更软。在欧洲，这样的棉线被加入羊毛或麻布制成"混合"织物，被称为粗斜纹布或低级单面绒布；它一般被用作纬纱，更坚韧的线则用作经纱。

制革和皮质品生产——鞋子、手套、马具、罐子和其他容器——遍及该时期的几乎所有地方，只要有毛皮和用于制革所需的充足橡树皮便可。生产量肯定已增长，但使用的方法和产业所在地几乎没有变化。

陶器制造也是一种遍布各地的工艺，只要有黏土和燃料的地方就能制陶。只是陶罐的惯用形式及其生产的技艺因地区而不同。制陶的火炉小而易造。火炉的使用寿命一般是短暂的，易于废弃。陶器厂的数量和产陶量在增加。陶罐被运至整个欧洲，主要通过旅行者的行李；因为他们的陶罐碎片到现在也不会腐烂，这些陶片通常成为衡量人们迁移程度的方法。12世纪开始制造地板和屋顶的瓦片，之后不久开始建造更大的窑炉烧制砖。罗马制砖的工艺已消逝；12世纪，该工艺在北欧复兴，并在那些地区变得重要——主要是在波罗的海和北海的沿海附近——这里几乎很少有较好的建筑石料。在中世纪的英格兰使用砖的最早记录大约在1160年，但它只是在英国的东部才变得重要。

　　建筑建造是更重要的工业分支之一，在这个时期发展得相对重要。9世纪几乎所有的建筑都是木制的。除了宗教建筑外，其他建筑几乎不使用砖石结构。1000年后此种情况开始发生变化。在城堡、宫殿、堡垒，甚至私人住宅等建筑中，石料的使用在增加。建筑技术发展迅速。12世纪晚期，罗马式建筑被哥特式建筑所取代，并从其起源地——巴黎盆地传播开来。建筑形式更大的改进之处是要求更高质量的石料。在这些地区采石场被大量开采，如英格兰的"石灰岩带"和法国的布里（Brie）高原；这些地区提供了最好且易切割的石料。13世纪是欧洲大部分地区建筑活动最密集的时期，石料通过陆路、河道和沿海船只进行长途运输。如果建筑是13世纪的至高荣耀，那么这既要归功于泥瓦匠的工艺，也要归功于石料的质量。

138

运输和贸易

　　这几个世纪标志着欧洲的商业特性发生了根本变化。9世纪，欧洲内部的贸易量、欧洲与非欧洲地区之间的贸易量都极小。内部贸易是一些布料和盐、酒之类的必需品。但外部贸易进口的是来自拜占庭帝国和中东的奢侈品，如丝绸、贵金属和宗教用品；出口的是初级产品，如毛皮、金属，甚至奴隶。相比更富有、更成熟的伊斯兰世界，西欧处于依附地位，甚至几乎是"殖民地"

的地位。14世纪，这些发生了变化。欧洲，或至少是西欧、中欧和意大利，开始出口制成品。当然，对来自低地国家和意大利的上乘布料的需求量是最多的，但出口也包括锡镴制器皿、五金器皿和皮质品。

而角色在一定程度上发生了转变，转折点可能发生在12世纪的十字军东征时期。在耶路撒冷被占领和黎凡特地区拉丁国家形成的同时，海岸沿线的贸易基地建立了起来。首先从中获利的是威尼斯和热那亚商业共和国。他们继承了阿马尔菲（Amalfi）在10和11世纪对意大利海外贸易的掌控。此时，北意大利的城市共和国开始在发展趋势中担任地中海地区和西北欧之间的中介，经罗讷河谷或阿尔卑斯山通道把他们的商品运送至巴黎、低地国家和下莱茵兰地区。

欧洲以外的贸易性质发生了这样的变化，与此相伴的是内部贸易的重新整顿和基础设施的发展；改进的基础设施方便了运输和旅行，并使商人的活动更加具有可预见性。市场和展会的体系发展了，继续在欧洲贸易中起着至关重要的作用，直至19世纪。市场满足了当地各个群体的需要，允许开办市场，大多数时候一周一次，但需被授权，在某种情况下，仅需得到封建领主的批准。虽然这种制度也存在于9世纪，但在11和12世纪，市场的数量变得更多。《末日审判书》总共记录了英格兰的60个市场；但这只是其中一部分，虽然总量尚不可知。其中的一些市场被明确地描述为"新兴的"，但直到14世纪新兴市场才建立，此时不列颠所拥有的市场数量很可能超过了其能够有效利用的市场数量。欧洲大陆市场的建立有着类似的发展历程，但缺少翔实的文献线索。

许多市场的发展只是响应地方的需要，其存在仅仅是在事后才被
授权。同时，一些市场失败了，因缺少贸易而废弃。可能有太多
的市场，且相互间相隔得太近了。

展会不同于市场，开办得不频繁，它们从更远的地方吸引来
商人和商品，并且一般而言是较窄范围内的专业化商品。它们始
于商人们的定期聚会，修道院在其中似乎起了重要作用，它们在
圣徒纪念日举办这样的活动。兰斯的展会开始于秋季的葡萄酒销
售。巴黎附近极为重要的伦第（Lendit）展会由圣德尼修道院创
立和"拥有"，接受商人们所付的费用。布匹展会早期出现于低
地国家南部，很可能与来自该地区庄园的布匹销售有关联（见第
四章）。维京人自己为北欧展会的发展做出了贡献，因为他们利
用展会处理他们劫掠的战利品。11 世纪晚期，欧洲最重要的展
会——香槟展会开始形成。我们不知道它是如何起源的，它或是
发源于市场或是发源于特定商品的季节性销售。也没有充分的理
由说明为什么该地区应有不下于四个城市——普罗旺斯、特鲁瓦
（Troyes）、拉尼（Lagny）和奥布河畔的巴尔（Bar-sur-Aube）——
发展了展会。其中拉尼离巴黎最近。可能它们具有水上运输的优
势，它们是运输路线的中途站点，其中一些是连接西北欧与地中
海地区的纽带。正是在这里，通过习惯或相互协议，商人商定在
一年的预定时间碰面。周而复始的展会发展壮大，其重要性和繁
荣在 13 世纪达到顶峰。

欧洲还有其他展会，如在英格兰斯坦福德（Stamford）、斯陶尔
布里奇（Stourbridge，位于剑桥附近）及其他地方的布匹和羊毛展
会；12、13 世纪，在法国和意大利的许多地方，展会网络向东扩

散至瑞士和德意志。13世纪见证了西欧展会体系发展的巅峰，之后商业开始衰落，一些展会被战争破坏，另一些屈从于城市的竞争；沿河流和道路横跨欧洲的部分贸易开始沿西欧和北欧海岸进行船运。随着展会的衰落，大港口——威尼斯、热那亚、马赛和巴塞罗那——也衰落了，而在北欧，伦敦、安特卫普和吕贝克开始发展。

欧洲中世纪的旅游和运输被各种问题和困难困扰。即使西欧和南欧的罗马道路体系留存了下来，依然可用，但很难发现有什么价值。新的需求要求新的道路体系，而中央政权不能提供和维护这些道路。人们使用水路，尽管那些水路在今天被认为太小而没有多大价值——对运输大件商品如羊毛、木材和酒桶，水路尤其重要，但大多数人和更轻、更有价值的商品大都使用陆路。富人和显贵者骑马，其他人步行。道路犹如宽阔的彩带，旅行者尽可能从中挑选最好的一条。横渡河流是一个大难题，大多数情况下，人们通过渡船或浅滩渡河。在中世纪晚期之前，桥梁很少，而且桥梁所在之处通向道路的交会处。

大多数长途旅行，特别是北欧和南欧之间的那些，需要穿过高山。对阿尔卑斯山旅行的危险和重重困难人们多有抱怨，但不管雪有多厚、雪崩有多么频繁，阿尔卑斯山一年四季都可穿行。皇帝亨利四世在1月进行了卡诺萨（Canossa）之行。13世纪之前，使用最多的山口是从意大利到罗讷河谷的西部山口。约1236年，圣哥特哈德（St. Gotthard）山口开通。该山口的"开通"改善了向北通向罗伊斯（Reuss）河谷的通道。圣哥特哈德山口的重要性是：通过一个上坡和下坡，使得人们能从北意大利抵达瑞士高原且通航于莱茵河上。它很快成为使用最多的山口之一，为通道沿线的山谷带来了繁荣，有助于瑞士联邦的兴起。

更东部的山口通向莱茵河上游河谷和因河（Inn）河谷，因河是多瑙河的一个支流。它们基本上比西部山口更易通行，但只是随着中欧经济的发展才被普遍使用（见本书第181页[①]）。

这个时期发展的意大利北部城市和西北欧城市之间的商业轴线，是最重要的但不是唯一的贸易通道。十字军几次使用从阿尔巴尼亚海岸穿过马其顿到达君士坦丁堡的陆上通道，这个通道继续被使用，且增加了穿过达尔马提亚的喀斯特高原的其他通道。与此同时，查理曼法令中所预示的其帝国与东欧之间的路线变得重要。他们从科隆和美茵兹的莱茵河出发，向东分别抵达马格德堡（Magdeburg）和布拉格、克拉科夫。早期的旅行者，许多是犹太人，或至少是源自中东的，他们高度评价了这些道路沿线的商业城市。然而，人们一定不能高估它们的贸易量。贸易量并不大，至少在早期是这样。很少有商品能承受陆地运输的高成本。当西部需要东欧的粮食、亚麻、木材和金属时，这些商品顺着大河进入大海，沿海岸到达目的地。

同时，地中海的海上贸易在贸易量和商品种类上大大增加。犹太人在该贸易中起到了重要作用。12世纪之后，该贸易为威尼斯人和热那亚人所掌控。图德拉的本雅明（Benjamin of Tudela）列举了在塞尔维亚和君士坦丁堡之间至少有40个犹太社区，它们都在一定程度上从事贸易。伊斯兰教被证明不是障碍；在10和11

[①]　此处的本书页码指的是原书中的页码，亦即中译本的边码。——译者

世纪，阿马尔菲和萨勒诺（Salerno）是重要的中介，它们与穆斯林的西西里和北非进行贸易。但 1077 年，阿马尔菲被罗贝尔·吉斯卡尔（Robert Guiscard）领导下的诺曼人占领后，再也没有复兴起来，其商业地位也被意大利北部港口城市所取代。如果威尼斯最初同爱琴海和黎凡特地区进行贸易，那么热那亚就能接替阿马尔菲在西地中海的地位。

借由波罗的海和黑海之间的俄罗斯大河流，早期的几个世纪见证了贸易的发展，这些贸易虽不是大型的，但却重要。其推动力来自瑞典的斯堪的纳维亚人，正是在他们的保护下，基辅罗斯成为贸易中心。该贸易路线依赖且穿过大草原，但在 10 世纪被佩切涅格人和库曼人阻断，贸易瘫痪。基辅罗斯被摧毁，其人民被驱回森林地带，他们在此避开了骑马的游牧民族，并建立了莫斯科公国。

精选书目

总论

The Alexiad of the Princess Anna Comnena. Trans. E. A. S. Dawes. London, 1928.

The Chronicle of the Slavs by Helmold. Trans. F. K. Tschan. New York, 1935.

Dopsch, A. *The Economic and Social Foundations of European Civilization.* London, 1937.

Egil's Saga. Trans. E. R. Eddison. Cambridge, U.K., 1930.

Herlihy, D., R. S. Lopez, and V. Slessarev, eds. *Economy, Society and Government in Medieval Italy.* Kent, Ohio, 1969.

The Itinerary of Benjamin of Tudela. Trans. M. N. Adler. Oxford, 1907.

Ladurie, E. Le R. *Montaillou.* London, 1978.

Luzzatto, G. *An Economic History of Italy from the Fall of Rome to the Beginning of the Sixteenth Century.* London, 1961.

Pounds, N. J. G. *An Economic History of Medieval Europe.* London, 1974. "The Origin of the Idea of Natural Frontiers in France." *Annals of the Association of American Geographers,* 41(1951): 146−157.

Vives, J. V. *An Economic History of Spain.* Princeton, N.J., 1969.

人口与聚落

Beresford, M. *New Towns of the Middle Ages.* London, 1967.

Brown, H. F. "The Venetians and the Venetian Quarter in Constantinople to the Close of the Twelfth Century." *Journal of Hellenic Studies* 40 (1920): 68−88.

Pirenne, H. *Medieval Cities.* New York, 1956.

Rorig, F. *The Medieval Town.* Berkeley, Calif., 1967.

Russell, J. C. *Late Ancient and Medieval Population. Transactions of the American Philosophical Association,* Vol. 48, pt. 3 (1958).

经济发展

Bloch, M. *French Rural History.* London, 1966.

Darby, H. C , ed. *A New Historical Geography of England.* Cambridge, U.K., 1973.

Duby, G. *Rural Economy and Country Life in the Medieval West.* London, 1968.

Slicher van Bath, B. H. *The Agrarian History of Western Europe A.D. 500−1850.* London,1963.

第六章　14世纪初的欧洲

至14世纪初，中世纪经济发展期已结束；欧洲人口大约在该时期达到巅峰，且城市空间格局在19世纪之前不再有任何发展。

政治地理

欧洲政治地图所呈现的形式一直保留至现代，只发生了极小的变化。巴尔干半岛是拜占庭帝国死死守住的最后据点，只有在这里才将要发生大变化。在欧洲大部分地方，政治控制变得更集中，王权更绝对。作为一种管理模式，封建的力量在削弱，尽管其外在标志仍醒目如常。只有在东欧和俄罗斯，封建关系才趋于加强。

在西班牙半岛，基督教国家向南推进，把摩尔人的格拉纳达王国压缩至内华达山脉（Sierra Nevada）和邻近的沿海地区。在北方，卡斯蒂利亚吞并了莱昂和其他小国，边界从北部的比斯开湾沿岸到直布罗陀海峡（见图6-1）。它控制着梅塞塔，其周围是纳瓦拉和加斯科涅（Gascony）、阿拉贡和葡萄牙。只有卡斯蒂利亚仍与摩尔人接壤，仍对其继续着数百年的征伐。葡萄牙和阿拉贡把目光投向海外，开启了将把他们带向亚洲和新世界的商业扩张。

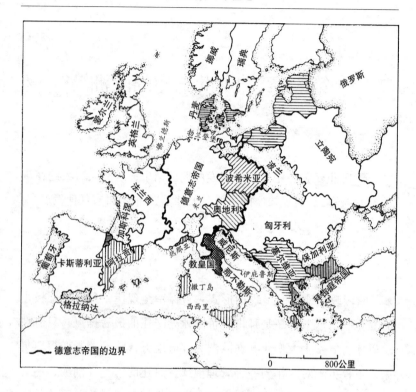

图6-1　14世纪早期的欧洲政治地图

　　1328 年，法国卡佩王朝结束，瓦卢瓦（Valois）王朝接替。卡佩王朝通过消除中间的公爵和伯爵，成功地把对法国名义上的统治转变为对国家大部分地区的实际控制。但他们没有如我们有时所认为的那样，目的专一地追求这一目标。他们刚获得这些公国或伯国就疏远它们，常常将其作为王室家庭成员的一个属地（apanage）。如勃艮第公国和伯国的情况所示，法国如要避免无尽的麻烦——尽管麻烦不总是有——那么对这些属地的控制迟早要归于国王。1328年，法国下辖的布列塔尼公国仍几乎是完全独立的，加斯科涅公国则由英格兰国王控制。英格兰国王不承认法国国王的君主地位，声称自己是卡佩王朝的继承者。还有其他省份，其中沙特尔（Chartres）伯国和安茹（Anjou）公国对法国国王的效忠完全有名无实。

法国的东部边界源自使加洛林帝国终结的领土分割。一方的法国国王或其臣属，与另一方他们东边的邻居之间存在永无止境的领土争端。当每次争端解决，他们就试图确立一个不容置疑的边界，努力不引起进一步的争议。唯一的方法似乎是以不变的自然要素如山脉或河流划分边界。在法国东部，河流是最方便的，所以边界逐渐接近四河一线，即斯海尔德河（Scheldt）、默兹河、索恩河和罗讷河。

佛兰德斯伯国就是如此被划入法兰西领土范围的，但其伯爵在整个中世纪一直在寻求极为独立的政策。斯海尔德河一线的另一边是布拉班特（Brabant）和埃诺，它们在理论上仍是德意志帝国的一部分。边界模糊，不仅是由于边界附近的封建领地独立的立场，也是因为除了意大利北部之外，整个地区已成为欧洲最重要的大工业区。佛兰德斯和其东部邻居布拉班特的权势，在于其财富稳固地建立在布匹的生产和销售之上的大城市。

德意志的政治分裂已快速发展了将近两个世纪。大"部落"公国已分裂，自1254年的霍亨斯陶芬王朝终结，当时的当选皇帝性格软弱，无力胜任，完全不能控制数百个封地和自由市，尽管他想去掌控。1273年，鲁道夫一世——哈布斯堡王朝的第一位皇帝——获得了皇帝的头衔，他从没试图统一帝国，而是着手为其家族建立一份遗产。他将施蒂里亚（Styria）、克恩滕（Carinthia）、卡尔尼奥拉（Carniola，德文是 Krain）和蒂罗尔（Tyrol）纳入了奥地利公国。而德意志本身完全分裂。它包含的领土不仅有低地国家的一部分，还有洛林；勃艮第部分地区，即所谓的弗朗什－孔泰（Franche-Comté），位于索恩河的东边；萨伏依、普罗旺斯以及意大利北部地区。它的东部边境包含勃兰登堡边地、劳齐茨（Lausitz）边地、波希米亚王国及其附属国西里西亚和摩拉维亚（Moravia）。在这个方向上，德意志帝国的边界几乎没有变化，直到 1806 年被拿破仑所终结。

　　在德意志内部，很少有国家具有让其他国家屈从和尊重的规模和资源。但此刻它们中间有波希米亚王国，由卢森堡家族统治，并囊括摩拉维亚和西里西亚。仅次于卢森堡和哈布斯堡的第二大国家是巴伐利亚公国，还有许多德意志主教的领地。另一极端是只有数平方英里的特小型国家，其中有瑞士森林地带的行政区，每个山谷差不多相当于一个区，它们在 1291 年联合起来摆脱对哈布斯堡王朝的效忠而宣布独立。

　　穿过意大利半岛的中心，从东边的波河三角洲到西边的泰拉奇纳（Terracina）属于圣彼得的世袭遗产[①]；大约在五个世纪之前，查理曼认可了伪造的教皇声明。在该地区与阿尔卑斯山之间是伦巴第王国，自查理曼始，德意志诸位皇帝就宣称该王国为其所有。但他们在意大利没有权力基础，统治几乎不被认可，完全无效。意大利北部比德意志更为分裂，该地区似乎要复兴罗马的城

---

　　① 即教皇国。——译者

邦模式，但重要的差别在于该地区的这些国家富有、强大且处于
不断的冲突中。最强大的邦国有米兰、维罗纳（Verona）、帕多瓦
（Padua）、卢卡、比萨和佛罗伦萨，但分别位于亚得里亚海岸和第
勒民安海岸的是威尼斯和热那亚。两者都沿各自的海岸线不断扩
展。它们已发展了同地中海地区的贸易，这给它们带来了财富和
权力；它们在理论上位于德意志皇帝的领土范围内，但成功地摆
脱了皇帝的任何控制。

　　教皇国南边是西西里和那不勒斯王国。它们为霍亨斯陶芬家
族所继承，但教皇号召法国人将其从德意志皇帝手中夺回。这
是法国人一直在做的，但在 1282 年他们失去了对西西里的所有
权（"西西里晚祷事件"），西西里被并入不断壮大的阿拉贡海上
王国。

　　自加洛林王朝时期起，德意志人一直在向东进行土地扩
张，占领斯拉夫人所占据的土地。紧随德意志殖民者而来的是
德意志的政治控制。至 14 世纪初，德意志与斯拉夫人土地之间
的界限正位于奥得河的东畔。德意志的边境国家有波美拉尼亚
（Pomerania）、勃兰登堡和西里西亚省；该地区在这个时期从波
兰跨至波希米亚，因此被认为是德意志帝国的一部分。穿过东欧
地峡，从波罗的海至黑海，坐落的仍是欧洲的部落王国：波兰、
匈牙利、塞尔维亚、保加利亚和领土广阔的早期立陶宛国。德
意志的战斗团队——条顿骑士团和剑友兄弟会（Brethren of the
Sword），已居住在波罗的海东海岸沿线，对从维斯瓦河（Vistula）
下游至芬兰湾的内陆造成了很大破坏。他们的征服，部分以波兰
基督徒为代价，部分以立陶宛异教徒为代价；他们为自己宗教人

145

员的掠夺提供了借口。其南边坐落着以克拉科夫为首都的波兰国，东边是立陶宛大公国，后者此刻进行着领土扩张，穿过俄罗斯森林扩张至伏尔加河源头，向南进入大草原。穿过立陶宛所松散占有的土地，是俄罗斯的诺夫哥罗德公国和莫斯科公国。对所有这些占主导地位的斯拉夫国家来说，金帐汗国的鞑靼人一直都是个威胁。1241 年，鞑靼人入侵，劫掠中欧，其行径类似于匈奴人和阿瓦尔人的入侵。尽管他们的力量在 14 世纪有所减弱，但他们不受管束的存在对与草原接壤的所有国家都是一个巨大的威胁；他们甚至对莫斯科公国也具有某种宗主权。

匈牙利王国也有令人不安的草原民族邻居，但它有喀尔巴阡山脉为其提供防御。同波兰人一样，匈牙利人认为自己是抵御鞑靼异教徒和斯拉夫东正教徒的西方护卫者——这个声明有一定的正当性。多瑙河的南边，巴尔干半岛的斯拉夫人口已形成一系列国家，它们相互间的边界反映了各自的政治命运。在之前的一个世纪中，保加利亚第二帝国跨过半岛，从黑海和多瑙河下游扩展至阿尔巴尼亚海岸。但 14 世纪，其势力衰落了，而与此同时黑山地区和科索沃的部落正在建立塞尔维亚国家。在西北部，内部被鲍格米尔（Bogumil）异端分裂的波斯尼亚，被匈牙利人入侵和占领。巴尔干半岛边缘是拜占庭帝国残余，此时缩至仅有马尔马拉地区和希腊的爱琴海海滨地区的范围。拜占庭帝国之所以能持续如此之久，完全是因为它控制着海洋，通过这种方式首都城市能得到供给，并与其偏远的领土保持联系。即便如此，拜占庭帝国也仍在缩退，威尼斯人正抢占爱琴海诸岛和海岸基地，把它们并入自己的海上帝国；而在东边，伊斯兰帝国的影响悄无声息，越来越近。

同巴尔干地区一样，斯堪的纳维亚位于欧洲文明的边缘，这
里出现了三个国家：丹麦、瑞典和挪威。每个国家都以一个相对
富饶和人口稠密的地区为中心，其权力从"核心区"向外辐射至
划分不明确的边界。丹麦在政治和经济上是最发达的，它受到来
自中欧的文化影响，汉萨商人的船只经常驶过其水域；在西兰岛，
它有一个富饶和多产的基地。瑞典和挪威不是这样，这两个国家
多山地且贫瘠，不能供给稠密的人口，也不能维持许多城市。瑞
典的权力核心位于马拉伦湖周围的低地，斯德哥尔摩在此发展为
首都。挪威此刻还只是建在崎岖的内陆与海洋之间的狭窄突出土
地上的一排定居点。克里斯蒂安尼亚（Christiania，今奥斯陆）峡
湾周边的低地是最广阔的，该地区有这个分裂国家的首都。斯堪
的纳维亚北部几乎是无人区，只有与瑞典有松散联系的芬兰海滨
地区具有少许经济上的重要性。

英格兰在此时是欧洲最集权和最成功的君主国。它发展了有
效的官僚机构。司法管辖集中于宫廷，公平合理的税收体制产生
的税收维持了中央政府。在英格兰，尽管地方上各有不同，但有
一种共同文化，人们可能在德文郡或达勒姆（Durham）的家中有
同样的感觉。只有在康沃尔，一种不同的语言——凯尔特语仍在
被使用。威尔士长期处于来自英格兰的压力之下。威尔士的大部
分地区已被侵占，纳入英格兰的控制之下。威尔士进行政治抵抗
的最后地区在13世纪末也屈服了。

但把苏格兰也并入"联合王国"的类似努力失败了。环境因
素有利于苏格兰人，但不利于威尔士。苏格兰的权力核心——中

部低地免遭南部高地的入侵。对海洋的掌控曾被有效地用于抵抗威尔士，但在苏格兰战役中没有太大意义。英格兰人最初似乎在爱尔兰取得了更多进展，他们在此没有遭遇联合抵抗，从而能够宣称对整个爱尔兰的统治权。但真正的控制被限制在英格兰人定居点"佩尔"（Pale）的范围内，正如都柏林与其最邻近的腹地被称呼的那样；爱尔兰的其他地区被划分为"部落"领地。虽然爱尔兰社会被盎格鲁－诺曼贵族渗入，但后者大部分已被同化、融入爱尔兰社会，在当前阶段变得比"爱尔兰人自己更爱尔兰"。英格兰对爱尔兰岛理论上的统治权并没有转化为实际的政治控制。

人　口

147　　通常认为 14 世纪早期是人口长期发展的顶峰，之后，瘟疫加上饥荒使得人口数量又缩减至世纪初的规模。人口何时开始下降，我们不甚清楚。它始于 1315 至 1317 年发生的灾难性收成，还是 1349 年黑死病的散播，抑或更微妙的根源——对于农业资源不断增大的人口压力、营养不良和疾病？很有可能这些都起了作用，1349 年的瘟疫只是加强了早已开始的活动。

　　有关人口规模的证据的确不足。任何正式意义上的人口普查都是不可能的，我们被迫利用任何可利用的代替品，如"炉床"或家庭、领圣餐者、人头税记录，甚至城市工匠数量。问题总是在于去发现通过多少既定数字相加得到人口总数的近似值，如典型的家庭有多大？在税收记录中乞丐和小孩的免税额有多少？在所有的地方人们都要遇到牧师的问题：他们不缴纳世俗的税，被排除在绝大多数人口类别之外。

死亡率很高，平均寿命很短。一大部分儿童在成年前就夭折了，高出生率甚至对维持固定的人口是必需的。乡村地区的出生率最高，城市的死亡率最高。这在部分程度上是因为恶劣的环境条件，部分也是因为许多城市人口迁出乡村，结婚往往相对较晚。没有农村地区源源不断的注入，城市人口不可能得以维持，更不用说增长了。一般来讲，对城市人口的了解要比对农村人口的了解多：城市人口可获得财产，可被征税。许多市民属于行业协会，而行业协会的记录留了下来。在一些意大利城市，有定期的人头（bocche）统计，以便估算城市的粮食需求量。

对许多乡村地区来说，炉底辊留存下来，这让我们在总体上知晓居住地的名单和每个地方的"炉床"数量。如果人们可以估算一般家庭的平均规模，人们就可以估算人口的规模，哪怕是大约的。一般而言，西欧的家庭是只由父母和孩子组成的小家庭，但偶尔人们也发现有大家庭，包含祖父母、姑姑阿姨、叔叔舅舅，甚至更远的亲戚。这明显扭曲了根据简单的炉床数目而呈现的人口统计情况。为了把炉床换算为人口总数，通常要乘以4至5。乘以4可能太小，乘以5对于大家庭较常见的地方可能仍然不够大。

黑死病发生前几年的炉床数量表，在法国一些地方留存了下来。15世纪的勃艮第地区也留存了几大系列（见图7-5）。跨越法国中部高地较南端部分的鲁埃格（Rouergue）有最完整的记录之一。该记录编制于1341年，它显示了578个堂区中每个堂区的炉床数量。这个统计数字得到了1328年有关每个直接隶属于法国国王的法国各地堂区和炉床数量记录的证实。图6-2显示了鲁埃格

图6-2　1341年法国鲁埃格省（今阿韦龙省）的人口分布（球体象征大市镇）

（阿韦龙省）调查中记录的定居点。把这些数据转化为人口密度是不容易的。使用的方法是把坐标方格添加在地图上，再计算每平方公里内的密度。结果显示在图 6-2 中，人口密度范围从每平方公里不足 10 人至 50 人以上，综合密度大约是每平方公里 30 人。这与目前大约每平方公里 32 人的人口密度很接近。考虑到土壤一般来说是贫瘠的，且农业技术是落后的，不能说鲁埃格在黑死病前夕人口不过密。

　　不幸的是，这样的炉床清单在欧洲的大部分地方都是缺乏的，至少在黑死病前的几年是缺乏的。由勃艮第公爵编制的有关低地国家的系列优良记录始于大瘟疫之后，但一直持续至 16 世纪（见本书第 187—191 页）。勃艮第材料使用与鲁埃格一样的方法，人们发现人口密集带从西部的圣奥梅尔（Saint-Omer）穿过低地国家，向东扩展至东部的列日地区。在佛兰德斯平原、布拉班特和埃诺的广阔平原地区，人口密度在每平方英里 130 人以上。另一方面，法国北部的人口密度很少超过每平方英里 75 人，而卢森堡丘陵省份和布拉班特北部贫瘠的荒野地区的人口密度始终在每平方英里 50 人以下。勃艮第省和洛桑教区（位于瑞士西部）的人口密度都较低。这些推断所基于的证据编制于大瘟疫第一次且最具破坏性的降临之后，我们可以认为 14 世纪上半叶的人口密度远高于其他时期。

　　德意志几乎没有类似的证据，仅在东部相当小的地区有一些炉床清单。尽管它们的证据应该没提供太多信息，但它们显示了在这个以田园和森林为主的地区具有极低的人口密度——每平方英里少于 10 人。波兰地区也是如此。克拉科夫教区每个堂区的领圣餐者数量清单显示，在维斯瓦河沿线最肥沃的土地上，人口密度不超过每平方英里 50 人。在南部山区，人口密度降至 10 人以下。给教皇的彼得献金（Peter's Pence）证明了这一点，它显示波兰大部分地区的人口密度平均不足 10 人。东部的斯拉夫人土地，显然为日耳曼人的渗入和定居提供了充足的活动领域。

如果说东欧的证据不足，那么东南欧的证据则根本不存在。立陶宛和俄罗斯也是如此，要知道这里有糟糕的土壤、频繁的战争和一直存在的来自大草原的威胁，如果这些地区的人口大大超过了1200万，那将是令人吃惊的。

相反，意大利的人口密集且有完善的记载。其乡村高度城市化，市民能书写，做完整的记录。实际上，维持城市供给的需要带来了人口数量的定期统计。1344年对托斯卡纳皮斯托亚（Pistoia）市周边地区（contado）的调查，揭示了极高的人口密度。在阿尔诺河（Arno）沿线的低地国家，人口密度达到每平方英里120人。在北部的丘陵地区——大部分修成梯田进行葡萄园种植——平均密度达每平方英里160人。甚至在亚平宁山脉，人口密度在每平方英里25人以上。佛罗伦萨周边地区的总体人口密度是每平方英里168人。北部平原似乎也是人口密集的地区，但几乎没有定量的数据。波河附近的大部分土地现在是最富饶和最多产的，在当时则是排水不畅、未开发的地区。意大利中部和南部的人口密度似乎更低，但其证据没有北方那么尽如人意。战争和弊政消减了人口，城市没有相对合理的发展，这反映在乡村没有得到密集性的利用上。

在西班牙半岛，我们只能获得加泰罗尼亚的信息，该信息起始于大瘟疫之后。至于巴尔干地区，关于人口的任何判断仅是主观猜测。对斯堪的纳维亚和北方广阔的空地来说，也没有具体的有关人口密度的证据。我们只能假定它们的人口密度适应于其资源和粗放型经济。

在不列颠大部分地区，我们有较充分的证据，但即使这样，对它们还是可以有多种不同的解释。主要材料是1334年根据当地财富进行的税收返还，以及1377年对所有14岁及以上的人（仅神职人员和乞丐除外）所征收的人头税。后者是更有用的文献，即便将排除项和逃税考虑在内的问题是不易解决的。估计1377年英格兰的总人口在230万至300万之间，且出入相对较小。而问题是，穿过黑死病时期，回过头看，这些数据显示出该世纪前期的总人口数更多。有关1349至1350年大瘟疫期间和之后在14世纪60年代数次暴发的瘟疫中的总死亡率，完全没有迹象可循。一些社区在很大程度上幸免于难，另一些几乎被彻底毁灭，平均值可能在20%—30%。在人口稀少的地方，死亡率似乎低很多，因为瘟疫的传播媒介接触的人更少，影响更少量的人。有些人持高死亡率论点，而另一些人认为是低死亡率；他们之间的观点差异使得黑死病发生前的英格兰人口被推断在250万至600万这个范围内。不列颠高地——威尔士、苏格兰和爱尔兰的人口没有尽如人意的证据可依，但这里的人口密度不会比英格兰西南部更高，它们的自然条件不是完全不同的。英格兰西南部的人口密度平均不超过每平方英里40人，威尔士和苏格兰的山地以及爱尔兰大部地区的人口密度要比这低很多。

包含俄罗斯在内的欧洲总人口，在黑死病之前的半个世纪内很可能在7500万至8000万。表6-1包含了由两位著名人口历史学家尤利乌斯·贝洛赫（Julius Beloch）和乔塞亚·考克斯·罗素（Josiah Cox Russell）所做的不同推断。人口推断显示，欧洲人口密度范围从高度城市化地区，如佛兰德斯和布拉班特的每平方英里至少150人，至阿尔卑斯地区和中央高原地带的不足10人。肥

表6-1 人口估计，以百万计

	贝洛赫的估计	罗素的估计
不列颠群岛	4.0	5.3
法国	14.0	19.0
低地国家	15.0	11.0
德意志		
斯堪的纳维亚	1.9	0.6
西班牙	6.0	9.5
意大利	11.0	9.3
东欧与东南欧	15.0	15.0
立陶宛和俄罗斯	8—10.0	8—10.0

沃的黄土地上，如那些巴黎盆地和萨克森地区的人口密度每平方英里似乎在60至100人不等；但在把城市人口考虑在内的地区，人口密度超过了这个水平。总体上，东欧平原地区的土壤质量中等，城镇数量少且大都较小，对该地区人口密度的推断具有一定程度的一致性：一般在每平方英里20至30人。几乎可以肯定，森林密布地区如立陶宛和俄罗斯的人口密度比这要小很多。但人们必须谨防夸大地形特征和土壤质地的作用，因为农业生产不是影响人口密度的唯一因素。而要承认一个持续的马尔萨斯危机遍及整个欧洲，这显然也是不行的，只有西欧和意大利的一些地区属于这种情况。甚至于14世纪初，东欧充足的土地就吸引着来自西部寻求土地的农民。尽管如此，在缺乏量化数据的情况下，人们只能问在某一技术水平下，某种特征的土地能供养多少人。图

7-5中的欧洲地图尝试性地回答了这个问题。

至14世纪初，大迁移终结，不再有大批民众横扫欧洲大陆。1241年的鞑靼人入侵是最后一次民族迁徙，自此以后，民族迁移只是小范围和短距离的。他们仍从精耕细作、人口密集的土地上迁移至广袤的土地——通常是小批的。这类迁移大部分仅是从村庄迁至附近的林地或荒地；但其中一些迁移是更远距离的，如从德意志中部迁至东部边界或进入波兰。更远距离的迁移随着西欧和中欧人口压力的缓解而结束。黑死病之后，迁移全部停止。

大部分迁移是农业人口的迁移。然而，与此同时也存在从农村地区——不一定是密集的地区——向城市的迁移。其原因多种多样。对没指望继承农场的行动自由的小儿子和意外、不幸的受害者来说，城市似乎是一个充满机会的地方。农奴制的情况并不可知，成功逃至城市标志着农奴地位和对领主应尽义务的结束。另一方面，城市若要存活，也必须以这种方式吸纳市民。城市的死亡率高，因为疾病会通过拥挤的房屋和市场迅速传播；而出生率低，因为移入者筑巢安家、建立家庭需要一段时间。所有的城市，尤其是最大的城市，甚至需要农村地区的人口源源不断地注入以维持其人口数量。大部分这样的迁移只是相对短距离的。对移入法国四个城市的移民的研究表明，一半的移民迁移距离不超过15英里，只有7%的移民来自50英里以外的地方。农村人口急剧过剩，比如法国北部、低地国家和意大利北部的部分地区，预期可能给附近城市带来更密集的移民，进而带来大量的贫民和乞丐。的确是这样，这造成了城市骚乱和大范围经济秩序的普遍变

152

动。炉床登记区分了有能力缴税和无能力缴税的人，它几乎总是显示了后者数量的增长。

语言版图

至14世纪，欧洲的语言版图几乎已形成了现代的形式。随着一方或另一方的少数群体逐渐被同化，语言界限正在变得清晰。同时，每个国家内部的方言差异正在缩小，而且在每个国家，主流语言形式一直都在维护着自己的地位。这在不列颠和法国最显著。在不列颠，作为主流语言的英语基本上取代了由诺曼征服者所带来的诺曼法语，并向西传播取代凯尔特语。法语在除布列塔尼和南部之外的所有地区取得了民族语言的地位。布列塔尼保留着其凯尔特口音，南部直到现代仍继续说着相关的罗曼语"朗格多克"（Languedoc）。法语的使用一直在传播，在北部和东部取代了日耳曼方言，在南部取代了罗曼语和罗曼方言，但直到19世纪几乎所有地方仍在讲地方方言。

在低地国家，佛兰芒语在布拉班特形成，缓慢地取代了地方和区域的方言。然而，类似的过程在德意志几乎是模糊的，这里的地方方言被粗略划分为中低地区德语和高地地区德语，16世纪前在任何方言都没有获得更广泛认可的情况下它们仍被继续使用。德语方言的东部界线比西部模糊得多，德语方言由移民向东传播，这些移民定居在土著语为一种斯拉夫语的民族中，没有明确的界线。无论在哪里，只要移民是重要的，语言就是一个阶层问题。在东部边界地带，德语在20世纪前仍是地主阶层和管理阶层的语言，波兰语和捷克语则是农民阶层的语言。这反映在城市结构中，在城市机构以及语言中，较老的核心层（见第五章"发展"）仍是说斯拉夫语的，较新的加入者即"新城"是说德语的。然而，一直存在一个趋势：丢弃低贱的斯拉夫语，选择德语，这是社会向上进步的标志。

罗曼语区在阿尔卑斯山地区变得更小，但仍以罗曼什语（Romansh）的形式留存至今天。在意大利，托斯卡纳方言正在变为经过改良的文学工具，并且在意大利中部和北部地区被逐渐接受。趋向语言统一的大势在西班牙半岛极不显著。卡斯蒂利亚西班牙语正在梅塞塔高原北部形成，但没有阻碍处于外缘地位的罗曼语——加泰罗尼亚语（Catalan）、加利西亚语（Galician）和葡萄牙语，甚至南部的瓦伦西亚方言（Valencian）和安达卢西亚方言（Andalusian）的发展。巴斯克语（Basque）是西班牙半岛上罗马时代前的语言，证明了它存活下来的顽强能力。

从西边的易北河到东边的伏尔加河、从波罗的海至马其顿地区的广阔的地区，都在讲斯拉夫语。此种语言最初的延续性被乌拉尔－阿尔泰语中断，该语言被马扎尔人带至多瑙河中游平原，又被同源的塞克勒人（Szeklers）带至特兰西瓦尼亚。他们就是把移民文化叠加在一个民族之上的例子：这个民族在文化上是斯拉夫人，在种族上是色雷斯人、达西亚人或阿瓦尔人。早先罗马时代达西亚省的情况，我们不甚清楚，罗马尼亚人认为该地区在文化上是"拉丁文化"，保留了自罗马时代以来的罗曼语。但这个观点难以得到支撑，特别是因为罗马尼亚语包含了大量的斯拉夫词汇。讲罗曼语的牧民群体自罗马时代就一直生活在巴尔干半岛，他们最初可能是罗马化的色雷斯人，他们在山区躲避了入侵者。而入侵民族萦绕在周围，这些入侵者是瓦拉几人。他们分布得很分散，人数多，政治上很强大。通常认为，保加利亚第二帝国的领导层，至少在较早时期，是瓦拉几人。

希腊语仍是拜占庭帝国的语言，被使用于整个希腊、希腊诸岛和马尔马拉海地区。北部，半岛上前罗马时代的语言——色雷斯语未被斯拉夫语完全取代。色雷斯语可见于偏远和难以到达的地区，它和后来诸多语言的混合体留存于阿尔巴尼亚。

东欧的斯拉夫语言最终缩为 10 种地区方言，但在中世纪晚期它们表现为许多方言。其中两种——东德的索布语（Sorb）和波兰北部的卡苏比语（Kaszub）在最近仍具有重要意义。斯拉夫人北部是波罗的人，普鲁士人是其中一支。他们的语言留存于立陶宛语和拉脱维亚语中，极类似斯拉夫语的波兰语变体，许多语言在文化上被波兰人吸收。而更北方是分散的芬兰－乌戈尔族人口，在语言上与鞑靼人相去甚远。

存在于斯堪的纳维亚的是日耳曼文化，中欧的日耳曼语来源于此（见本书第 78—79 页）。多种地方方言融为两种主要语言——丹麦语和瑞典语。英格兰的语言源自 5 和 6 世纪盎格鲁－撒克逊－朱特人侵者带来的方言。该语言穿过英格兰平原被带入威尔士和苏格兰边界地区，后来的斯堪的纳维亚定居者的古斯堪的纳维亚语和诺曼人的法语补充进来，在 14 世纪发展成英语。这个时期见证了真正民族文学的开端。同德语的东部边界一样，英语的西部边界划分不明确，反映的是社会地位而不是英格兰人的征服进程。

聚 落

至少80%的欧洲人口——在北部和东部的一些地区则更多——居住在乡村务农。他们居住在村庄、小村子和偏远的农庄，反映了社会环境和历史环境，也反映了农业的技术要求。几乎所有这样的呈现今日景观的聚落都出现于14世纪初，只有小部分后来被"遗弃"，不再作为居住地。除了一些边缘区域如斯堪的纳维亚北部和西班牙半岛、巴尔干部分地区这类，大部分地区的扩张期已结束，欧洲"边境"成形。

一般来讲，聚落模式和形态本身在中世纪早期已确立，并表现出明显的连续性。西欧、中欧和东欧大部分地区的基本聚落类型是群集村庄或核形村庄。房屋排列不规则。往往有一个中央区或草坪，通常被教堂所俯视。用于庭院或花园的面积相对较小，有关以公共用地、公墓和教堂形式存在的公共生活的证据显而易见。四周是公耕地，被分为块状和条状，如果不是共同耕种的话，至少依照村庄的通用格式进行耕种。这类聚落类型毋庸置疑是很古老的。群聚的村庄一般占据的是最好的土地，且由最早的拓居者占据。随着人口的增长，村庄开始向林地和荒地拓展（见图6-3和图6-4）。新的聚落通常在本质上不同于更早、更传统的模式，因为它们是在不同的社会环境下建立的。家族群体，甚至个人，迁至林区，清理出空地，建立单独的家园。一个农场可能发展为一小组的村舍，但几乎完全不同于大型核形村庄。另一方面，居民可能成群迁移，通常由充当"定位者"（*locator*）的人带领，他

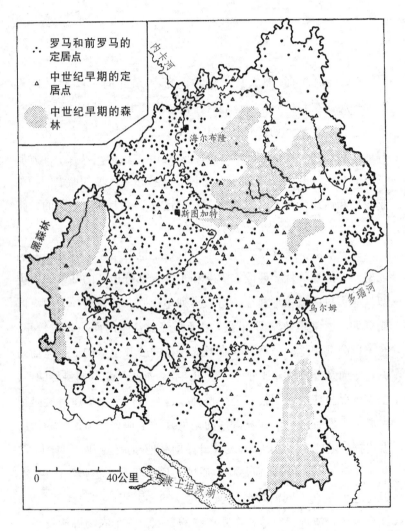

图6-3　符腾堡的聚落，根据Robert Gradmann, "Die ländlichen Siedlungsformen Württembergs,"
Petermanns Mitteilungen 56 (1956)，地图折页

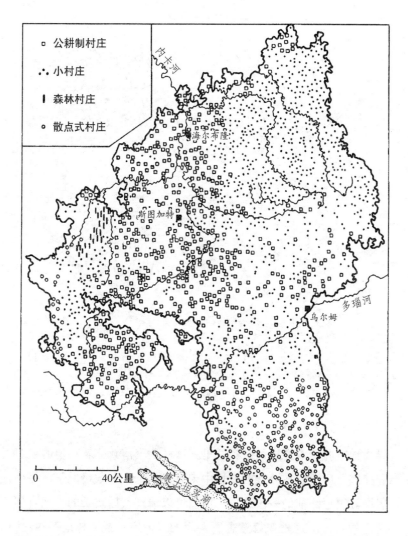

图6-4 符腾堡的村落类型。核形村庄、公耕制村庄和永久居住区域关系密切。新聚落的形态多为小村庄或农舍。根据Gradmann, "Die landlichen Siedlungsformen Wiirttembergs"

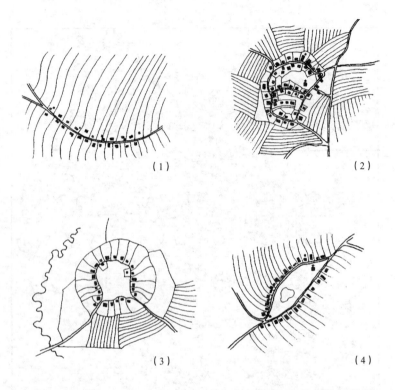

图6-5　村落类型:(1)森林村落;(2)核形村落;(3)环形村落;(4)纺锤形村落

寻找地方并负责把居民带到这里。这样的聚落意味着一定的组织和控制，后两者在分散的农场中未有发现。大多数情况下，每个居民分得道路前的一段地方，他们可以清理其后狭长的土地直到所定的边界。这是在德意志所发现的"街道"或"林地"村庄，尤其是在德意志人向东殖民的地区（图6-5）。

　　德意志人与斯拉夫人早期的冲突地带位于易北河下游河谷和

围绕波希米亚的山脉之间，圆形（*Rundling*）村庄或"围栅"村庄是其一大特点。农舍排成环形，面向中央"草坪"。几乎可以肯定，这个开阔的空间被用作畜圈，这意味着某种程度上的不牢靠。当街道村庄的双排农舍相互后退留出一个加长型的开放空间时，就实现了圆形村庄和街道村庄的折中。甚至群聚村庄或核形村庄时而具有位于中央的一块地方或"草坪"。它通常是社区的共有土地。除了提供少许放牧外，它还具有各种社会和经济意义，在今天作为极受欢迎的开放空间被保存下来。

在欧洲大部分地区，村落的发展趋势受限于以下事实：到最远田地的距离变得很长。在南欧，这一因素看来没有阻碍特大村庄的发展，原因可能是无防御的需要。在中世纪早期，分散的住宅和小村庄被遗弃，其居民集中于借以防御的地方。通常这些避难所位于山顶，有时所建房屋的外墙几乎连成一线。直到现代，村民才开始重新过着以前居住在农田中的生活。

在村庄的规划和发展中，安全需求的重要性不能夸大。不论在何种意义上，它们几乎都是不设防的——这是城市的一个特点——但它们往往建造某种防御设施，哪怕是围栏和沟渠。它们面临的危险主要来自小规模的劫掠团伙。有时村庄在城堡的外围院落发展。有时教堂——通常是社区唯一的砖石结构建筑——是村民的最后避难所。从苏格兰到特兰西瓦尼亚，教堂的建造尤其用于防御；或教堂墓地由齿状围墙所围，并通过防御门楼进入。法国编年史家让·德·维内特（Jean de Venette）描述了在巴黎数英里内"居住在开放村庄中的居民是如何在没有防御工事的情况下将教堂用作堡垒的。教堂周围具有完备的沟渠，像城堡那样用

155

156

157

158

厚木板保护塔楼和钟塔，并且储备有石头和弩"[①]。

城市聚落

之前几个世纪地形发生的最显著变化是，耕地的清理和城市的发展。没有粮食基础的增长，城市不可能发展，在这样的情况下两者联系了起来。城市发展也是地方贸易和长途贸易发展的结果，并且是手工艺产业发展的结果。这些是城市和城镇的基本功能。

14 世纪的城市是小而紧凑的，具有完备的防御。除了英格兰的城市外，其他城市无不被城墙所围绕，但小城镇偶尔也被堤岸、沟渠和绝壁所围绕。城墙也是象征性的，它将城镇的自由民同乡村的半自由或不自由人口分开，保卫了中世纪残酷封建世界中享有特权的中心地带。这突出强调了中世纪城市和古典时代城市间的显著差异。古希腊或古罗马的城市同其周围的地区是共生关系，村庄的居民同样是市民，与居住在城市广场旁的市民享受一样的权利。而封建社会结构改变了这一点。中世纪城市的司法权限几乎没有越过其城墙。城市位于环境之外，而不像古典世界那样是环境的一部分。中世纪城市处于封建秩序之外，尽管如此，有时它还是会受到那一秩序的侵入，即便它努力想要遏制住这种侵入，在意大利这种情况尤盛。方济各会修士萨林贝内（Fra Salimbene）在其著作中的一章描述了法兰西国王路易九世在桑斯（Sens）镇的经历。他写到，沿街道欢迎国王的妇女"绝大多数是侍女；然

[①] *The Chronicle of Jean de Venette,* trans. Jean Birdsall (New York, 1953), 85.

而，如果国王经过比萨或博洛尼亚，所有的精英女士都会跑出来见他。后来我记得这确实是法国的风俗；因为在法国只有自由人居住在城市，而骑士和贵族女士居住在村庄以及他们的庄园"[①]。他是对的。在南欧，拥有土地的贵族从未放弃在城市内保留一处住所的古代习俗。但其住所不再是别墅，多半是一个高塔，如在博洛尼亚和圣吉米尼亚诺（San Gimignano）留存的那些。蒙太古（Montague）家族和卡普莱特（Capulet）家族间长久存在的世仇，正是在这些城市自治区（*turri*）而非乡村城堡之间展开。

14世纪城市规划的多样性反映了城市起源和发展的不同方式。除了英格兰的许多城市，在几乎所有城市中，城墙的存在都制约了发展。大多数城市是拥挤的，随着建筑侵占街道，狭窄的街道变得更窄。在罗马时代形成的许多城市中，人们仍可发现格子状的罗马街道，它们因时间而扭曲变形。在更近的时候形成的一些城市中，其直线规划更规则。而在古典时代或中世纪，城市的形成没有被加入规划者理念的地方，街道形状更不规则。有时，如在希尔德斯海姆、克拉科夫和中欧其他一些城市，有规划的"新城"被添加到了无规划的旧城中（见图5-9、5-10）。偶尔城镇在规划上似乎只是个大村庄，中轴街道扩成一个椭圆形的市场，四周浇筑城墙。许多城市的存在最初与城堡或修道院有关，它们在后者的影响和庇护下发展。这种情况下，城镇的围墙往往邻接着城堡或修道院的围墙。有时，城市从两个或多个核心——城堡或宫殿、修道院、大教堂、贸易站——发展而来，每个核心都将各

159

---

① 引自 G. G. Coulton, *From St. Francis to Dante* (London, 1907), 140。

自的规划实施于其特定的城区。这个区域划分，在被"二战"摧毁前的希尔德斯海姆、不伦瑞克（Brunswick）和马格德堡是很明显的。在这样的情况下，城市的建筑区是连续的，然而它可能被河流隔断。有这样的"双"城例子，布拉格、伦敦和巴黎可能就是如此。在这样的城市中，城市的两部分通常被认为具有截然不同的功能。如在布拉格和布达佩斯，王室或行政区位于河的一畔，商业区和生产区位于另一畔。在巴黎，"王"城位于塞纳河上的岛屿，商业活动大部分在河的北岸，大学区位于南岸。甚至如布里斯托尔、约克和纽伦堡这样相对小的城市，也分布于河流的两岸。当城市开始被城墙围住时，这样的城市就产生了一个尖锐的问题。至于大城市，其两部分通常被看作两个独立的实体；而就小城市和狭窄的河流而言，城墙有时通过某种桥越过河流。

很明显，人们希望城墙的长度尽可能短这明显是可取的。理想状态下，城墙的规划是圆形的。这几乎不可行，但在诺德林根（Nördlingen）和索斯特（Soest）有这样的例子。通常为了尽可能的安全，人们会利用各种地形建造城墙。在许多情况下，城墙内的区域会尽可能密集地建造，城市的发展扩展至城墙外。人们通过这种方式，建造连续的城墙，圈入更大的面积。图6-6显示了布拉格在河流两岸的扩展情况。在科隆，至少有三条连续的防御线。大多数情况下，距离城中心最远的城墙建于14世纪，当时的城市已达到了前近代的最大规模。城市的建造者无法估算其城市未来将达到的规模。事实上，大部分城市已停止发展，直到19世纪最新的城墙才继续圈入大面积的土地，这些土地先前只被用作花园和果园。

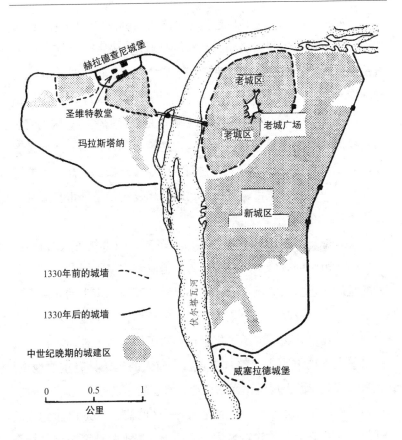

赫拉德查尼城堡

圣维特教堂

玛拉斯塔纳

老城区

老城区　　老城广场

新城区

威塞拉德城堡

伏尔塔瓦河

- - - 1330年前的城墙

—— 1330年后的城墙

▓ 中世纪晚期的城建区

0　　　0.5　　　1
　　　公里

图6-6　布拉格，展现了伏尔塔瓦河西（左）岸的王城与随后阶段右岸商业城市的增长。查理大桥直到14世纪才建成

　　每个城市都有集市，因为商业是城市的首要功能。货摊每周在此摆设一次，有时每周两次，有时也有年度展会，吸引着更多的外来商品和远方的商人。在集市或集市附近，可能有"大厅"或商品市场，在出售前商品可以被储存在这里。而城市变为特定

160

商品，如布料的商贸中心，是很有可能的。伊普尔（Ypres）的布料商场和对应的克拉科夫纺织品市场是典型的例子。附近也会有城镇——或工会会所，它们满足了管理需求。布雷斯劳（Breslau，即弗罗茨瓦夫［Wrocław］）的市政厅（*Rathaus/Ratusz*）、佛罗伦萨的巴吉罗（*Bargello*）和伦敦的会馆都是现存的例子。这些建筑的规模因城市的规模和财力而不同。在最小的城市——那些试图保留其城市地位的小城市——它们的商业建筑极少，甚至可能已不存在。在最大的城市，其商业建筑结构复杂，是都市自豪甚至自负的表达。

教堂是每个城市的突出特点。大多数大城市是主教所在地，更多的城市则拥有修道院设施、男修道院和许多堂区教堂以及私人教堂。文艺复兴的城市版画无不显示了高塔和塔尖的轮廓。南欧的大教堂是罗马帝国晚期的遗产，一般而言它明显坐落于城市的中心广场，其实质继承了供奉被神化了的皇帝的神庙。在更近的时候发端的城市中，教堂更含蓄，商人的建筑具有重要地位，大教堂被藏在商人房屋正面的后边。修道院建筑有时坐落于城内，但通常坐落在城墙外，它们在此充当郊区的核心。从 13 世纪中叶开始，一些修会开始建在城内，实际上，修士是那个时代的社会工作者。他们很少在农村建造房屋，一个城市内修士的数量是测量该城市重要性的一个粗略方式。修会通常有超大型教堂，其中修道院建筑很少，因为向平信徒布道才是他们的主要工作。教堂往往坐落于建筑区外围，因为一般而言它们只有在这里才能获得土地。堂区教堂满足了城镇居民的精神需要。尽管极小的城镇可能只有一个带教堂的堂区，但大部分城镇都有若干个堂区，最大的城镇可能有30个或更多堂区，每个堂区都有教堂。正是大量的堂区教堂主导着中世纪的城镇景观。

中世纪的城市，即使在其鼎盛时期，用现代标准看来都是小型的。甚至相比于罗马帝国最小的城市，它也是较小的。实际上，拥有5万人口的城市在中世纪已属于超大型，这样规模的城市数量很少：巴黎、佛罗伦萨、布鲁日、商业城市热那亚和威尼斯，以及其他极少数的城市。1万至2万人的大城市有许多，包括低地国家的服装城镇、意大利北部大部分重要城市和德意志北部的一些汉萨城市。纽伦堡可能有2万居民，伦敦可能有3万人。次于这些的是中等城市，居民数量在2000至1万人。这些城市中的一些具有商业和工业功能，满足当地以外的广大地区的需要；但这种规模城市的边缘的小镇则仅是一些地方市场中心。最后，小城镇占据了大头，它们的人口少于2000人，绝大部分城镇的人口数量只有数百。它们是小集市和手工艺中心。它们的镇民拥有并耕种周围的农田。在许多城镇中，农业同商业和手工艺一样重要。莱茵费尔登（Rheinfelden）小城镇位于巴塞尔上游的莱茵河南岸，至少有1000人，其城墙内的面积仅有25英亩。但它满足了莱茵河两岸大约100平方英里的相当大面积区域的简单需要（图6-7）。这样的小城镇在德意志和瑞士极多（图6-8）；在法国较少，可能是因为它们的部分功能被起源于罗马时代的老城先占了。必须承认，这里所采用的城镇规模类别是任意的，在许多情况下，甚至大约知道14世纪的人口规模都是不可能的。表6-2显示了欧洲北部——从低地国家到波兰——的城市数量和规模，但这必须仅被算作粗略估计。

162

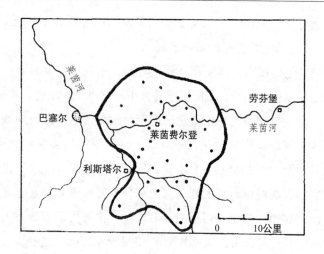

图6-7　瑞士小城镇莱茵费尔登的服务区域

　　　　至14世纪，城市网络扩散至从西班牙到波兰的欧洲地区，但其分布极不均匀（图6-9）。在东德和波兰的平原，即使小城镇的分布也是极分散的。多瑙河南部地区几乎没有任何城镇。除了意大利北部和中部地区，只有在法国、莱茵兰地区和德意志西北部具有密集的城市网，且中等城市和大城市分层排列。在欧洲更高度城市化的地区，两个区域尤为突出——意大利北部和从佛兰德斯向东延伸至莱茵河的地带。意大利北部地区源于罗马帝国晚期的城市。事实上，人们只能指出两个城市的起源始于西罗马帝国终结之后，即威尼斯和亚历山德里亚。尽管一些中等城镇和最小型的城镇主要是农业型的，但较大的城市主要从事商业和生产活动。最大的城市无疑是佛罗伦萨、米兰、港口城市热那亚和威尼斯，可能仅次于它们的是帕维亚和博洛尼亚。罗马不再是一线

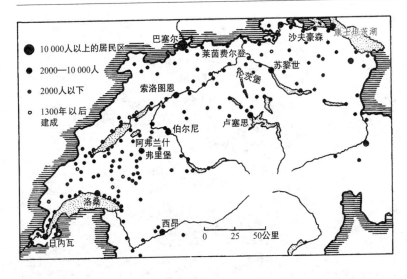

图6-8　中世纪晚期的瑞士城镇

的欧洲城市，其建筑面积只是奥勒留皇帝所建城墙所围的一部分。意大利南部的一些城市，尤其是那不勒斯和巴勒莫是大城市，但它们的规模之所以大，部分是因为它们成了流离失所的穷人的避难所，实际上它们直到最近仍是如此。

　　第二个高度城市化的地区包括佛兰德斯、布拉班特大部分、列日，并向东延伸至科隆的莱茵河地区。在河的另一边，一排城市散布于位于丘陵和北部平原之间的肥沃乡村地带。几乎没有例外，这些城市完全与罗马城市无关，完全归于布匹的生产和贸易。它们本质上是生产中心，依赖于羊毛及其他材料的进口和布匹的出口。毫无例外，它们坐落于可通航的河道旁。大多数意大利城市表现出其街道布局具有罗马时代规划的迹象；而西北欧的那些

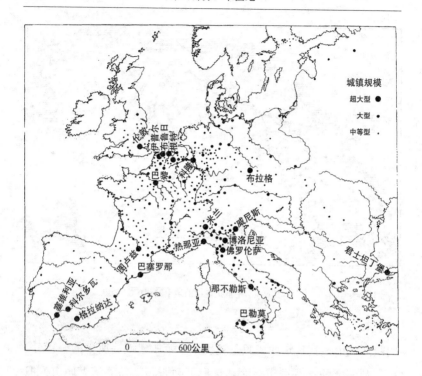

图6-9　中世纪欧洲较大城市的分布

城市则是不规则的，它们从小的贸易点发展为没有总体发展规划的大城市，所有城市都具有大集市，正符合它们在商业上的重要性。在大部分城市，教会的作用次于商人。

在法国其余地区、西德意志和英格兰低地，有相对较集中的城市，其中绝大多数是中、小规模的。但在欧洲的其余地区——不列颠高地、斯堪的纳维亚、东欧和东南欧，以及地中海部分地区——城市极少。西班牙南部和意大利是这种一般情况下的局部例外。在西班牙南部，摩尔人的城市化传统促使一些先前的罗马

表6-2　北欧城市的数量与规模

	数量	人口约数
巨型城市（人口多于 50 000）	1	大约 90 000
超大城市（25 000—50 000）	8	240 000
大城市（2000—10 000）	38	570 000
中等城市（2000—10 000）	220	1 100 000
小城市（少于 2000）	3000	2 250 000
	3267	4 250 000

时代城市发展的规模比所知的罗马帝国时期的更大。在意大利南部，也有许多大城市，但它们的功能如前所述，未必是那些通常被认为的城市。

　　中世纪城市的功能比古典城市更局限。城市的控制力只扩展至城墙附近，在此范围之外盛行的则是封建土地控制。然而，城市与该地区存在一定的联系，它是一个市场中心。城市都有权拥有市场，乡下人则把他们的剩余产品带至市场，并在这里购买不能自制的必需品。拥有市场是中世纪城市的基础，它是一个贸易场所。第二重要的是手工艺产业，但城市没有垄断生产，许多产业是乡村式的，包括制铁和织物整理。然而，城市手工艺的种类很多，布瓦洛（Boileau）的《职业书》（*Livre des Métiers*）中列举了100种，每种都由行会来组织。其范围从用纹章饰品制盾和用坚果、种子榨油的小工艺，到制革工、织布工、染工的大工艺。只有最大的城市拥有如此广泛的工艺，更鲜为人知的工艺则只有在更高阶的地方才能被找到。但即使最小的城镇也有织布工和织物整理工、染工、制革工以及木工。所有的城市都有专门制作食物的工艺，人们时常惊讶于烘焙师和屠夫的巨大数量。烘焙师的数量极多，因为很少有家庭有用于烘焙的烤炉。

最后，农业始终是城市的功能之一。城内有花园，城外的农田往往为市民所有。实际上，土地购买是他们可操作的投资形式之一。在图卢兹——一个相对较大的城市，据说一半的人口至少拥有一块城外的田地。城郊农田大体上似乎是密集耕种，而且是城市食物供给的基本来源。

城市的规模总是受限于粮食的供给。小城镇一般在当地就可以满足需要。较大城市则必须利用远方的资源，因此，水运交通即使不是绝对必需的，也是人们所渴求的。例如，巴黎必须依赖巴黎盆地大部分的小城镇市场。中世纪晚期进行的意大利城市人口调查（见本书第189页）的目的是为了确保足够的食物供给。食物供给总是不稳定是因为政治和组织管理的原因，对意大利城邦的不少军事占领是为了获得小麦种植地。佛罗伦萨、罗马及其他意大利城市主要依靠来自罗马涅（Romagna）、南意大利和西西里的供给。

中世纪城市的便利设施要少于罗马时代。极少有饮水供应，几乎没有污水排放设施。饮水通过在城内打井获取（或从河流汲取），并通过水管分送。只有修道院显示出具有自来水供给系统的布局构造。据人们所知，在一些情况下它们与市民共享。下水道几乎不存在。大房子通常具有污水池，有时是砌石支架，每隔一段时间被清空。那些境况较差的人则使用公厕。公厕有时被建在城墙上，污物排入下面的沟渠。例如，伦敦至少有16个公厕。通常，修道院建造一些建筑物，委婉地称之为厕所，它们通过小河带走污水。但这样的便利设施在城市中极少。尽管这种水平的卫生设施和供水系统在村庄是可承受的，但在中世纪，厕所根本没有发展至符合更严格的城市生活的要求。

城市垃圾一般被扔到街上，街道上的垃圾每隔一段时间被收集、清理。尽管一些城市——其中包括伦敦——似乎已相对干净，但清扫街道的负担似乎对大多数城市当局都不是太重。城市生活明显充满了困难，其中污垢和臭味是最显著的，而最危险的是接触各种传染病。城市的高死亡率在意料之中，19世纪前的城市环境没有发生过根本变化。

166

农 业

至少有80%，在一些地区接近90%的人口住在村庄务农。绝大多数人耕种租种的土地，在中世纪的技术条件下，几乎不能供给家庭生活。反过来，他们支付租金或在其领主的土地上服劳役。正是服劳役产生的大部分粮食进入市场，供给城市。但农田管理、收割系统和使用的工具几乎是无穷多样的，每种都随着如此之多的可变因素——土壤和环境、工具和技术、社会结构和地方传统——的变化而变化。如果情况不是如此，那将会很奇怪。尽管如此，依赖许多广泛分布的庄园的租金和劳役的大地主，往往以统一的方式组织和管理庄园。这样，农业制度变得更统一，而内含在中世纪庄园标准模式中的统一性则未曾实现过。

即使在专用区，农民管理、耕种农田的方式也没有一致性。

太多的文化传统包含于其中。然而，至中世纪末，三大农田系统凸显出来。三大系统在空间上都没有突出特点。田地间相互交错，其间存在许多折中和转变。公耕制在西北欧和中欧分布最广泛。许多大农田（通常有三块）被分割成修长、狭窄且有些许蜿蜒的带状田地。每块田地被认为最初代表重型犁一天的耕作量，但一方面带状田地被购买和继承，另一方面被继承者分割，很快就破坏了农田间的原始均等。按照共同规划，每块大农田被整齐划一地耕种。一块田在秋季耕种，另一块田在春季耕种，第三块田整年休耕；麦茬用于放牧，为村落的动物提供肥料。这个体系控制着秋种谷物（小麦和黑麦）与春种谷物（燕麦和大麦），使它们大致均等。尽管这些谷物的产量可能不同，人们仍期望秋种和春种谷物数量上达到大致均等。沃勒伦特的例子已提到过（见本书第133页），但沃勒伦特属于西多会修道院，其恰如其分地把这种做法用于其土地。通常田地尺寸更不均等，田地数量可能很多，谷物的收获顺序更不规则。这种三耕制一般被认为是从农田和休耕地相互交替的两耕制发展而来的。更可能的是，三耕制和两耕制源自更早期、更复杂和更不规则的体系。我们不知道北欧曾在多大程度上使用两耕制。已知在莱茵兰地区曾存在两耕制，波兰地区的两耕制一直留存至19世纪。

与公耕地和统一耕种的混合地带形成对照的是围田；每块围田属于单个农民，正如我们被引导相信的，他们按照自己的意愿自由种植。这些制度是西欧、不列颠群岛高地地区，以及西欧和中欧公耕地区的广阔区域所特有的，大部分区域明显是崎岖地形和贫瘠土地。另外，小型围田似乎是整个南欧所特有的。"开放"

和"圈围"之间的界限不是那么绝对，一种形式可转变为另一种，有时这两种土地可见于同一群落中。在比利时的圣特龙德修道院的土地上，刚清理出的土地上的佃户被允许在六年内可种植他们自己选择种植的任何作物，但之后"他们要遵守共同的播种习惯，第一年种植小麦或黑麦；第二年种植大麦或燕麦或通常春种的作物；第三年什么也不种"[①]。当然，尽管这只告诉我们有关田地本身的信息，但重要的是，如果这些是公地，农民就可以任凭己意耕种六年。

一般而言，围田属于很小的居住区或偏远的农庄，这些地方不可能有资源使用重型犁，人们不耕种狭长的带状田地。另一方面，小面积、大致成方形的田地更适合使用轻型犁耕种，这也是他们通常会使用的。可以按照自己的意愿相对自由地耕种自己的土地，农民在围田上享受的自由允许其发展所谓的进出系统。位于房屋和其附属建筑物附近的田地可能会从农场得到肥料，并且被持续耕种。在更远的田野，正如要求于人们的，土地可能被分割，被耕种若干年，之后任由它们重新成为废地。这样的制度充分适应了土壤贫瘠和降雨量丰沛的地区，如不列颠西部和布列塔尼，但它也受到无穷变量的影响。

公耕农业和在小型围田上进行的农业之间的差异，为中世纪民众所广知。他们甚至有形容它的法律短语：在平原与林地（*in plano et in bosco*）。他们承认这样的地形：一面是树篱和灌木篱

---

① *Le Livre de l'Abbé Guillaume de Ryckel (1249–1272),* ed. Henri Pirenne (Ghent, 1896), 232.

168　笆，另一面是一马平川和裸露的地平线。他们也承认这两种截然相反的地形标志着社会结构和个人地位上的显著差异。对 12 世纪的韦斯（Wace）[1] 来说，这两种地形的联系是很明显的：

> 农民和农奴；
> 一种是"波卡基"[2]，
> 另一种是空旷的乡村。

第三种农田系统尤其与东欧的拓荒者定居点相关，但偶尔在其他地方也可被发现。房屋和农场建筑沿"街道"或道路分布，每户人家的土地从道路呈狭窄的带状一直延伸至所能达到的终点边界。农民是自由的，不承担劳役。事实上不存在进行劳役的领地。他可以依照自己的意愿，自由地耕种个人大量的带状田地。这种农田制度源于东欧盛行的社会和自然环境，但也可见于一些在中世纪已开辟成定居点的林区。

在欧洲开拓者的边界之外，斯堪的纳维亚、芬兰和俄罗斯等森林地区存在着原始的农耕制度，其特点是土地资源丰富，农民可拥有其精力足够耕种的大量土地。他的工具很简单，而且我们必须承认的是，农田小而密集。盛行的农耕方式，有时被称为"刀耕火种"，包括砍伐、燃烧树林，翻耕土壤，用灰烬肥田，直至土壤失去肥力；之后废弃，在其他地方重新开始。显然，农业

---

[1]　韦斯（约 1110—1174 年），诺曼诗人。——译者
[2]　bocage，即混合了林地和牧场的地形。——译者

在很重要的程度上由狩猎和捕鱼补充，因为这里的环境提供了比在西欧和中欧大部分地区能找到的要多得多的资源。

谷类作物是人类饮食的基础，主导着耕作制度。首选的谷物是小麦和黑麦，由于内含麸质，它们比其他谷物更适合制作面包，但要求更严格。它们要求更长的生长期，通常在 10 月播种。小麦尤其不能生长在贫瘠的酸性土壤或湿冷的气候中，它适于生长在南欧地区和西欧的沃土。黑麦的生长条件要求宽泛些，但制作出的是相当苦的黑面包。燕麦和大麦能在贫瘠的土壤上生长得相当好，燕麦尤其能生长在恶劣的环境中。这些是丘陵、山区以及北部务农边区的作物。这些谷物，与某些原始形态的小麦以各种方式相结合，适应农耕环境和食物需求。

肥料通常极为短缺，连续收割不切实际，除了在一些封闭的围田区域，农宅周围的田园可直接从农场得到供给。公耕地农业必须每两三年将土地闲置一次。在休耕期间，麦茬用于饲养动物，动物则提供肥料。这些措施形成了已被描述过的制度，即秋种谷物之后是春种谷物，再之后休耕。在这些条件下，不可能扩大小麦和黑麦的种植面积和被播种的频率。这种限制不适用于有小型围田的农场，但这样的农场通常位于至少不适合小麦种植的地区。收获之后，休耕地上的放牧逐渐受困于这个制度。这个措施不仅提供了肥料，还提供了存储过冬的方式；正是因为后者，该措施一直沿用至 19 世纪，当时化肥已开始供给土壤所需。很明显，秋种和春种谷物间的比例大体上固定。仍能确定的是，更可口的"冬季"谷物的产量不够满足人们的需求。实际上，有许多地区几乎不生长冬季谷物，因此，大麦和燕麦大量进入人们的

169

饮食中。这两种谷物用于酿造啤酒，但更重要的是被烤成饼或煮成一种汤或粥。苏格兰的麦片粥曾一度是主要的食物，现在仍然存在。通常，为了以实物支付租金，农民被迫种植小麦，但他们自己被迫主要吃燕麦或大麦。饮食关乎身份。科隆的圣庞塔莱昂（St. Pantaleon）修道院院长收到大量的燕麦作为租金，而这些燕麦被用来饲养院长大人的马和招待那些要求得到修道院接待的临时访客。与此同时，院长大人自己吃的是小麦或黑麦面包。

谷物播种得稀疏，种子的回报率低且不可预知。谷物对种子的比率在许多地方可从管家保存的数目计算出。蒂埃里·德·伊雷松（Thierry d'Hireçon）是14世纪法国北部的一位地主，他能获得八倍的回报或更多，但这是个例外。如果能得到四倍的回报，农民通常就很高兴了。燕麦和大麦的收益率通常更低，部分是因为它们在小麦或黑麦之后种植。在英格兰南部的温彻斯特领主的土地上，小麦的收益率是3.9，大麦是3.8，但燕麦只有2.4，刚达到平均值。很多时候，收获的产量与第二年所要求的播种量差不多。英格兰低地和低地国家南部地区的收益率似乎最高，但法国大部以及德意志和波兰的大平原地区的收益率要低得多。农作物的歉收比现代频繁。通常这是源于天气，特别是秋季、冬季和春季的强降雨妨碍了耕种；有时是由于夏季的暴风雨摧毁了农作物并使种子腐坏于地中。极寒天气似乎一般没有过多降雨造成的损害大。中世纪的农民没有排涝措施；他们顶多希望陇耕的培土能使部分农作物位于积水之上。13世纪末，亨利的沃尔特（Walter of Henley）强烈要求"把培土拢得高点儿"，这样水能流走。

证据显示歉收很频繁。平均每四或五年就会收成欠佳，更久一些的间隔期则会有一次真正的灾难性收成（*crise de suhsistence*）。1315至1317年的危机众所周知，它影响到了西欧和中欧的大部分地区，被归因于冬季和夏季的长时间强降雨。地上的农作物被破坏，造成了饥荒和高死亡率。

谷物不是也不可能是全部的饮食，还辅以一系列的蔬菜——豌豆、豆子、根茎类蔬菜、卷心菜——它们当中的大多数生长在附属于农舍的花园里。洋葱大多用于增加清淡的谷物饮食的味道。人们很少吃肉，因为大多农场动物——猪除外——被饲养的目的不是用于吃。尽管奶酪和黄油也被食用，但只在西部牧场和草地长势良好的多雨地区的饮食中，才具有真正的重要性。

许多特色农业地区或是从罗马时期留存下来，或是之后发展的。最重要的是葡萄种植区。在意大利和希腊，葡萄可种植于几乎所有地方，葡萄酒是重要的地方饮品和出口商品。希腊南部的葡萄酒以"马尔姆塞"（Malmsey）之名发挥了重要作用。葡萄栽培因穆斯林的禁酒令而被逐出了南西班牙。在北部边缘地区，葡萄栽培在衰落。在英格兰，葡萄种植几乎停止。在法国北部和低地国家，种植范围也在缩减。而另一方面，葡萄种植似乎已扩展至诸如莱茵兰和阿基坦这些地区，这里的葡萄产量高，容易出口至西北欧和北欧。事实上，这些日后因葡萄酒品质闻名的地区，正是在这个时期开始建立声誉的。中欧的葡萄种植也在扩大，特别是德意志南部、波希米亚以及阿尔卑斯山麓丘陵地带的奥地利低地和施蒂里亚（Sytria）①。波兰也生产品质欠佳的葡萄酒。

---

　①　原文如此，正确的拼法应为Styria，即今天奥地利的施泰尔马克（Steiermark）州。——译者

　　相比之下，橄榄油在当时没有在古典时期那么重要，部分是因为动物脂肪的使用增加，部分也是因为橄榄林毁于战争而不容易重建。许多经济作物被种植起来，其中最重要的是制作亚麻布的亚麻和制作绳索、粗布的大麻。在意大利南部和西班牙，人们尝试种植棉花，但没有取得很大成功。植物染料，特别是木材、黄色和红色植物染料，往往生长在一些特定地区，重要的布料生产地的原料供给都是由这些地区承担的。

　　畜牧业与耕地联系紧密，前者的地位总体上比古典时期重要得多。在欧洲许多地方，动物饲养是使用边缘土地的重要方法。尽管畜牧场不大，但它是肥料的唯一来源地；动物提供了必要原料，尤其是羊毛和兽皮。牛和马，以及南欧的驴和骡，被用于运输和征调。若没有联畜是无法耕地的，而没有马，骑士将是不完备的。家畜提供的食物可能是次要的。各种畜牧业的问题是在没有天然饲料的季节缺少食物供给。在南欧大部分地区，这个季节是夏季，在这个季节，至少在低地地区，本就少量的青草也被高温烧焦。在阿尔卑斯山以北，饲料短缺的季节是冬季，这个季节几乎没有放牧。这个问题在18世纪前未能解决，但人们采取了各种局部的补救措施，包括在休耕地放牧、季节性迁移放牧和冬初宰杀动物，尤其是猪。

　　在"广施肥料的"农耕地区和西部、北部的凉爽湿润地区之间，畜牧业的重要性具有等级差别。在前一个地区，动物除了做役使之用，相对不重要；在后两个地区，畜牧业比谷物种植更重要。但地方差异非常大，很难概括：具有丰富干燥牧场的地区——西班牙中部和意大利；休耕期放牧的西欧公耕地地区；有时在丘陵地区，如不列颠的西部和北部，绵羊是重要的——但总是因为羊毛。几乎在所有地方，饲养牛是为了耕地所用，只有在具有最充足天然饲料——青草和干草的地方，乳制品本身才是重要的。这样的地方主要是"近大西洋"的欧洲地区和中欧山区。奥地利修道院的记载显示其在阿尔卑斯山区拥有大量的小土地，这些土地的租金是用奶酪支付的。猪的数量随林地范围而不同，它们在这里搜寻橡子和山毛榉坚果这些极具季节性的食物，这使得在11或12月的大量屠宰成为必需。

在南欧，季节性迁移放牧的做法自古典时代起一直在沿用，可能从未中断。在意大利，动物——主要是绵羊——在半岛边缘的低地地区过冬，夏季进入山林。然而，该做法在阿尔卑斯山区最先进。在这里，牛春季进入山区，放任低地的草场生长。在法国南部，主要是绵羊和山羊长途跋涉，进入更远的山区。而当摩尔人被驱逐至梅塞塔高原南边时，西班牙发展了更"水平的"迁移放牧模式：绵羊在高原的南半部过冬，在北半部度夏。13世纪晚期，所谓的梅塞塔牧羊人协会形成，牧羊人被赋予了不受干扰地使用迁移通道（*canadas*）的权利。在西北欧，迁移性放牧被使用于更小的范围。在不列颠，对季节性迁移放牧来说，地区反差不够大，相比西班牙、意大利或阿尔卑斯地区，这种情况使得季节性迁移放牧不能获得重要地位。然而，短途迁移在不列颠西部具有一定的重要性，写于17世纪的康沃尔的打油诗这样解释：

我们最好的邻居，他是精挑细选出来的好邻居。

那就是旷野；那里有最好的住地。

它养育了大量的牛群——我承认，

和几近无数的羊群。

这样，我们的家畜在小丘度过夏季，

放任草场生长直至冬季到来。

中世纪欧洲大部分地区的农民居住在丛林环绕之地。它为农民提供燃料、建筑木材、冶炼用的木炭、猪饲料，甚至还有用于饲养牛羊的绿色植物和游戏的灌木丛。但至14世纪早期，林地早已缩减。烧炭者和山羊共同破坏了南欧的大部分林地（见本书第16—17页）。在北欧，林地的破坏开始引起人们的警惕。香槟伯爵下令调查其土地上剩余的林地。在英格兰，当局尝试着限制农民只将死树和大风吹断的树枝作为燃料。但丛林深处的烧炭者几乎不受限制，并且他们是最大的破坏者。威尼斯很难再找到造船的木材。在所有的采矿和冶炼地区，丛林迅速消失。在东欧和北欧，丛林的覆盖和分布仍极为广泛，但在17世纪之前，将木材运至有最大需求量的地方实际上是难以组织的。

制造业

大部分社会群落在食物和制造品上都是自给自足的。对粗布和鞋袜等东西的诸多需求如果在家中不能被满足，在村庄内也是可以被满足的。长途贸易仅限于奢侈品。

布料行业

织布和制衣是仅次于食品生产的中世纪民众的主要活动。每间农舍都有手摇织布机，制革厂的恶臭是无可争辩的生活事实。布主要是用亚麻和羊毛纺织的。大麻有时被用于制作粗织物和绳索。棉花使用于意大利和德意志南部，丝绸作为高级奢侈布料崭露头角。有一个"双层的"布匹产业。产量最大的是粗糙的"手织物"，通常由亚麻或最粗的羊毛所制，并用当地的染料染成暗棕色。它供给了四分之三人口的服装。纺织使用的可能是窄版的立经式织布机，因为农舍放不下更大的；但我们对此了解得比较少，因为织物和织机已毁坏，只在图画和文档中留有最模糊的线索。另一方面，我们对上乘布料的了解则相当多。上乘的布料由专业纺织工制作，经由染工、漂洗工和其他工匠完成，再由商人投入市场。中世纪晚期的记载提及了更成熟的布料生产。

尽管大多数上乘布料是羊毛织品，但也有一些是由亚麻所制。一些羊毛缺乏的地方有足量的亚麻，并且在技术上使用亚麻也较容易。另一方面，亚麻缺少羊毛的毛毡品质，不能被增厚以形成适于北方气候的保暖面料。德意志部分地区采用的折中办法是使用亚麻作经纱、羊毛作纬纱。其产物是混合布料，有时被称为"低级单面绒布"或粗斜纹布。

有两个地区的上等布料生产极重要，即低地国家和意大利北部地区。低地国家包括法国北部和德意志西北部的部分地区。它具有的优势有：当地生产原料、用于内部运输的河道网以及向外运输的港口。专业化的布料产业可能源于中世纪早期（见本书第

173

197 页），它逐渐集中于伊普尔、布鲁日和佛兰德斯的根特这三大城市（*villes drapontes*）。但实际上，该产业分布的地区要更广泛——南部地区的亚眠、圣康坦（Saint-Quentin）和兰斯，东部地区的布鲁塞尔、列日和亚琛（图 6-10）。

174

虽然用于制作最好布料的羊毛大部分来自不列颠，但整个低地国家地区出产优于一般品质的羊毛。旧产业中心的基本产品是厚呢布料，制作工序复杂且花费高昂而市场上中等阶层对优等且生产费用不高的布料的需求不断增长。但旧制造商因循守旧，抵触变化。新产品，主要是较轻的羊毛，通常被称为"毛哔叽"（Serges）、"塞斯"（Says）、"克尔赛呢"（Kerseys），开始在外围地区如布拉班特、埃诺、法国北部和英格兰制作。许多这些"新布料"在小城镇和乡村地区纺织，以规避旧中心限制性的行会规则。英格兰之前未参与到更优质布料的生产中，此时开始大范围生产并限制羊毛原料出口。

14 世纪欧洲的第二个布料生产地区是意大利的中部和北部地区。尽管意大利具有悠久的制布历史，但优等布料的生产相对更晚。该布料的市场需求以在香槟地区举行展会的方式从西北欧得到满足。只有当商人对从低地国家进口的布匹进行装饰和刺绣时，意大利尤其是佛罗伦萨地区才开始生产优等布料；而这构成了佛罗伦萨毛织品行会（*Arte di Calimala*）对该行业的垄断。在佛罗伦萨，毛织品行会在位于同名街道的厂房中进行生产。它是一个极负盛名但规模较小的产业，其产量被羊毛行会（*Arte della Lana*）的产量大大超过。羊毛行会使用来自地中海国家的羊毛织制完整的布料，满足不断增长的城市需求。在托斯卡纳和翁布里

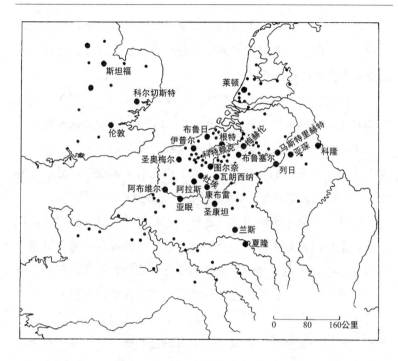

图6-10　14与15世纪西北欧的制衣地区

亚（Umbria）的其他城市，以及意大利北部的那些城市，也制作
这样的布料。

　　低地国家和意大利是最重要的羊毛织品工业中心，但另外还
有许多其他地区：巴黎、布尔日、巴塞罗那和法国、西班牙北部
的其他城市，以及整个莱茵兰地区。来自低地国家和莱茵兰地区
的优质布料畅销至德意志、波兰以及之外的地区；而德意志、波
兰等地织造的粗布则向相反方向输出，由西方的下等阶层购买。

　　亚麻种植和亚麻布织造在北欧许多地方都是重要的。亚麻布是农民的衣服的布料，但在德意志南部和瑞士也制作较好品质的亚麻布。有时，来自意大利或中东的棉花被用作纬纱，经混合后的亚麻布被售回意大利。

中世纪晚期享有最高声誉的布料无疑是丝绸。丝绸在中东地区和君士坦丁堡织造（见本书第136—137页）。蚕的饲养被引入西西里后，丝绸织造扩散至意大利中部，尤其是卢卡。卢卡的丝绸在西北欧以极高的价格销售。该工业之后又扩散至威尼斯、阿维尼翁和法国其他地方，如此昂贵的商品在这些地区拥有市场。

布料产业除了所使用的线之外，还需要其他材料。它需要媒染剂、染料以及用于漂洗和装饰的材料。染料源自植物，只能产出很小范围的颜色。其中最重要的染料是菘蓝和茜草，它们分别产出蓝色和红色；但藏红花和黄色植物也被种植，而槐蓝属植物和苏木通过中东进口。没有媒染剂，染料无法附着于羊毛上。一些矿物替代品被使用，但最令人满意的是明矾。这种复杂的化学物质在西欧许多地方皆可获得，但最优等的明矾被发现于小亚细亚西海岸的福西亚（Phocaea），并被热那亚人引进西欧。另外，漂白土被用作洗涤剂，用于加厚呢绒，起绒草用于增加绒毛。

制革几乎与织布一样分布广泛，但其最密集的地方是在可确保皮毛供给的牛群饲养地。橡树皮被用于提供单宁酸。处理皮毛的方式有许多种，一些方式是生产用于制作皮靴和马鞍的厚皮革，另一些则是生产用于制作拖鞋、钱包和书籍装订的薄而软的皮革。后者通过刮皮并用明矾和其他化学物质、染料处理而获得。其结果是产生了一种极柔韧的皮革，通常被称为来自西班牙科尔多瓦的"科尔多瓦革"，因为这里曾制作这种皮革。

金属行业

采矿和金属加工面临着极大的困难，到14世纪时几乎没有任何技术进步，其水平未超越古典时代。贵金属的需求是普遍的。黄金通过冲积矿床开采获得，尤其是在中欧的丘陵地带；但大部分黄金来自撒哈拉沙漠以南的非洲地区，由大篷车运出沙漠。银矿更丰富，在哈尔茨山、萨克森的奥尔山、阿尔卑斯山东部地区、喀尔巴阡山以及巴尔干地区，都有开采。在有些矿区，银矿与铅矿交杂。

铁矿分布极广泛，在欧洲大部分地区都有铁矿加工和熔炼。制铁往往在具有足量炭的偏远地区进行，因为早期的冶炼厂极度浪费燃料。这有助于解释为什么有关该工业的记载很贫乏，因而不可能清楚地估算产量。为了供应制造盔甲、武器、农具以及建筑的需求，铁的产量必定是相当可观的。但高炉是不存在的，矿石在低炉和各种类型的炉床上冶炼，达到的温度较低，金属根本无法从矿渣中全部分离。用于制造武器和工具的优等铁和钢，是对金属进行再次熔炼和处理的产品，整个过程被延长了。一些地区因它们的"钢"而获得了较高声誉，其中包括西班牙的托莱多、意大利北部的米兰、阿尔卑斯山东部地区和莱茵兰低地。该工业在这个时期的瑞典中部也得到了发展，深受把奥斯孟铁（osmund）的铁条运至西部的德意志企业家和商人的影响。与此同时，品质较差的铁在法国北部、勃艮第、阿尔卑斯山地区和比利牛斯山地区，以及每个使用独特炉床和工序的地方，被大量生产。

铁以铁条和铁块的形式落入工匠之手，由他们制成市场所需的物品。在小镇，可能只有一个铁匠，需要锻造从钉子到犁刀、犁尖和马蹄铁的所有物品。在大城市，铁工艺被组织成高度专业化的行会。巴黎有不少于八个的行会，它们的技术范围包括锻造加工、制剑和盔甲。一些地方因其铁的品质而享有盛誉，这归功于工匠的精湛技艺。可能确实是如此，但在大多数情况下，一部分也应归功于制铁的矿石品质。微量的锰和硫黄的缺乏，使来自瑞典、锡根、施蒂里亚的铁大不相同。

有色金属（铅、铜和锡）在资源允许的情况下被广泛开采。铅主要被用于给大建筑盖顶、制作供水管、与锡合铸成白镴，需求量很大。铅主要来自英格兰北部、艾费尔高原、哈尔茨山和奥尔山。铜矿在哈尔茨山、萨克森的曼斯菲尔德（Mansfield）、奥勒山、巴尔干地区和西班牙南部被开采。通常，用坑式炉熔炼后，铜往往被锤成薄板，或与锡、锌合铸，被制成青铜或黄铜。这不是个大工业，但它有一个重要的中心，即默兹河畔的迪南（Dinant）。迪南因生产纯铜和黄铜制品——公认的迪南铜器（*dinanderie*）而闻名。锡主要用于制造白镴和青铜。大部分锡从英格兰西南部的冲积矿坑中获得。锌不是中世纪人所知的金属。由于技术原因，他们无法提炼它（见本书第200—201页），但他们知道它的矿石——炉甘石在被加入熔铜中后，能产出黄铜。

14世纪是建筑活动（大小教堂、城堡、城墙和城门，以及家庭建筑工程）密集的时期。大量的人被雇用来采石，并按要求形状切割、运输至建筑工地。大量的劳工不具有技术，但在每个建筑工地，技术熟练的泥瓦匠往往在建筑大师的领导下工作。建筑石料在质量上有很大不同，大大地影响了建筑的特点。能够被雕

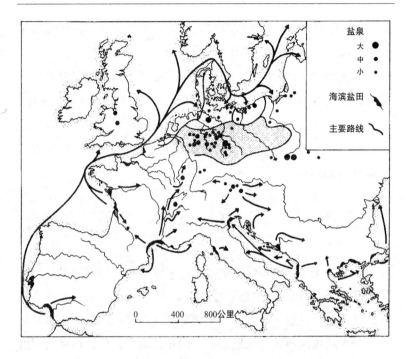

图6-11　中世纪晚期欧洲的制盐与食盐贸易

刻和使用复杂花纹的优质石料有时被长途运输。来自诺曼底的卡昂（Caen）石料大都用于英格兰南部。在不列颠，来自英格兰中部地区东部采石场的上好石料通过河道和近海被运至国内诸多地方。巴黎非常依赖来自其东边的布里高原的石灰岩；伊普尔布厅（Cloth Hall of Ypres）是用60英里之外的埃诺采石场的石料建造的；威尼斯通过海运从达尔马提亚沿海采石场进口石料。

　　所有优质建筑都需要砂浆，建造大型建筑的第一步是在工地上建造石灰窑。而这本身有时需要长途运输石灰石原料。

177

　　被提炼和使用的其他矿石有：用于雕刻和装饰纪念碑的大理石和雪花石，用于制作陶器和砖瓦的黏土，用于制玻璃的沙子，用于调味和保存食物的盐。大部分盐是通过蒸发盐田中的海水或通过烧煮盐井溶液获得的（图6-11）。前一种方法需要在炎热、干旱的夏季进行，这在地中海海滨周围是很重要的。这个时期最北部的盐田位于拉罗谢尔（La Rochelle）附近，这个盐田的盐被运往整个北欧地区。

燃　料

　　不论是自然的状态或是作为炭，木材都是通用的燃料。而炭几乎仅被用于冶金。这对林地的影响已被提及。泥炭在一些低地地区很重要，特别是在英格兰东部和低地国家。泥炭的切取有时留下浅水湖或浅海这样的地形。人们知道煤炭，但有重要的理由不使用它。总的来说，它不适于金属制造，其产生的烟雾将其排除出了家庭炉床，而运输问题则排除了其他大多数用途的可能性。

178 　　然而，它偶尔会被用于煅烧石灰或砖，尤其是在英格兰。

运输和贸易

　　尽管当时盛行地方上的自给自足，但仍存在着相当可观的长途贸易量。大部分贸易仍在地方社区层面进行；农民在最近的市场销售他们的物品，而他们所购买的商品主要来自当地的工匠。市场数量在近几十年来急剧增加，直至欧洲拥有密集的市场网络。

在英格兰，拥有市场的权利通过许可证授予，往往要调查其与最近市场的距离。逐渐被认可的是，市场相互间的距离不应少于 $6\frac{2}{3}$ 英里。然而，实际上被赋予市场特权的地方太多了，在中世纪晚期许多市场因附近市场的竞争而消失。在如巴黎盆地和英格兰低地这样优质的农业地区，市场的分布最密集。在山区和人口稀少的地区，如阿尔卑斯山地区和东欧，市场分布较分散，这里的农民可能必须长途跋涉去市场。

市场通常每周举行；而往往存在于市场旁的展销会，则是每年举办一或两次，通常持续几天。展销会是长途贸易机制的一部分，它们经营的商品比地方市场上买卖的要昂贵得多。经常光顾展销会的商人利用这个场合，不仅买卖商品，还进行会晤、谈论生意以及结算贸易。许多展销会是高度专门化的，如意大利北部布里克森的红酒展销会、东欧的布料和马匹展销会；一些展销会满足了广大地区的需要，如法兰克福的展销会被来自低地国家和德意志大部分地区的商人利用。极多的展销会被建立，大部分因未能吸引显著的贸易量而衰落，最终停办。在西欧，展销会的贸易往往转至城市，商人发现了其他更有效的方式来处理他们的金融业务。最大的香槟地区展销会仅具有少许重要性。但展销会在中欧和东欧仍是重要的，部分是因为城市网络不发达：诺德林根展销会在德意志南部最重要，瑞士的楚尔察赫（Zurzach）展会因不断增加的、横穿阿尔卑斯山的交通量而发展壮大（图6-12）。

随着商业变成一种常规的、终年的职业而不再是季节性的活动，展销会渐渐衰落，其重要性的减弱反映了城镇活动的增加。而随着小城镇的工匠整周开店，甚至连当地的市场也衰落了。城

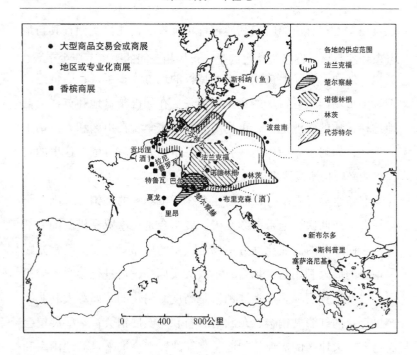

图6-12　14与15世纪欧洲的展销会及其服务区域。该段时期内香槟地区展销会不太重要

市间的贸易量在不断增加，而大部分贸易可能似乎是不必要的，分别位于莱茵河上游两岸的斯特拉斯堡和弗莱堡相互卖给对方布料。但实际上，它们各自以自己独特的织物质地和颜色为傲。斯特拉斯堡的布料不同于弗莱堡的。在每个城市都有对其他地方产品的需求。

　　在一两个世纪之前，商人携带商品旅行，共同面临旅行中的危险和困难。当然，14世纪仍有无数的小贩把制品从展销会运至市场，再从市场把商品运往展销会。但贸易也已成为大商业，在意大利和低地国家有商行，这里的商人几乎不离开他们的账房，而是在重要的商业中心保留代理商或管家来照顾他们的利益。佛罗伦萨的佩鲁齐（Peruzzi）于 1336 年在 17 个不同城市有不少于 88 个代理商。其竞争对手阿恰约利（Acciaiuoli）家族有 53 个代理商。意大利商人，有时以伦巴第人之名为人所知，在巴黎、布鲁日和根特都有活动基地。在伦敦，他们的名字被用于命名位于目前金融区中心的一条街道。他们通过汇票转账，甚至通过对采掘业，如制盐业进行投资，将商品买卖与银行业务结合起来。实际上，这是纵向一体化管理的早期实例。

佛罗伦萨人和"伦巴第人"控制着欧洲内部的长途贸易，但热那亚人和威尼斯人，与巴塞罗那、马赛及其他一些城市的商人，共同控制着欧洲的地中海贸易。但我们发现，在极小的城镇，商人也从事复杂的长途贸易。蒙托邦（Montauban）的博尼斯（Bonis）兄弟的账簿很幸运地留存了下来，其中显示了他们的贸易影响是多么复杂和广泛。

大多数商人独自或结成小团体经营贸易，其中一些团体只是暂时的。在北欧，范围更广和更固定的商人组，把所谓的汉萨商人贸易扩展至哥特兰岛。他们联合起来相互保护，促进商业利益。这一个体之间的商业联合是直到 14 世纪下半叶才产生的汉萨城市同盟的前身。商人们的首要商业业务，是在北欧和波罗的海地区分配及出售布匹、葡萄酒、盐和制造品。作为回报，他们再把木材、亚麻、金属、皮毛、兽皮以及腌鱼出口到西部。这在本质上是发达的西欧地区与欠发达的北欧和东欧地区之间的贸易。

贸易路线与旅行

人和商品的移动面临着重重困难。不仅面临着来自强盗和自然灾害的威胁，而且道路本身很糟糕，桥梁极少，交通运输被无数的通行费和人造障碍所困扰。然而，存在的道路系统把城市和港口相互连接起来。尽管一些罗马时代的道路留存下来且仍在被使用，但大多数道路仅是标识不清的小路，根据泥的深度或桥梁的状况而不断产生偏移。人们几乎不对道路进行维护。在铺满石灰石或砂石的地方，地面很可能在大部分时间都是干燥的，因此人们往往会改道以利用这样的便利条件；而被迫穿过黏土地区则情况迥异。据说，在佛兰德斯平原，"冬季的土地是如此软，以至于不可能用马车在城市间运送食物或货物"①。这些情况在 19 世纪前几乎没有什么改善。在英格兰，法律把对"王道"的维护任务完全强加于当地的地主。然而，那并不意味着义务被适当地减免了。直到 17 世纪，地方当局才开始负责公共道路的维修。桥梁的建造和维修对长途旅行也是必要的。小河流一般可涉水渡过，但仅有的几座砖石结构的桥梁能使人渡过更大的河流；它们通常是道路网络上的节点，促进了城市的发展。对桥梁的建造和捐赠通常是慈善行为，类似于建造学校和医院。尽管如此，它们仍被洪水和冰雪所危及，往往损毁严重。

181　　　　旅行者通常成群结队行进，他们的队伍包括马车、货车、骑马者和徒步者。人多带来安全，但这样的"团队"只能以其中最慢者的速度行进。尽管如此，他们可能希望一天能行进 15 英里或

①　*Recueil des Ordinnances de Pays-Bas,* ed. Charles Laurent, 2d Series, I, 444.

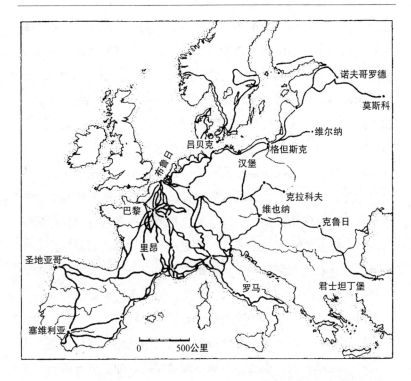

图6-13 一本13世纪的路程书《布鲁日旅行指南》所描述的从布鲁日开始的各种路线

以上，有时达到 30 英里之多。到 14 世纪，人们已可获得旅行指南。佩格洛蒂（Pegolotti）的《实践》（*Practica*）告诉商人所能使用的最好道路，14 世纪所谓的《布鲁日旅行指南》（*The Itinerary of Bruges*）是一本详细的道路手册，描述了从布鲁日这个城市出发的所有道路（图 6-13）。

诸条道路从西北欧穿过罗讷河谷或阿尔卑斯山隘口通向地中海，它们可能是欧洲使用最多的。阿尔卑斯山隘口具有的影响是，把交通集中于与每条道路都交叉的一条道路上。在罗讷河谷和意大利之间的小圣伯纳德山口和塞尼山口，以及横跨阿尔卑斯山中部地区的大圣伯纳德山口、塞普提莫山口和雷申山口（Reschen-Scheideck），是其中使用最多的。13世纪中叶，圣哥特哈德山口也加入其中。它巨大的优势是，可以使人们更直接地穿过阿尔卑斯山中部。但通向该山口的北部通道极难通行，只有经过完善的道路和桥梁建设才可用于商业通行。穿过山口的路程通常一天之内难以走完，因此位于山顶附近的某种形式的避难所和住地是大家所想要的。被使用最多的山口可能就是那些能在这方面提供最好条件的。14世纪的发展趋势是，穿过法国更西部的道路的重要性下降，而从意大利穿过阿尔卑斯山中部山口通向莱茵兰地区的通道的重要性上升。后者的巨大优势是，诸多道路聚集于可通航的莱茵河，莱茵河把商人和商业向北带入低地国家。

　　河流被尽可能多地用于旅行和运输。船只用帆和桨推进，由人和牲畜拉动。没有牵道，河流不能被使用。冲走牵道的洪水足以终止通航，直到牵道被修好。航行面临的困难不同且不亚于旅行者在陆路上面对的那些。在最易于通航的河流，尤其是莱茵河和塞纳河上，当地的地主征收通行费。一些莱茵兰城市要求所有沿河通行的商品都应在当地市场出售，除非当地没有商品需求，才能继续通行。在另一些城市，货物必须转载于另一艘船上，据称这样更适合下一段河流。另一些危险则来自漂浮物和渔网。在一些河流，每年特定时期的水流速度很大，顺流旅行是危险的，而逆流是不可能的。另一方面，一些时期，水位太低，一般的船也无法通行。一些难以通航的河流仅被用于从山地顺流而下的木排运输。然而，更多的河流是定期使用的，而非今天所认为的那样每天通航。在主要依赖水运的低地国家，水闸被用于在两个水位之间升高和降低船只。在西欧和中欧几乎没有河流未被使用，哪怕只是当地的商贸船只在其上航行。只有在南欧，河上的交通才是不重要的。尽管有像波河和瓜达尔基维尔河（Guadalquivir）这样的例外，绝大多数地中海地区的河流在冬季急流倾注，而夏季几乎干涸。长途旅行者通常使用船只行进一小段，如在瑞士的湖泊上。《布鲁日旅行指南》实际上列出了在通往威尼斯的道路上有一段波河上的水上行程。

尽管困难重重，一些水路仍被密集地使用。在佛兰德斯，水上运输似乎比陆路运输重要得多。1297年，在122天内有不少于3250艘小帆船和87艘商贸船停靠在伊普尔附近的水闸（*overdraghe*）。这个时期，每天至少有一艘船通过位于巴黎下游塞纳河边的默朗（Meulan）。在卢瓦尔河，每年有1397艘船通过位于南特上游的尚托索（Champtoceaux）的收费站。

没有有效的方法去控制河上收费站的激增。1273年，巴黎最高法院（*Parlement de Paris*）禁止设立更多的通行费，但这个规定似乎无效，地主仍继续增加收费站——其中许多是设防的——对通过的任何交通工具进行收费。据说莱茵河上有35个收费站，至少与易北河上的一样多，而威悉河（Weser）上有30个。波河以及其他大多数河流上收取的通行费实际上是设置障碍。虽然陆路交通也收取通行费，但一般不太有效，因为旅行者通常可以绕道避开。

海上贸易

14 世纪的海上贸易以两个地区为中心：地中海地区与西北欧、波罗的海地区，其相互间的联系并不紧密。在地中海地区，长途贸易主要由热那亚和威尼斯的桨帆船所控制，短途的沿岸贸易大体上取代了陆路运输。其长途贸易货物的品质比数量更显著。据说，所有威尼斯的船只每年只能运输 2000 吨，热那亚的可能也不过如此。抵达意大利港口的东方货物总计不超过 5000 吨，但其货物丰富。仅有的大件商品是福西亚的明矾、希腊的葡萄酒和埃及的棉花。其他货物有香料、糖、丝绸、装饰用的木材、染料和珍贵的观赏石。威尼斯和热那亚主要与其在爱琴海的附属国进行贸易，而它们在君士坦丁堡和克里米亚以及埃及和黎凡特都有贸易基地。

意大利港口同西北欧之间的商业主要是通过陆路，部分是因为其桨橹驱动的帆船不适于大西洋的汹涌澎湃。虽然 13 世纪末"佛兰德斯帆船"（the Flanders galleys）已开始直接航行到低地国家，但直到 14 世纪晚期它们的航行才成为常态。其运输的货物肯定包含通常与东部贸易相关的奢侈品，但大部分是低廉的明矾。运回的货物主要是布料和羊毛。

在佛兰德斯，地中海的贸易与北欧、波罗的海的贸易，以及从阿尔卑斯山交叉口沿莱茵河而来的贸易相交汇。除了极少数来自地中海的帆船之外，还有极为广泛的三条海上交通线汇集于低地国家：来自比斯开湾的酒和盐，来自不列颠的羊毛和锡，来自北海和波罗的海港口的亚麻、木材、鱼、金属以及大多是亚麻布的劣质布料。这些商品在佛兰德斯港口进行销售和交换，大部分被再出口。低地国家的东部贸易主要由"东方人"或汉萨商人控制。波罗的海贸易被描述为"进口盐和出口黑麦"（*in mit solt unde ut mit roggen*），这些肯定是重要的商品，但实际贸易远比这复杂，还包括法国的酒、瑞士的铁和来自俄罗斯森林的皮毛。

贸易商品

地方和短途贸易的商品，主要是农产品和当地工匠制作的满足周边农民所需的制造品。长途贸易的商品种类更广泛些，可划分为食物、工业原料和手工制造品。

尽管粮食贸易主要在当地进行，但仍有一些进入了长途贸易。在西部，粮食经销商或代理商购买各地多余的粮食并运送至城市。他们通常能预见粮食的缺乏并在粮价上涨前囤积粮食。粮食的价值不高，除了水路以外，没有必要进行长途运输，对大城市的供给不能总是依赖市场机制。因为这个原因，市镇官员们密切关注手中的和可获取的粮食储备。意大利和低地国家南部地区的城市尤其是这样。当地往往不能提供所需的谷物，极为依赖偏远地区：意大利的阿普利亚和西西里，低地国家的法国北部和波罗的海沿岸。佛兰德斯诸城市之间为争夺由船只沿从法国北部汇入斯海尔德河的河流带来的粮食，进行了激烈的斗争。最后，北德平原的黑麦由汉萨商人带至西部，才满足了佛兰德斯的城市需求。

毫无疑问，君士坦丁堡可以用来自其直接腹地的粮食满足所需，而该城市以前总是依赖海上进口。这个时期它的主要粮源是黑海沿海地区，尤其是位于多瑙河河口北边的摩尔达维亚。

184

如果粮食贸易源于人们不断向城市集中，那么葡萄酒贸易则起因于其生产具有很强的地域性。做"出口"生意的葡萄园位于河流或海港的附近，葡萄酒可以从这里船运至北方的消费中心。大量的葡萄酒从加斯科涅被运至英格兰和低地国家，其中一些再从这里通过海运被运至波罗的海地区。葡萄酒也从勃艮第沿巴黎盆地的河流、从德意志西南部沿摩泽尔河和莱茵河向北运送。南欧有繁荣的葡萄酒地方贸易，因为在品质上大为不同，一些优质的葡萄酒流行起来，需求量极大。例如，教廷开始喜欢上勃艮第酒。西北欧另一种流行的葡萄酒是马尔姆塞酒，它是一种类似玛德拉酒（Madiera）①的烈性酒。马尔姆塞酒在希腊南部（例如莫奈姆瓦夏［Monemvasia］）制作，并被威尼斯人带至西部。

盐是数量庞大而价值较低的长途贸易的组成部分。在南欧，制盐是最经济的。这里的夏季炎热，足以蒸发卤水。在这一时期，北欧进口了几乎所有的盐，消费量相当大。

用于生产的原材料量太庞大且价值太低，不能大幅度地进入长途贸易。因此，矿石被冶炼，黏土被烧制成容器和砖，皮革就地晾晒。唯一的例外是纺织业的原材料。意大利工业从中东进口丝绸。甚至在北欧，亚麻也被远距离运输。明矾和染料极具地域性，成为重要的贸易物品。但到那时为止最重要的物品无疑是羊毛。尽管欧洲大部分地区都饲养绵羊，但羊毛的品质有很大不同。即使在英格兰，羊毛的品质层次从威尔士边界的莱姆斯特"金"（"Le'mster ore"/Leominster "gold"）至康沃尔"毛"（Cornish

---

① 原文如此，正确拼法应为 Madeira。——译者

"hair"）不等，价格也相应不同。在衣服是等级和地位最重要象征的时代，所穿布料的质量和所使用羊毛的品质极重要。最优质、最昂贵的羊毛有很大的需求量。佩格洛蒂的手册中列出了最好的英格兰羊毛，并且标明了有望售出的价格。英格兰羊毛——重要的优秀出口商品——在低地国家的纺织中心出售且被运至意大利；尽管意大利特别是托斯卡纳的羊毛，也被认为是上等的。最后，最好的西班牙羊毛开始进入市场，但数量还不大。

相比之下，手工制造品在 14 世纪的贸易中非常重要。其中最重要的是布料，富人花费大量的金钱购买布料。但在这个时期，市场也扩展至上升的中等阶层中。该阶层所消费的纺织品介于富人的优质布料和农民的粗土布之间。低地国家开始制造的"新布料"满足了中等阶层的需要，而且贸易规模越来越大。如丝绸等高等布料，只在一些地方被制造，并被广泛分配，但量很小。

同布料一样，铁器也具有不同的品质。最好的用于制造武器和盔甲，并且进入长途贸易。有色金属甚至更重要，因为其只在极少的地方被冶炼和锻造。铜制品、铜合金以及铅在 14 世纪的贸易中也具有重要地位。而除了这些主要类别，还有大量的制造品进入贸易，其中许多物品的装饰性比实用性强。《英格兰策略的控诉书》（*Libel of English Policie*）的无名作者，强烈谴责了优良的英格兰产品同这些昙花一现的商品之间的不公平交易：

于是，这些平底大船中满是供舔食用的器皿和供吃食用的器皿因稀少而超好卖：

衣服、羊毛和罐头。

精选书目

总论

The Cambridge Economic History of Europe. Vol. 1, *Agrarian Life of the Middle Ages,* 2d ed., Cambridge, U. K., 1966. Vol. 2, *Trade and Industry in the Middle Ages,* Cambridge, U. K., 1952.

Darby, H. C, ed. *A New Historical Geography of England.* Cambridge, U.K., 1973.

The Fontana Economic History of Europe. The Middle Ages, ed. C. M. Cipolla. London, 1972.

人口与城市聚落

Charanis, P. "A Note on the Population and Cities of the Byzantine Empire in the Thirteenth century." *Jewish Social Studies,* Vol. 5. New York, 1953.

Herlihy, D. *Medieval and Renaissance Pistoia.* New Haven, Conn., 1967.

Hilton, R. H. *A Medieval Society.* London, 1967.

Lewis, A. R. "The Closing of the Medieval Frontier." *Speculum* 33 (1958): 275–283.

Postan, M. M. "Some Economic Evidence of Declining Population in the Later MiddleAges." *Economic History Review* 2 (1950): 221–246.

Postan, M. M. *The Medieval Economy and Society.* London, 1972.

Russell, J. C. *Medieval Cities and their Regions.* Bloomington, Ind., 1972.

Whaley, D. *Medieval Orvieto.* Cambridge, U.K., 1952.

经济发展

Bishop, T. A. M. "The Rotation of Crops at Westerham, 1297–1350." *Economic History Review 9* (1938–1939): 38–44.

Dollinger, P. *The German Hanse*. London, 1970.

Gras, N. S. B. *The Evolution of the English Corn Market from the Twelfth to the Eighteenth Century*. Cambridge, Mass., 1915.

Lennard, R. "The Alleged Exhaustion of the Soil in Medieval England." *Economic Journal* 32 (1922): 12−27.

Lopez, R. S., and I. W. Raymond. *Medieval Trade in the Mediterranean World*. Oxford, 1955.

Mertens J. A., and A. E. Verhulst. "Yield-Ratios in Flanders in the Fourteenth Century." *Economic History Review,* 19 (1966): 175−182.

Postan, M. M. "The Trade of Medieval Europe: The North." In *Cambridge Economic History,* Vol. 2, 119−256. Cambridge, U.K., 1952.

Pounds, N. J. G. *An Economic History of Medieval Europe*. New York, 1976.

Roover, R. de. "The Organization of Trade." In *Cambridge Economic History of Europe,* Vol.3, *Economic Organisation and Policies in the Middle Ages,* 42−118. Cambridge, U.K., 1963.

Slicher van Bath, B. H. *Yield Ratios, 810−1820. Afdeling Agrarische Geschiedenis Bijdragen* 10 (1963).

第七章　中世纪晚期

从 14 世纪初至 16 世纪初的两个世纪，是欧洲历史上一个较神秘的时期。这是一个具有持续不断的战争和内乱的时期，而它也见证了人文主义的产生和文艺复兴的起源。这个时期被描述为经济衰落期，而同时，欧洲一些地方的农民生活标准比中世纪的其他任何时期都高（图 7-1）。它是一个极度盲从、偏狭和迷信的时代，同时又是理性和启蒙的时代。其艺术显示了人们对死亡的执着，同时它又展示了与文艺复兴相关的光明与优雅。诸多矛盾源自大瘟疫和此后多次重袭的可怕经历。黑死病于 1347 年底经由热那亚人的船只传至西欧。它来自克里米亚，产生于被感染的老鼠的血液，这些老鼠在商人的行囊中从远东被带至克里米亚。在船只短暂停留的任何地方，瘟疫病原体和船员一同上岸，迅速波及当地的人口。其携带者是黑色的老鼠和跳蚤；前者携带并滋生杆菌，后者向所有的被咬者散播病菌。拥挤、肮脏和老鼠成灾的住宅是该病菌传播的理想场所。瘟疫传播迅速。在六个月内，瘟疫覆盖了法国大部分地区（图 7-2）。1348 和 1349 年，它遍及不列颠诸岛和西德意志，1350 年在斯堪的纳维亚和东欧消失。

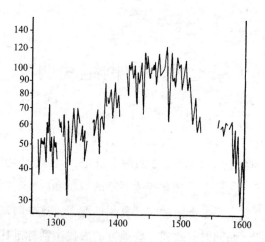

图7-1 可购买消费品数量中体现的工匠实际收入，根据E. H. Phelps Brown and Sheila V. Hopkins, "Seven Centuries of the Prices of Consumables, Compared with Builders' Wage-rates," *Economica* XXIII (1956): 296–314（比例尺：指数，1451—1475 = 100）

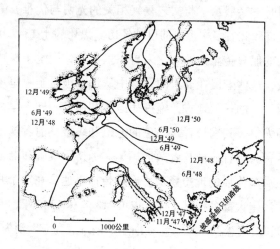

图7-2 黑死病的蔓延，根据E. Charpentier, "Autour de la Peste Noire," *Annales: Economies-Sociétiés-Civilisations* XVII (1962)

人　口

无人知道死亡人数。一些地方的整个社区群落被摧毁，另一些地方因距离偏远或具有地理屏障而被隔离，其死亡率较低。教廷把自己关在阿维尼翁的教皇城堡，躲过一劫。还有波兰的一些地区，传染病没有到达。但在其他所有地方，死亡率都很高。总的来说，死亡人数达总人口的四分之一，甚至可能更多。

大约七年之后，瘟疫再次暴发，但没有第一次严重，因为部分人口具有了免疫力。此后，在 1665 年的不列颠和 1720 年的西欧最后一次暴发瘟疫之前，它依然是地方性的，产生的是地方流行病。黑死病的威胁像一片乌云笼罩着中世纪晚期的欧洲，正如核战在过去几年那样。它催生了一股阴郁和沮丧的情绪，但它也使一些人沉溺于不计后果的享乐主义，只活在当下。

但瘟疫最显著的后果是，人口急剧减少并导致供需平衡的转变。来自欧洲城市的证据（绝大多数证据都是城市的）显示，人口急剧下降，并且是灾难性的。图 7-3 展示了意大利的沃尔泰拉（Volterra）和圣吉米尼亚诺两大城市的炉床或家庭数量。它们的数量继续下降了一个世纪，之后才稍许恢复。人口连续下降，部分肯定源于瘟疫之后的再次暴发，但导致连续下降的另一个因素很可能是极高的儿童死亡率，而这些儿童本是下一代的家长和父母。勃艮第公爵出于税收目的，对其领地上的城镇和乡村中的炉床数量进行了一系列调查。这些调查证据显示，人口充其量是稳定的，最糟糕的是人口在缓慢减少，一直持续至 15 世纪前 25 年之

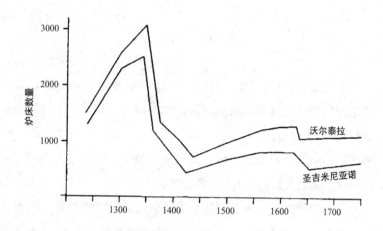

图7-3 黑死病前后意大利沃尔泰拉与圣吉米尼亚诺的炉床数量，根据 E. Fiumi, *Studi in Onore di Amintore Fanfani* (Milan, 1962, 249-290)

末（图 7-4）。相比之下，几乎没有遭受瘟疫的波兰人口似乎在持续增长。

在 14 世纪初期，欧洲大部分地区的人口不断对可获取的食物资源产生压力。平均来说，农场土地降至没有盈利的规模，农耕扩展至边缘土地。然而，1347 至 1350 年的人口损失，造成了许多地区劳动力极度缺乏。宫廷记录显示，租赁地空闲，无人租用。农民发现对其服务的需求前所未有，也就相应地提高了要价。另一方面，领主强行索要服役，而这在劳动力充足和廉价的时期是可以代偿甚或被遗忘的。结果是产生了被升起的希望和现实的不幸所激励的农民骚动。

人口减少导致食物需求降低。谷物价格下降，边缘土地退出农耕。事实上，不仅在有完整记录的英格兰，而且在西欧和中欧

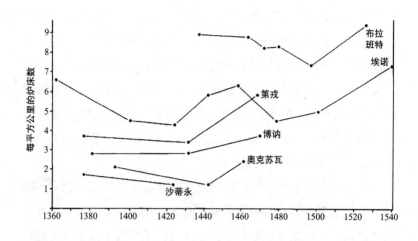

图7-4 每平方公里炉床（住户）数量所显示的中世纪晚期勃艮第人口

的大部分地区，整个整个的村庄被遗弃。农民所拥有的土地在某种程度上可能变得更大、更有经济效益。许多人，由于父母或亲戚过早去世，很年轻时就继承了土地并安家落户。在农民间买卖小块土地的土地市场也增加了。在食物变得更便宜的时期，工薪族可以要求更高的工资，这被称为"劳动者的黄金时期"。但并非所有地方都是如此。瘟疫的重新暴发和反复的战争，摧毁了许多人的光明前景。恶劣的天气、洪灾和粮食歉收比中世纪早期更频繁。英格兰诗人威廉·朗格兰（William Langland）描述了社会上的悲观观点，他在《耕者皮尔斯》中这样写道：

在五年年满之前，将产生这样的饥荒
因洪灾和恶劣天气，水果歉收。

许多领主从该时期的灾难中寻求利益并且获利。如果谷物需求量减少，那么毛呢布料的需求量就会增加。羊毛售得出好价格，把种植庄稼的土地转为牧场是有利可图的。至少一些废弃的村庄，为了养羊而把少许剩余的居民清理了出去。畜牧业在其他方面更重要。更多的谷物可用来饲养牛马，并且有证据显示人们饮食中的肉和奶制品增加了。在15世纪的法国，吉尔·勒·布维耶（Gilles le Bouvier）反复指出西欧大量生产动物食品。

191　　　在这两个世纪中，欧洲任何地方都没有连贯的人口记录。我们充其量有某些特定地方或区域在特定时期的记录，其中一些是很详细的，一般来说也是可靠的。这些记录可被类推至其他地区和其他时期，只是具有相当的风险。然而，它们的确证实了大瘟疫时期人口损失惨重，而后人口数量下降减速，直至进入下个世纪。15世纪的大部分时间，人口数量起伏变化，但总的来说，在15世纪末或16世纪初人口数量似乎开始上涨。大瘟疫之前，欧洲总人口处于7500万至8000万之间，在瘟疫侵袭最严重的地区人口减少了至少四分之一。然而，如果考虑到人口稀少的北欧和东欧地区，包括俄罗斯在内，死亡率较低，那么总人口约在1425年可能已减少至6000万左右。15世纪最后几十年的人口复苏，可能使欧洲总人口（包括俄罗斯）在16世纪初达到7000万至7500万。

这个时期的人口分布变化不大。人口密集区域仍是穿越低地国家南部地区、从法国北部的阿图瓦（Artois）至科隆附近的莱茵河的狭长地带。不太密集的地区是越过莱茵河至索斯特、帕德博恩（Paderborn）和不伦瑞克的这片区域。莱茵河上游的平原阿尔萨斯和巴登（Baden）与巴黎盆地的核心区域，也是中等密集地。

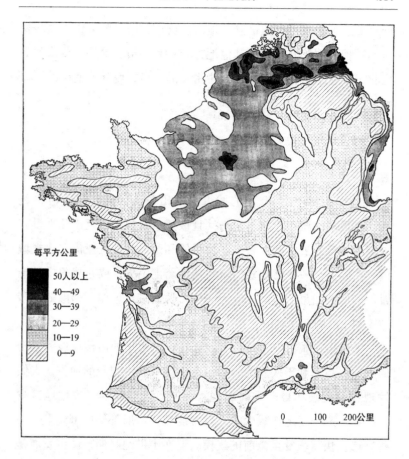

图7-5　基于炉床税推断的15世纪勃艮第属地的人口分布

但唯一可与低地国家相比的欧洲地区在意大利的托斯卡纳和伦巴
第平原。即使在这里，包围城市的密集的乡村人口被低密度区域
隔断，如波河的河漫滩沼泽。图 7-5 由炉底辊和其他类似记录汇
编而成。其数据主要关于 14 世纪晚期和 15 世纪上半叶，且被类

推至那些无法获得类似信息的地区。就这种精确度来说，这些材料不够把地图扩展至欧洲其他地方。只有英格兰除外，英格兰的税收记录显示了在东南部有相对密集的人口，而其他地区的人口则较稀疏。

城市发展

这两个世纪中，欧洲的城市版图几乎没有变化。至14世纪初，有很多的城市建立了起来并且被赋予特权，以至于几乎没有更多的城市发展空间。只有波兰平原和斯堪的纳维亚仍在建立城镇。实际上，一些已建立的城镇从地图上消失，或在战争中被摧毁，如低地国家的迪南；或因缺少贸易而衰落，如不列颠的许多城镇和中欧的一些城镇。

黑死病在城市中尤其具有毁灭性，城市里的污秽环境和紧密的人际联系有利于疾病的传播。在少数可获得记录的地方，人们发现在瘟疫破坏最严重的那些年，城市人口极具灾难性地减少了。在一定程度上，减少的人口可能被移民所补偿；事实上，一些城市很快就恢复至以前的规模。但在中世纪晚期，城市发展是高淘汰率的过程。大多数城市和城镇在15世纪晚期的规模并不比大瘟疫之后的数十年大。例如，第戎在1376年有2350人，一个世纪后有约2500人。苏黎世的人口从1357年的6000人降至1470年的不足5000人。有关中欧和意大利的城市人口的信息来源极不可靠，但都一致表明大多数城市在14世纪晚期和16世纪初之间没有显著变化。当然，也有例外。真正的大城市仍继续发展。一些是政府所在地，如罗马和巴黎。引用乔瓦尼·波特罗（Giovanni Botero）的话，"使城市变得人多和重要的最好方法是拥有最高权威和权力，因为权威、权力吸引人流，人流汇合，便生出伟大"[1]。但在越来越多的欧洲贸易经由海上的时期，大多数发展迅速的城市是港口。伦敦兼有政治首都和重要港口的功能，其规模和经济上的重要性在这些年间急剧扩大和提升。安特卫普的扩展更迅速。在1347年它仅有5000居民，至1440年人口增至20 000人，1500年增至50 000人，反映了佛兰德斯和布拉班特的海上贸易逐渐集中。其他有发展的城市是吕贝克和但泽；尽管它们发展缓慢，但都深入参与了波罗的海贸易的扩张。在意大利，威尼斯和热那亚这样的重要港口城市的人口也有所增长。威尼斯的人口大约翻了一倍，从1363至1368年的约65 000人增长至1540年的130 000人。在1540年，意大利大多数内陆城市差不多仍保持稳定。巴塞罗那可能略有增长，但作为不断扩张的葡萄牙海上帝国的中心，里斯本的人口肯定有增长。只有一个重要港口城市的规模缩小了，即君士坦丁堡。当君士坦丁堡于1204年被十字军占领后，其重要性大大降低。之后的100年中，奥斯曼土耳其人登陆巴尔干半岛，隔断了君士坦丁堡与内陆的联系，并占领了爱琴海的海岸和诸岛屿，而君士坦丁堡的大部分海上贸易都是在这里进行的。君士坦丁堡是欧洲最大的城市，但当它于1453年被土耳其人占领后，人口大大减少。

---

[1]　Giovanni Botero, *A Treatise Concerning the Causes of the Magnificency and Greatness of Cities,* trans. R. Petersen, in *The Reason of State,* ed. P. J. Waley and D. P. Waley (New Haven, Conn., 1956), 241.

乡村环境

14世纪下半叶人口的锐减，反映在农业和乡村聚落模式上。人们注意到村庄被广泛遗弃（见本章"人口"）。在英格兰，可举出至少2500处"被遗弃的"村庄遗址，其中至少一半是在中世纪晚期被遗弃的。在德意志和中欧其他地方，情况类似。只有在符腾堡，证据显示有1000多处被遗弃的村庄，其中至少有一半是在14和15世纪被遗弃的。在丹麦，广阔的耕地重新成为荒地。法国还未像英格兰和德意志那样成为深入调查"被遗弃"村庄的目标，但这里被遗弃的村庄很可能也是大量的。瘟疫的后果被百年战争的破坏所恶化，英格兰军队南征北战，以农产品为食。佛洛依萨特（Froissart）和其他同时代的人记述，在法国一些地方土地完全荒废，人口锐减。15世纪勃艮第属地的炉床清单证实了此点。

认为被完全遗弃的村庄一般很小，这可能是对的。其人口可能缩减至他们不再能找到足够的牲畜来拉犁。因此这个时期一个村庄要联合另一个衰落村庄的力量。数据没有告诉我们的是，有多少大村庄在规模上是严重缩减而不是消失的。来自宫廷名册和账目的证据是压倒性的。所有地方的村庄都有减少，只有在南欧，被遗弃的村庄极少，原因是小村庄和小村落在该地本就不多。

伴随着一些村庄的遗弃和另一些村庄的缩减，人们放弃了在边缘土地的农耕。前几个世纪的人口增长已导致对贫瘠土地的耕种，这些贫瘠土地大部分是黏土。现在其中一些可以恢复为牧场。至少在北欧，气候似乎明显变得更加湿润，使得人们更难耕种黏土，这使得土地恢复为牧场的过程得以加强。穿过英格兰中部地区的黏土地，人们今天可追寻到中世纪耕地的蜿蜒田埂；当农耕终止，土地就覆盖上牧草，冻结的牧草融入景观之中。

除了耕地面积普遍缩减外，几乎没有证据证明耕种模式有任何根本性的变化。所存在的证据表明，更可口的谷物——小麦变得相对重要，但在一些地区大麦的生产有显著增长。干豆、野豌豆的种植和饲养牛的"人工"草场也增加了。普遍的带有休耕的三耕制农业开始被遗弃，而代之以更灵活的耕作制度。但这只能发生在公耕地不能对农作物和耕种者行使专政的地方，首先是低地国家。这里的田地通常面积较小，许多是被围住的，故最早放弃休耕惯例。在以前的休耕地上种植填闲作物的最早证据，可追溯至14世纪中期。该措施传播开来，而佛兰德斯的轮作系统为之后的农学家所羡慕。

种植上的这些发展与畜牧业紧密相连。饲料作物主要被用于喂牛，有时进入系统中的轮作草场被用于密集放牧。更多的动物能提供更充足的肥料，而干豆有助于补充土壤中的氮。这反过来又带来了谷类作物收益率的少量增长，这在中世纪晚期是显而易见的。这些提高极具地方性，在中世纪结束前，这种现象仅明显见于低地国家南部地区，但也开始传播至法国北部和英格兰南部。

至少在西欧和中欧，畜牧业增长的证据是压倒性的。在大不列颠，绵羊的饲养和对地主的普遍控诉大幅增加。为了增加牧场面积，地主围住土地、缩减城镇人口；这可能不是普遍的情况，但有一定的真实成分。一位著名的布道者于16世纪中期在国王爱德华六世面前宣称："以前有大量的住户和居民的地方，现在仅剩

195

下了一个牧羊人和他的狗。"[①] 在低地国家，畜牧业的扩张反而表现为牛群饲养和牛奶生产的增加。然而，人们似乎几乎没有尝试饲养适于生产肉和奶的动物。畜牧业规模仍偏小，牛奶生产相对较少。牛的用途增加，部分是由于猪的重要性下降。挖掘遗址发现的猪骨头较少，牛骨头则变得较多。其原因在于，森林面积减少，无法为这些半野生的动物提供食物。

　　尽管欧洲的公耕制表面上几乎没有发生什么变化，但所有制形式和对土地的支配发生了相当大的变化。这些在大不列颠和低地国家影响最深远。曾被分为领地和农民持有地，且后者为前者提供劳力的二分式庄园，大体上已消失，劳役不再被履行。领地被"耕种"，以固定的租金租给富有的农民，富农则雇用劳动力耕种。当然，这样的变化只是缓慢地传播。在法国和中欧大部分地方没什么证据显示出有这样的变化，其他地方则根本没有。然而，这样的变化是对农民土地进行整顿和圈占、摒弃休耕地、引进更灵活和更具生产力的耕种制度的前奏。它也引起了畜牧业的增长和由此带来的饮食改善。

　　尽管存在劳动力不足和劳力成本相对较高的问题，但在这些年中，农业技术没有显著的革新。旧式的耕、种、收割和脱粒方法仍没有变化。人们最多可以指出，低地国家引入了更轻型的犁，可以用更少的人来拉，在犁沟末端更易转弯，而原先的镰刀逐渐被长柄大镰刀所取代。

---

① *Sermons by Hugh Latimer,* Everyman ed. (London, 1906), 84-85.

制造业

14世纪晚期人口结构的变化，带来了工业生产模式和需求性质的显著转变。马泰奥·维拉尼（Matteo Villani）在瘟疫后不久的佛罗伦萨所写的作品中记述道，"平民由于充足和盈余，他们不再从事惯常的贸易……儿童和平民妇女穿上已逝显赫人物的所有漂亮和昂贵的服装"[1]。大瘟疫之后的一二十年的环境是个例外。大量的人继承或通过其他方式获得了财富，但那些发现有更大的服务需求量和更高酬薪的人则要多得多。农民在消费品上花费增多，城市人口对食物的支付减少；这两方面共同促进了布料、皮革、装饰品和奢侈品以及对更高质量建筑需求的增加。对奢侈品的喜爱产生于瘟疫之后的那些年，持续至文艺复兴。然而，在社会变更的进程中，许多东西损失掉了。"贫民"的数量似乎增加了，在勃艮第公爵的一些税收记录中，无法交付炉床税的贫穷家庭总数几乎达到总人口的四分之一。

布料工业仍是最重要的，它满足了最大的需求并且雇用的人数最多。但随着一些传统布料生产的衰落和新生产区域的出现，布料工业内部发生了显著变化。实际上，公众的喜好从传统织物转向具有不同织法和抛光类型的更轻质的布料。这些年所发生的最重要变化是英格兰布料工业的出现。在黑死病发生前，英格兰是欧洲最重要的羊毛出口国。约1360年后，运往欧洲大陆的羊

---

[1] *Croniche di Giovanni, Matteo e Filippo Villani* (Trieste, 1857), bk. 2, chap. 94.

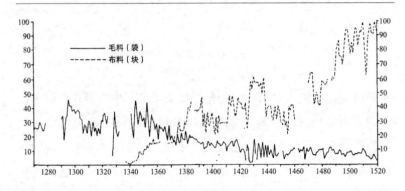

图7-6　从英格兰出口的羊毛和织物

毛量开始下降；至1500年，只有一个半世纪前的四分之一（图
7-6）。同时，布料的生产和出口增加，1500年出售至国外的布
匹数量是瘟疫之后十年的六倍以上。在英格兰几乎所有地方都从
事布匹织造，但有两个地方成为优质布料的主要生产中心：一个
位于国家西部，大体上相当于格洛斯特郡、萨默塞特郡和德文郡，
这里生产毛呢布料；另一个是东安格利亚地区，这里因生产精纺
毛料和轻毛料织物而闻名。

　　英格兰大部分羊毛出口至低地国家，在布鲁日、根特和伊普
尔这些"服装城市"，大部分羊毛被织成厚呢。这种布料接着又被
出口至意大利，进一步被抛光后进入市场。这是一个复杂的生产、
贸易系统，其贸易形式和人们的品位易于改变。大瘟疫的相关后
果仅是加速了这一必然的过程。古老"服装城市"的布料工业衰
落了。尽管布匹数量不规则地下降，但至15世纪末，传统生产中
心的生产量已极少。

　　然而，这在一定程度上由"新布料"的增加弥补了。这些新

布料是轻质面料，它们使用较长的"梳理"羊毛，并且仅做轻度漂洗。织造传统毛料的工匠不容易喜欢上新材料，其结果是新布料的生产大多在小城镇和乡村地区。它向东传播至布拉班特，向西传至佛兰德斯西部和阿图瓦地区。在 14 世纪晚期，像阿特（Ath）和利尔（Lier）这样的小城镇开始发展布料工业。更重要的是，翁斯科特（Hondschoote）的织布工于 1374 年被授予了特权和保护。翁斯科特位于佛罗伦萨西部，是典型的新织造中心。它发展至相当大的规模，但没有获得城市地位，最终在 16 世纪晚期的战争中被摧毁。其产品是开始支配城市市场的轻毛料、毛哔叽和"塞斯"（见图 6-10）。

亚麻布工业为应对增加的需求而扩张。佛兰德斯农场里的亚麻种植增加，其种植和织造被加入到遍布该地区的家庭工艺中。佛兰德斯西部的科特赖克（Courtrai）成为亚麻布工业中心。同时，其他纺织业也得以发展，包括根特的地毯和围毯的制作以及阿拉斯挂毯制作。所谓的佛兰德斯纺织业区的衰落，实际上是生产的更加多元化，而且该工业扩散至小城镇和乡村地区。

其他重要的布料产区是托斯卡纳和意大利北部。这里的传统布料生产也衰落了。佛罗伦萨的生产量在黑死病前是一年 70 000 匹，至 1373 年降至 19 000 匹，1382 年差不多一样。然而，在这个时期，更新型的工业发展于北部平原城市，其主要中心是博洛尼亚、维罗纳和曼图亚（Mantua），但似乎也可以在任何地方出现。技术娴熟的织布工往往为特别的权益所吸引，从一个城市迁往另一个城市。尽管为了制造更上乘的布料，人们仍在继续进口英格兰的羊毛，但从西班牙和北非获得的羊毛量也不断增加。

198

　　与此同时，意大利的工业开始使用棉花。有一些棉花种植于西西里，但大部分从中东进口。通常不制造纯棉布，可能是因为人们可获得的短纤维棉花的缺陷。更常见的是用亚麻或羊毛作经纱来制造棉布，这样产生的混合面料在中世纪晚期变得很普遍。这种生产又传播至南德；在这里，亚麻往往取代棉花而被用来制造粗斜纹布和低级单面绒布。

　　兴起于英格兰、低地国家和意大利的布料工业是欧洲最著名的，但如夸大其规模也将是错误的。纺纱一直都是家庭活动，主要由女人从事。但至少在这些地区，纺织是男人的全职工作。但织布工的数量极少。据说，整个英格兰的布料行业在1400年只雇用了大约15 000人；在意大利工业的最重要中心之一博洛尼亚，纺织工人只有500至600人。这些重要的纺织区的产量，由次要工业中心的产量所补充。佩格洛蒂在14世纪中期列出了许多生产耐用布料的法国城市。

　　这个时期，其他大多数生产行业几乎没有技术进步或区位变化。鞣革和制革、陶器和玻璃制作、谷物碾磨和服装制作，几乎都没有改变。与建筑工业相关的技术有所发展。至少在教堂和较好的住宅中，木结构变得复杂，要求木工拥有更高水平的技艺。为了住宅的舒适人们有了更多的需求，如更多挂毯、壁板和家具，尤其是砖石结构的使用增加。这个时期，石料倾向于取代木材，而在北欧和东不列颠这些缺少好的建筑石料的地区，砖的使用急剧增加。吕贝克、但泽和波罗的海地区的许多较小城市，开始主要用砖建造。在不列颠，砖不断被用于公共建筑和大型住宅。

　　欧洲大部分地方继续从事铁器制造，并且规模在这个时期扩大。此外，铁器制造还是这个时期唯一一个技术显著提高的工业分支。建在裸露的位置、依赖自然风提供气流的原始通风炉在这个时期之初消失，被壁炉或锻铁炉所取代。新型的炉利用伸缩盒提供气流，它可以使用人力或畜力来运行，但实际上它往往靠水车运转。这促使工厂迁移至河流附近，并且进一步凸显了更易获得水力的山丘地区的重要性。在14和15世纪，已在阿尔卑斯山东部地区使用的炉床传播至西欧和斯堪的纳维亚。它被所有面向市场的制铁地区采用，但旧式的方法仍在偏远地区使用——这些地区的冶铁仅是满足地方需要。

高炉是第二个技术革新。它确切产生于何地或何时尚不可知，可能是因为它由炉床发展而来的过程缓慢且渐进。炉床壁首先被升高，以便能容纳更多的矿石和木炭。这反过来需要更强的气流来升高温度和生产更多的液态金属。在金属的大量生产、更多矿渣的去除和金属易于制造等方面，其优势很明显。相关的做法只是把炉床壁建高，用防火砖加炉衬，在底座留一个排出液态铁的出铁口。

高炉似乎可能发展于15世纪的丘陵地区，长期以来，这些毗邻莱茵河下游的地区以制铁而著称。其使用在1500年前传播至英格兰东南部，尤其在威尔德被采用。高炉似乎大大优于锻铁炉，它能在更短时间内生产更多的金属。但它也有很大的劣势，这将在下个世纪显现出。在西欧森林严重不足的时期，高炉对燃料的使用异常浪费。其次，更高的炼铁温度产生了更加液态的金属，但也使金属吸收了大量由燃烧的材料而来的碳纤维。其产出的是生铁，很硬，不能被锻造和焊接，最重要的是，特别易碎。金属将流入模具和铸铁件，主要是罐、炉和炉板，产品不断变得具有装饰性、精致和数量庞大。但对铸造品的需求没有对用于制造工具、武器和盔甲的钢铁的需求多；因为钢较软，是含碳量较低的铁，可被锻造且可用于建造建筑物。就这些用途而言，生铁无用。它可以在壁炉中提炼，其中的碳被"烧"出；但就劳动和燃料而言，重新使用旧式的"直接"方法更便宜。直到18世纪，生铁使用中的问题才被克服。

　　中世纪晚期制铁规模的扩大促成了集中生产。当然，尽管是自然通风炉，小提炼炉继续被孤立地使用，但人们发现出现了少量以制铁为主要工业的地区。在大不列颠，威尔登区成为最重要的制铁地区，最早使用高炉。迪安森林长久以来一直是制铁地区，尤其作为铁箭头的产地而异常重要。在欧洲大陆，法国东部和西德意志的丘陵地区因其铁制品而闻名，其声誉一直留存至19世纪。可能正是在这样的一般地区，高炉得以发展。甚至在中世纪末以前，产自艾费尔高原和席根兰的铁仍供应给列日、科隆和甚至更远地区的工具制造者和武器制造者。与此同时，比利牛斯山地区，以及阿尔卑斯山地区的萨伏依和意大利北部，继续为米兰、托莱多及其他地方的铁匠和兵器制造者提供金属。阿尔卑斯山东部仍保留着古典时代的产铁声誉，增加了产铁量，是最早使用锻铁炉的地区之一。但这些年发展最快的地区可能是瑞典中部。当中世纪晚期开始挖掘富矿矿床时，在开发褐铁矿岩球或沼泽内的沼铁矿之上建立的工业得以发展。该工业位于斯德哥尔摩西部知名的贝尔斯拉根（*Bergslagen*）地区。矿石被变为软铁棒，即知名的奥斯孟铁，被大量出口至西欧和中欧。由于存在锰而不存在硫黄和磷，贝尔斯拉根地区的铁的质量被认为比德意志的铁更高。

　　某种铁的高品质，如锡根、贝加莫（Bergamo）、施蒂里亚以及瑞典所产的铁，应归于矿石的质量和工匠的技术，这两者同样重要。在中世纪晚期，矿石枯竭是不可能的——毕竟总产量太小——需要担心的却是木炭的供应。锻铁炉要消耗大量的木炭，早在14世纪的英格兰，锻铁炉就因缺少木炭而被遗弃。法国部分地区也有类似情况；但在德意志，因森林更广阔，人们几乎很少听到木炭不足或价格很高。丰富的森林和优质的矿石则是瑞典工业兴盛的重要因素。

　　制铁工业在中世纪晚期很重要，但其规模很容易被夸大。锻铁炉通常一年中只工作部分时间，因为运转风箱的水流往往在冬季停止。也有的情况是因河流在夏季干涸，锻铁炉终止工作。冬季则通常是工人进入森林制炭的季节。因为这个时期留存下来的记录极少，所以很难（几乎不可能）估算任何一个工厂或成组工厂的产量。根据可能已运行的锻铁炉的数量推测金属棒或软铁的产量，在1400年欧洲有25 000至30 000吨的订单，1500年升至40 000吨。

　　有色金属的开采和冶炼似乎在中世纪晚期已增加，扩展至以前未被开采的矿藏丰富的地区。矿物有时是联合开采，这增加了采矿业的收益。银通常与铅相关联，铅则与锌相关联。除了贵金属外，人们寻找最多的是铅、铜和锡。一种锌矿物——炉甘石被用于制作黄铜，但由于技术原因，金属锌直到18世纪才被生产出来。铅是最具延展性的常见金属，薄铅板通常被用于给大建筑盖顶以及制作管子和盛水容器。铅与锡合铸，变得坚硬，以白镴的形式被用于制作桌子和其他装饰物品。实际上，买得起的人对白镴的需求量在15世纪急剧增加。

201 　　　重要的产铅地仍是不列颠西部和北部高地、阿登－艾费尔、哈尔茨山和波希米亚，这里的铅矿与银密切相关。铜的分布并不广泛，但在德意志中部、波希米亚和斯洛伐克山区也有开采。斯洛伐克山区在15世纪成为主要产地。铜或沿维斯瓦河被运至波罗的海，在这里由汉萨同盟的商人处理；或穿过匈牙利和迪纳里克（Dinaric）山区被运至亚得里亚海港口，由威尼斯人接收。但在14和15世纪，铅矿最充裕的产地是瑞典重要的大铜山（*Stora Kopparberg*）矿，位于法伦（Falun）附近，斯德哥尔摩西北边的山丘中。西班牙南部和巴尔干半岛也产少量的铅。

　　炉甘石不被认作金属矿石是因为它根本未被冶炼。而在法律上，它是一种"土"，开始在阿登高原和哈尔茨山被开采，被用作制造黄铜的合金，在默兹河河畔的迪南成为主要工业。最后，有锡之地罕见，只有在英格兰西南部真正重要。锡大都从荒野山谷的冲积层矿床获得。尽管成组的矿坑几近枯竭，但其产量在增加。中世纪晚期，康沃尔郡的矿工开始转向岩石中含矿物质的矿藏。

　　金属矿开采在15世纪开始面临危机。矿物，仅锡矿除外，都被深度开采。用简单的手工工具粉碎岩石是很困难的。在瑞典的铜矿井中使用了火力破石法采掘，其做法是紧靠着岩石生火，然后向岩石浇水使其碎裂。然而，主要问题不是岩石的坚硬，而是随着开采的深入，触及了地下水位。哈尔茨山的拉莫尔斯贝格矿的开采实际上已停止，直到人们可以通过坑道把水排尽。其他地方开始使用原始的泵，正如格奥尔格·阿格里科拉（Georg

Agricola）所列出的那些。[①] 不断增加的开采难度和不断上升的开采费用把矿工驱至更偏远的地方，在中世纪晚期，有三个地区被大规模开辟。萨克森的奥尔山和附近的波希米亚早已有金属矿开采。银最具吸引力，但铅和其他矿物也被发现掺杂其中。15世纪有许多开采场，但其中最重要的无疑是库特纳霍拉（Kutná Hora）、普里布拉姆（Příbram）和亚希莫夫（Jáchymov，今约阿希姆斯塔尔［*Joachimstal*］）——这些地方于1519年铸成第一批塔勒（*täler*）银币。

尤其是银和铜的开采从波希米亚向东传播至斯洛伐克山。15世纪末，在斯洛伐克山出现了另一个以克雷姆尼察（Kremnica）和班斯卡 - 比斯特里察（Bánska Bystrica）为中心的采矿区（见本书第214页）。最终，采矿业发展于巴尔干地区的迪纳里克山脉。它由于奥斯曼的入侵而受到抑制，但在中世纪晚期得以复兴。其主要中心位于波斯尼亚，南至马其顿地区。银、铜和铅被开采并由驮畜穿过山区运至亚得里亚海岸，由等候在那里的威尼斯人接手。

日常需求唯一的非金属矿物盐——氯化钠，基本上是从海水中获得的。其用途太多而无法一一列举，如包括肉、鱼的腌制和皮革的保存。大部分盐通过海水蒸发获得，因为通过太阳的热量能最好地获取盐，大多数盐来自欧洲南部海岸。尽管英格兰海岸在中世纪晚期继续制盐，但在这样多云凉爽的气候条件下有必要

202

[①] Georg Argicola, *De Re Metallica* (Basel, 1556). English trans. H. C. and L. H. Hoover (New York, 1950).

熬煮卤水。可依赖自然蒸发法的最北端是位于法国的比斯开湾海岸的布尔讷夫（Bourgneuf）湾，"此海湾"是这个时期的重要盐产地。但内陆的盐泉也被用于制盐（见本书第 108 页），尤其是德意志北部的吕讷堡（Lüneburg）、萨克森的哈雷（Halle）和波兰南部的维利奇卡（Wieliczka）等。在这些地方，盐必须通过熬煮提取。盐成为当时最庞大的贸易物品之一，不过从海岸盐场至内陆盐井都有广泛分布。

运输和贸易

中世纪末期的特点是长途贸易变得越来越复杂和重要。同样的运输模式仍在使用。农民用驮鞍和马车把产品运至市场。商人使用他所能使用的水上交通，不得已时才使用陆路。事实上，如果可以计算货运的周转量，将会发现较大部分无疑是经陆路运输的，不论道路有多难走。然而，陆路和水路的相对重要性开始发生了转移。小船越来越多地被用于运送人和商品至城镇市场，并且市场船只（Marktschiff）在莱茵河上起着越来越重要的作用。同时，从地中海地区至西北欧的海路，开始成为西北欧和意大利之间陆路的补充。在地中海普遍使用的桨驱动的帆船不太适合北大西洋的波涛骇浪，一般取而代之的是更短的船，这种船宽长比例更大，完全靠帆驱动。从意大利船只在伦敦和低地国家的目的地，德国贸易城市同盟——汉萨同盟的船只通过北部海域航至俄罗斯。中世纪初期，欧洲内部贸易主要经由陆路，只在便利的情况下使用河运，而海上运输几乎没有。在 14 和 15 世纪，欧洲商业重要的一部分抵达海岸——如果可能，走水路；如果必要，走陆路——然后沿海岸到其他地方，再从该处经由陆路分销。

14 世纪初，发展至巴黎东部的大型商品展销会不再专注于西欧的贸易。商人不再需要面对面进行结算，而是通过更成熟的金融手段来处理。商品正在变得标准化以至于购买者可以不需过目购买和付款，西欧的买卖活动已成为城市中进行的连续过程而非商品交易会上的间歇性活动。当展销会的重要性在西欧下降时，却在中欧上升了。北意大利和低地国家之间的路线向东转移。阿尔卑斯山东部和中部的山隘开辟了正常通行的道路。13 世纪圣哥特哈德的开通，包含了壮观的、通向罗伊斯河谷的道路建设。其他山隘则没有这样的障碍，它们的困难在于没有供旅行者及其牲畜在寒冷多风的山顶使用的避难所。而在艰辛的旅程途中建设的济贫院弥补了这一点。

同时，展销会体系虽在法国东部衰落，却在瑞士和德意志南部得以发展。其中最常举办的展销会是在瑞士的日内瓦和楚尔察赫，以及德意志的诺德林根和法兰克福。它们在一定程度上是布料展销会，在此销售的是德意志南部和瑞士高原的农家自制布匹；但它们也交易阿尔卑斯山地区的动物产品和来自意大利工匠作坊的武器、工具及其他金属制品。不过，最后，德意志、瑞士的展销会步了香槟展销会的后尘。随着商业于 15 世纪迁移至城市的商店和商行，交通衰落了。纽伦堡展销会的命运就说明了这一发展过程。1423 至 1424 年，纽伦堡希望从设想的展销会繁荣中获利，于是获得皇帝的许可举办了一场展销会。但该展销会无法与城中活跃的企业竞争，不久就被迫关闭了。同时，较新的展销会设置在了更远的东部——莱比锡、波兹南和格涅兹诺，这些是商业城市极少和商业基础设施不发达的欧洲地区。类似的进程发生于低地国家北部依然不发达的地区。安特卫普北部地区的城市略有发展，代芬特尔（Dventer）①、乌得勒支和贝亨奥普佐姆（Bergen op Zoom）的展销会曾一度充当了同样的角色。但在 15 世纪，安特卫普的市场地位还未变得日益重要时，它们就衰落了。在安特卫普，早期的展销会继续举办，但融入城市的日常活动中。

中世纪末期，展销会仅在斯堪的纳维亚和东欧、东南欧保留了早期的重要性。展销会代表着早期阶段的商业发展，在长途国际贸易通到城市之后，它们不再起任何重要作用。

地中海贸易

十字军运动的失败和奥斯曼土耳其的推进，限制但没有终止意大利商业城市在整个地中海盆地的活动。威尼斯人和热那亚人的帝国由大量具有战略性地位的贸易基地组成。城市共和国缺少控制广阔领土的资源，因此大部分贸易基地较小，只能被用于储存将被买卖的商品。在 15 世纪末或 16 世纪初之前，威尼斯人一直拥有希腊岛屿甚至伯罗奔尼撒半岛（希腊南部）上的基地。土耳其人没有设法把他们驱逐出去，可能是发现他们的商业是有用的。直至 15 世纪晚期，"马尔姆塞"酒一直从希腊南部的莫奈姆瓦夏被运至西欧。热那亚人在地中海东部地区进行贸易，但其规模根本没有威尼斯人的那么大，遭受的创伤更严重。黑死病通过

---

① 原文如此，正确拼法应为 Deventer。——译者

热那亚人的船只从黑海海岸的卡法（Caffa）被带至欧洲，但这个港口于 1475 年被土耳其人占领。来自小亚细亚海岸的福西亚港口的明矾贸易几乎一度由热那亚人垄断，但这由于土耳其人的占领而终止，对欧洲的布料工业产生了重要影响。

即使在土耳其人占领了东边的迪纳里克山地区之后，威尼斯人对亚得里亚海的控制也几乎未受到挑战。尽管频繁被中断，但他们仍继续同巴尔干半岛的内陆地区进行贸易，尤其是金属贸易。扎拉（Zara）、杜布罗夫尼克（今拉古萨［Ragusa］）和像布德瓦（Budva）、特罗吉尔（Trogir）这样的小城市成为有自治权的威尼斯附属地。

热那亚在西地中海地区的商业中处于支配地位。穆斯林占领着非洲北部沿海地区和西班牙南部的格拉纳达王国，但岛屿仍牢牢地为基督徒所控制；地中海西部的伊斯兰教国家缺乏传教的热情，这是东部伊斯兰教国家所特有的。热那亚的贸易商品主要是大宗且相对廉价的货物，而非香料和丝绸——这些是威尼斯的重要贸易商品。来自北非的小麦、海岸沼泽的盐、西班牙的羊毛和拜占庭的明矾，填满了热那亚人的船只。热那亚人没有属于自己的海洋。1406 年，佛罗伦萨占领了其沿海近邻比萨，不久之后，开放了利沃诺（Livorno，即莱戈恩［Leghorn］）港口并发展了船队。巴塞罗那和西班牙沿海、法兰西南部的小港口以及巴利阿里（Balearic）群岛也都参与了这个贸易。14 世纪初期的热那亚人开始在夏季派船远征西北欧。

意大利城市共和国接收的商品主要是来自阿尔卑斯山北面的布料、皮毛和金属商品，输出的则是来自黎凡特的棉花、明矾、香料和其他东方贸易产品。来自中欧的商人一般穿过山口到达意大利平原，他们在意大利城市中有自己的基地，正如意大利人在黎凡特地区的港口有自己的基地一样。事实上，德意志人在威尼斯的雷雅托桥（Rialto Bridge）附近的"德意志基地"（*Fondaco dei Tedeschi*）建立了自己的"工厂"或其代理商居住的地方。但在商业中出类拔萃的是意大利人，只有他们了解国际贸易的影响，用汇票付款的复杂性及所使用的度量、货币单位的不同和矛盾。他们为引导商人编制手册，其中佩格洛蒂于大约 1340 年所作的《通商指南》（*Practica della Mercatura*）是最全面、最著名的著作之一。只有意大利商人在这个时期习得了坐镇佛罗伦萨、威尼斯和其他地方的账房，操控市场并观看其收益积累的本领。

北　欧

北欧贸易与地中海贸易形成鲜明对比。南方的地中海贸易是与成熟的、尽管有时敌对的生意伙伴进行的，而北方的北欧贸易则是同欧洲最不发达的北部、东北部地区进行的。欧洲商人在这里获得林产品——木材、皮毛和兽皮——亚麻和大麻、蜂蜜和石蜡；同时用盐和西方更精制的产品——布料、葡萄酒和金属商品——进行交易。贸易随着德意志人的东迁而得以发展。港口沿波罗的海沿海建立起来，远至柯尼斯堡（Königsberg，即加里宁格勒〔Kaliningrad〕）和里加。其商人把波罗的海内陆地区的产品运至西部，他们的贸易实际上包含了从西部进口包含盐在内的制造品，以及出口农、林原产品。位于波罗的海贸易范围中心的是哥特兰岛和商业城市维斯比（Visby）。尽管是在瑞典的统治下，但它们成为在波罗的海地区从事贸易的德意志商人的聚集地。这些商人为了在这个敌对的环境下保护自己，展开互动，在此形成了一个联盟或曰汉萨商业同盟。与此同时，德意志城市也形成联盟，其中有大量的温德族（Wendish，即梅克伦堡［Mecklenburg］）城市联盟；它们都是要保护自己免受亲王近邻的压迫并增加商业利益。这是 14 世纪汉萨同盟发展的源头。1356 年，德意志北部和波罗的海地区的诸多城市的代表形成了汉萨城市同盟，其称谓区别于早期的汉萨商人同盟。这个同盟仍是非正式的，其成员数量在 70 和 80 之间波动。同盟中的这些城市是选派代表参加其议会（Hansetag）的非正式会议的成员。同盟成员的身份具有很大优势。同盟中大部分是小城市，但它们总体上有相当大的政治权势。它们成功地战胜丹麦王国而取得了贸易特权和船只穿过丹麦海峡的通行权（见第十一章）。它们还压制了其领海内的海上劫掠。尤其是在佛兰德斯、英格兰和俄罗斯这些它们无法施展政治上的控制的国家，它们可以维持商站（Kontors），即类似于在威尼斯的德意志基地的机构；它们的商人可以在这些基地居住和确保商业安全。

　　汉萨城市同盟名义上的首领是吕贝克，在其倡议下汉萨会议（*Hansetäge*）得以启动。其成员从下莱茵兰地区扩展至波罗的海东部地区的里加和雷瓦尔（Reval），不仅包含波罗的海地区的许多小港口城市，还包括威斯特伐利亚和下萨克森地区的许多城市——这些城市没有直接的出海通道，在波罗的海地区也没有重要的商业地位。无疑，成员身份对它们很有政治价值。在同盟贸易范围的周边，英格兰的伦敦、金斯林（King's Lynn）和波士顿，

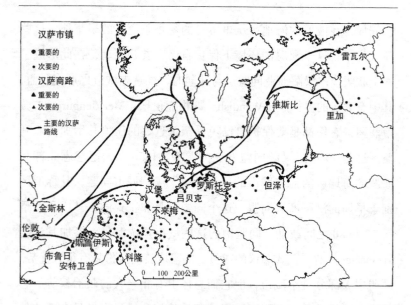

图7-7　14世纪的汉萨同盟

佛兰德斯的布鲁日、斯鲁伊斯（Sluys）和安特卫普，挪威的卑尔根和奥斯陆，立陶宛的考纳斯（Kaunas）和俄罗斯的诺夫哥罗德（大诺夫哥罗德，区别于下诺夫哥罗德［Nizhni Novgorod］）都是同盟所使用的港口，但它们不是正式成员。在伦敦，同盟的商站是半强化的杆秤（Steelyard），它保留了其特权，直至被女王伊丽莎白一世禁止。汉萨城市同盟在14世纪晚期处于繁荣和权力的巅峰（图7-7）。同盟在这个时期的商业特权由丹麦人的战败所证实。15世纪，同盟的力量和繁荣程度减弱了。领土国家，尤其是瑞典、俄罗斯和波兰加强了对城市的控制，波罗的海东部地区的贸易遭受了战争，但或多或少延续了下来。汉萨城市同盟中的城市数量减少，其他民族，尤其是荷兰人和英格兰人开始侵入德意志汉萨城市同盟以前封闭的贸易范围。

低地国家

佛兰德斯位于西欧贸易的中心。正是在这里，北欧贸易与大西洋贸易交汇。从这里通过陆路和水路，穿过法国和德意志，可抵达阿尔卑斯山区和地中海地区。而商业大道从香槟东移至德意志西部，也没有太大差别。它们都没有影响到位于佛兰德斯和莱茵河之间的西北欧地区，这里将被发现是除意大利之外商业城市和贸易活动最密集的地区（图7-8）。正如15世纪的押韵诗《英格兰策略的控诉书》所描述的：

> 佛兰德斯的狭小国土，
> 的确只是其他国家的一部分。

然而，贸易模式在中世纪最后几个世纪中发生了显著变化。佛兰德斯的工业依赖于贸易，其羊毛来自英格兰，而布料先经陆路再经海路被运至意大利和法兰西。对此情况，有些幼稚的观点把英格兰的羊毛描述为经布鲁日进口，并从此再分销至其他制衣城市。而且，人们常说布鲁日旁的茨温河（Zwin）的淤塞破坏了贸易，给佛兰德斯工业造成了毁灭性的后果。但事实上，布鲁日根本不是停泊海船的港口，海船所能到达的最近城市是达默（Damme），在布鲁日下游方向四英里外。《英格兰策略的控诉书》很具体地形容了其商业：

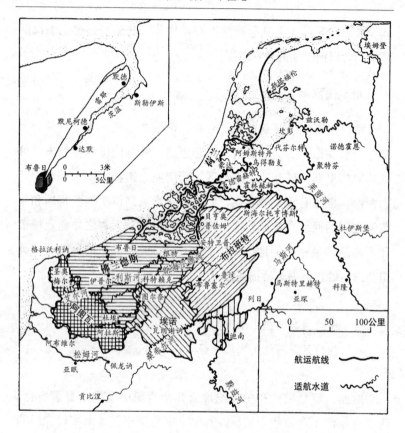

图7-8　14世纪的低地国家，显示了港口和主要水道

驶向佛兰德斯的船只非常老练，

驶向布鲁日如赴重要集市：

斯克鲁斯（Scluse，即斯鲁伊斯）是她的港湾，

　　供她修葺。

船只驶过那个叫作"斯温"（Swyn）的地方，

> 那儿有许多的船舶与集市逗留。

这个港口是茨温河口附近的斯鲁伊斯；至少在中世纪，茨温河还没有淤塞得不可恢复。

虽然斯鲁伊斯和茨温河的商业在中世纪晚期的确衰落了，但这主要是因为低地国家的生产结构和生产场所发生了变化。随着"新布料"在佛兰德斯西部和法国北部的发展，并且发展至布拉班特东部，佛兰德斯的"服装城市"的传统工业不论是相对还是绝对意义上都变小了。安特卫普不仅是一个优于斯鲁伊斯的港口，而且它距离布拉班特发展中的纺织中心更近。在 14 世纪晚期，佛兰芒人占领了该城市，试图阻止它促成其对手的成功，但结果是徒劳的。他们失败了。1406 年，安特卫普成为布拉班特的一部分，并确保了其未来的发展。在 1576 年被西班牙人摧毁之前，安特卫普仍是低地国家的重要港口和商业中心，是地中海船队的目的地，是德国汉萨城市同盟的一个主要商站的所在地。

随着城市和工业向东发展，低地国家和莱茵河地区之间的纽带在中世纪晚期变得越来越重要。从安特卫普开始，船只可能航行于莱茵河三角洲的水道（它们比现代更宽、更深）抵达莱茵河地区。以同样的方式，它们到达科隆和莱茵兰的城市。与此同时，斯海尔德河把内陆的商品运至安特卫普在埃诺和布拉班特的腹地。

大海西面的伦敦港在这些世纪中发展为最重要的不列颠港口，不仅出口越来越多的布料，而且进口来自法国和莱茵兰地区的葡萄酒以及金属、陶器，甚至还有砖和细布。伦敦正把对手甩在后面。波士顿和金斯林的重要性以前是基于羊毛出口，但羊毛出口

在下降。布里斯托尔、埃克塞特和南安普敦发展了布料出口。南
安普敦是应来自地中海的意大利船只的要求所设的临时港口。此
外还有朝气蓬勃的沿海贸易，其中大部分附属于少数更重要的
港口。

209　精选书目

总论

The Cambridge Economic History of Europe, Vol. 1, *Agrarian Life of the Middle Ages,*
　　2d ed., Cambridge, U.K., 1966. Vol. 2, *Trade and Industry in the Middle Ages,*
　　Cambridge,U.K., 1952.

Darby, H. C., ed. *A New Historical Geography of Europe.* Cambridge, U.K., 1974.

Dollinger, P. *The German Hanse.* London, 1970.

Duby, G. *Rural Economy and Country Life in the Medieval West.* London, 1968.

The Fontana Economic History of Europe. The Middle Ages. ed. C. M. Cipolla.
　　London, 1972.

Hay, D. *Europe in the Fourteenth and Fifteenth Centuries.* London, 1966.

Slicher van Bath, B. H. *The Agrarian History of Western Europe A.D. 500−1850.*
　　London, 1963.

Slicher van Bath, B. H. *Yield Ratios, 810−1820. Afdeling Agrarische Geschiedenis
　　Bijdragen* 10 (1963).

人口与聚落

Beresford, M. *The Lost Villages of England.* London 1954.

Ladurie, E. Le Roy. *The Peasants of Languedoc.* Urbana, Ill, 1974.

Ladurie, E. Le Roy. *Time of Feast, Times of Famine.* New York, 1971.

Pounds, N. J. G. "Overpopulation in France and the Low Countries in the Later Middle
　　Ages." *Journal of Social History* 3 (1970): 225−247.

Pounds, N. J. G. "Population and Settlement in the Low Countries and Northern Francein the later Middle Ages." *Revue Beige de Philologie et d'Histoire* 49 (1971): 369‒401.

Pounds, N. J. G. and C. C. Roome. "Population Density in Fifteenth Century France andthe Low Countries." *Annals of the Association of American Geographers* 61 (1971): 116‒130.

Russell, J. C. *British Medieval Population.* Albuquerque, N. Mex., 1948.

Russell, J. C. *Medieval Regions and Their Cities.* Bloomington, Ind., 1972.

Ziegler, P. *The Black Death.* London, 1969.

经济发展

Bridbury, A. R. *England and the Salt Trade in the Later Middle Ages.* Oxford, 1955.

Carus-Wilson, E. M. *Medieval Merchant Venturers.* London, 1954.

Gimpel, Jean. *The Medieval Machine.* London, 1977.

Klein, J. *The Mesta.* Cambridge, Mass., 1920.

Lopez, R. S. *The Commercial Revolution of the Middle Ages.* Cambridge, U.K., 1976.

Origo, I. *The Merchant of Prato.* New York, 1957.

Postan, M. M. *Essays on Medieval Agriculture and General Problems of the Medieval Economy.* Cambridge, U.K. 1973.

Postan, M. M. *The Medieval Economy and Society.* London, 1972.

White, L. *Medieval Technology and Social Change.* Oxford, 1962.

第三部分

近代欧洲

我们所说的现代历史自文艺复兴开始。这的确是一个知识重生的时代，也是对臆想中的希腊自由的回归。精神境界被拓宽了。现代科学和医学的发展在该时期起步，并且葡萄牙、西班牙、法国和不列颠的伟大航海家们拓展了人们的地理视野，还使得部分欧洲人意识到了世界其他部分的人民和资源；但是这种新觉醒本质上对欧洲经济、社会空间方面的影响甚微。物质生活方面的大突破并未追随此后 15 和 16 世纪的思想新觉醒，而是要迟至两个世纪之后，当飞速发展的技术使得前工业化社会变为工业化社会之时。

尽管如此，文艺复兴对于欧洲大陆的空间结构也并非毫无影响。新的环境观得到发展，越来越多的人对于他们生活的土地表现出兴趣。结合地理学，并且对国家历史作有一定偏见的论述的著作开始出现。这种对于土地的新兴趣，是人们对于国家更广泛的关心的一部分。此时，人们开始更把自己看作是更广泛社会的一部分，而非仅仅属于群体或者亲缘组织。中世纪也有"民族"（nations）的概念，但是指的是独立于土地的群体，如同在"国际化"的大学里遇到的那些。此时人们开始认定自己属于一个特定的国家或区域，它们最明显的特质在于共同的语言、风俗和共同的经历。因而，出现了一种朝向"民族国家"（nation-state）的形成的趋势，一群人连贯而自治地占据一片清晰可辨的广袤土地；该趋势在19世纪得到了最充分的发展。

民族国家的出现伴随着封建社会结构的瓦解。这与本书的主题相关，因为它提供了一个组织和引导人类活动的框架。一个政府，一旦可以安全控制其所有的领土和社会阶层，就开始调控其经济并保护制造业和农业的某些分支。政府会取得各种不同程度的成就，但是至少他们会调整聚落和经济活动的分布。

因为这个原因，第三部分首先讨论对国家领土构成的新态度。随之而来的是此前已经讨论过的对于人类地理学相同组分的检视，我们发现16和14世纪的差异没有人们根据思想环境的变化所推测的那么大。

第九章将追踪这些组分在16世纪初至18世纪末的变化。这将近三个世纪的时期是快速发展的19世纪的序幕。它的特点是变化的速度加快。在经过16和17世纪的动荡后，人口从18世纪开始增加，在该世纪行将结束时人口增长速度超过了以往任何时候。这与城市缓慢且选择性的扩张相匹配，欧洲部分城市在1815年达到了前所未有的规模。

农业与乡村聚落的变化更慢，因为在广大范围内固有的社会控制大大限制了变化的可能性。尽管如此，在整地、犁地、轮作、作物以及田间管理方面仍有改进，尤其是在低地国家和英格兰；并且这些革新慢慢扩散到了法国和中欧，导致食品生产的数量和种类的增加以及饮食极其缓慢的改善。

这一时期手工业所取得的成就对未来发展的作用显著。这些行业，从金属加工到织布和布料加工，空间开始更加集聚。个体企业扩大到了接近工厂的规模，并且产品不再是大部分供应于本地市场。这需要商业资本的介入来提供原料、控制任何特定制造业的分支机构，并且收集和在市场上销售产品。近年来，工业生产的这一阶段被称为"原初工业化"（protoindustrial）。它标志着从早期的普通手工业（手工工人直接与民众打交道）向工厂系统的转型。它鼓励工业向生产要素青睐的地方集中，并且这些地区可以被称为"工业区"（industrial regions）。但是，在环境不断变化的19世纪，并非所有在早期工业化系统下演化了的区域都能够保持其先进性。

一方面是制造业的逐渐集聚，另一方面是大型城市中心人口的增长，使得食品、原料和工业产品交易量的增加显得必要。但是，19世纪之前，商业基础设施几无改善迹象。陆路仍然糟糕，至少北欧和西欧仍然主要依赖水路运输和滨海地区的海上贸易。定期的展销会最终让位于大城市的长期商业经营。

该时期地理变化的主导特征是区域间更加相互依赖，并且一个国家内或者欧洲大陆内的多个部分间的经济和交流的水准有了提高。尽管中世纪基督教世界有理论上的统一概念，但正是在这一时期功能性的统一才开始发展；并且，正是这种发展使得在下一世纪发明得以迅速散播，结果是科技的各个分支都得到了迅猛发展。

213

第八章　文艺复兴时期的欧洲

16 世纪早期的欧洲在很多方面还停留在中世纪。乡村和农业人口占了总人口的 80%，城市仍然很小，手工业则是小规模的且多为家庭作坊。此前千年以来的技术几乎毫无进展，很少有工业和农业的工艺是 1000 年时的人所不理解的。大部分的乡村人口仍不自由，被绑在土地上，并且受限于繁重、专制的劳动力需求。1524 至 1525 年德国农民战争中的抱怨之一就是，"劳役……逐日加重，且逐日新增"。然而，这个时期仍有变化，即人变得越来越有批判性，也越来越爱求索。说这是科学态度还为时尚早，但是制度和宗教开始受到质疑，新形式的组织开始为人所接受；而且，以一种缓慢且断断续续的方式，创新与试验的精神开始发展和扩散。

民族主义与政治版图

文艺复兴时期知识最重要的发展之一是有关国家和公共管理的新看法的出现。中世纪，中央政府的影响很弱，其权威由封建等级制来传递。但是，现在不列颠、法国、西班牙和斯堪的纳维亚政府的这种封建结构下移，并且在地方层级上处理事务。政府统治在各个层面的最大愿望和能力反映在人民希望属于（或被视为属于）相应的"民族"的愿望增长这一点上。从下层萌发且由上层强力推行的民族主义精神，开始弥漫于社会。

　　这种新的发展中的民族主义的一个先决条件是更为精准的政治边界。1546 年，查理五世沿着默兹河的东岸前行时，指着河岸对面的维勒弗朗什（Villefranche）城问道："那是谁的？是我的还是法国国王的？"然后，"他拿来了街区记录并对其进行检验，发现这些居民属于法国国王"。[①] 这是典型的中世纪王权，在很多地方其权威的界线是不明确或未知的，当问题出现时，通常的做法是问当地居民效忠于谁。这种不确定性一旦出现就被一个个地清除，但是仍有一些延续到了 18 世纪。

　　除非按照自然条件，否则边界很难界定。那些地方社区或庄园可能以小片林地或道路为界，但是这些不能作为国家边界。在划定国际疆界时，人们常常选择一些永久且不被移动的景观特征，例如一条河流或一座山脉。其趋势总是协调疆界与自然特征，并且简化到最小，比如"从 A 到 B 一条线"这样的说法。

　　尽管很多幸存的例子是模糊和不确定的，但还是可以设想 16 世纪的统治者对于他们统治的土地仍有相当的了解。在某些方面不只是纲要性的理论性世界地图开始印刷，而且号称有精确度，准确定位了一些城市并用线条显示边界。与此同时，全景的景观地图开始被制作出来。尽管这些地图开始时是给炮火师的，他们

---

　　① *Mémoires de Martin et Guillaume du Bellay*, ed. V. L. Bourilly and F. Vindry, Société de l'Histoire de France, 4 (Paris, 1908), 1325.

需要即刻对城市展开围攻，但是这些地图仍然揭示了城市内部的很多联系。更多的人开始旅行，他们对陆地有了更多的了解，而且这激发了其研究的欲望。

在16世纪40年代，约翰·利兰（John Leland）"完全沉湎于彻底观察英格兰之繁荣昌盛的所有方面"，最终，他留下了一部堪称信息库的旅行日记。[①]教皇庇护二世埃涅阿斯·西尔维乌（Aeneas Sylvius）曾描绘过德意志，而吉尔·勒·布维耶在15世纪60年代令英格兰和法国的先驱们对各自国家的财富与资源展开辩论。从法国到波兰，书籍开始赞扬个体国家的美德与资源，并修饰其历史。此类著作在德意志与意大利最多，这些国家内部的政治分裂是最深的。这就产生了一个问题：什么是作为一个国家的标准，是什么让人民聚集并导致他们愿意成为一个国家的成员？答案多种多样。约翰·史通普夫（Johann Stumpf）用"风俗、性格和语言"来界定德意志。对乌尔里希·穆蒂乌斯（Ulrich Mutius）来说，德意志就是"那些说德语或者任何一种德语方言"的地方。这种对德意志语言的强调导致了一种"德意志沦陷区"（*Germania irredenta*）意识，因为真正的德意志仍有部分被他人控制。策尔蒂斯（Celtis）写道，"我们著名的港口但泽被波兰人控制，并且我们的出海口桑德海峡（The Sound）被丹麦掌控"，而东部的社区也"从德意志的躯体上分离……例如特兰西瓦尼亚的撒克逊人就属于我们的种族文化，并且说我们本族的语言"。[②]很

---

① *The Itinerary of John Leland*, ed. Lucy Toulmin Smith (London, 1907), I, xli.

② *Selections from Conrad Celtis, 1459–1508*, trans. L. Forster (Cambridge, U.K., 1948), 47.

难确认这是在大约 1500 年而非 20 世纪 30 年代写的。

同样的情绪也在意大利被表达，虽然一般来说要略优雅一些。阿尔卑斯山被描述为上帝赐予意大利的边界。马基雅维利号召把野蛮人（法国人与德意志人）驱逐出意大利；圭恰迪尼（Guicciardini）希望在其有生之年看到"三件事情……我们佛罗伦萨良好的公共秩序，意大利从所有野蛮人手中解放，把世界从教士的暴政中解救出来"①。在欧洲主要的领土分区，单一语言开始吸收地方方言。在意大利是但丁所讲的托斯卡纳语，在德意志是路德所讲的高地德语（Mittelhochdeutsch），而在法国，巴黎盆地的奥依语（*langue d'oil*）成为官方语言，但这丝毫没有减少方言土语的使用。

如果说共同语言是促成国家统一的最主要力量，那么另一力量则是共同的情感经历，例如为了独立或者生存而进行的战争。瑞士就是这样一例个案。法国的团结一致形成于同英格兰人的百年战争，西班牙的一致性和其与摩尔人的战争有关，波希米亚人的团结在与奥地利的长期斗争中形成，荷兰则在世纪末反对西班牙的过程中增强凝聚力。甚至连语言的多样性也可以被纳入到因成功反抗而产生的同一情感中，正如瑞士所表现的。

当时欧洲的主导性力量是西班牙与法国，围绕这两个最大的国家形成了集团。哈布斯堡王朝在 1519 年继承了卡斯蒂利亚和阿拉贡的联合王位，已经拥有了奥地利和波希米亚、西里西亚，

---

① *Maxims and Reflections of a Renaissance Statesman*, trans. Mario Domandi (New York, 1965), 144.

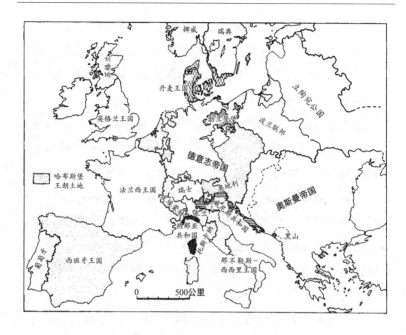

图8-1 约1530年时的欧洲政治地图

1526年后还有匈牙利，以及勃艮第、低地国家，此二者在1477年末勃艮第公爵于南锡遇害时获得。加上其从西班牙国王处获得的海外权力以及从神圣罗马帝国头衔那里获得的权力，奥地利皇帝自此拥有了欧洲大陆的近四分之一（图8-1）。表面看来，哈布斯堡王朝权倾天下。他们控制了从地中海到北欧绝大部分的陆路与海路。他们控制了欧洲大量的金属生产及其原料、欧洲与美洲绝大部分的金银，因而可以支撑任何所需的军队。表面看来，自罗马帝国终结后，尚未有如此多的权力集中于一个统治者之手。不过，该权力在一些方面是幻象。哈布斯堡王朝的土地是分散的，在其间移动有时有困难。而西班牙和德意志有社会反抗，低地国家有分离主义，波希米亚和匈牙利有战争。为这些分裂势力添油加火的则是宗教改革，它导致德意志在世纪中叶一分为二。实际上，哈布斯堡王朝有致命弱点。

德意志帝国与法国的分界线沿着或靠近"四条河"，即斯海尔德河、默兹河、索恩河和罗讷河，尽管界线因河对岸的封建属地而复杂化。法国国王实行了无情的政策（尽管这只是间歇性的）以便把各省的权力揽入自己手中（见本书第142—143页）。当布列塔尼公爵的封号也被融入他的王位时，他成功了，此后再也没有大的诸侯来威胁国家的统一。1539年，巴黎地区的方言开始成为法国的官方语言。然而，南方并没有完全接受来自北方的统治，并且反抗持续了多年。

意大利被分裂成12个以上的公国，它们彼此敌对，而且均首先被法国，随后被神圣罗马帝国的拥护者所劫掠，神圣罗马帝国的拥护者在1527年怀着比410年的西哥特人更大的愤怒洗劫了罗马。位于德意志东部的是动荡的波兰联邦，更远处是更为原始的立陶宛公国，两者以共主邦联（personal union）的形式被亚盖洛王朝（Jagiełło dynasty）统治。在立陶宛更远处，是极欠发展的莫斯科公国。莫斯科公国位于森林带内，但疆域却向东无限延伸。其资源只是潜在的；不过其君主开始制造某种普适性的说法，称其在西部的权力授自神圣罗马帝国皇帝。莫斯科是"第三罗马"，并且是罗马本身与君士坦丁堡最后的继承人。关于该说法的神话与传奇被东正教毫无保留地接受了，但却遭到了西方的拒绝或忽略。

斯堪的纳维亚国家开始从默默无闻到崭露头角。其中人口最多、最发达的是丹麦王国，它包括与之有联系的南瑞典和挪威。前者给予了丹麦王国控制桑德海峡及其相应的政治权力和港口税；该海峡是极其容易航行的进入波罗的海的门户。此时的瑞典被瓦萨王朝（Vasa dynasty）统一，并且基于其铜铁资源而发展成政治大国。

同时，欧洲国家正在拓展海外并征服美洲和亚洲的大片区域，它们还处于东方的威胁之下。奥斯曼土耳其帝国已经蹂躏了整个巴尔干半岛并在1526年击败了独立匈牙利的末代国王，甚至威胁到了维也纳。从抵御欧洲被侵略的方面说，奥地利公国重拾其古老的角色。奥斯曼土耳其帝国不仅席卷匈牙利平原，而且穿越多瑙河下游进入瓦拉几亚和摩尔达维亚，环形推进到喀尔巴阡山脉的外侧弧线，威胁到了南波兰和大草原。

这个时段内的东欧国家与中欧和西欧的关系更加紧密。欧洲开始变得更小：消息传播更迅速，距离障碍被克服，并且西欧列强尤其是法国更加深入地卷入了东欧事务。宗教改革蔓延到波兰、匈牙利和特兰西瓦尼亚，意大利文艺复兴时期的艺术风格扩展到了英格兰、斯洛伐克和波兰。欧洲文明的势力范围被奥斯曼帝国的政府缩小了，但是却变得更为统一。

人　口

在14世纪的人口减少与15世纪的动荡起伏之后，欧洲人口从16世纪早期开始增加。流行病的致命性较先前有所减弱，但是可能除了英格兰之外，没有国家有充足的统计学依据用来估计人数。

在部分低地国家，仍在被编制的炉床名单正在失去价值，因为炉床更多地成为一个纳税单位的概念而非计算真正人口规模的标尺；而且，即便是类似的记录在欧洲其他地方也非常缺乏。只有英格兰可以自称精确。这里的堂区登记从 1538 年开始便受命保存，提供了受洗、结婚与丧葬的记录，尽管它们远非 16 世纪的完整记录，但它们提供了方法来对总人口进行可靠的估计。

基于登记中提取的聚合总数，里格利（E. A. Wrigley）单独估计了英格兰的人口，登记开始被记录时有 2 750 000 人。一个人口密集带穿越低地国家并扩展到莱茵河地区。中等人口密度的区域则向南扩展到包含巴黎盆地的大部分并溯莱茵河谷而上到达瑞士。瑞士高原的很多地区是同样的人口密集区，但是整个阿尔卑斯山和法国南部丘陵区域的人口稀少。北欧平原的人口密度异常多样。所有证据表明，冻土地带的人口非常稀疏，而萨克森肥沃黄土带的人口稠密很多，并且哈尔茨山和奥尔山脉的采矿中心周围有高人口密度的岛屿。人口密度向东减少了，在波兰、立陶宛和俄罗斯并且向南越过多瑙河到巴尔干，那里的居民因为土耳其战争而急剧减少。有证据说，匈牙利平原惨遭蹂躏、人口锐减，并且巴尔干半岛大部分地区也大致如此。

地中海欧洲的记录较详细且人口更稠密。其城市规模大且数量多，而且它们的局部区域被密集垦殖。不过，只有意大利中部与北部的人口密度可以与低地国家相比。威尼斯共和国的记录能使我们计算出 1548 年的人口密度（图 8-2）。威尼斯大部分地区的人口密度超过 50 人每平方公里，并且托斯卡纳与其他几个城市共和国（city-republics）的密度类似。一位视察贝加莫教区的主教

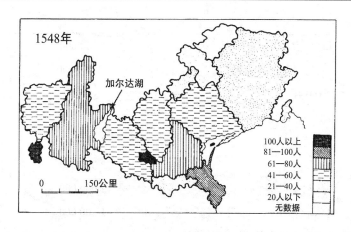

图8-2　16世纪中叶威尼斯的人口密度

编纂了各个堂区的"灵魂"数量目录。该目录显示的人口总数约为 150 000 人，且人口密度超过 130 人每平方英里。西班牙半岛的人口密度明显较低，一方面人口较多的加泰罗尼亚和旧卡斯蒂利亚之间的人口数量有强烈的区域差异；另一方面，艾斯特雷马杜拉（Estremadura）和拉曼查（La Mancha）的平原则人烟稀少，几为不毛之地。

　　类似所有的早期估计，任何对于 16 世纪上半叶欧洲人口的估计，都只能是尝试性的。这些数据所显示的总数见表 8-1。

表8-1　约1530年的欧洲人口估值

大不列颠	4 000 000
英格兰	[2 750 000]
法国	13 000 000

续前表

低地国家	1 500 000
德意志（包括奥地利）	12 000 000
瑞士联邦	800 000
波兰与立陶宛	3 000 000
波兰	[2 500 000]
捷克	2 000 000
匈牙利	2 000 000
巴尔干半岛	1 200 000
西班牙与葡萄牙	8 524 000
意大利	11 000 000
斯堪的纳维亚	1 600 000
俄罗斯	6 000 000
总计	66 624 000

220

城市模式

真正人口密集的地区也是高度城市化的地区。不多于 15% 的欧洲人口居住在城市和城镇可能属实，意大利中部、北部和低地国家南部地区的城市人口比例就高得多。然而，城市化难以衡量，因为许多城镇事实上只是个具有高度特权的大村庄。它们在某种程度上都是以农业为主的；小城镇大抵如此。如瑞士的阿尔高（Aargau）州的伦茨堡（Lenzburg），它城墙内的面积是 6 英亩，人口不超过 500，其中大部分从事农业生产，其市场仅满足周边区域的需求。中欧有数百个这样的城镇。在英格兰，这些城镇可能已重新回到村庄的地位，如德文郡和康沃尔郡那些衰落的市镇。

在许多情况下，16世纪城市的外貌和规划存于丢勒（Dürer）和萨巴斯蒂安·明斯特（Sebastian Münster）的图画和版画中，以及16世纪晚期的布劳恩（Braun）和霍根伯格（Hogenberg）的作品中，留给后世。这些作品所表现的城镇具有城墙、城门和塔楼。城内是狭窄的街道和密集的住房；占主导地位的是一些公共建筑，如市政厅以及市教堂的塔楼和尖顶。大部分地方密闭得水泄不通，相对开阔的地方仅是市场以及教堂周围的墓地。然而，就城墙而言，一些城市过度扩张。这些城市在人口还在增长时被建造，但14世纪中叶人口增长的突然停止造成城墙内留有大量空地；如那个时代的图画所示，这些空地成了花园和果园。

大多数城市的管辖范围只延伸至城外很短的距离（*Bannmeile*）。纽伦堡是个例外，它管辖了25平方英里的面积。然而，市民通常在离城市相当远的地方购买农村土地作为投资；有时自己耕种，但更常见的是收取租金或分成租赁。城市没有发展出完善供水系统的一个原因是，没有能力控制离城外稍远的土地和资源。

16世纪初，欧洲肯定有约5 000至6 000个城镇，从个别超过10万人的特大城市到数千个如伦茨堡那样的小城镇不等。它们的分布相当不均衡。在西欧和中欧，小城镇有相当固定的模式，因为它们的主要功能是作为市场中心，而它们的间距由营销旅程的长度决定。即使如此，它们也极少建在人口稀疏的地区，如法国的中央高原、西班牙的梅塞塔和北欧的冰川平原。大多数真正的大城市位于意大利北部或西北欧（图8-3）。城市规模的类别呈某种金字塔状：大城市极少，较小城市日益增加。城市的样式出自那个时代最聪明的头脑之一——乔瓦尼·波特罗。他被问到"一个城市伟大"的原因是什么，他说首先是"该地区的商品和乡村的富足"。他认为人口密集的城市需要肥沃且人口稠密的乡村来提供物资，但也认为有一些省份"虽然极为富足，但却没有一个好的城市"。他举了意大利北部的皮埃蒙特（Piedmont）为例。显然，除肥沃的土壤外，还有其他因素。很显然，他认为地方首府能"把人们吸引到我们的城市"，通过"储存销售商品"的方式。这可能得到了"通航河流……和优良避风港的储备"的帮助。但他很快注意到海港的优点本身不能使之成为大港口。"那个比卡塔罗（Cattaro）海峡还要安全或还要宽阔的港口（指达尔马提亚海岸的科托尔湾［Gulf of Kotor］），没有一个令人难忘的城市。"波特罗不是决定论者，他承认主观影响的重要性。宗教崇拜的场所和"学术院校的商品都是不小的吸引力"。他补充说，最重要的是大城市的规模源于"至高无上的权威和权力"，政府"吸引人流，人流汇合，便生出伟大"。[①]波特罗是正确的。几乎没有例外，政治首府是每个国家最大的城市，尽管证据没能证实他有关首都的规模与国家的规模有直接关系的论断。

图 8-3 显示了那些人口在 5 000 人以上的较大城市的分布。莫斯科和诺夫哥罗德可能也是这个规模。其中最大的城市可能在 16 世纪不断扩大，但对大部分城市而言极少有相关数据。都城发展最快，因为政府不再流动，承担了越来越多的功能，雇用了越来越多的皇家侍从。与此同时，宫廷吸引了大量或谋利或就业或仅

---

① Botero, *Magnificency and Greatness of Cities,* 241.

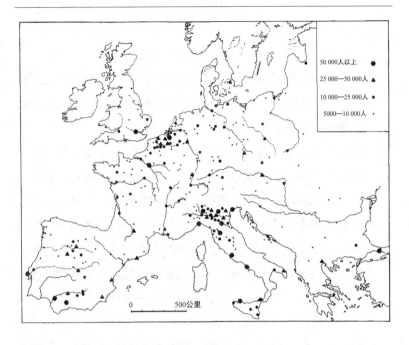

图8-3　16世纪上半叶欧洲的主要城市

想依靠王室恩典的人。那些攀附权贵的富人建造宫殿和城市住宅，这在华沙留存了相当数量，也曾存在于伦敦、巴黎和其他地方，而这些反过来为店主和工匠提供了就业。

巴黎成为首都城市的典型。它在某种意义上早已是一个首都，因为卡佩家族（早先是巴黎伯爵）——在密集的西岱岛（Ile de la Cité）上建有宫殿，16世纪它为塞纳河右岸的卢浮宫所取代。该城市本身横跨塞纳河两岸。16世纪初城内面积有1000多英亩，其城墙由查理五世建于14世纪末，居住人口约20万。它是至此为止欧洲最大的城市人群，可能只有君士坦丁堡堪与之相提并论。除

223

皇家建筑所占土地之外，该城其他地方都十分拥挤。住房高至五层以上，主要由木材和灰泥所建。街道狭窄且肮脏，整个城市的卫生条件恶劣。最富裕的街区位于塞纳河右岸，在卢浮宫的北面。一些最穷且最拥挤的街区位于塞纳河左岸，介于河和大学之间，后来该地区以拉丁区闻名。

如此大的城市对食物、燃料，甚至水的供应系统，都造成了很大的压力。事实上该城占据了很大面积，占了巴黎盆地的大部分。如果没有河流，将无以维持源源不断的商品。建筑所用的木材和燃料从中央高原顺流而至。大多数谷物来自其西南部的博斯（Beauce），最好的建筑石料来自东部的布里高原。所有这些商品都在塞纳河的成排码头卸载，由一大批搬运工运至散落城市各处的各个市场。巴黎是个消费大区，但此时还不是个大生产商。同古罗马城一样（见本书第59页），它基础工业极少，其庞大的消费由国王的税收和生活在那里的贵族所得的租金来支撑。有很多未就业的人口，却没有基础工业提供就业和支持，这在某种程度上就是这个时期大多数中心城市的特点。

1561年前，西班牙的首都是巴利亚多利德（Valladolid）。它位于旧卡斯蒂利亚平原，没有可通航的河流之便。它在这个时期是一个约有45 000人的城市，除政府事务外，几无赖以维持的产业。1561年，巴利亚多利德被弃用，马德里成为政府所在地，这个地方极少被称道，远不具有处于伊比利亚半岛中心的优势。

在意大利和德意志，政治分裂阻止了首都大城市的出现，但米兰、都灵和佛罗伦萨作为各公国的首府本来就很大，且还在不断扩大。只有罗马是一个具有省级以上地位的首都，但它的规模和重要性如波特罗所述，归因于"殉教者的鲜血，圣人的遗物，圣洁之地，以及物质和精神上的至高权威"①。尽管如此，该城仍仅是罗马皇帝统治时代罗马的一部分，大部分人口挤在台伯河附近的马尔斯广场，以及台伯河彼岸的郊区。在 1527 年被查理五世的士兵洗劫时，罗马城有约 55 000 名居民。它可能是欧洲最热门的城市，有无数的旅游指南，1526 年有不少于 236 个旅馆、客栈和小酒馆。但该城在这个时期有所改变。1506 年在台伯河西岸的非建筑区开始建造圣彼得大教堂；梵蒂冈成为教皇所在地，并开始为管理教廷的人建造宫殿。

224

15 世纪的布鲁塞尔已是最重要的勃艮第公爵所在地，但 15 世纪末公爵土地的最终控制权先后由维也纳、巴利亚多利德掌握。布鲁塞尔在 15 世纪初已成长为有 9 万人口的城市，仅次于巴黎，但它此时失去了"至高的权威和权力"，在 19 世纪前不再有更多的发展。

德意志各邦国的首府中没有大城市，甚至连慕尼黑和维也纳也不是。其中最辉煌的可能是布拉格，它位于富裕的波希米亚的中心位置。它横跨伏尔塔瓦河，在其西部的山丘上是"皇家"城市——哈德恰尼（Hradčany），大学和贵族街区散布于山丘之下；商业和手工业街区横亘着宏伟的中世纪晚期的查理大桥（Karlův Mos）。1526 年，其最后一位国王路易死在莫哈奇（Mohacs），哈布斯堡的查理五世继位，布拉格不再是王室所在地。

波兰这个时期的都城是克拉科夫。它从一个王室城堡和大教

---

① Botero, *Magnificency and Greatness of Cities,* 241.

堂发展起来，这一点同布拉格一样，但它此前从未成为如布拉格和巴黎那样的"社会"中心。这个角色是专为华沙留存的，1596年，政府所在地迁至华沙。16世纪早期，斯堪的纳维亚的都城都是没有大的行政或建筑标榜的、木质结构的小城镇。直到16世纪晚期，它们才得以快速发展和重建。

唯一在规模和气派上超过巴黎的城市是君士坦丁堡。在1453年被奥斯曼土耳其人占领时，该城市缩减至人口数量仅有8万人；但它很快复兴，至16世纪中期其人口可能增至50万人。其人口充满了狄奥多西城墙（Theodosian Wall）内的所有空间（见图4-4），漫过金角湾，涌至加拉塔（Galata）。前者的皇宫成为托普卡珀宫（Topkapi），即苏丹的住所。城市至高无上的荣耀建筑——圣索菲亚大教堂成为数百座清真寺之一，它们的尖塔就像竖在城市天际线之上的轴。但君士坦丁堡的大部分地区仍人口密集且污秽不堪。其多层木制房屋布满街道。火灾是频繁的，且极易迅速蔓延过狭窄的街道。事实上，只有一条宽阔的道路，从托普卡珀宫向西通至狄奥多西城墙的大门。君士坦丁堡是个繁忙的国际化商业城市。它经由海上（事实上也必须经由海上）同奥斯曼帝国的其他地区进行贸易。其人口除土耳其人外，还有希腊人、亚美尼亚人、叙利亚人、来自奥斯曼帝国所有省份的民族，以及来自西班牙的塞法迪犹太人（Sephardic Jews）。

除欧洲大陆的大都城外，伦敦和莫斯科肯定看起来仅比小城镇略强些。伦敦仍处于其中世纪的城墙内，该城墙主要是在罗马时代的地基上重建的。它位于有潮汐且可通航的泰晤士河北岸，沿岸是码头和仓库。一座单桥危险地建在伦敦桥上，连接着城市

225

与南岸的南华克（Southwark）郊区。城市东南角坐落着塔楼，即伦敦的城堡，它在官方意义上仍是君主的住所。西南边的泰晤士河旁是贝纳德城堡（Baynard's Castle）。坐落在两个城堡间的有圣保罗大教堂，它是沙石堆砌的拉德盖特（Ludgate）山顶上的一座巨大的哥特式宏伟建筑，且有大量的城市教堂、修道院房屋和修会、市政厅、钢铁商站——伦敦的汉萨同盟仓库，约 35 000 人的拥挤住房。伦敦的发展比其他首都城市更均衡。它不仅仅是政府中心，它也进行着重要的国内和国际商业活动，因其手工业而声名显赫。它已在吸引那些希望成为国王随从的人。塔楼已被弃用，威斯敏斯特的宫殿取而代之成为王室住所。富人和权贵的家，以及法律研究和实践的中心，蔓延至城市的西门和西南 1.5 英里的威斯敏斯特郊区。

莫斯科自 16 世纪初起一直都是"所有俄罗斯人"的都城，位于小但通航的莫斯科河的河畔。城市的中心坐落着克里姆林宫，它在这个时期占地 70 英亩，由城墙严密包围。克里姆林宫包含大公的宫殿，但远不止于此。其中还有教堂、东正教修道院、波维尔[①]或贵族的城镇住所，以及大量的居住人口。它同克拉科夫的瓦维尔（Wawel）和布拉格的哈德恰尼一样，是城堡、宫殿、教堂和城市。但莫斯科已扩大至克里姆林宫墙外。所谓的红场（*Krasnaya Ploshchad*）位于东北面的城门外，是商业活动的中心；克里姆林宫四周是专门的手工业区。难以估量这个时期的莫斯科人口。其

[①] 10 至 17 世纪封建保加利亚、莫斯科、乌克兰等国的贵族阶层中的最高等级成员，地位仅次于国君。——译者

人口数量上下波动，郊区极易在战争中摧毁，正如16世纪晚期被鞑靼人摧毁那样。

这个时期迅速发展的另一类城市是港口城市。在中世纪晚期，地中海的主要港口——威尼斯、热那亚、巴塞罗那——已是欧洲最大的城市。威尼斯已遍布整个岛屿，其住房扩张至其他岛屿以及大陆，其人口在16世纪初至少有10万，可能接近15万。它是一个出类拔萃的商业城市，其海港浅但可提供庇护。其船只可以沿码头停靠，这些码头与总督府和军火库之间的主岛接壤；但其商业已停止扩张，因为贸易从内陆海转至海洋，威尼斯把地中海帝国输给了土耳其人。

热那亚的位置在某些方面稍显逊色。其海港是热那亚浅湾，城市背后的亚平宁山脉使往北意大利平原的运输变得困难。它失去了除科西嘉岛之外的地中海领地，15世纪90年代沦入法国人的控制。1528年，它在反抗安德烈亚·多里亚（Andrea Doria）的过程中摆脱了法国人的控制，但此时，贸易的领先地位结束了。巴塞罗那从未有热那亚那么大、那么重要，在16世纪的商业革命中损失更惨重，因为贸易已转至西班牙的南部和西部港口。

开始穿过欧洲的大西洋港口的贸易，使威尼斯和热那亚所操控的贸易相形见绌。肖尼（Chaunu）写道，"相比于这个时期其他所有运输量，西班牙—美洲贸易量是巨大的"[①]，伊比利亚半岛的大西洋港口因此发展起来。它们分为两组，分别位于瓜达尔基维尔

226

---

① H. Chaunu and P. Chaunu, *Séville et l' Atlantique (1504-1650),* I (Paris, 1966), 12.

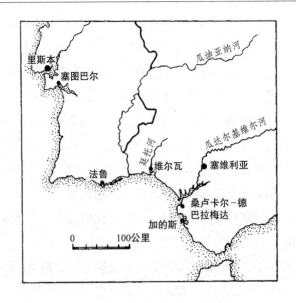

图8-4　16世纪葡萄牙和西班牙西南部的港口

河和塔霍河（Tagus）的河口附近（见图8-4）。加的斯（Cadiz）位于瓜达尔基维尔河口南部，拥有优良的海港，但与其腹地的联系较差。位于上游50多英里处的塞维利亚是西班牙最大的港口，也是发展最快的城市之一。它是西班牙同新世界进行贸易的中心，"孔特拉塔西翁之家"（*Casa de Contratación*）是管理该贸易的政府部门，成立于1503年。1530年时，其人口已有约45 000，且在16世纪继续增长。塔霍河口的里斯本具有该海岸最优良的天然海港的优势，同东方的贸易带来了快速增长，很可能堪比塞维利亚的港口。

　　欧洲大西洋沿岸的另一些大港口城市位于低地国家和北海周

围。勒阿弗尔－德－格拉斯（Le Havre de Grace）由法国的弗朗西斯一世（Francis I）于约 1520 年建立，但仍较小，相对不重要。在佛兰德斯，布鲁日仍是一个可能有 3 万人口的大城市，但船只已弃用淤塞的茨温河，贸易主要转至斯海尔德河。位于斯海尔德河右岸、临近大西洋的安特卫普，正在成为低地国家最主要的港口城市。至 1531 年，一个新交易场所建立，其人口可能已达 5 万人。16 世纪中叶，圭恰迪尼描述了它宽阔的街道、美丽的建筑，以及沿城市前方内河码头进行装卸的商品的数量和种类。而安特卫普未来的竞争对手——阿姆斯特丹在此时仅是一个小港口，主要从事地方和沿海贸易。

　　在城墙内，大多数城市的街道规划绝不同于两个世纪前。街道狭窄，极少经过铺砌，到处都是附近住户扔出的生活垃圾。城市建筑更多的是用木材和黏土而非石头建造，城市极少有充足的建筑石料供应——巴黎和罗马明显例外。在数世纪前被引入城市建筑的砖石结构，仅在北欧的城市中变得重要。吕贝克在某种程度上是一个砖石结构的城市，砖块也被大量用于北方的低地国家和波罗的海周围地区。但高层建筑例外。除在空间稀缺的热那亚和威尼斯这样的城市外，住房极少超过两三层。火灾频繁且具有破坏性。一位蒙斯（Mons）议员的日记记录了 1518 年的火灾，他记述该火灾烧毁了阿尔芒蒂耶尔（Armentières）的 1300 间住房，仅有 3 间幸存。四年后，瓦朗谢讷（Valenciennes）烧毁了 1200 间房屋，第二年，罗尔（Reulx）①的大部分地方被夷为平地。几乎每

①　原文如此，所指应为现处比利时的勒罗尔（Le Rœulx）。——译者

座城市都有火灾情况记录。

　　自 14 世纪以来，饮水供给和污水排放没有任何进步。大多数城市依赖城内或附近的泉水。泉水通常被引入精巧、色彩绚丽的喷泉，以掩盖其水质。许多城市从附近的河流汲水，最多将其储放在水池中以沉淀大颗粒。没有下水道，河流被生活垃圾和工业垃圾，如从制革厂和肉店排出的废弃物等污染，河水完全不适合饮用。所以，不足为奇的是，发烧和消化系统疾病很常见，由此造成的死亡率很高。

　　如没有来自乡村的稳定移民，城市几乎不能维持，肯定无法发展。有关移民的数据稀缺，但数值很大。有证据显示，里昂在 1529 至 1531 年有超过 60% 的成人出生在城外。城市吸引移民，但不能成功留住他们；许多人无法在一个城市中定居下来，转而迁至另一个城市。小城镇主要从当地吸纳人口，大城市则从广阔得多的地区吸纳人口。1525 年后，移民的方向大大受宗教隶属关系的影响。天主教徒不可能定居在像苏黎世或日内瓦这样的城镇，新教徒则不会居住在科隆或斯特拉斯堡这样的城镇。

　　只有最小的城镇可以固定依赖其临近地区的食物供给。所有较大的城市都依赖远方的资源；城市越大，距离提供充足供给的地区就越远。波特罗把"乡村的丰产"视为主要城市发展的先决条件；事实上，大多数大城市可以从当地获得一部分供给。塞维利亚从安达卢西亚平原获取食物，巴利亚多利德从旧卡斯蒂利亚的谷物种植区获取粮食。意大利北部城市在其附近就有高生产力的伦巴第平原，莱茵兰城市使用水路运输从沿河的盈余地区带来粮食。但也有例外。介于法国边界和日内瓦湖之间的日内瓦城经历了反反复复的困难，而低地国家城市开始组织从波罗的海进口粮食的贸易。

大多数大城市和许多小城市都有基础工业，其产品在某种程度上补偿了城市的进口。其产业通常是纺织业的一支。城市内的生产受到严格控制，表面上是为了维持标准，事实上通常是为了保持工艺师的垄断地位。其结果是鼓励了不在城市当局控制范围内的乡村地区的工业，尤其是织造业。这反过来带来了工业村庄的发展。这种工业村庄具有城市的规模和功能，但缺乏城市的地位。在西佛兰德斯和法兰西北部，这样的村庄尤其多且规模大，伊普尔和其他制衣城镇的市政官员无权管理；其中包括如翁斯科特、阿尔芒蒂耶尔、图尔宽（Tourcoing）和讷韦格利斯（Neuve-Englise）[①]这样零落的、半城市化的定居区，它们都因其生产的"新布料"而闻名，该布料是被传统绒面呢织造工人所轻视的轻质羊毛面料。

农业和乡村状况

200 年前，乡村农业人口约占总人口的五分之四，这在一些地区会少一些，如低地国家南部、意大利北部以及可能的英格兰东南部地区等，但东欧和北欧的乡村人口比例明显更高。农业支撑了其他行业。理论上，它受到了保护，获得了手工业产品以及教会的祝福。但事实上，农业人口所缴纳的租金、税赋和什一税

---

① 原文如此，正确拼法应为 Neuve-Église。——译者

支付了富人所享用的奢华建筑和昂贵娱乐活动的费用。实际上，这个时期的农业投入极少，除低地国家南部和伦巴第平原部分地区之外，这里的议员自己投资农业、改善耕地。威廉·阿贝尔（Wilhelm Abel）设计的模式在稍晚时期得到认可，它显示农民约40%的农业总收入以劳役、赋税、什一税以及其他封建义务等形式被处理，另有20%用于土地的出让，仅留下三分之一是农民的纯收入。这样的环境更加充分地解释了普遍的农民骚动，尤其是德意志的起义。1524年德意志农民制定的《梅明根条款》说明了领主的苛捐杂税被认为有多么繁重。东欧的农业环境先前一直在改善，此时农民的赋税被重新征收，甚至增加，俗称"第二次农奴制"运动（见本书第275—276页）。

16世纪初，大部分土地属于世俗贵族或教会。教会的土地广阔，在西欧和中欧大部分地区，教会土地占10%至20%；在某些地区，如巴伐利亚，则达到一半。重要的是知道教会拥有的是什么土地，因为教会通常最保守。在农业最发达的低地国家和北意大利，教会拥有的土地相对较少。由土地所有者直接耕种的土地也较少。大部分土地由农民分块租种或分成较大的地块用于"耕种"。只有在东欧，广大的土地仍是私有的，但随着向西部市场出售谷物的可能性增大，领主开始全力压榨农民的劳役服务。

私有土地的规模存在很大不同。在欧洲大部分地区，一些私有土地比农民的持有地略大；在波兰，"赤脚"什拉赫塔（*szlachta*，绅士）只是在地位和尊严上与农民有所不同。尽管在西班牙、法国、德意志，尤其是东欧，一些私有土地有数万英亩，但大部分仅有数千英亩；超大私有土地上的许多土地都是森林，为其所有者带来的收入相对较少。农民至少占欧洲四分之三的人口，东欧和俄罗斯则更多，但他们还远未形成同质群体（homogeneous group），富农和贫农之间的差距与农民和土地所有阶层之间的差距一样大。农民特别是在个人地位、持有地规模和产权性质上各有不同。当然，最大的隔阂是自由人和非自由人、奴隶或农奴与自由农之间的差别。在西欧大部分地区，这种隔阂往往随着农奴劳役逐渐停止被强征而消失，农奴被纳入拥有土地的自由农阶层。在不列颠，农奴制已几乎消失。在低地国家、瑞士和北意大利其踪迹仍依稀可循。在斯堪的纳维亚，它从未重要过。它在法国消退了，仅留下一些小规模但令人不悦的个人义务。在德意志，农奴制仍广泛分布且具有重要地位，1524 年的《梅明根条款》声称上帝使每个人都是自由的。[①] 但贵族和教会联合起来，在最激烈的农民战争中共同挫败了农民的雄心壮志。而与此同时，改革家茨温利废除了瑞士的农奴制。另一方面，在东欧，农奴的义务先前已相对较轻，但在这个时期被加强，至少在 200 年中仍是欧洲最繁重的。

农奴的义务有多种形式。农奴缺乏人身自由，这意味着他们属于土地，并可与土地一同出售，且不能自由离开土地。但这样的限制难以执行，如果农奴不能脱离土地，城市不会有什么发展。农奴承担的第二个重担是，每周要在其领主的领地上劳作一段时间。有时他自己提供耕牛和农具。这些义务在播种和收获期最重，

230

---

①　A. F. Pollard, "Social Revolution and Catholic Reaction in Germany," *Cambridge Modern History,* II (Cambridge, U.K., 1903), 179–180.

而农奴在这个时期本想把所有时间用在自己的土地上。在西欧大部分地区，在领主的领地上耕作已被废弃。领主将其私有领地以固定的租金租给"承包人"，也乐于把其农奴的劳役折算为租金或实物。只有在东欧，这一趋势被逆转，领主要求农奴彻底地服劳役。在东面的莫斯科公国和刚刚被吞并的诺夫哥罗德公国，第一次实施农奴制。但它根本没有任何如在西欧封建制相互义务中存在的那种法律依据。农奴义务仍是繁重的，尤其在短暂的夏季，农奴不得不承担大部分的农活。俄罗斯的农奴制不同于西欧，不受地方风俗的限制，领主的权利通常被君王的权力加强。另一方面，农奴制不是普遍存在的。在北部森林地带几乎不存在农奴制，领主从租金中比从劳役中获利更多，但农奴制在大草原边界地区被强化，这里优质的黑土地能收获更多。

欧洲农民的其他义务至少在相对意义上是不太重要的，如在领主的磨坊磨面，用领主的烤箱烤制食物，在每年的某些时期为领主的餐桌准备鸡蛋或阉鸡。一般而言，这些派发的义务持续到了现代。在大不列颠、低地国家和北意大利，农民的劳役是最不重要的，因为这些地区是中产阶级最发达、经济发展最强劲的地区。

农民持有地的规模有极大差别。尽管 18 世纪前的精确数据极少，但平均规模被认为在 25 英亩以下，在某些地区则不足 25 英亩的一半。同样的限制也盛行于中世纪。在西欧和中欧的大部分地区，耕种在开放的地块上进行，农民不论其地位都必须遵照两种谷物种植和土地休耕这样的种植原则。圈围田地上的进步极小，但那些发达地区除外，如低地国家的农民劳役大体上消失了。

　　尽管种植的作物在逐渐发生改变，但面包谷物在农田和所有阶层的饮食中仍占据重要地位。秋种和春种谷物的种植量大致相当，但在气候和土壤允许的地方，也存在小麦取代黑麦成为冬季作物的趋势。当然，其原因在于小麦在市场上价格更高，比黑麦更容易承担长途运输成本。但尽管如此，小麦仍只是巴黎盆地和北欧黄土带的优质土壤上的首要作物。在谷物种植和土地休耕通常交替的南欧，人们只种植小麦和大麦，而大麦种植盛行于较干燥的地区。燕麦和大麦通常是春播作物，在整个北欧都是重要的，这部分是因为它们适合种植制度，部分是因为它们适合贫瘠的土壤和湿冷的气候。

　　同中世纪一样，16 世纪农业的显著特点是肥料严重缺乏。其产量和收益率都不高，但在少数能获得统计数据的地区，这两方面似乎已有小幅提高。除歉收年份外，小麦和黑麦的收益率有望达到四成，春种谷物通常较低。然而，我们难以得出结论，因为春种谷物仅在一些贫瘠的酸性土壤上播种，而在斯堪的纳维亚部分地区燕麦是唯一的谷物。

　　西欧种植在园圃中的植物种类可能在增加。萝卜和其他根茎类作物变得更普遍，也变得重要，因为它们可以储藏过冬。约1530 年，玉米作为第一种引入旧大陆的新大陆作物，被种植于卡斯蒂利亚。关于园艺的书籍，如奥利维尔·德·塞雷斯（Olivier de Serres）的《乡村屋》（*Maison Rustique*），列出了蔬菜和草本植物的长长清单，但这些手册是指导富人用的。在农民园圃中，新植物极少。

　　葡萄藤的种植在缓慢缩减。其主要原因很有可能不是任何气候变化，而是人们把葡萄酒从加斯科尼、勃艮第和莱茵河谷中部等地区提供给西北部和北部市场日益便利。葡萄栽培从低地国家南部消失，在科隆附近地区和巴黎盆地缩减。但在奥地利和匈牙利平原周边，它似乎变得重要了。希腊的葡萄酒出口因奥斯曼帝国的征服而终止，但葡萄栽培传播至伊比利亚半岛，不仅传至地中海沿岸，甚至传至旧卡斯蒂利亚平原；葡萄酒成为梅迪纳德尔坎波（Medina del Campo）展销会的重要商品。

橄榄树仍广泛种植于地中海附近。其具有的优势是，能够在对其他作物来说太干的土壤上繁茂生长。但橄榄油没有以前那么重要，逐渐被动物油脂所代替。而当橄榄林死亡或被毁坏时，它们往往不会被重植。

另一方面，工业作物可能被种植得更广。亚麻从布列塔尼到波罗的海都很重要。船运的增加要求麻绳供给的增加。与纺织材料的规模截然相反，桑树的种植和桑蚕的养殖分布于意大利和法国南部地区。

染料作物继续被种植，从亚洲和美洲进口靛蓝染料以及其他染料在这个时期并没有对市场发挥显著作用。在低地国家和德意志北部，给啤酒调味的啤酒花的种植日益增加，在没有广泛种植葡萄藤的地区啤酒仍是主要的发酵饮品。在法国北部，葡萄种植的下降在一定程度上鼓励了为制造苹果酒的苹果种植，但这通常被认为是下等阶层的饮品。

要指出自中世纪以来农具发生的任何显著变化是不可能的，除了铁在某些农具的制造上可以稍微清晰地看到其身影。奥利维尔·德·塞雷斯建议使用带有一排金属尖锥的碾子来把地和在播种后压土，但没有证据显示这种机器曾被广泛使用。劳动效率仍较低。耕种和收获都非常慢。推断显示，对家庭规模的土地的耕种使得人极少有时间从事其他农业生产，而留给私有领地的劳动是最少的。

16世纪是耕地面积随着粮食需求的增加而增加的时期。荒地被开垦，尤其是在低地国家和北意大利，沿海湿地的开垦取得了一定的进展（见本书第282页）。只有在英国，中世纪晚期不再被耕种的耕地似乎通常被用于牧草种植。事实上，如果仅在小范围上看，土地似乎继续从种植业向牧业转变。其主要原因是羊毛价格高，有助于牧场盈利。然而，欧洲大陆的情况不是这样。证据很明显，16世纪农作物种植面积的扩大不容小觑。对粮食作物需求的增加反映在粮食价格上涨和开垦、改善土地的努力上，并且被沼泽泥炭中越来越高的谷物花粉比例所证实。

中世纪晚期，乡村聚落模式仅在细节上发生变化。英格兰的大量村庄和农舍在14和15世纪被废弃，主要是东米德兰兹（East Midlands）和英格兰中南部地区。很可能只有较小的居住区被废弃，绝大多数到16世纪仍然幸存的居住区一直保留到了今天。欧洲大陆大致上也是如此。要确定最晚近的勃艮第的炉床名单中所提到的居住区在现今的位置，并无困难。

聚落模式的整体稳定性，与其内部布局任何类似的持久性是不匹配的。组成它的农舍存在的时间相对短暂，它们不一定在同一个地点或附近重建。许多村庄被改变了。尤其在东欧，为了所谓的效率或更严密的封建控制，村庄可能被彻底地重新调整。甚至英格兰的村庄规划也继续在变化，村庄的一部分衰落了，另一部分发展了，街道式村庄变为"绿色的"或圆形的村庄，反之亦然。

在欧洲，动物饲养的重要性因地而异。在欧洲的公耕地，其受限于牧场面积和可获取的饲料数量。在欧洲西部或"近大西洋"的部分，农业向畜牧业倾斜。但不可能对饲养动物的数量做任何估算。在公耕地，牛是极少的，因为它们难以过冬饲养。羊的饲养较好，可以在休耕地和荒地上随意饲养。然而，在从西班牙西北部至挪威的西欧地区，牛相对更多，因为使其过冬的干草通常已变得较充足。猪仍仅在极为广阔、可以养活它们的林地是重要的。

迁移性放牧所发挥的极重要的作用已经分析过（见本书第171—172页）。16世纪初，迁移性放牧的重要性趋于增加，在欧洲许多地区，平衡从农耕向畜牧业倾斜。在阿尔卑斯山地区，以前用谷物作为租金，现在开始用奶酪来支付。在瑞士，山地牧场为富有的市民提供了一种有利可图的投资。更密集的动物饲养使边缘土地得到了更大的利用，进而增加了迁移性放牧活动。这样的季节性迁移放牧在从比利牛斯山至罗马尼亚和保加利亚的整个阿尔卑斯山地区变得重要了，并可能在近大西洋欧洲的山村得以强化。与此同时，长途迁移在西班牙的梅塞塔高原以及普罗旺斯和法国的阿尔卑斯山地区间进行，但迁移的动物主要是羊，目的是要产羊毛。图8-5展现了16世纪季节性迁移的放牧农业的主要地区。

与此同时，在北欧和东欧的人口稀疏地区，人们饲养动物，有的进行季节性迁移，有的则不。在斯堪的纳维亚南部、波兰和多瑙河下游地区，牛的饲养是用于满足西欧和中欧的市场需求。它们被成群结队地赶至中欧的展销会，再从这里被出售至各城市。

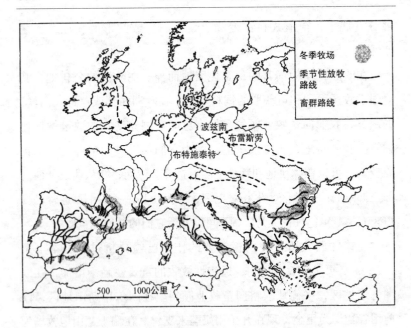

图8-5 16世纪的季节性放牧与畜群路线

上千群牛在春秋季节完成这个旅程。甚至在英国，规模更小的牛群沿着道路从西部和北部山区迁至伦敦市场。人口更密集和更城市化的欧洲地区对远方肉类资源供应地的依赖，进一步证明了欧洲大陆农业生产日益专业化和经济日益一体化。

制造业和采矿业

16世纪，生产结构和组织的变化比使用技术的变化更显著。随着生活水平的缓慢上升，人们对制造品的需求也在增加。在北欧许多地区，城市工艺在相对意义上继续衰落，而乡村地区的生产增加。在某种程度上这是不可避免的，因为所有采矿、采石和制砖活动都必须在农村进行，都属于增长性的行业；但向乡村的转移也受到其他因素的推动：城市严格的行会组织和面对需求变化的保守性，城市工匠的散漫，相对廉价的无组织的乡村劳力等。这一切都极具现代的特点。但即使如此，如没有商人资本家阶层的出现，乡村工业将不可能发展。商人资本家提供了乡村工匠所缺乏的资金、所需的材料，并在必要的地方收集、完工且进行市场销售。

纺织行业

这些发展在纺织行业最为显著。当然，农村一直都生产农民所需的粗布。但在商人资本家的影响下，布料生产升级，主要满足中产阶层的需要。纺纱一直主要在村庄进行，这一乡村织造趋势首先开始于英格兰，并已取得最大的进步。在16世纪初，大多数布料，不论是何种类或何种织法，都是在乡村生产的。甚至布料的名字"克尔赛呢"、"沃斯特德毛料"（worsteds）、"科格索尔布"（coggeshalls），都是那些村庄的名字。最主要的布料织造地区如东安格利亚、科茨沃尔德（Cotswolds），以及远至东德文郡的西部乡村，发展和扩大了中等和高等毛料的生产，大体上满足了国内市场，并且有相当剩余用于出口。英国拥有充足的上等羊毛供给优势，但其不断扩大的毛织业使可以出口的羊毛极少。

低地国家有相似的趋势。绒面呢行业几乎在佛兰德斯的纺织城市消失，其被无休止的纠纷、时尚的变化和乡村的竞争所扼杀。

事实上，布业只迁移了相对短的距离，但却足以摆脱城市的管辖。它向西传播至佛兰德斯西部和法国北部，向东传至布拉班特、列日和下莱茵兰地区。一般而言，这不是织工本身的地理迁移。相反，是从事布匹贸易的商人把他们的风俗从旧制造区带到了新生产区。更轻的布料在西佛兰德斯的村庄被织造出来，其对使用的羊毛质量要求更低，需求量不断增加，这就是"新布料"。主要工业中心是翁斯科特——一个没有行会或任何贸易限制的自然村。它在这个时期已发展成一个约有 15 000 人的广阔的、半城市的拓展区。其他乡村地区的发展状况相似，如贝尔格－圣－温诺克（Bergues-Saint-Winnoc）和阿尔芒蒂耶尔。在所有这些发展得过快的村庄中，出现了新兴的工业无产阶级，他们依赖商人购买纺线，有时借用商人的织机，并依赖其出售商品。

服装工业也已向南扩张至法国北部，该地区的阿拉斯、康布雷（Cambrai）、亚眠、阿布维尔（Abbeville），尤其是兰斯成为重要的制衣中心。这里的城市制衣业更好地保留了下来，因为这些城市以前使用的不是同种单一布料，能更好地适应不断变化的市场需求。布拉班特的城镇发展状况相似。低地国家南部的制衣业以前极为依赖英格兰的羊毛，而其供给此时已大大缩减，他们不得不使用来自低地国家的开拓地、荒地和阿登当地的羊毛，并辅以西班牙的进口羊毛。

意大利的布业比传统佛兰德斯制造更充分地保持了地位。意大利人在工作方法和工业结构上更灵活。他们更易于适应不断变化的需求，并且为了生产不同的质量和材质，很乐意把亚麻和棉花引入布料生产。意大利布业也仍更加局限于城市；尽管纺纱是一个乡村行业，但织布主要是在城市中进行的。

布业在法国分布广泛。在北部和香槟地区的城市，这些地区的布业受益于佛兰德斯布业的衰落，尤其是兰斯，发展成为一个重要的布料生产中心。塞纳河下游河谷和法国南部也是布料生产地区，其中一些是城市，但大部分生产都在农舍中作为补充农业收入的兼职行业进行。西班牙也有城市织布工业，但同佛兰德斯一样已经衰落，原因几乎相同。在莱茵河东部，毛料是次要的，亚麻在比例上更是如此；这部分是因为可获取的羊毛质量更低劣。在瑞士和德意志南部，人们将羊毛混合其他材料而生产出厚粗棉布和低级单面绒布，德意志许多城市都因此而著名。

亚麻布生产在北欧变得重要。原料在当地种植；亚麻的制备——沤制和梳打——是农民的兼职工作。不同于毛织品，亚麻布具有很大优势，除了漂白，它无须"加工"。每当毛纺业因战争或羊毛短缺而被中断，农民就转向亚麻，亚麻工业似乎是席卷该地区的每场危机中的净赢家。从布列塔尼至西里西亚，亚麻布织造取得了重要地位。在瑞士和德意志南部，亚麻布的生产是为满足地中海市场的需要。在下莱茵兰和德意志北部平原，它越来越满足于地方的布料需求，优质亚麻布被出口至西部。

棉织物制造仍是微不足道的。棉花仅在西西里被小规模地种植，而从埃及进口既昂贵又不可靠。棉纺工业尽管规模极小，但仍在意大利北部持续进行。另一方面，丝织业的重要性不断提高，但丝绸产量可能仍少于棉和混合棉的产量。丝织业持续在意大利的卢卡、热那亚和威尼斯等城市开展。法国国王于15世纪劝诱意大利织工到法国定居；至16世纪，里昂已发展了丝织业，并一直

236

保留至现在。但丝织业是个出类拔萃的奢侈行业，依赖于国王和贵族的惠顾，并随心所欲地在欧洲大陆上游动。

皮革业在某些方面与纺织业相似。它使用的原料皮毛几乎在所有地方都能获得，但它制造的商品与纺织品在质量上完全不同。另一个由消费者主导的工业是制陶业，但它没有制革那么普遍。其原料黏土不是在所有地方都能找到的，但在有黏土的地方就能制造出单轮转的粗陶。相关的砖的制造在16世纪日益增加，尤其是在北欧。制砖在东欧、低地国家以及北海、波罗的海附近日益变得普遍。玻璃制造甚至更具地方性。它要求的技艺比制陶更高，其基本材料硅砂和钾碱的获取地通常并不紧邻。意大利人，尤其是威尼斯人，因其制造的玻璃品质而声名鹊起；低地国家的玻璃制造也很重要。相当多的英格兰教会，包括费尔福德（Fairford）堂区教堂和剑桥的国王学院礼拜堂，在当时使用的都是来自佛兰德斯的染色和彩绘玻璃。

当时产量越来越大的另一种消费品是纸张。牛皮纸和羊皮纸，后者是通过刮擦和加工皮两侧而得到的一种优质皮纸，极为昂贵，因而廉价的保存记录和印刷书籍的方法是人们渴求的。但直至中世纪晚期，纸张才开始用破布纸浆进行大规模生产。造纸业来源于摩尔人，最早在西班牙南部和意大利引人注目。15和16世纪，造纸业从前者传至法国，从意大利传至德意志。但主要的制造商是在意大利中部和北部的城市，他们供应着欧洲大部分地区。

金属行业

这一行业在地位上仅次于纺织业，主要集中于制铁，但铅、锡和铜也都很重要。欧洲在这个时期的白银产量也日益增多。

制铁往往是小范围且短暂的。铁矿有诸多化学形式，是迄今分布最广泛的金属矿物。铁矿非常丰富，通常没必要深度开采；充足的矿物可以从浅坑井中获得；开采如果看来危险，浅坑井就会被弃用。甚至可以说，钢铁行业的主要制约因素是燃料的获取。木炭几乎消耗殆尽；熔炉是贪婪的消耗者，较容易接近的丛林在迅速枯竭。

尽管鼓风炉（或"高"炉）在100年前已被发明，但大多数铁仍在锻铁炉中通过"直接"的方法冶炼。鼓风炉源自坑式炉。100年间，它已逐渐发展起来（见本书第199页）。它生产大量的铁，但这种金属的用途有限。尽管提炼困难，但高碳金属有助于锻造。铸铁首次被大规模用于火炮铸造，以前通过焊接软铁条制成。其他形式的器具开始被铸造，其中一些根本不能通过锻造来制造，例如用于烹饪的容器，以及用于保护壁炉免受火烧的装饰性的炉板。

16世纪初欧洲冶炼的大部分铁，被作为软铁或条形铁出售。它有无数的用途，为大量的工匠，如刀匠、铸剑者、武器织造者以及制造铰链、锁、钉、马蹄铁等简单铁具的铁匠，提供了原料。其中很成熟的是表面淬火或"炼钢"技术。钢是铁的一种形式，其碳含量已被降至介于生铁和软铁或熟铁之间的水平。这可以通过煅烧掉生铁中的一部分碳来实现，但常常是通过向软铁中增加碳来获得。这是一种娴熟的技艺，大部分程序需要通过经验来发展。所得"钢"的质量依赖于碳被吸纳的量和度，也依赖于锻造的方法。然而，还有其他因素，如硫、磷、锰等物质的存在

238 可能对金属有或好或坏的影响。在这方面，矿石中极少数的锰在生产用于炼钢的铁方面极为重要，而磷和硫往往使金属变脆或变"短"。尽管铁匠可能不知道锰使矿石具有这样的价值，但含锰的矿石早已被认为具有优等的品质。

一些矿石及其冶炼的金属，因其品质而享有很高的名声。其中有：西班牙北部巴斯克地区的矿石，对它的需求一直持续至19世纪晚期；发现于意大利贝加莫省阿尔卑斯山区的更为匮乏的矿床；下莱茵兰的锡根地区；奥地利阿尔卑斯山区东部，尤其是施蒂里亚；最后是瑞典中部。这些地区的矿石通常没有有害成分，或至少含有锰。由其冶炼的金属可以被"钢化"以用来制造刀片和盔甲，供给附近的武器工匠和制造者。米兰和一些下莱茵兰城市，尤其是科隆，以及低地国家南部城市，因其铁匠的成品而闻名。来自这些地区的条形铁被广泛贸易。汉萨同盟的商人把瑞典的条形铁带至英格兰和低地国家；来自施蒂里亚的条形铁被出口至威尼斯和北意大利；锡根的铁在莱茵河上被来回运送。

但其他许多冶铁中心生产耐用金属，适于制造农具及石匠和木匠的工具，并用于建筑行业的硬件。其中突出的是法国东部的勃艮第和香槟地区，品质尚可的矿石广泛分布于这里的石灰岩地层（图8-6）。这个地区的铁通过河流被分配至巴黎盆地和法国北部的消费中心。另一个重要的制铁地区位于阿登高地和艾费尔高原的丘陵；还有一个位于图林根、上普法尔茨和巴伐利亚北部的丘陵。来自意大利厄尔巴岛的矿石被带至托斯卡纳本土，并用当地的森林木炭冶炼。在英格兰，有大量的矿石，但燃料日益缺乏。最重要的地区是肯特的威尔德和苏塞克斯，这里的丛林仍很茂密，

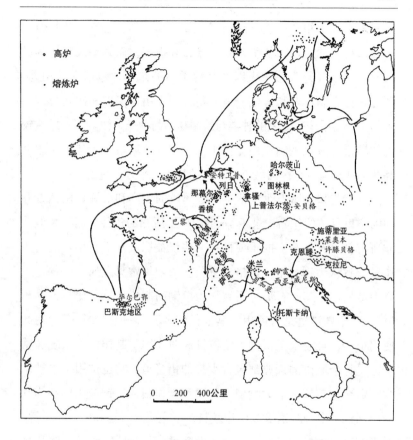

图8-6　16世纪欧洲的炼铁厂

　　当时人们已建造了大量的新炉，并积极生产用于枪炮制造的金属。

　　金属制品的加工几乎完全是一个城市职业，其加工工艺高度专业化。比林古乔（Biringuccio）记述称："一个铁匠仅掌握厚重的铁制品，如锚、铁砧，以及链条或枪炮；另一个铁匠专门制造犁、铁锹、斧头、锄头以及其他类似的用于耕地或收割的工具。

某些人掌握更精致的铁制品技艺，如刀具、剑、匕首以及其他以尖和边伤人的武器。某些人制作镰刀和锯子；而某些人制作测量仪器、凿子、斧头、钻头以及其他类似的东西，包括锁和钥匙。还有一些人制作弩和火枪，另一些人制作用于保护和武装身体各个部位的盔甲……专家的种类与铁制物品的种类一样多。"[1] 所有较大的城市都有钢铁制作的专业工人；在一些城市，尤其是在意大利北部和莱茵兰地区的城市，工人的技术水平是极高的。

采矿业和金属工业包括有色金属矿的生产和冶炼。比林古乔和阿格里科拉的作品记录了 16 世纪矿工所知的各种金属矿，但并非所有都具有经济上的重要性；一些仅被炼金术士所用。但这些作家一致认为铜、铅、锡格外重要。第四种常见金属——锌，无意中被使用。其矿石炉甘石被加入熔铜而制成黄铜，比林古乔写道，"我不知道这是否适用于其他任何金属"。但对铅、铜和锡的使用很多，且需求量很大。铅被打成薄片用于制作供水系统和蓄水池，每个城市的泉源都包含大量的铅管道。它也被用于给被认为不适合加盖砖瓦的大型建筑加顶和制作白镴。铜被用作装饰性的金属；其中一些铜板被用作颜料，但主要是与锡和炉甘石（锌）分别合铸成青铜和黄铜。然而，贵金属，尤其是白银，最吸引 16 世纪的矿工，对白银的追寻促使他们深入东欧和巴尔干地区。在 16 世纪下半叶新大陆的金条流入之前，欧洲内部的白银开采极为壮观，当思考这个世纪的物价上涨时，一定不要忽略欧洲白银泛

---

[1]　*The Pirotechnia of Vannocbio Biringuccio,* trans. and ed. C. S. Smith and M. T. Ghudi (New York, 1959), 370.

滥的影响。

16 世纪金属矿开采的重要性，反映在由此兴起的大量文学作品中。除万诺乔·比林古乔的《烟火制造术》（*The Pirotechnia*，1540 年）和格奥尔格·阿格里科拉的《论冶炼》（*De Re Metallica*，1556 年）这两部重要作品外，还有许多版本的试金法小手册——比如《金属化验手册》（*Probierbuchlein*）。尽管 16 世纪初进行的大部分采矿业都是小规模的，仅是家庭小企业，但也有大型的、高度资本化的企业，尤其是在波希米亚和斯洛伐克的山区。采矿业正在成为大行业，正如韦尔泽家族（Welsers）、曼里契家族（Mannlichs）和奥格斯堡的富格尔家族（Fuggers of Augsburg）所进行的活动。正是在这样的人群中，比林古乔和阿格里科拉找到了他们的读者市场。

有色金属的分布十分有限（图 8-7）。大多数位于少数矿藏丰富的地区，一般而言，在这些地区有色金属会与含矿的矿藏紧密相连。通常两种或以上的矿石被共同生产出来，随之而来的是不可避免的价格问题。16 世纪，采矿业在六个这样的地区活跃。位于列日、阿登和艾费尔等南面的丘陵是一个相当大的铅和炉甘石的产地。对哈尔茨山地区更重要的是下萨克森，这里极少有难以获得的金属矿，但铜尤为重要，该地区向莱茵兰和低地国家的铜匠供给金属。另外，白银和铜仍是极重要的。将波希米亚和萨克森分开的奥尔山脉同样含有白银，白银是 16 世纪最重要的产品。正是在弗莱堡附近的矿山，阿格里科拉获得了采矿的知识和经历。远在东部的斯洛伐克是欧洲最新的采矿区之一，是喀尔巴阡山脉的中心部分。其大矿藏主要是银铅矿和铜矿，已由

241

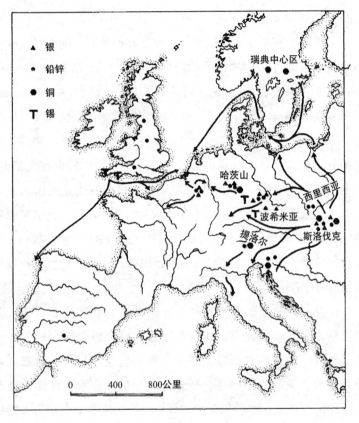

图8-7　16世纪欧洲的有色金属生产

德意志南部的银行所掌控的德意志企业开发，并由其进行运输和
销售。德意志矿工的影响仍可见于他们开发和居住的小镇建筑
中，如克雷姆尼察、班斯卡－比斯特里察、班斯卡－什佳夫尼察
（Banská Štiavnica），以及东部更远处的勒沃卡（Levoča）、普雷绍
夫（Prešov）和科希策（Košice）等。阿尔卑斯山脉东部，尤其是

蒂罗尔省，主要因产铜而著名；铜也是瑞典中部出产的主要非铁
金属矿。

16 世纪的商业

16 世纪初发生的商业革命，给欧洲贸易形式带来深远变化。
中世纪晚期的商业以前主要位于地中海盆地和西北欧之间。来自
远方南亚的商品被集中在地中海港口，再从这里主要通过陆路运
至西欧和中欧。阿尔卑斯山以北的欧洲产品是回流商品。经由大
西洋的船运，只是小范围地取代了意大利商业共和国与莱茵兰、
低地国家城市之间缓慢且昂贵的商品运输。

该体制一直持续至 16 世纪；但仅在 16 世纪之前的两年，瓦
斯科·达伽马就已驶入印度的卡利卡特港，并在船上装载了本来
是要经由红海运至埃及和地中海的香料。葡萄牙人将其带至里斯
本，从这里再次经由海路运至安特卫普和伦敦。但通过传统路线
同亚洲的贸易并没有突然终止，有太多的人愿意延续该路线；直
至 16 世纪中期，在安特卫普市场上处理的大部分亚洲香料是通过
陆路从地中海运来的。但地中海贸易的其他方面表现较差。土耳
其对爱琴海和巴尔干地区的征服，终止了来自福西亚的明矾贸易
和来自伯罗奔尼撒半岛的葡萄酒贸易。并非东方香料从地中海市
场消失，而是许多热门且大体积的商品占据了地中海船只的大部
分空间。

如果说地中海贸易不是突然消失的，那么大西洋贸易也不是
突然产生的。它早已存在。几乎在一个世纪中，葡萄牙人已开拓

242

了非洲的西海岸，并在大西洋岛屿上定居。当马尔姆塞酒贸易因土耳其征服而中断时，葡萄酒已在马德里生产。在瓦斯科·达伽马从东方带回第一批香料货物前，意大利商人已在西班牙的大西洋港口上活跃起来。来自大西洋岛屿的糖在安特卫普市场上出售，甚至在哥伦布 1492 年从帕罗斯（Palos）起航驶向新大陆之前，布列塔尼人和诺曼人已在冰岛河流捕鱼并将其远售至挪威。

要夸大小船在欧洲的大西洋沿岸运输的贸易量是不可能的。其大部分仅运送 30 桶（tonneaux），该容量单位来自装葡萄酒的"大酒桶"，一桶约 50 立方英码。比斯开湾的大部分贸易由布列塔尼人控制，但现存的港口记录显示，来自达特茅斯等港口的英国人也起到了重要作用。他们带来了西班牙的铁和羊毛、布列塔尼和诺曼底的帆布、吉伦特（Gironde）的葡萄酒和"海湾"的盐，而带回去的是布料、金属和咸鱼。

英国的沿海港口被分层组织，有若干"头"港，且每个"头"港下面有一些"成员港"。欧洲大陆的沿海港口以类似方式运行，但其组织不够正式。毕尔巴鄂（Bilbao）、拉罗谢尔、鲁昂（Rouen）、埃克塞特、南安普敦和伦敦都是"头"港，小港、小湾和小河的船只进出这里输送货物。佛兰德斯的大"齿轮"（cogs），甚至地中海贸易城市的长帆船，偶尔也到访毕尔巴鄂、拉罗谢尔和鲁昂等港；但一般来说，它们不能进入和停靠埃克塞特、南安普敦和伦敦诸港。在某种程度上，西海岸小港间密集的交通替代了更艰难、更危险的陆路交通。例如，通过海路从伦敦和英格兰的东南部行进至德文郡和康沃尔郡是寻常之事。在英法之间的英吉利海峡两岸，以及围绕北海更南部地区，也有同样繁忙的沿海贸易。须德海（The Zuyder Zee）构成了低地国家北部地区的"内海"，沿岸布满了小港口，其中阿姆斯特丹居于首位。波罗的海同样有数十个依附吕贝克、斯德丁（Stettin）和但泽的港口。在这方面，波罗的海类似于地中海，但它们之间有一个极为显著的差异。在地中海，欧洲同发达的中东地区进行贸易；而在波罗的海，欧洲本身是较发达的一方，贸易的对象是北部和东部的欠发达地区或边缘地区。这反映在贸易商品上。波罗的海地区，尤其是斯堪的纳维亚、立陶宛和俄罗斯，出口的是原材料，尤其是用于制作桅杆和造船的木材，用于制造肥皂和玻璃的木灰、皮毛、谷物和咸鱼。其进口商品，除了他们无法生产的盐外，还包括葡萄酒、布料和西欧的其他工业品。

北部贸易以前由汉萨同盟的商人主导（见本书第 205—206 页），但他们的组织早已衰落。外来者，尤其是荷兰人闯入了波罗的海。对波罗的海的"松脂制品"、木灰，尤其是粮食的需求，都在不断增加。但有关这些贸易的规模的证据极少。这个时期没有留存的港口记录和松德海峡的税费记录，但大量可获取的证据显示，里加和柯尼斯堡出口的亚麻和木材，以及波罗的海南岸港口出口的粮食，尤其是黑麦的数量，都在稳定增长。

除最有价值的商品外，水路交通是人们最青睐的商品运输手段。我们所看到的沿欧洲所有海岸的近海航行都极重要。但内河运输也被用于任何能通向腹地的地方。很难说出哪一个重要的海港不位于通航河流的河口或其附近。现在被判定无法通航的河流在过去被经常使用，在水流太大或水位太浅的地方，至少排筏是可以顺流直下的。大城市的大部分木材供给是通过这种方式实现的。但内河航行的机会有限，甚至必须走陆路才能进入内河，这样的"接驳"道路就产生了重要的转运点。在卡齐米日－多尔尼（Kazimierz Dolny）发展起来的内陆港口，使波兰南部的产粮地带与维斯瓦河相通。在被装上船顺流而下运至但泽之前，粮食在这里被储藏在石筑的谷仓中，许多石仓留存至现在。塞恩河和莱茵河系统中也有类似的转运点，被弃用而陆路运输在这里转为水运。

木筏从高山到平原的漂流依赖于自然水流的速度，在河水深且流速慢的地方，推进力有时要困难得多。有三种方法被使用：划船、用帆助推、靠人力和畜力拉。划船通常被用于短途，16 和 17 世纪的城市版画往往显示，河流上挤满了划艇。帆船只用于大河，河宽足以使船只逆风转向。据说，帆船大都被用于卢瓦河上的逆流运输，因为河流流入盛行风。但是，不论是否安装了桅杆和帆，船只通常必须被划行，每条河必须有牵道（Leinpfad）。其使用条件是船工和所驶过的土地所有者之间持续不断的争论话题。保持牵道的法律义务从未被明确确立，这持续困扰着内河船运，直至 19 世纪采用机械动力方式才解决。

除了动力问题，还有其他内河运输问题。如船只本身往往是临时的，且做工粗糙。人们在通航源头附近建造一个简陋船只进行装载并顺流而下之后，在到达目的地时将船分拆以出售木材，这种情况并不鲜见。甚至在有庇护的河岸也会发生沉船，货物经常因裂缝而丢失或毁坏。当盐从比斯开湾沿卢瓦河逆流运输时，总是因部分货物被河水溶解流失而打折扣。

此外，河流因人为障碍而受阻：工厂、鱼梁，特别是通行费。莱茵河可能是受阻最严重的，因为这里的税费可能比其他地方多。

在塞恩河下游约 60 英里的河面上有 18 个收费站。莱茵河上负担最重的障碍是一些沿江城市行使的"优先选购权"和"转船权"。它们所产生的阻碍非常大，乃至在这个时期加速了意大利和西北欧之间陆路的衰落，使它们为海路所取代。

另一方面，在低地国家，水上交通的重要性不断增加。在默兹河和莱茵河的广大三角洲地区，道路建设在任何情况下都是极困难的，而且水路数量多、能通航，改善后者比建设前者要容易。在中世纪晚期，荷兰人和佛兰芒人已开始建造水闸，以便把船只从一个水位提升至另一个水位。至 16 世纪初，一些人工运河已被用于补充天然水路。

整个欧洲的道路纵横交错，在英格兰和西北欧形成了密集的道路网络，但中欧、东欧和东南欧的道路较少。在极少数的情况下，它们是精心建造的堤道。它们往往岔开成并行的道路，旅行者可根据天气或季节选择通行道路。一些道路源自罗马人留下的道路系统，在英格兰尤其如此。没有保养得很好的道路，它们的质量因穿过的基岩而不同。黏土或冲击层地区可能在冬季大部分时间里无法通行，通常人需要绕道走较易行走的、由石灰岩铺就的路面。

道路使用的增加体现在道路指南的出现上，其雏形是夏尔·艾蒂安（Charles Estienne）于 1553 年发行的法国道路指南。这些指南说明了大部分大中城市间的直达路线。法国北部、低地国家南部、莱茵兰和西德意志的道路网络很密集。然而，在所有地方，道路的使用都受到桥梁的影响。桥梁或渡轮是路线由以延伸出去的固定点。尽管许多城市在当地河流上建桥，但这不是政府当局的义务工作。甚至连伦敦在现代以前也仅有一座桥架在泰晤士河上；而在匈牙利，布达佩斯直至 19 世纪中叶才联在一起（见第二章"城市增长"部分）。路线也在山隘交会，它们仍被以某种敬畏的态度来看待，道路指南有时会对行走路线给出详细的建议。但如前所述，道路通行的最大问题往往不是道路的凹凸不平或积雪的厚度，而是夜晚宿处罕见，甚至缺乏。

　　旅行速度的差别很大。资讯可以通过马和骑手快速传递，速度达一日 60 英里或以上。但普通旅行者行走较慢。1532 年，查尔斯·德·伯内尼克特（Charles de Bernenicourt）用了 44 天从佛兰德斯抵达那不勒斯，平均速度是每天 22 英里。运送商品的四轮马车和成队的驮畜的速度更慢，面对糟糕的路况时则更加无能为力。

　　一般来说，只有贵重的商品通过陆路运输，且为安全考虑往往用车队护送。从意大利到西北欧的陆路运输中，香料仍是最重要的。货物的大部分则由辣椒组成，但生姜、丁香和肉桂的数量也是很大的。虽然纺织品也重要，但只有贵重的纺织品才值得担负横跨半个欧洲大陆的运输成本。地中海地区在这个时期为更轻的面料提供了广阔的市场，多是阿尔卑斯山北部地区生产的低级单面绒布和厚粗棉布。施瓦本和巴伐利亚的部分面料出口由德意志南部的拉文斯堡（Ravensburg）小城商人组建的公司所掌控，其记录详细。但他们的运输品不仅限于布料。他们也运输香料、皮毛、皮革和金属商品。

　　无数的消费商品正进入长途贸易：白镴、黄铜和金属器皿，染料、花布和皮革，艺术品，各种装饰品，甚至印刷的书籍；但就数量而言，主要商品是铁、铁器、盐和谷物。条形铁的产地本

书已探讨过（见本章"金属行业"部分）。铁是汉萨同盟商船上的 246
主要商品，它们把瑞典的铁带到了西方。布列塔尼人则从西班牙
北部带来了铁，通过小船分销至巴黎盆地和莱茵兰地区。

在东欧日益重要的有色金属通过内河船——其他地方可能通
过四轮运货马车被运送至波罗的海港口——再从这里装船运送至
西北欧的市场。贵重金属甚至也通过这条线路运送，有时是准备
用于铸币。第一种银"币""阿希姆斯塔勒"，1549 年在奥尔山的
亚希莫夫开始铸造。

盐有普遍的需求，被小范围地用于工业，但主要是用于保存
食物。通过蒸发卤水制盐需要大量的燃料，而在 16 世纪的欧洲人
口密集地区，燃料变得日益稀缺。这往往迫使盐的生产集中于那
些无须使用燃料而夏季的热度足以蒸发海水的地区，实际上就是
位于卢瓦河河口南面的地区。盐从优良的"海湾"——比斯开湾、
布尔讷夫湾沿岸被运至西北欧，由汉萨同盟分销至任何需要腌鱼、
储存肉的地方。内陆盐泉很重要，但面临着卤水蒸发的问题。不
过，德意志西北部的吕贝克和波兰南部的维利奇卡的盐，却为北 247
部港口无法通达的内陆地区所需。这完全是面子问题。

食物贸易无法计算。大部分仅是短途贸易，从村庄和农场被
运至当地的市场，处于大体上自给自足的市场区域内。但一些贸
易更广泛。从东部大庄园发展出的贸易，经由波罗的海的河流和
汉萨的船只，抵达西北欧的消费中心，这点本书已有论及（见本
书第 205—206 页）。每个大城市都依赖于远方产地的粮食供给，
该贸易是其增长的条件。但相对于其价值来说，粮食是极昂贵的
运送商品。如同其他所有大件商品，水路运输被用于所有可行的

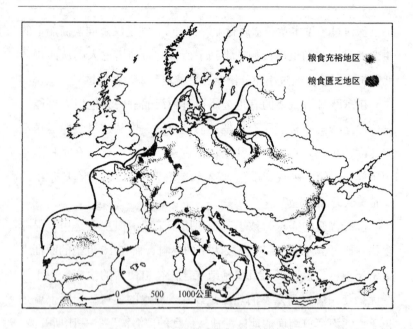

图8-8 16世纪欧洲的粮食充裕及匮乏地区与粮食贸易

地方。粮食从如南意大利、法国北部和东欧等有余粮的平原地区沿欧洲海岸运送（图8-8）。内河交通被用于巴黎、低地国家南部和莱茵兰地区城市的供给。里昂是西欧较大的消费中心之一，其大部分粮食是通过索恩河和罗讷河获得的，而粮食产地远至贝里和勃艮第（图8-9）。

南欧的粮食供应问题更严重。托斯卡纳种植的粮食不足需求的一半，威尼斯和热那亚甚至更依赖进口。意大利城市共和国的粮食来自阿尔巴尼亚、西西里和塞浦路斯这样远的地方。其他欠缺严重的地区是葡萄牙中部和君士坦丁堡；后者继续依照传统做

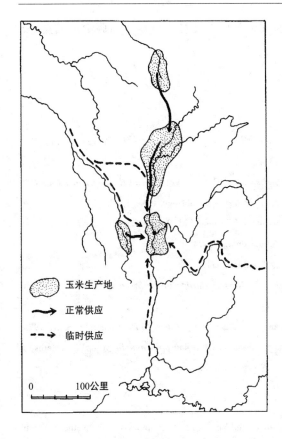

图8-9　里昂城的粮食供应，根据A. P. Usher, *The History of the Grain Trade in France 1400–1700* (Cambridge, Mass., 1913)

图例：

玉米生产地

正常供应

临时供应

0　　　　100公里

法，从多瑙河下游地区获取粮食。

　　另一种唯一明显进入长途贸易的食物是葡萄酒。葡萄藤种植面积的缩减，必然伴随着葡萄酒贸易量的增加。除葡萄酒生产地区特定年份的佳酿贸易外，葡萄酒商业在根本上是从南部出口至北部。北欧市场葡萄酒的主要产地是加斯科涅、勃艮第和莱茵兰。然而，其他葡萄酒产地也在发展出口贸易；其中匈牙利平原边界地区、西班牙南部和葡萄牙的马德拉岛继承了希腊南部的角色，生产并出口马尔姆塞酒。

精选书目

总论

Braudel, F. *The Mediterranean and the Mediterranean World in the Age of Philip II.* 2 vols. London, 1972–1973.

The Cambridge Economic History of Europe. Vol. 3, *The Economy of Expanding Europe in the 16th and 17th Centuries.* Cambridge, U.K., 1967.

The Fontana Economic History of Europe. Vol. 2, *The Sixteenth and Seventeenth Centuries,* ed. C. M. Cipolla. London, 1974.

Kamen, H. *The Iron Century.* London, 1971.

Koenigsberger, H. G., and G. L. Mosse. *Europe in the Sixteenth Century.* London, 1968.

North, D. C , and R. P. Thomas. *The Rise of the Western World.* Cambridge, U.K., 1973.

Strauss, G. *Sixteenth Century Germany: Its Topography and Topographers.* Madison, Wis., 1959.

人口

Faber, J. A. "Population Changes and Economic Developments in the Netherlands: an Historical Survey." *Afdeling Agrarische Geschiedenis Bijdragen* 12 (1965): 47–113.

Glass, D. V., and D. E. C. Eversley, eds. *Population in History.* London, 1965.

Laslett, P., ed., *Household and Family in Past Time.* Cambridge, U.K., 1972.

Wrigley, E. A. *Population and History.* London, 1969.

城市聚落

Botero, G. *A Treatise Concerning the Causes of the Magnificency and Greatness of*

Cities. In *The Reason of State,* ed. P. J. Waley and D. P. Waley, New Haven, Conn., 1956.

Strauss, G. *Nuremberg in the Sixteenth Century.* New York, 1966.

Walker, M. *German Home Towns: Community, State and General Estate.* London, 1971.

农业

Blum, J. "The Rise of Serfdom in Eastern Europe." *American Historical Review.* 62 (1956−1957): 807−836.

Klein, J. *The Mesta.* Cambridge, Mass., 1920.

Partner, P. *The Lands of St. Peter.* London, 1972.

Slicher van Bath, B. H. *The Agrarian History of Western Europe A.D. 500−1850.* London, 1963.

Vries, J. de. *The Dutch Rural Economy in the Golden Age, 1500−1700.* New Haven, Conn., 1974.

制造业

Hatcher, J. *English Tin Production and Trade before 1550.* Oxford, 1973.

Singer, C , E. J. Holmyard, A. R. Hall, and T. I. Williams, eds. *A History of Technology*, Vol. 3. Oxford, 1957.

经济

Boyer, M. N. "Roads and Rivers: Their use and disuse in Later Medieval France." *Medievalia et Humanistica* 13 (1960): 68−80.

Dollinger, P. *The German Hanse.* London, 1970.

Lane, F. C. *Venetian Ships and Shipbuilders of the Renaissance.* Baltimore, Md., 1934.

Pounds, N. J. G. "Patterns of Trade in the Rhineland." *Science, Medicine, and History,* ed. E. Ashworth Underwood, Vol. 2, pp. 419−434. Oxford, 1953.

Roover, F. Edler de. "The Market for Spices in Antwerp, 1538–1544." *Revue Beige de Philologie et d' Histoire* 17 (1938): 212–221.

Usher, A. P. *The History of the Grain Trade in France 1400–1700.* Cambridge, Mass., 1913.

第九章　16 至 19 世纪

从 16 世纪初至拿破仑战争结束的三个世纪里，欧洲民族看待自己、欧洲大陆和世界的方式都发生了至关重要的变化。这个时期初始，查理五世皇帝刚刚在帕维亚（1525 年）战胜法国，在许多人心中他将要复兴一个既神圣又罗马的帝国来统一欧洲。这个时期结束时，拿破仑统治欧洲大陆的努力已在莱比锡（1813 年）和滑铁卢（1815 年）被动摇，欧洲将进入一个民族主义和经济增长的世纪。

新大陆

为便于读者理解，这个时期发生的变化被归为五个主题讨论。第一个是民族主义的概念。民族主义在这个时期缓慢、不均衡地形成了。民族是一个因归属意识聚在一起的人群。共同的语言和文化是重要的纽带。共同的历史传统、明晰领土的占领，以及经常还有的共同敌人，这些也都是纽带。许多民族是在同另一个可能更强大的国家的冲突中形成的。例如，荷兰民族的"诞生是因为，在 16 世纪下半叶，国家已形成，在其领土上，人们共同居住和努力，拥有共同的经历，他们生活得如此拥挤和紧张，以至于他们突然发现自己在一夜之间到达了其他民族国家的人耗费几百年时间才到达的地方"[①]。荷兰民族在长期抵抗西班牙的斗争（1569—1609 年）中形成；瑞士通过反对哈布斯堡王朝的起义而建立；捷克、波兰、匈牙利民族，分别通过摆脱奥地利、俄罗斯和普鲁士的掌控而形成。这些英勇壮举易于被戴上浪漫的光环，被夸大成百年一遇。它们成为神话和传奇的一部分，普通大众通过它们来认识自己。

16 世纪，德意志只有微弱的民族意识，但意大利人的民族意识已由如马基雅维利和圭恰迪尼这样的知名人士表达出来。在欧洲一些地方，新的民族主义采取的形式仅是强烈的乡土意识，如佛兰德斯、卡斯蒂利亚、加泰罗尼亚和法国部分地区。其他地方，如瑞典，国家和民族同时被创立，因为政治控制从"核心区"逐渐向外扩展；瑞典东部中心的乌普兰（Uppland）地区就是这种情况。然而，民族主义在欧洲大部分地区变得清晰之后，直至法国大革命和革命性的拿破仑战争以及 1848 年的"革命年"时，民族主义才开始取得胜利（见本书第 348 页）。

第二个变革力量是新教改革。民族主义和新教把中世纪基督教的"无缝网络"撕得粉碎。虽然早在 16 世纪之前已有宗教反抗，但它是个别的和地方性的。可能除法国南部的纯洁派（the Cathars）和波希米亚的胡斯派（the Hussites）之外，宗教反抗并不与特定的地区或民族联系在一起。各种形式的新教改革——德意志的路德宗，瑞士的茨温利派，法国、苏格兰和日内瓦的加尔

[①]　G. J. Renier, *The Dutch Nation: An Historical Study* (London, 1944), 10.

文宗——的结果是要建立形式多样的宗教信仰。德意志 1555 年的
《奥格斯堡协议》（the Augsburg Settlement）认可每位君主有决定
其属民宗教信仰的权利，因为事实上亨利八世已在他所控制的不
列颠地区这样做了。虽然没有君主能强制民众信奉他指定的信仰，
但大多数君主能够使任何公开鼓吹新教会制度的人生活艰难。

　　在欧洲的一些地区，宗教成为民族主义的一个方面，如英格
兰的国教、瑞典的路德宗、苏格兰的加尔文宗。另一方面，民族
主义和新教的同时兴起，更加坚定了一些民族对罗马教会传统信
仰的追从。在英格兰的国教面前，爱尔兰仍主要信仰天主教。在
波兰，对天主教的忠诚进一步使他们同教皇的死敌——信奉路德
宗的普鲁士和信奉东正教的俄罗斯相分离。十字军精神被重新引入
欧洲。战争获得了宗教色彩，例如，西班牙和低地国家之间、波兰
和俄罗斯之间、瑞典和德意志帝国武装力量之间的战争。直至 17 世
纪中叶，战争才有了较少的宗教色彩及更多的权力和资源的色彩。

　　宗教改革的影响是把欧洲一分为三。南部，包括意大利、伊
比利亚半岛和法国大部分地区仍信仰天主教，奥地利和匈牙利大
体上也是如此。瑞士和德意志出现分化。瑞士的城市地区大都接
受宗教改革。德意志的南部各邦和西北部（科隆、明斯特、帕德
博恩）的教会领地保持天主教信仰。波希米亚和西里西亚在宗教
改革后恢复了对天主教的信仰。在低地国家，战争仲裁决定只有
北部省份——大致是今天的尼德兰——仍主要信仰新教。

　　在波兰和匈牙利的另一边，盛行的宗教信仰是东正教或曰正
教。在东正教会和罗马教会之间架起礼仪和神学桥梁的努力失败
了。自 16 世纪起，它们之间只有敌意。东正教会主掌了巴尔干半

岛和俄罗斯以及大草原上的大众信仰。在巴尔干半岛的土耳其人控制区，东正教占主导。在立陶宛大公国，信仰天主教的土地所有阶层对东正教农民发号施令。这样，宗教信仰成为阶层和地位的象征。巴尔干的土耳其征服者信仰伊斯兰教，大草原上的鞑靼民族也是穆斯林。但在欧洲，穆斯林放弃了他们的传教活动。毕竟，如果基督教信众（rayas）改宗伊斯兰教，那么他们将不用再缴税，也不用在穆斯林所拥有的土地上服劳役。尽管如此，巴尔干地区的一些本土斯拉夫民族还是改宗伊斯兰教，尤其是波斯尼亚的波斯尼亚人、保加利亚的波马克人（Pomaks）和一些阿尔巴尼亚部族。但是，撇开这些，巴尔干地区的奥斯曼帝国人口仍相对较少且主要居住在城市。

　　欧洲发展的第三个因素是欧洲不再自给自足。16 世纪初，西班牙和葡萄牙两国在亚洲、非洲和美洲获得属地，其属地在该世纪结束前变得更加广阔。16 世纪期间，其他欧洲国家，尤其是英格兰和法国，都在海外获得了立足之地。欧洲帝国主义带来了双重后果。属地将从他们的母邦接收大量移民，英格兰和法国的移民较少，西班牙的移民极多。其次，这些新的领地向欧洲提供大量商品，且商品种类和数量日益增加，不仅有传统的出口商品——香料、染料、象牙、热带硬木——还有诸多适合在欧洲栽培的植物；随着时间的推移，它们将对欧洲的饮食和农耕体系做出极为重要的贡献。

　　从新大陆船运至欧洲的商品中，首先是从阿兹特克人和印加人处劫掠而来的黄金和白银。大量金银的到来足以激化 16 世纪的通货膨胀趋势。它也为西班牙的哈布斯堡王室提供了支付低地国家和意大利雇佣军的方式。通过这样的支出，新大陆的金银进入大流通中。拥有殖民地有助于改变欧洲内部的权力平衡，西班牙的实力部分来自它对新大陆大部分地区的资源控制。其他殖民强国——法国和英格兰——卷入了争夺殖民地的斗争中，这在很大程度上是由于殖民地的政治和经济价值。确实，新大陆应运而生，重塑了旧大陆的平衡。

其他有助于把中世纪欧洲转变为现代欧洲的因素，则更多地属于思想史领域。它们是对批判物质世界的态度和尝试试验、革新的意愿的逐渐发展。化学和物理学取代了炼金术。虽然以前的时代也并非完全静止，但革新往往是偶然结果，人们不是为了补充或替代旧材料或旧方法，而对新材料和新方法进行有意识、深思熟虑的探索。追求不同于技术改善和推进的基础研究的趋势，有助于科学进步。探索开始转向物质的本质。提出假说，进行验证，确立"规律"。没有这些，不可能会带来工业革命的实际进步。

最后一个创造现代欧洲的变化因素是通信革命，没有这个革命，其他因素都将无效。不仅人员和货物的流动日益频繁，而且知识传播比以前更快。事实上，在19世纪早期之前，旅行和运输的物理手段几乎没有变化。道路仍是糟糕的，旅行最快不过达到马速。同样，仍要依赖水路货运，船只继续遇到同样的、一直存在的障碍。尽管如此，更多的人旅行，旅程被更好地组织起来。可能被称为旅行基础设施的东西——旅馆、道路指南、地图、长途车服务——开始发展起来。人们为利益，也开始为快乐而游历，为朋友和同代人而记录（顺便为后代做记录），记下他们对所经过的地方和遇到的民族的印象。

　　这种新见闻以及对科学和神学的思考，通过印刷文字传播。15世纪，印刷机被发明且被广泛使用。16世纪期间，印刷书籍的数量成倍增加。它是史无前例的革命性变化，但有时被遗忘的是，没有造纸的同时扩张，这样的变革是不会发生的。欧洲的印刷机数量从16世纪初的少数几台增至该世纪末的数百台。印刷量很小，且没有公共图书馆。尽管如此，那些想要图书的人仍可以获得，并且可获取被印刷的新书。印刷书籍的主题内容的范围不断扩大。从历史、神学和政治学扩展至旅行、地理和可能被称为实用技艺的主题。18世纪书籍的重要特点是越来越关注农业、技术和工艺。这些是面向执业实业家和工匠的，这从它们的插图性质和技术细节上可以看出。极少有知识向那些有阅读能力的人隐瞒。

　　18世纪晚期的印刷书籍中增加了报纸和期刊。大多数报刊愿意传播由编辑所选择添加的任何修饰的新闻，但其中的技术杂志往往面向更有限的公众。报刊最早关注的是农业，这可能是因为地主最可能有读写能力。之后是关于开采和制造的杂志。其中，最早的是《矿业杂志》(*Journal des Mines*)，之后成为年鉴(*Annales*)，由法国的革命政府于1794年推出。它关注开采和冶金的各方面内容。随后是德意志、奥地利和英国的类似杂志。所有这些杂志都要描述企业经营状况，且详细介绍当下的技术进步以便专家都能够理解。

政治版图

　　从1519年查理五世皇帝继位到1792年法国大革命爆发，欧洲地图几乎没有发生变化。在这段时期，法国和哈布斯堡帝国这两个强国统治着欧洲大陆，其他国家——英国、普鲁士、俄罗斯和奥斯曼帝国——则严阵以待，定期介入两个强国出演的戏剧中。相对稳定的原因在于法国和哈布斯堡帝国还算势均力敌，而且外部力量，尤其是英国和俄罗斯，不时地介入其中保持了这一平衡。除少数例外，所发生的此类领土变化都是次要的。其中最重要的是法国向莱茵河推进，1681 年法国获取阿尔萨斯；奥地利缓缓跨过匈牙利大平原，向巴尔干地区进军，侵蚀了奥斯曼帝国。除此之外，低地国家北部反抗西班牙的统治，从而形成了尼德兰联省共和国（United Netherlands）。瑞典统一于瓦萨王朝统治之下，之后继续掌控大部分波罗的海地区；波兰屈从于俄罗斯、普鲁士和哈布斯堡帝国等邻国日益增长的军事力量之下。

　　波兰国家的灭亡，伴随着莫斯科公国的俄罗斯人从伏尔加河上游苏兹达尔（Suzdal）地区的扩张。其扩张运动面向四个方向。向北方的北冰洋方向、向乌拉尔山以及以外地区的方向，都进入了人口稀少的、无组织的地方，几乎没有遭到反抗。然而，更重要的是向南扩张至黑海和里海，向西至波罗的海。这些不仅大大增加了俄罗斯的资源，而且使其与较发达的西方文明有了更亲密的接触。至 16 世纪末，俄罗斯已占领了北部森林带，并且于 1553 年通过新建的阿尔汉格尔斯克（Archangel）定居点与莫斯科公国公司的英国商人建立了联系。数年后，俄罗斯人跨过乌拉尔山进入西伯利亚，并且开始向东扩张；这将使他们于 19 世纪中叶到达太平洋。

　　向西和向南的扩张极为缓慢。他们于 1702 年北方战争（the

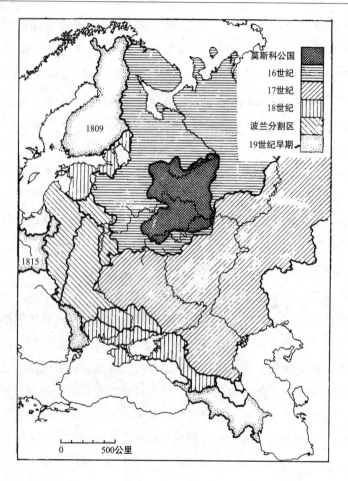

图9-1　俄罗斯的扩张

Great Northern War）期间才抵达芬兰湾；1703 年，沙皇彼得建立
了以他的名字命名的城市——圣彼得堡（列宁格勒）。卡累利阿
（Karelia）于 1710 年被占领，东波罗的海地区则于 1721 年被占领

（图 9-1）。南部草原的鞑靼人和俄罗斯的拓荒者、不受管束的哥萨克人是一种更可怕的障碍。但 18 世纪早期，伏尔加河下游平原和顿河平原被蹂躏；俄罗斯人到达高加索山脉，在顿河注入黑海即今天的亚速海的臂弯处建立亚速城。18 世纪晚期，乌克兰西部和克里米亚被占领，波兰被瓜分时立陶宛和东波兰被夺走。

255

在俄罗斯国家从苏兹达尔核心区向外扩张的过程中，许多人已看到了天命论的运作方式、触及"盐水"的政策和海上贸易所带来的好处。毋庸置疑，沙皇彼得大帝把圣彼得堡城建立为他的"西方门户"。然而，黑海具有较少的直接价值，而且通向它的道路因土耳其控制了海峡而封闭。对乌克兰、立陶宛和波兰的吞并，首先是受抑制鞑靼人和哥萨克人的欲望的推动，而后是紧跟奥地利和普鲁士野心的需要。

256

人　口

使得欧洲力量达到平衡的一个重要因素是人口，以及每股力量因之而拥有的军队规模。法国的政治主导地位，至少部分是因为其人口在欧洲是仅次于俄罗斯的。同样，西班牙从 16 世纪末开始的政治和军事的衰落，与其人口规模的稳定或下降不无关系。

欧洲人口，包含俄罗斯的欧洲部分在内，在 16 世纪初约有 6800 万。人们有极大的可能可以说，欧洲人口于 1815 年已增至约 1.75 亿（见第二章"人口"部分），在三个世纪中增长了约 2.5 倍，或每年的增长率远不足 1%。事实上，大部分的人口增长发生于

16世纪和18世纪的后半叶。中间这段时期从总体上说是人口缩减期。南欧的人口至16世纪末已停止增长。在西西里岛，人口数量似乎在一个世纪中仍或多或少是稳定的；但在意大利北部，估计人口数量至1650年已下降了10%；意大利半岛的人口缩减20%以上。西班牙的人口缩减是灾难性的。梅塞塔高原的部分地区几乎是无人区。虽然葡萄牙和西班牙海岸地区的人口下降幅度较小，且在一二十年后才开始下降，但半岛所有地方都经历过人口缩减。在北欧，人口的下降不明显；在一些地区，尤其是英国、尼德兰联省共和国和斯堪的纳维亚，在这个危急时期仍继续缓慢增长。在德意志和法国部分地区，战争造成了巨大的人口损失。据称，三十年战争使人口共减少了40%。瑞典军队在德意志西南部和东北部毁灭的人口达50%以上。在1648年三十年战争结束后很久，战争仍继续大幅削减人口。在法国，投石党运动尤其具有破坏性，孔代（Condé）对莱茵－普法尔茨的蹂躏把一个繁荣的德意志邦变为了荒野。很难说出人口停止缩减、开始复兴的时间。可能至1700年，意大利大部分地区已重获一个世纪前的人口水平；但在18世纪以前，西班牙、德意志可能还有东欧不太可能有太大增长。

　　现代早期的总人口波动难以测量，甚至更难以解释。人们只能列出与评估这些变化的参数。它们的相对重要性必定因时、因地而不同。16世纪英格兰教会的祷文祈祷：

257
　　　　　上帝解救我们，
　　　　　脱离鼠疫、瘟疫和饥荒。

对当时的人来说，这些似乎是主导人口规模增长和缩减的最重要因素，它们的重要性不容置疑。饥荒的阴霾一直存在；歉收则是农民不得不忍受的。这往往是由人力控制之外的因素所致，即耕种和播种时的多雨冬季，以及阻碍谷物生长成熟的凉爽而潮湿的夏季。虽然 19 世纪以前几乎没有有用的天气证据，但现有定性信息显示，大多数饥荒危机与潮湿而非寒冷或干燥的天气有关。

饥荒危机的严重性在 18 世纪和 19 世纪初减弱，但不是因为恶劣天气不再出现，而是因为一个地区的恶劣天气往往被另一个地区更有利的环境所弥补。人们可以调动食物以弥补最恶劣的粮食短缺。但尽管如此，17 世纪仍有灾难性的饥荒，大部分都是地方性的；18 世纪则较为少发生。人们可以指出，1692 至 1693 年的危机在西北欧尤为严重。天气长期过于潮湿，作物腐烂在地里，收成少得可怜。法国总督们的报告（*Cntendants*）是有关该危机期间气候条件的资料库，他们对此事直言不讳。在法国部分地区，粮食供给完全耗尽，人们靠吃栗子和其他野生植物为生。

饥荒时期的死亡率总是因经销商的活动而加剧，他们预料到粮食短缺就买下所有可获得的粮食。粮食价格的上涨超出了大多数人的购买能力。吉贝尔（J. P. Goubert）写道："四分之三的死亡危机紧接着发生于粮食价格急剧上涨之后。"[①] 政府试图努力干预，但成效不大，在每个歉收后的冬季和春季，随之而来的是高死亡率。

---

① "Le phénomène épidémique en Bretagne à la fin du XVIIIe siècle (1770−1787)," *Médecins, climat et épidémies à la fin du XVIIIe siècle* (Paris, 1972), 240.

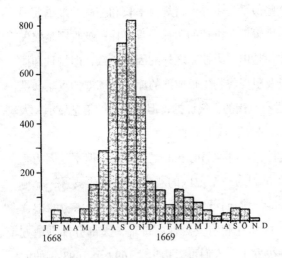

图9-2　一个瘟疫年份布鲁
塞尔的死亡人数柱状图
（1668—1669年）

　　英格兰的祷文把瘟疫和饥荒相联系是对的，因为饥饿而体弱
的人尤易感染疾病。但只有从笼统的大多数疾病的发病率而言，
人们可以这样讲。因为仅在少数情况下，尤其是瘟疫和天花，才
可以给出可靠的死因。而在大多数情况下，记录只说是发烧，没
有任何明确的特征判定。但在欧洲许多地方，季节性的死亡模式
从堂区神父的堂区记录中可以清楚地看出。冬季和初春的死亡率
最高，之后在夏末降至低水平，秋季再次升高。然而，这种典型
的死亡周期规律偶尔被夏末初秋突发的高死亡率打破。这个时期
的高死亡率与正常模式相叠加，一般可被视为瘟疫。在可信度较
低的情况下，高死亡率在冬季同样的突然暴发可以被归因为斑疹
伤寒。但这是一个支气管感染常发的季节，任何试图找到死因的
非临床努力都必定可疑。

　　自14世纪起，流行于欧洲的瘟疫成为地方性流行病。这些流

行病在 16 世纪末 17 世纪初数量庞大且分布广泛，城市中最为严重（见本书第 189 页）。西欧的主要城市无一幸免。17 世纪 30 年代，流感经由瑞典和哈布斯堡王朝的军队从莱茵兰地区穿过德意志传播至普鲁士和波兰。我们不可能将 17 世纪初的人口衰落与这些瘟疫经常而毁灭性的暴发分开。但终点就在眼前。苏格兰的最后一次瘟疫于 1645 至 1647 年暴发，英格兰则于 1665 年暴发最后一场瘟疫——伦敦大瘟疫。当它被带至低地国家后，据报道这里的布鲁塞尔损失了 10% 的人口（图 9-2）。西欧于 1720 年在普罗旺斯最后一次暴发瘟疫，但疾病仍流行于奥斯曼帝国境内。尽管有关瘟疫的病因知之甚少，但哈布斯堡王朝确实保持着基本的检疫制度，并成功地将瘟疫摒除在外。

没有现成的解释能说明瘟疫在西部突然停止的原因。改善了的建筑构造和个人卫生必定发挥了作用，黑鼠的消失可能也是其中的原因。瘟疫的消失恰好是人口显著增加之际，这绝非巧合。

瘟疫可能是前工业时代欧洲最致命且分布最广泛的疾病，但其他一些疾病也达到了流行程度并造成高死亡率。其中就有天花（smallpox），这样的称谓是要区别于"大"痘（"great" pox）或梅毒。它最早在 17 世纪引起人的注意。因为没有对带菌生物的干预——这是根除疾病的重要因素——它在人与人之间传播。它往往是致命的，但其致命性被首先通过接种感染者的脓液，之后通过接种疫苗而降低。仍有大量发热性疾病，斑疹伤寒和"猩红热"是其中最普遍和最严重的。斑疹伤寒通过身上的虱子扩散，是拥挤和肮脏环境中的疾病，也被称为"监狱"热。尽管无法评估支气管和胸部疾病的严重性，但它们的严重性表现在了冬季和初春

259

的高死亡率上。

战争是造成高死亡率的另一个因素。不仅在战斗和伤痛中死亡率很高，而且行进的军队本身摧毁田野、耗尽食物储备、传播感染的疾病。德意志三十年战争中骇人听闻的人口损耗本书已经提过。17世纪的其他战争也几乎都具有破坏性。据说，17世纪之后，战争"在某些方面变得较人性化"。军队有更完备的供给且更好控制，战争大体上失去了以前使之疯狂的宗教成分。

家庭和社会的结构对人口发展趋势产生了一定影响，但没有已讨论过的那些因素那么显著。家庭的规模更多归因于婚配年龄而非任何其他因素。晚婚，尤其是女方年龄偏大，比早婚所产生的家庭规模要小。来自法国北部的克吕莱（Crulai）堂区登记分析报告中的数据很好地显示了这一点（见表9-1）。在教区登记已经过分析的地方，似乎结婚年龄相对较高，在17世纪和18世纪初期间，通常男性在28岁或以上，女性在25岁或以上，但这是一般情况，还有许多例外。

生育间隔期通常是2至3年，平均约30个月。结婚推迟五年可能使一个完整的家庭减少两个孩子。婚姻年龄由许多因素决定，其中包括对农场土地或家庭工艺的继承或获取。似乎确定的是，在可能进行手工业生产（如亚麻布织造）的地方，相比在农民不得不等待获得养家土地的地方，人们结婚更早，家庭规模更大。分割继承体制似乎也因为不存在无地幼子，从而鼓励了早婚。极少有证据证明，在18世纪期间平均结婚年龄略有下降。

死亡率很高，尤其是年轻人。对法国两个区的研究显示，1岁以内儿童死亡率分别是29%和20%，且分别只有48.9%和58.4%

表9-1　妇女结婚年龄对应的家庭规模 (%)

孩子的数量	20—24 岁	25—29 岁	30 岁及以上
0 个	2	5	10
1—3 个	6	12	27
4—6 个	17	39	57
7—9 个	43	40	6
10 个及以上	32	4	0
	100	100	100

的年轻人能长到 21 岁。出生率很高，事实上是因为在这样的环境条件下人们不得不这么做以保持人口数量。18 世纪末和 19 世纪，人口开始增长，但不是因为出生率增长，而是因为那些导致高死亡率的因素减弱了。

　　除了在面临饥荒、疾病和战争时有保持人口的重要性外，高出生率还有其他优势。父母期望在老年时由孩子赡养，孩子们补充了土地上和手工业中的劳动力。农民家庭在婚姻早期是由父母和孩子组成的核心家庭，之后发展为包含祖父母以及孙辈在内的大家庭，这是常规。家庭扩大和收缩，相应地由核心家庭和大家庭群体组成。在极端情况下，它由长期存在的大家庭群体组成，如巴尔干地区的扎德鲁加（zadruga）也包含了一个大群体社会中的旁系亲戚。所有地方都有年轻人口。在所有地方，人出生时的平均预期寿命不超过 30 岁；在欧洲部分地区这个数字肯定还要小得多。法国的人口金字塔（图 9-3）显示，年长人口有一个极大的

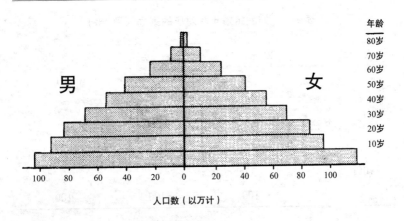

图9-3　18世纪法国的人口结构。金字塔显示每10岁一个年龄组的人口数量

年幼群体作为基础。

地方人口的年龄结构由于季节性和永久性的移民而表现得扭曲。欧洲许多地方农民的贫困境遇，迫使他们至少在一年当中的某段时间在其他地方工作，如冬季进入森林砍伐木材和烧制木炭。勃艮第的农民靠法国的粮食丰收渡过困境，中央高原边缘地区的利摩日（Limoge）总督于1695年报告说："几乎所有有能力工作的人都在3月离开家乡去西班牙，在西班牙的所有省份工作。"[1] 这个地区为法国所有的发展中城市提供了充足的泥瓦匠和其他建筑工人。在多菲内（Dauphiné）山区，男人们冬季离家。移民的季节依赖于当地的境况。据说，在奥弗涅（Auvergne）山区，"一半

---

[1]　引自 M.-A. Carron, "Prélude à l'éxode rural en France: les migrations anciennes des travailleurscreusois," *Revue d' histoire économique et sociale* 43 (1965): 301.

人口的生计依赖于另一半人口的季节性移民"[1]。不同于季节性游牧 261
的牧民，这样季节性的劳工移民遍布中欧山区地带和意大利地区。
随着时间推移，大部分季节性移民，尤其是城市中工作的劳工移
民，成了常驻人员。18 世纪晚期，巴黎的部分街区一半以上的人
口由来自其他地方的移民组成。

与季节性工人的固定迁移形成对比的是逃离战争和迫害的难
民群体。现代早期，大量民众被迫迁移，此种迁移的文化和经济
影响巨大。最大的移民群体无疑是 1609 至 1610 年被逐出西班牙
的摩里斯科人（Moriscoes），即摩尔人，据说他们的人数约有 30
万。紧随其后的，很有可能是 1685 年从法国被驱逐出的胡格诺教
徒，可能有 20 万人。其他移民还有迁往英国和低地国家的伊比利
亚犹太人，以及 17 世纪 90 年代从黑山地区迁往匈牙利的塞尔维
亚人。长远来看，比这些大型的、仓促的移民运动更重要的是缓
慢、持续的民族迁移，这些民族从看来条件恶劣的地方进入其他
看似有更大机会的地方。瑞士山民在三十年战争期间漂流至德意
志无人区，萨伏依人搬进罗讷河谷，法国人进入加泰罗尼亚，波
兰人从维斯瓦河流域进入立陶宛，很多人从四周山区迁至匈牙利
平原这个土耳其战争后的"冷清的荒地"——该平原的部分地区
即使在今天仍是多民族聚集区，这正是这些迁徙活动的结果。主
要从山区迁至平原的类似迁徙活动也发生于巴尔干许多地区。

欧洲内部的这些迁徙应该再加上欧洲民族的海外迁移。这主 262

---

[1]　*Correspondence des Contrôleurs-Généraux des Finances avec les provinces,* ed.
A. M. de Boislisle (Paris,1874), Vol. 1, no. 312.

要影响了英国、法国和伊比利亚半岛，但仅在伊比利亚半岛表现出大量的人口资源的流失。据说，仅16世纪，就有约20万人离开西班牙迁至新大陆，而从葡萄牙迁出的移民在比例上甚至更大。法国只迁出了约5万人，主要迁至法属加拿大。英国的移民，至少在19世纪结束前约有175万人迁出，主要前往北美。

　　欧洲只有极少数国家能明确追溯本章所覆盖的这三个世纪的人口趋势。英格兰和法国无疑有最好的档案记录，主要是因为当权者分别于1538和1539年命令堂区牧师记录下洗礼、婚礼和葬礼的信息。在很长一段时期内，这些记录并不充分，尽管如此，它们仍提供了估算人口的基础。事实上，在英格兰，通过对大部分堂区记录样本的分析可以发现，人口总数已追溯至最早有记录的时期。

　　1801年3月9至10日，英国进行了人口普查，英格兰和威尔士共计有人口8 893 000，苏格兰人口有1 608 000。爱尔兰没有进行人口普查。几乎可以肯定，人口总数太低，因为许多人被遗漏或逃避统计。英国人口数量本可以达1075万人之多，爱尔兰则应有约500万人。人们多次努力把人口总数追溯至17世纪及更早之前的几个世纪，其中，里格利和斯科菲尔德（Schofield）做了最新且最复杂的尝试。据此，人口已从1514年的2 773 857人增至1801年的8 893 000人，这是人口普查总数。在这个时期，威尔士人口有541 546。爱尔兰直至1821年才进行人口普查，当时的人口总数是6 802 000（见第十章"人口"部分）。

　　16世纪，法国人口增长了，据估计1600年已达1400万人。之后，一系列危机来袭；即使在17世纪90年代的饥荒来临前，

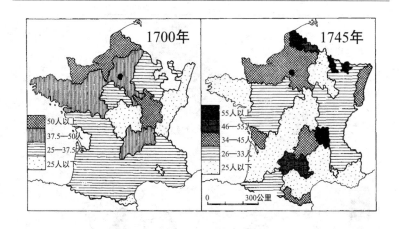

图9-4 1700与1745年法国每平方公里的人口

就有人极为关注法国一些地区的人口数量在下降。进行人口普查的建议石沉大海，但各地总督在报告中提供了大量的、差不多可靠的信息。18世纪的前25年中，索格兰（Saugrain）提出了一种用于法国大部分地区的非官方的人口普查方法，这已被用于法国人口地图（图9-4）。证据显示，在路易十四去世时（1715年）约有1900万人口。18世纪期间进行了大量关于法国人口的研究。显而易见，人口总数在稳定增长，最合理的估计把18世纪末的人口总数定在2735万左右。这个时期有四个人口相对密集的地区（图9-5）：从布列塔尼至低地国家的整个法国北部地区、巴黎地区、阿尔萨斯地区和里昂地区。除去一些人口适度密集的岛屿外，整个法国南部地区人烟稀少。应该要注意的是，人口密集地区并不总是土地肥沃的地区。事实上，一些人口更密集的地区正是诺曼底西部的贫瘠地区。其原因可能在于，在这样小块土地、圈围土

264

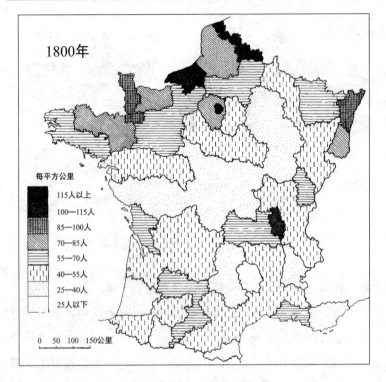

图9-5　约1800年的法国人口

地盛行的地区，家庭工艺尤其是亚麻纺织，雇用了大量劳动力。

16世纪后期战争期间，低地国家南部遭受了重大打击。属于西班牙的尼德兰（之后属奥地利）成为萧条地区；其重要港口安特卫普关闭，部分人口逃至北方。低地国家北部，即联省共和国则相反，享受着一直持续至17世纪和大半个18世纪的高度繁荣。西部或沿海省份的人口增长最为显著，阿姆斯特丹发展为欧洲最大的城市之一，荷兰省一半以上的人口是城市人口。东部省份的人口增长较缓慢，直至家庭工业的扩张补充了农业收入不足。尼德兰的人口从16世纪初的不足100万增至18世纪初的约200万，这个增长率是欧洲这个时期最快的。

德意志人口在16世纪期间稳定增长，三十年战争前可能已达到1500万。但毋庸置疑，它之后遭受了灾难性损失。1637年，冯·韦尔特（von Werth）将军把莱茵兰地区描述为"成千上万人死于饥饿且沿路数英里不见任何生灵的国家"[①]。至17世纪中叶，总人口可能已缩减至1000万以下，但损失程度因地区而不同。当重回和平时，人口迅速增长。有大量未被占领的土地，农民只要想要，就可以得到家族土地，这是常事。尽管如此，在德意志部分地区，尤其东北部地区，直至下个世纪人口仍锐减。总的来说，18世纪是人口增长时期，至1800年德意志人口可能已达2000万。

阿尔卑斯山地区具有自然屏障保护，可免受蹂躏德意志的战争的摧残，限制其人口增长的主要因素是耕地稀缺。瑞士和毗邻的奥地利都遭受了严重的饥荒。通过向德意志和法国移民，人口压力在某种程度上有所缓解，但同苏格兰人一样，瑞士山区人口的主要出路是服役于外国军队。据说，不论何时都有5万至6万瑞士人在国外服役，90万至100万人死于其他民族的战争中。尽管如此，至1600年瑞士人口可能已增至100万，至1700年增至120万，至1800年增至168万。丹麦在17世纪战争中遭受灾难性的打击，斯堪的纳维亚的其余地区接近农耕边缘区，以致饥荒异常频繁和严重。至18世纪，那里的人口仍很少，直至1800年之

---

① 引自 Henry Kamen, *The Iron Century* (London, 1971), 42。

265　　后才开始快速增长。在波兰王室领地和俄罗斯，土地不足并非抑制因素，虽然 17 世纪晚期的战争造成了重大损失。17 世纪和 18 世纪早期，人们争夺多瑙河中游的平原，部分地区几乎成为无人区。对所有地方来说，18 世纪都是移居和人口增长的时期。

　　俄罗斯人口极速增长，尤其是在 18 世纪期间。有充足的土地，尤其是大草原在这个时期被开拓，与之相配的则是领主鼓励农民早婚并组织大家庭。其人口于 1727 年达 1400 万，1912 年达 4100 万。

　　意大利的人口史比其他大多数国家的更为人所熟知，主要是因为其城市共和国做了记录，并且出于管理的目的按人头计算。16 世纪意大利半岛上的人口增长最多；17 世纪意大利北部的人口缩减最为显著，这里暴发了一系列灾难性的瘟疫。1700 年之后，意大利人口增长是欧洲最引人注目的现象之一：18 世纪增长了 33%，西西里则增长了 45% 以上。相比通常情况下的语焉不详，图 9-6 和图 9-7 更加具体地显示了 1550 至 1790 年期间意大利的人口密度变化。除了北意大利持久保持的人口密度外，这些地图的特点是南意大利和西西里的人口增长，某些地区总人口过剩的影响在 19 世纪前是显而易见的。

　　伊比利亚半岛的人口在 16 世纪结束前开始下降。从梅塞塔高原迁向沿海地区的大规模移民不再能通过高出生率得到补偿，西班牙开始发展成空心状，这大体上继续成为伊比利亚半岛的特点。18 世纪人口再次开始增加，这也主要发生于半岛的外围地区。这次的急剧缩减源于许多因素：16 世纪晚期的瘟疫肆虐，大量的独身者，以及梅塞塔地区不鼓励早婚的土地保有权体制。而且，向新大陆的移民也是一个因素，但涉及的数量还不足以造成人口锐减。

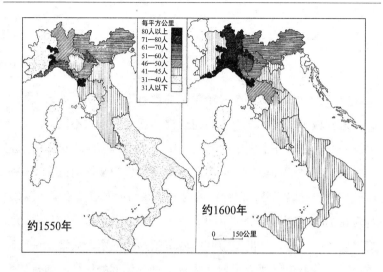

图9-6 约1550与约1600年意大利的人口分布

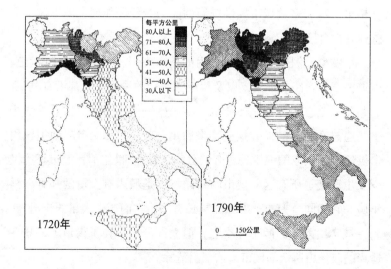

图9-7 1720与1790年意大利的人口分布

城市模式

1815 年的城市版图与三个世纪前没有太大不同。如果人们能参观这些城市，很难发现它们的规模和规划有很大不同，因为城市发展并不是这几个世纪的特点。1815 年的许多城市仍保留着它们中世纪的城墙和城门，但现在这些仅是作为装饰而已。一些城市已扩展至城墙之外，但往往城内的空间仍远未盖满建筑。例如，科隆在 1815 年所拥有的城内花园和果园面积与 1600 年时一样大。梅里安（Merian）17 世纪中叶的城市版画都展示了城墙、城门和塔楼。一些城市已适应了炮兵需求，具有较低的城墙、炮台、炮眼和箭形堡垒或三角堡。这些都需要军事工程师的服役，一般而言超出了绝大多数城市提供资源的能力。无论如何，城市极少会感到有把自己变为堡垒的需要。

除极少数例外，16 世纪城内的街道规划一直保留至 19 世纪。街道狭窄。道路的铺砌，以及垃圾和污物的清除几乎都没有改观。公共喷泉是首要的——往往也是唯一的——水源，卫生需求继续主要通过在方便的地方挖粪坑来满足。此外，无法严格地把饮用水供给与可获取的卫生处理方式分离。在 19 世纪前，城市环境极少发生改变。所有这些城市的共同特点是城内有大量的马厩和马车房。它们同今天的车库一样是必需的。它们产生大量的排泄物，一些被卖给郊区的园丁和小农，但大部分被留在了街道上，只在适当的时候由所谓的城市清洁部门清除。

16 世纪，大部分城市建筑是木制的。木材继续被广泛使用至

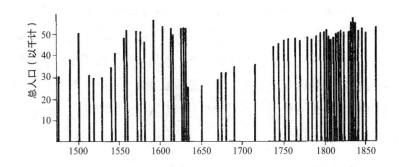

图9-8 维罗纳的人口。自1632年鼠疫暴发后，恢复非常缓慢

19世纪，但砖石建筑越来越普遍。这样说可能是可靠的：大多数大型大陆城市的市中心是石质的，且通常被加以粉刷和大力装饰。华沙老城现在被精心修复，是17和18世纪城市建设的极好例子。一般来说，枝条结构的木材和壁骨材料间的灰泥在较小的城市中更普遍，这些地方缺乏财力来支付昂贵的砖石结构的费用。在南欧，木材通常稀缺，石头相对充足，大多数城市主要是砖石结构。但在整个东欧和东南欧地区，木质结构盛行于城镇中，现在的大部分城镇仍是如此。

木材结构逐渐被砖石结构取代，这必定使城市更安全且更富有。尽管如此，城市仍极易感染流行病，因为流行病可以传遍拥挤而又摇摇欲坠的建筑。17世纪暴发的大部分瘟疫都是在城市。图9-8显示了16至19世纪意大利维罗纳城市的人口状况。其人口至16世纪末的增长显而易见；但1632年，因瘟疫的暴发而缩减至不足原来的一半。

在这样的环境下，极少有城市（肯定没有一个较大城市）在没有农村人口稳定流入的情况下，可以保持其人口数量。迁入城市的移民来自每一个扩大的区域。例如，巴黎不仅从整个巴黎盆地，而且从中央高原地区吸纳人口；里昂从中央高原和多菲内的阿尔卑斯山地区吸纳人口。许多进入城市的人是无望继承耕地的幼子；在极少有机会从事补充性的经济活动如家庭工艺的地方，移民的数量是最多的。

269

城市规划

城市规划需要由那个时代中一些最优秀的人才来承担，但他们极少有机会施展才华。16 世纪对罗马建筑师维特鲁威的作品的再发现激发了许多巧妙的规划：人们或一扫现存城市，在更具功能性或更美观的沿线重建；或在旧街道和旧建筑之上叠加新的。建造全新规划的城市的机会的确极少。大多数是建造要塞城镇，以防御法国的边界。它们的街道是按照维特鲁威模型规划的，但服从于防御所需。在每个城的四周，防御工事紧紧地怀抱着城镇，不允许其发展扩大，这是那些城镇存在的唯一理由。这样的规划城镇包括法国阿登高地的马连堡（Marienbourg）和菲利普维尔（Philippeville），阿尔萨斯的新布里萨克（Neuf Brisach），洛林的隆维（Longwy），威尼斯的帕尔马诺瓦（Palma Nova），以及尼德兰的纳尔登（Naarden）。

一些新港口的发展满足了扩大的商业需求，如 16 世纪的勒阿弗尔和 17 世纪的布雷斯特（Brest）与洛里昂（Lorient）。但极少有机会从一开始就建造任何其他类型的城市。维特里－勒－弗朗索瓦（Vitry-le-François）被建造起来并以法国国王弗朗西斯一世的名字命名，以取代那个已在战争中被摧毁的城市。其他的"新"城镇被建为居住城（*Residenzstädte*），这是一种为君主的宫殿而建的半城市建筑群。沙勒维尔（Charleville）是最早的城市之一，于1608年被纳韦尔（Nevers）公爵查尔斯·德·冈萨加（Charles de Gonzaga）建造于默兹河河畔。这是一个意大利城市，其街区是规则的，并且包围着广阔的拱形中心广场。枢机主教黎塞留建造了黎塞留城，路易十四建造了凡尔赛。海牙是一座居住城，围绕着荷兰伯爵的议会宫（Binnenhof）建造，但这样的城市在中欧才是最多且最大的。曼海姆和卡尔斯鲁厄都位于莱茵河上游，是于约18世纪开始时分别为了普法尔茨选帝侯和巴登边境伯爵而建造的。卡尔斯鲁厄偏离了常规的矩形街区建造，所确立的是呈辐射状的街道模式，这也源于维特鲁威。德意志的许多小公国也都建造了小居住城。

更多的时候，人们是为现有城市添加巧妙规划的郊区。在南锡，洛林公爵把斯坦尼斯拉斯广场（*Place Stanislas*）作为规划的发展中心。在华沙，一个新的但未精心规划的郊区环绕着波兰贵族的宫殿，在旧城的南面和西南面建立起来。德累斯顿、维尔茨堡（Würzburg）、魏玛和斯图加特，都在其中世纪城市的核心增加了一个小居住城。18世纪精心规划的另一个例子是英格兰的巴斯，其发展完全与小居住城概念无关，一切都归功于中产阶级的品位和文化理想。

极少有当局能够把新型街道模式叠加在现有城市之上，如豪斯曼（Haussmann）于19世纪在巴黎所做的那样（见本书第379页）。最好的例子是16世纪的几位教皇对罗马城的重建。他

270

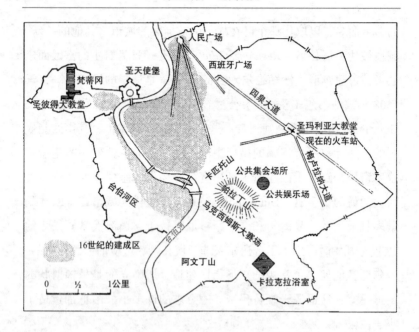

图9-9　16世纪规划重建后的罗马

们的视野超出了他们所掌握的资源，试图把从某些点如人民广场（Piazza del Popolo）和圣玛利亚大教堂（图9-9）向外辐射的道路修直的规划最终未能完成。尽管有些类似，但不太宏大的规划由帕拉迪奥（Palladio）应用于维琴察（Vicenza），以及米兰、博洛尼亚和其他一些意大利城市。

城市功能

　　首先，工业化之前的城市是一个交换场所，其生活集中于市场。它虽然也是手工业中心，但这些往往转向农村地区。每周有一天成为经济生活中心的小城镇的网络仍同中世纪末一样多。就算真的有所扩大，其幅度也是极小的。它们包括一些工匠、一些专业人士和许多从附近田地和村庄获利的食利者。它们的社会保守且一成不变。巴尔扎克写道，"封建时代的特点可以在这里重新找到"，他对小城镇的生动描述无与伦比。"人们走的每一步无不感受到过去的方式和习惯，每块石头都有显示，中世纪的态度作为迷信幸存下来。"[①] 许多这样的城镇幸存下来，直至 19 世纪，甚至进入 20 世纪，其外观都几乎没有发生改变，因为极少有重建或扩大城市的经济需求。

城市等级体系的存在已做过讨论（见本书第 163 页）。小城镇的数量极大。往上，中型的、大型的和超大型的城市的数量递减。这种等级体系的建立，因其规模的不确定性和大小类别间临界值选择的问题而变得困难。在西欧可能仅被归为中型的城市，在东欧则可能属于大型城市。根据莫尔斯（Mols）对规模的划分，1720 年的法国有：

超大型城镇（40 000 人以上）	5
大城镇（20 000—40 000 人）	11
中等城镇（5000—20 000 人）	100
小城镇（2000—5000 人）	385

在德意志，根据比兴（Büsching）的推断，大城市数量更少，小城

---

① *Beatrix,* 1941 ed. (Paris), 319-323.

表9-2　普鲁士的城市

规模	数量	总人口
10 000 人以上	26	836 079
3500—10 000 人	136	765 936
2000—3500 人	194	508 933
1000—2000 人	407	597 947
少于 1000 人	258	186 937
总数	1021	2 895 832

市和超小城市不断涌现。普鲁士也是如此（见表9-2）。意大利，尤其是北意大利一直都是高度城市化的，其所具有的大城市比例高于其他任何地方。尽管其城市人口于 17 世纪有所下降，但 18 世纪重又增加，至 1800 年至少有 35 个城市属于"超大型城市"。然而，罗马以南极少有城市发展，那不勒斯和巴勒莫是仅有的例外，早在 16 世纪，这两个城市因来自贫穷落后的南部地区（Mezzogiorno）农民的涌入而扩大，发展成为巨大的、过度膨胀的、就业不足的城市。

　　中型城市和大型城市具有更复杂的社会结构，发挥着更多样的功能。当然，它们是周边地区的市场中心，但它们也是政府所在地、教育和文化中心，以及制造和销售较昂贵的奇异商品的地方。在天主教欧洲，教士和宗教团体的成员占城市总人口的 5%。巴约（Bayeux）的比例是 6%。鲁汶 16 世纪的宗教人员和大学人员共占城市总人口的 17%。每个地区首府也有专业人员的配额，其中包括律师和医生。此外，绅士和贵族有城镇住房，每年有部分时间在这里度过。

在较大城市，生产活动极其多样。在第戎，工匠所从事的职业不少于130种。其中一些是极冷僻的，只有极少数人。其他工匠如屠夫、面包师、鞋匠和裁缝则是极多的。但在前工业化的欧洲，城市向城市区域之外配送和销售商品，从这个意义上来说只有极少数城市有生产，且这些生产可能被归为基本生产。被列为大城市的第戎没有贸易，"其规模与地方需求极不成比例……这是更大范围和更远的市场不感兴趣的"[①]。

有大量的穷人和赤贫者。他们被吸引至城市，但除了做仆人和侍从，几乎没有其他职业可从事。在布列塔尼的中等城市瓦讷（Vannes），1000人被归为本地人（*mendiants* 或 *indigenst*）。据哈夫顿（O. H. Hufton）所说，巴约的税单中一半以上的人口"危险地徘徊在贫困边缘"[②]。这是整个欧洲的城市状况。几乎所有对旅行有所描述的人都评论了城市中可见的极端富庶及贫困人口的赤贫状况。

城市食物供给继续制约着城市发展。一般而言，小城镇满足了当地的需要，但较大的城市不得不依赖遥远地区的资源。意大利的城市共和国、瑞士的都市地区和德意志的一些自由帝国城市都能控制广阔的腹地，因此确保了食物供给。然而，也有许多例外。位于法国和萨伏依边界的日内瓦总是难以购买到充足的食物，用让－弗朗索瓦·贝尔吉耶（Jean-François Bergier）的话来说这

[①]　G. Roupnel, *La Ville et la campagne au XVIIe siècle: étude sur les populations du pays dijonnais* (Paris, 1955), 158.

[②]　*Bayeux in the Late Eighteenth Century* (Oxford, 1967), 58.

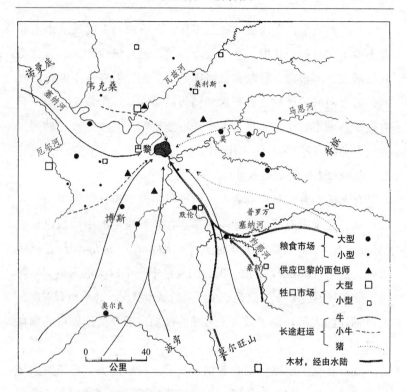

图9-10　17世纪晚期巴黎的食物供应，基于Vauban, "Description géographique de l'élection de Vezelay," in *Mémoires des Intendants,* I (1881)

"造成了经济史中最严重的问题"①。奥格斯堡几乎也没有可控制的领地。总的来说，北欧城市的管辖范围很少超出城墙之外，它们依靠市场力量来供给基本食物。在欧洲更高度城市化的地区，尤

其是北意大利和低地国家，人们总是在争夺食物，有时演变为海上劫掠。

在许多城市，尤其是意大利的城市中，官员负责确保谷物供给的工作。在西欧最大的城市——巴黎，这个问题尤其严重，成为17世纪80年代官员编写回忆录的主题。粮食供给特别关键，其买家遍布整个巴黎盆地的小镇集市。图9-10整合了总督提交的关于城市食物供给来源的数据。

在东欧和俄罗斯，城市规模小且功能极有限，只有极少数是明显的例外。大部分都类似于那些我们在西部见到的中世纪早期城市：在凸起的地面上建有防御工事的城堡（*gorod*）；城堡下面是有围墙的小而拥挤的城镇；在这些之外则是郊区的扩张部分。有极少数城市的人口超过1000或2000。它们有市场，但手工业只能满足地方需求。有一些城市较大，其中有里加、维尔纳（Vilna），当然还有莫斯科。建于1703年的圣彼得堡，快速成长为俄罗斯的首都和联系世界其他地方的最重要的商业枢纽。至18世纪末，它已是俄罗斯最大的城市，可能有33.6万人口。

274

农　业

农业在难以想象的程度上受到了天气的摆布。普瓦图的小庄园主于1754至1756年记录的天气日记，显示了所遭遇的各种问题。这些年的天气远非一般异常。1754至1755年的冬季寒冷且多雨，春耕推迟。温暖的4月之后，紧随而至的是5月破坏性的霜冻。初夏的干旱阻碍了农作物的生长。因为春种很晚，推迟了收获，所以多雨的 8 月几乎摧毁了小麦作物，但燕麦幸免于难。秋季对秋种来说太干燥，但 1755 至 1756 年的冬季温和且多雨，"雨水如此之多以致土地无法耕作，任何马车都无法下地"。春季和夏季凉爽且多雨，"杂草……胜过小麦"[①]。小麦不得不在如此潮湿的环境下收割，以致在谷仓闷热的环境下大部分小麦毁坏。草的长势很好，但天气太湿无法制成干草。道路太湿以致木材无法从林中运出，这一必要的工作不得不推迟至秋季，而这又影响了耕田。现代技术将使农民能够处理这些困难中的大部分，但我们如果认为这些情况近乎常态，那就会想知道在糟糕的情况下，他们所过的生活如何。19 世纪早期，威廉·雅各布（William Jacob，他称得上是近代的阿瑟·扬格［Arthur Young］）对威斯特伐利亚的记述如下："在最好年份的土壤上生产的盈余极少超过消费，没有储备，无法应对时而发生的歉收年份。"[②]

天气不是影响生产质量和数量的唯一因素。农夫受限于其土地占有状况、村庄的风俗、优质土壤的不足、肥料的缺乏，尤其是资本的欠缺。他被锁定在体制框架中，即便不是不可能的话，其中的既得利益者做出变革和改善也是很难的。法国大革命在某种程度上向赋予农民土地所有权迈进，但几乎没有改革农业实践。

---

① A farming diary, in Duhamel de Monceau, *Practical Treatise of Husbandry* (London, 1759), 473–490.

② W. Jacob, *Second Report on the Agriculture and Corn of Some of the Continental States of Europe, 1827* (London, 1928), 13.

土地占有状况

16世纪，大多数土地属于贵族或教会。直接由所有者管理的土地相对较少，它们以各种方式被出租给农民。很大比例的土地由教会持有，在巴伐利亚有56%的土地，在大部分天主教欧洲地区有15%以上的土地。这点很重要，因为教会土地拥有者是最不激进的。其余大部分土地由世俗的地主持有，受制于继承的不确定性。大部分土地仍被归入庄园，由农民耕种的私有地已是欧洲大部分地区的过往之事。绝大多数私有地被租给农民，耕种义务则改换为现金支付或交纳约定的租金。封建附属的其他方面，如在领主磨坊磨面和在一年的特定时期支付租金的义务，往往留存至法国大革命，甚至19世纪。

东德意志、波兰、南意大利和西班牙的庄园规模总体上有增加的趋势，但即使在这些"大庄园"的土地上，仍有许多极小的领地；相比之下，法国则有一些极大的领地。索－塔瓦讷（Saulx-Tavanes）的土地面积约8100英亩，其中三分之二是森林。在欧洲各地都有一些庄园，它们的面积比大型的农民地产大不了多少。俄罗斯的情况也没有什么不同。少量家庭拥有很大的庄园，且极为富有。但大多数人不具备这样的财富，许多人与波兰的什拉赫塔（*szlachta*）一样贫穷。1777年，近三分之二的地主人均拥有不少于20条"人命"，或曰20名农奴——这是庄园常见的体量——仅有16%的地主拥有100名以上的农奴。这些庄园，尤其是较大庄园的特点是，它们被分割成小单元且广泛分布，这是沙皇政策的后果。普鲁士所存在的限定继承问题在这里从来没有发生过。相反，领主自由地转让他们挑选的土地，实际上采取的是分割继承；而这往往增加了小型和微型地产的数量。

然而，情况是不断变化的。除像东德意志和西班牙那样（见本书第 329—332 页）实施限定继承的地区之外，土地总是有市场的，领地不断被分割，通过购买和继承重新组合。城市商人和制造商获取乡村庄园，采取的方式有时是通过同贵族家族联姻，有时是通过取消贵族对抵押土地的赎回，有时仅通过购买。至 17 世纪末，第戎附近的所有土地，除教会"永不能变卖的"之外，已被富有的市民抢购一空。通过这个方式，据说在大革命之前中产阶级已获得几乎三分之一的法国土地。

封建土地占有模式从英国和低地国家消失，在斯堪的纳维亚不太重要了，在法国也衰落了。但在德意志，直至 18 世纪，在东欧，直至 19 世纪，它仍是重要的。原因很简单，对东欧出产的粮食的需求在增加，尤其在城市。地主阶层没有放松对农民的封建控制，反而是加强了，他们用农民的徭役（corvée）来清除和耕种更广阔的土地，并掌控农民的土地。只有通过耕种大面积的土地，他们才能够获得盈余以出售给商人，而商人将其运至西部。同样，如果有一个强有力的政府约束贵族，贵族就根本不能为所欲为。这样的土地处理措施在波兰进行得最为积极，因为波兰有最便捷的通向西方市场的海路。而在捷克和匈牙利，土地则不那么重要，可能是因为在那里销售剩余的粮食更困难，但自从莱茵河口发展出海运贸易之后（见本书第 423—433 页），罗马尼亚公国的粮食生产达到高峰。

至少有三分之二的欧洲人口是农民。他们所形成的绝不是同质的群体，而是有着明显的内部分层。至 18 世纪，农奴制已从西欧大量消失，并且在中欧也变得不太重要。在东部和土耳其人统治下的巴尔干土地上，它在一定程度上被重新实施，且盛行于立陶宛和俄罗斯。封建义务在法国残留至大革命时，在中欧部分地区残留时间则久得多，但大体上农民已获得了对土地的某种所有权。一般而言，领主的意愿不再能将农民从其土地上驱逐出去。

农民的地位取决于其拥有土地的程度。富裕的农民可能有 50 英亩的土地，还附带与此种规模农场相适应的家畜和设备。这样的农民在法国北部的数量最大，但可能几乎所有地方都有。俄罗斯的富农（Kulak）众所周知。一般农民耕种 20 至 50 英亩的土地，依据当地的土壤和种植条件基本上是充足的。在农民的等级体系中，拥有土地少于这个面积的是劳力汉（brassiers）与佃农，他们有一两亩土地和一个园圃，但必须向富有的邻居提供劳役（bras）。最底层的农民几乎是无地劳动者。大多数农民，尽管通常不是那些无地者，他们对林地和牧场拥有的权利是变化的。在法国中央高原的迪拉韦勒（Duravel），农业条件最恶劣，不少于四分之三的田产面积都少于 5 公顷（12.35 英亩）。在萨伏依的山谷，87% 的田产面积低于 5 公顷，其中一半以上的农民的土地低于 1 公顷。这样的例子不胜枚举。在每个地方，相当部分农民的贫困难以形容。罗伯特·达林顿（Robert Darlington）于 17 世纪写道，农民"饮食困难，且主要依靠面包和水果"[1]。

农民税负过重并且就业不足。其田产普遍太小，而劳役和通勤的代价太大。大多数农民向领主支付某种形式的免役税；所

---

[1]　*The View of France, 1604*, Shakespeare Association Facsimiles, 13 (Oxford, 1936).

有农民都要向教会缴纳什一税。南欧在土地收益分成制（*en métayage*）的数世纪中发展了这种做法。领主提供土地、工具和家畜，反过来收取一部分农产品，通常是一半。这一制度旨在抑制农民的积极性或投资，但在收成极糟糕的年份则可分散损失。这一制度在意大利和法国南部广泛实施。

农作物

在这几百年中，农作物或种植制度几乎没有发生变化。几乎所有地方都种植谷物，但会因土壤和需求特点而有所不同。三圃制要求秋种和春种谷物轮作。最积极培育的秋种谷物是黑麦，但燕麦和大麦是农民的主要饮食。由于韦兹莱（Vézelay）[①] 获得了所谓神选（*élection*），沃邦（Vauban）记录，只有富裕的农民才能吃到黑麦面包。人们种植小麦时，通常廉价卖掉土地来支付租金。小麦的价格一直很高，通常高出黑麦 40%，是粗粮的两倍。但它比其他谷物对土壤的要求要严苛，且有时收成较低。在南欧，两耕制仍是普遍的，小麦或冬种大麦的种植与休耕相交替。

人们在贫瘠地区和谷物歉收时食用荞麦。园圃蔬菜一直是重要的，但其劣势是，除根茎类蔬菜以外，大都不能被储存过冬。土豆的价值不在于其食品价值大，而在于它能保存。

休耕地种植受限于以下事实：休耕放牧是土地能接收到肥料的唯一方式。低地国家通过种植豆类和人工植草，最先突破了传统的农作物和休耕地轮作的做法。其影响是，增加了人们消费的

---

① 韦兹莱是著名的宗教圣地。——译者

图9-11　18世纪欧洲的谷类种植

豆类数量和用于动物饲养的饲料数量。在休耕地上种植填闲作物的做法传至英国和中欧，但阿瑟·扬格发现，19世纪晚期并没有这类进步农业的证据。这种对传统的背离不仅受到农民先天保守性的阻碍，而且在许多情况下受制于一个事实，即农民的租约要求其种植两种谷物并使土地休耕。而且，休耕被制度化了。整个社区的居民都有权把其动物赶至休耕地，对任何农民来说在自己的休耕地上种植谷物会是很不切实际的。

　　任何地区的谷类作物的选择都由土壤、市场，尤其是传统决

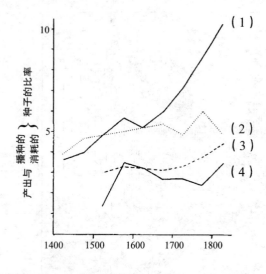

图9-12　作物种植的产额比：（1）英国与低地国家；（2）法国、西班牙和意大利；（3）中欧和斯堪的纳维亚；（4）东欧

定。主要谷物因地而异（图9-11）。在巴黎盆地尽可能种小麦，不能种的地方则种黑麦。布列塔尼地区种植的是黑麦和荞麦。中央高原地区种植的是黑麦和燕麦。在沙质土壤上，有时荞麦取代燕麦或大麦成为春种作物。尤其在18世纪，种植小麦的地区有增加的趋势，但这仅是因为它价格更高。在德意志和东欧，小麦的种植相对较少。冬季作物是黑麦。在波希米亚的优质土壤上，小麦和黑麦更加均衡。黑麦在奥地利和匈牙利山区又变得较重要；但在巴尔干地区逐渐消失，取而代之的是小麦和大麦，后两者是南欧常见的粮食作物。

278　　　　农民的土地不仅少，而且无论是用每亩蒲式耳还是用与种子使用投入－产出比的比率来衡量，产量都是低的。收益率有时可通过地产账目查明。英国和低地国家的土地收益率在1500至1800年间大幅改善，相对最高（图9-12）。法国、西班牙和意大利几乎没有提高。中欧、北欧和东欧的收益率仍极低。16世纪，人们可以期待四至五倍的平均产量，或至少这么希望。1800年，在最进步的地区收益率上升至十倍，但在较落后的地区仍低于四倍。西北欧收益率的提高必须被看作是生活标准提高的主要因素。

　　各处的谷物由豆类、绿色蔬菜和根茎类蔬菜补充。特别是芜菁越来越受欢迎，但至关重要的变化仅是玉米和土豆的引入和传播。后两者都来自16世纪的新大陆，首先在不是特别适宜的西班牙种植。玉米又传播至法国南部和意大利北部。尽管人们对玉米抱有偏见——主要是因为它不能像谷物那样被烹饪和食用——但其优势是显著的。玉米的产量高，正如约翰·洛克所说："它供养了穷人。促使穷人种植玉米的不仅因为其产量大增，还因为其容易生出绿叶和玉米秆，这些是饲养牛群的绝好饲料。"[1]然而，玉米需要在炎热且多雨的夏季生长，只有在匈牙利平原、巴尔干地区和地中海盆地的较潮湿地区玉米才真正变得重要。

　　另一种"新"作物是土豆——现代农业的"成功故事"。土豆于1573年在西班牙成为食物，在1616年的法国是种奢侈品，不久之后又出现于德意志。但它在18世纪之前是一种罕见的农作物。同玉米一样，它不容易被纳入任何耕作系统，最初是被作为园圃作物种植的。直至18世纪中叶，谷物价格大幅上升，农民才开始接受土豆成为日常饮食。它约于1750年出现在爱尔兰，很快成为穷人阶层的主食。腓特烈大帝下令在勃兰登堡－普鲁士种植土豆，

---

[1]　*Locke's Travels in France 1675–1679,* ed. John Lough (Cambridge, U.K., 1953), 236.

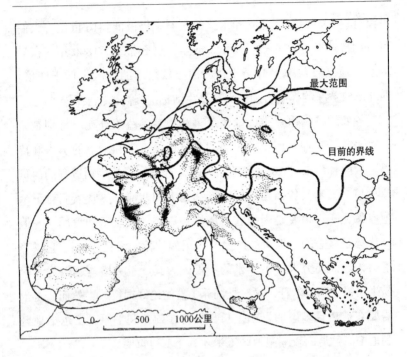

图9-13　自中世纪结束后葡萄栽培的收缩和处在气候交界带上的葡萄园的废弃

1771 至 1772 年的饥荒给此地大量种植土豆带来了有利条件。在斯堪的纳维亚，土豆种植开始于 18 世纪晚期，这部分是因为其有助于白酒蒸馏。只有在社区对耕作系统进行严密控制后，土豆才可以成为大田作物，而这直至法国大革命才真正开始。

另一种"新"作物——甜菜，在 1815 年之前开始传播。不同于玉米和土豆，甜菜是欧洲本土的，但它的含糖量在 18 世纪结束之前没有得到普遍认知。在拿破仑战争期间，甘蔗的进口因英国的封锁而中断，甜菜开始表现出了重要性，但直至 19 世纪晚期才被广泛种植（见本书第 383 页）。

相比之下，葡萄藤种植衰落（图 9-13）。塞纳河下游沿线、法国北部、低地国家、下莱茵兰和德意志北部的葡萄园被废弃。其原因是这些地区在气候上不适宜种植，而且通过改善交通运输，人们可以从更远的南方获得更优质的葡萄酒。在适宜种植的地区，葡萄栽培增加了，尤其是在勃艮第、罗讷河谷、法国南部和莱茵兰中部地区。高度数的和特制的葡萄酒开始生产，比如来自葡萄牙北部波尔图地区的波特酒（port）、来自兰斯的香槟、莱茵－美茵的霍克酒（hock）以及西班牙西南部的雪莉酒。葡萄栽培在 18 世纪也传播至澳大利亚以及土耳其人撤退后的匈牙利平原。

橄榄和小麦、葡萄酒曾是地中海盆地的主要饮食，但在这数百年中逐渐退出历史舞台。当橄榄树死于霜冻或在战争中被摧毁后，人们几乎并未尝试重新栽种它们（见本书第 170 页）。在普罗旺斯，橄榄种植面积从 16 世纪至 1800 年逐渐缩减。只有在西班牙南部，橄榄仍保留了原有的重要性。南欧之所以能够摒弃橄榄，主要是因为人们更多地使用了动物脂肪。

另一方面，经济作物日益重要。其中分布最广泛、最重要的是亚麻，主要不是因为其种子里的油，而是因为其长茎秆中的亚麻线。亚麻是潮湿的欧洲北部地区的作物，其种植遍布从布列塔尼至东波罗的海的地区。亚麻的织前准备、纺纱和织布属家庭手工业（见本书第 174、340 页），是农民收入的重要补充，也是数量不小的出口商品。大麻是园圃作物，为了制作绳和绳索而种植。其种植似乎比亚麻更广泛，在沿海地区如布列塔尼尤为重要，在这些地方绳索被用于船舶舾装。包括各种芸薹属植物（*brassica*）

280

281

在内的许多植物，则是为了种子里所含的油，阿瑟·扬格谈到法国北部把风车用于籽油的榨取，这些油有大量的工业用途。

　　如果酿造和蒸馏可以算作产业，那么它们的原料可被认作经济作物。淡啤酒"在饮水不纯净的时代是无害、健康的饮品"[①]，在葡萄酒并不重要的地区酿造。它从燕麦、大麦，甚至黑麦发酵而来；而且把啤酒花用作调味剂和防腐剂的做法传播开来。苹果酒通常被认为是平民饮料，自16世纪起开始在法国北部取得重要地位，之后更加为社会所接受。发酵蒸馏以增加酒精含量的措施，在这数百年中迅速发展。它源于中世纪的炼金术，似乎这是第一次被用于酿酒。白兰地酒成为18世纪法国的出口商品。杜松子酒发展于17世纪的尼德兰（"荷兰"的名称是由它而来的），苏格兰和爱尔兰的威士忌生产则在18世纪开始具有全国规模。

工具和技术

　　19世纪前，农具极少发展。除了金属犁刀和刀尖在市场上变得更普遍外，18世纪的犁与15世纪的差别不明显。耙用铁齿制造，但镰刀、长柄大镰刀和连枷一如既往。种子继续用手撒播，相当部分被鸟吞噬。谷物仍用镰刀收割。节状连枷是唯一的脱粒工具。除偏远地区之外，手推磨几乎从所有地方消失，水力和风力磨粉机变大，机械效率变高。

　　农耕技术发生的变化也极小。耕、播、收割和脱粒占据了农

---

　　① R. J. Forbes, "Food and Drink," in *A History of Technology,* ed. Charles Singer et al., Ⅲ (Oxford, 1957), 11.

民更多的时间。几乎没有使用肥料，有那些像迪阿梅尔·德·蒙索（Duhamel de Monceau）的人遵从杰思罗·塔尔（Jethro Tull）的说法，谴责肥料对作物有害。但农民懂得更多，只有缺少动物时他们才会较少地使用肥料。除了通过开凿沟渠排水、浇灌旱地，以及在 18 世纪创建河边草甸之外，人们没有尝试任何排干潮湿泥地的努力。

然而，农业条件不是完全一成不变的。西北欧部分地区的收益率大幅度提高，欧洲在 18 世纪末能供养的人口约是 300 年前的 2.5 倍。我们不能说这是某一个革新带来的如此大的进步。与之相反，它是工具、方法和管理等小的渐进变化累积而成的。

土地利用

中世纪被荒废的土地在 16 世纪大都重新成为有用的土地，但在英格兰，大部分仍长满野草。在欧洲部分地区，土地价值高得足以促生大量的土地复垦项目。在尼德兰联省共和国，沿海沼泽的排水工程在这个时期一直在进行（图 9-14）。威尼斯人抽干了波河河口的沼泽地，西北欧其他地方的沿海沼泽被复垦。英格兰东部的沼泽地被排干，其他地方也有了改善。这些项目中有许多取得成果时，人口已不再增长，但其他复垦的努力则伴随着 18 世纪的人口增长而恢复。它们不再局限于沼泽地，某种程度上还把农田扩至林地和荒地。例如在法国，据估计，耕地面积在 16 世纪增长了约 2.5%。

这一增长的实现，部分是以牺牲森林为代价的。森林对前工业社会是必要的，为绝大多数人提供了必要的燃料和建筑材料。

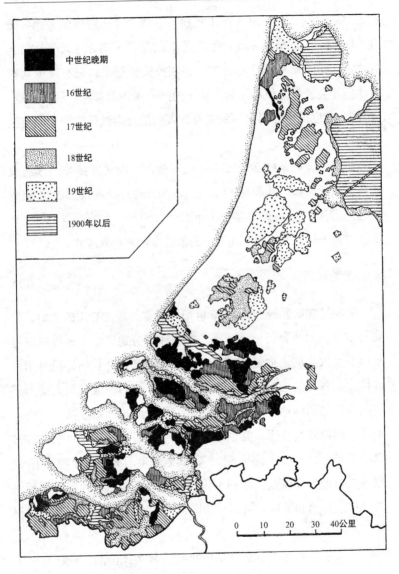

图例：
- 中世纪晚期
- 16世纪
- 17世纪
- 18世纪
- 19世纪
- 1900年以后

0　10　20　30　40公里

图9-14　尼德兰的土地开垦

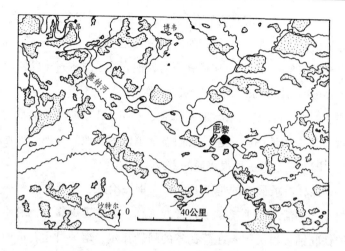

图9-15 16世纪巴黎地区的森林分布，根据Michel Devèze, *La vie de la foret française au XVIIe siècle* (Paris, 1961)

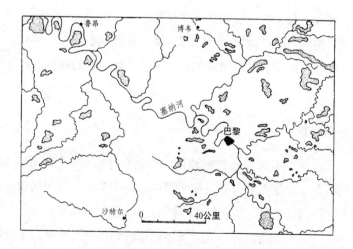

图9-16 18世纪巴黎地区的森林分布，根据R.J. Julien, *Carte de France* (Paris, 1758)

18世纪末，东欧和俄罗斯的森林仍是充足的，这里的人口密度小，对森林的需求更小。但在法国，至少在地方上，木材是匮乏的。当雷奥米尔（Réaumur）在炼铁厂时，他表达了对木材不断匮乏的关注。布冯（Buffon）则认为情况更严重，甚至不够基本所需。图9-15、9-16分别基于米歇尔·德维兹（Michel Devèze）的重构和1758年的法国地图的重建，它们显示了巴黎盆地的林地是如何缩减的，即便只是以一种很普通的方式。

对森林需求最大的是工业生产、钢铁冶炼、玻璃制造和砖块烧制。这些活动几乎耗尽了附近的森林。因缺乏燃料，比利牛斯山的铁匠铺被迫关闭。在萨瓦省的阿勒瓦尔，熔炉可运转的时间不足半年。德意志比较充足，但即使在这里，人口较密集的地区木材仍匮乏。英国则更早表现出不足。自16世纪起，法律要求人重新栽种树木，而从斯堪的纳维亚和波罗的海进口的造船用木材日益增加。甚至在可能被认为森林极为充足的瑞典，制铁也被设限以节约林木。在欧洲的地中海地区，森林几乎消失。只有在立陶宛和俄罗斯没有林木匮乏的危险，但靠近水路的森林已被过度开采。

284

畜　牧

欧洲没有不饲养牲畜的地区。甚至在谷物密集种植的地区，人们也养牛用于犁地，养马用于耙地，至于羊，人们的期望是用它们的排泄物肥地。尽管如此，相比于19世纪，牲畜的数量少且品种差。虽然除猪以外，人对其他动物的饲养主要不是用来获取肉或奶，但这些是重要的副产品。绵羊因其羊毛、马因骑乘、牛

285

因犁耕和拉车的蛮力而得到重视。

18 世纪，这些情况开始改变。牲畜因冬季难以饲养而数量有限。但至少在休耕地上，人们进行所谓人工草的种植，突破了这一局限。更多的牲畜意味着更多的肥料，并提供更多奶、肉和乳制品。种植极为缓慢地从主要谷物转向混合作物。这个进程首先开始于英格兰和低地国家，后传播至法国和德意志。这一变化，一方面因城市对肉制品的需求，另一方面因 17 世纪末 18 世纪初许多地方低廉的谷物价格而加速。在法国，牧场面积和牲畜数量明显增加。诺曼底部分地区成为养牛区，人们向巴黎出售活牛，并发展奶酪销售；奶酪是该地区的特色之一。甚至在法国中部和南部，天平也向畜牧业倾斜。在低地国家和英国，这一变化进程甚至更快，至 1700 年，尼德兰几乎 80% 的耕地被用于畜牧业。在许多贫瘠地区，农作物种植也在缩减，如在阿登高地、汝拉山和阿尔卑斯山地区，甚至如安茹和缅因这样以农耕为主导的地区。

农产品的长途贸易发展，使农耕逐渐适应地理环境。如果荷兰人可以将他们的大部分土地用于养牛，这只是因为他们能从波罗的海进口谷物。在瑞士和奥地利的阿尔卑斯山地区，饲养优质奶牛被证明比种植劣质谷物更有收益。早在现代早期，"牲畜远胜麦子"（*La victoire du bétail sur le blé*）就已获得认同。瑞士的牛、黄油和奶酪远销至德意志西部和意大利北部城市。"赶牛"是把牲畜运往市场的方式，即从苏格兰或威尔士运至伦敦，或从斯堪的纳维亚、波兰和匈牙利运至中欧和西欧的市场。"赶牛"在 17 世纪初达到顶峰，又因战争而缩减，在 18 世纪再次发展。

新农业

早在 18 世纪结束之前，新农业已在英格兰出现。公耕地在 18
世纪和 19 世纪初消失，被若干圈地或圈地体系所取代；这推动了
革新。休耕地被放弃；人工植草，尤其是根茎类植物被引入；为
适应土壤、气候和市场，人采用多种轮作。饲料作物的产量不断
增加，以便饲养更多的牲畜，圈围土地的使用鼓励了更科学的
养殖。牛、羊，甚至猪都开始被精心饲养，以便获得或强化某
些品质。革新首先在士绅的土地上进行，然后发表在书刊上供
他人学习。

在一定程度上，英格兰于 18 世纪采用的革新在一个世纪前已
在低地国家提早发生。它们于 18 世纪晚期传播至法国，但只有极
少数地主意识到或有意愿效仿英格兰。阿瑟·扬格可以找到的有
关 18 世纪 80 年代农业革新的例子极少。另一方面，英格兰或荷
兰的范例传入德意志西北部。乔治三世有兴趣在其汉诺威的土地
上采用新方法。腓特烈大帝喜欢这些新方法，并派普鲁士的农民
到英格兰学习。在瑞典，法律鼓励圈围公耕地为农业发展铺路；
但在欧洲其他地方，进步有待于 19 世纪极为不同的环境。

制造业和采矿业

16 世纪从中世纪继承的制造业体系在技术上几乎未发生变化，
直到 18 世纪下半叶其结构和组织才发生改变。但这个时期也有一
些变化。许多传统工业衰落。17 世纪，意大利从"西欧最先进的

工业区衰落为经济落后、萧条的地区"[①]。北部城市的布匹制造业和科莫（Como）、卢卡的丝织业几乎消失。低地国家南部的工业早已开始衰落。布业事实上在西班牙战争中毁灭了，安特卫普港口实际上已关闭。业务转向低地国家北部。莱顿成为重要的布业中心，但尼德兰联省共和国的业务仍是商业而非制造业。

17 世纪德意志的工业衰落不明显，因为其之前的进步幅度并不大。英国制造业稳定增长，17 世纪晚期起出口商品日益增多。布业不断集中于东安格利亚和英格兰西部。与此同时，袜子和其他纺织品的制造，纸张、肥皂和家具的制造，黑色金属和有色金属的冶炼与制造，都在稳步扩张。

17 世纪晚期英国标志性的工业扩张，在 18 世纪传播至欧洲大陆的大部分地区。在法国，18 世纪 40 年代"一波繁荣"席卷了全国。德意志完全从三十年战争中恢复，接连的好收成略微增加了农民的购买力。大众对制造品的需求缓慢出现，首先在英格兰，之后是低地国家、法国北部和莱茵兰地区。阿瑟·扬格就法国 18 世纪 80 年代穿着破烂且装备不足的农民发表评论时指出，"国家的财富在其流通（如贸易）和消费中；穷人不使用皮毛制品应该被认为是巨大的罪恶……穷人的大量消费比富人消费带来的影响更大"[②]。英国的制造商在国内甚至海外都有巨大市场。但直至农业改革赋予农民更大的购买力，这种市场才能在欧洲大陆真正发展。大约 1815 年之后这才真正到来，东欧和东南欧甚至更晚。

---

① Carlo M. Cipolla, "The Decline of Italy: The Case of a Fully Matured Economy," *Economic History Review* 5 (1952–1953): 178.

② *Travels in France during the Years 1787, 1788, 1789* (London, 1915), 27.

尽管如此，早在17世纪，欧洲大陆就试图努力在某种工厂的基础上建立制造业。科尔贝（Colbert）在法国东部的色当建立布匹制造厂，戈布兰家族（Gobelins）在巴黎附近建立挂毯编织店，许多瓷器制造或丝织工厂则往往由王侯赞助建立。但这些制造品中的许多——可能大部分——只是迎合了富人昂贵的品位。大众对这些商品没有需求，故它们大部分最终失败。

工 厂

17世纪末和18世纪缓慢发展的工业的特色是作为一种组织生产模式的工厂。它极为缓慢地取代了家庭体制，甚至在19世纪初大多数工业生产仍是在农舍或家庭作坊。工厂被马克斯·韦伯定义为"在工场内采用专业的、协作的工作方式和利用既得资本的资本主义组织生产过程"[1]。它虽不必由机械驱动，但机械动力在18世纪的英国和19世纪中叶的欧洲大陆变得日益重要。如何区分工厂和作坊是一个定义问题——劳动力规模和施加的纪律程度必然是决定因素。工厂远不是18世纪的新事物。服装店老板威廉·斯顿普（William Stumpe）于16世纪40年代把英格兰南部的马姆斯博里修道院（Malmesbury Abbey）变为了纺织厂。科尔贝在色当建立了这样的工厂，一些钢铁作坊在这个时期所达到的规模可能也具有了成为工厂的资格。然而，工厂首先在英国走向繁荣。工厂本身并不比家庭作坊有优势，而质量标准和工厂纪律可能才是最重要的。但如果使用机械动力，其优势将是巨大的。人们倾向

---

[1] 引自 *Ciba Review* 1 (1968): 4。

于认为工厂以蒸汽为动力。事实上，最早期机械运转的工厂是由 288
水力发动的。另外，人们把工厂看作一个城市机构；但事实上，
为了逃避城市当局实施的规定并获取水力资源，大多数工厂都位
于乡村。建立于1719年英格兰北部的德文特（Derwent）河畔的
工厂，如果不是第一个，也是最早的真正的现代工厂之一。其目
的是"抽丝"，并将其用于纺织，由水流带动的大桨轮来运转。按
照那时的标准，它是一座庞大的建筑，有6层楼高、500英尺长。
在若干年中，工厂经过改造从事棉纺，而且至18世纪中叶有很多
巨型工厂在英格兰的奔宁山谷运营。

　　一条小溪所能产生的能量有限，能使用的溪流数量也有限，
故至18世纪70年代几乎没有进一步的发展。因此工厂必须改用
蒸汽动力。至1712年，纽科门（Newcomen）和萨沃里（Savory）
已开发了有效的蒸汽机，但它是一台运转缓慢、价格昂贵的机械，
几乎半个世纪中，其主要用途是从矿井中抽水。然而，到了18世
纪60年代，詹姆斯·瓦特开始把他改良的蒸汽机用于旋转运动。
它成为工厂的动力源，自18世纪70年代起很多新工厂被设计成
是使用蒸汽动力的。这使工厂摆脱了对溪流的依赖，但仍要依赖
煤田。煤田立刻开始吸引工厂，而工厂吸纳人们至煤田，这样新
城镇就兴起了。新工厂并没有被城镇吸引；相反，是城镇被工厂
所吸引。

　　英国在18世纪后半期的发展相当迅速，获得了"工业革命"
的美誉。其相关特点是大规模的工厂生产和机械动力——尤其是
蒸汽动力的使用，这首先表现在纺织工业上，而后是制铁业，最
后是在如酿造和制造这样的消费行业上。这种工业扩张集中于有

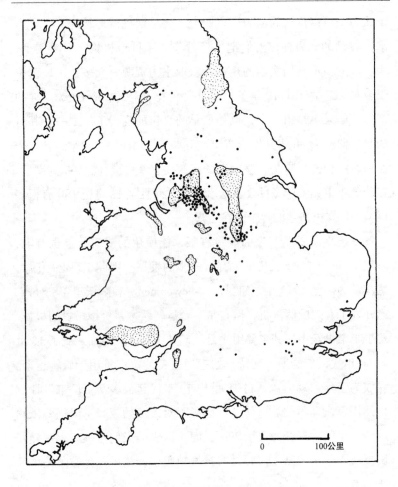

图9-17　约1800年英国的棉业。煤田以斑纹标示

获取煤炭和港口优势的一些地区，因为大部分原材料是从海外进口的。只有极少数河流可通航，而像伦敦和布里斯托尔这些最大的港口附近没有重要的煤田。只有利物浦临近大煤田，具备优良

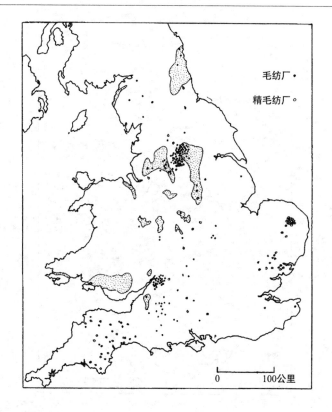

图9-18　约1800年英国的毛纺工业。煤田以斑纹标示

的港湾和发达的海运贸易。棉纺织业在利物浦腹地的兰开夏煤田生根并蓬勃发展（图9-17）。羊毛业发展于奔宁山丘的另一面——约克郡西区（West Riding of Yorkshire），这里早已有家庭织布业。有煤田和蜿蜒至亨伯河（Humber）与赫尔（Hull）港的河流，使这一个布匹生产区与国家的其他地区和世界其他地方相联系（图9-18）。至1800年，除极少数例外，钢铁工业弃用了较早期的林

图9-19　约1800年英国的冶铁工业

区，已集中于西米德兰兹（West Midlands）、南威尔士、约克郡和诺丁汉郡的煤田区（图9-19）。其产量在拿破仑战争时期继续增长。当战争结束，英国已是世界最大的工业强国，且拥有世界超半数的产能。

289　　　　人们可能会问，为什么工业革命发生于英国，而不是法国、低地国家或德意志西北部？这些地区具有的地理优势与英国无异，且具有更好的内部运输途径。但英国有两个优势远远优于欧洲大陆的任何国家。一个是接受革新和变化的意愿，另一个是普通消费品的大众市场。克拉珀姆（Clapham）评论毛织业在约克郡的兴起时指出，这是"一个常例，这是个具有一定微弱优势的刻苦耐劳的地区，吸引较低层次的扩张工业"[①]。这就是工业革命，同样可以说的是，之后数代的里尔、埃伯菲尔德（Elberfeld）、开姆尼茨（Chemnitz）和罗兹（Łódź）等地的工厂工人亦如此。但传统生产并没有突然消失，其更精致、更昂贵的产品仍有市场。在英格兰，东安格利亚和西部的布业存留至 19 世纪，尽管不论是在相对还是绝对意义上，这个行业都在走向衰落。

前工业时期的生产特点是，有别于城市工业的乡村工业日益重要。生产向乡村地区转移的原因是复杂的。在城市中，行会对工匠施加了过于烦琐的、难以负担的限制，阻止他们依据不断变化的市场调整生产。与此同时，乡村劳动力更廉价、更灵活，可以利用水力，可以在某些生产部门中生产自己的原料。当商人开始向工匠提供材料，有时甚至是工具——因为乡村工人总是缺乏资本——并收集、销售其产品时，乡村家庭生产进入繁盛期。这种"外放"体制很适合制造简单、粗糙的大众所需商品。亚麻几乎被家庭工匠垄断，大部分呢绒是在农舍中织造的。蕾丝的制作、刺绣和袜子的编织属于家庭手工业，17 和 18 世纪内其范围更广且不断扩大。

290

291

292

---

① 证据出自 *Royal Commission on the Distribution of the Industrial Population,* HMSO (London, 1940), 32。

一些城市能够打破城市传统，生产广大市场所需的更廉价、更粗糙的产品。里尔、亚眠和博韦厕身其中，但其工匠一直面临着来自乡村工人的竞争。在一些情况下乡村工业扩展到临界点，它们的工人形成的聚落已达城市规模，但完全没有城市的约束和限制。其中包括低地国家南部的韦尔维耶（Verviers）和佛兰德斯平原的大型工业村。

俄罗斯制造业的发展过程，完全不同于西欧和中欧，其原因有三。首先是俄罗斯沙皇的作用，他绝对地拥有所有资源并垄断控制了制造业发展。其结果是帝国政策有某种随意性，在任何情况下政策往往都完全是从军事需要和国家安全角度看待工业发展的。其次，没有一个可能产生企业家的、明显的中等阶层，并且极少有资本用于投资，当工业发展至 19 世纪晚期时，它主要是基于西方的资本和技术。最后，不存在自由劳动力；虽然农奴——这是俄罗斯的特殊情况——有时建立了大型工业，但许多情况下仍没有摆脱其农奴身份。直至 19 世纪晚期，大部分俄罗斯制造业是由地主乡绅或农奴掌握的。前者在自己的土地上建立工厂——事实上是大作坊——并雇用自己的农奴生产纺织品、金属、皮革以及其他产品。他们甚至基于该目的把大批农奴运至全国各地，乌拉尔钢铁业的许多工人就是以这种方式被带来的。这种做法并不局限于俄罗斯，也闻名于波希米亚和西里西亚，但在其他任何地方所实施的范围都无法与俄罗斯相比。

不论是由贵族，还是由农奴控制，"工厂"和冶炼、金属加工场所都必须把所有产品交给国家，只有国家不需要的产品才能在市场上公开、自由出售。任何工业增长都处于这种控制和限制下，这确实是明显的。事实上，一些相对工业化的地区出现于 18 世纪。其生产场所的数量增加了十倍以上；当 18 世纪结束时，纺织业及相关工业雇用了约 75 000 人，有 1800 多个"工厂"。大部分工厂集中于莫斯科地区的城镇，较少量集中于圣彼得堡附近。许多工厂生产呢绒和亚麻布，但少量的工厂已从事棉纺织生产。

纺织行业

在这数百年中，纺织业雇用了更多的人，生产的商品总价值比其他任何工业部门都大。纺织业既是城市工业又是乡村工业，在这两者间存在波动且不稳定的平衡。纺纱主要是乡村工业，几乎完全由女性从事。织布也日益成为乡村事业，漂白、染色、漂洗和其他精加工行业则主要在城市中进行。纺织业本身可能被分为四类：毛、麻、棉和混合的奢侈面料。它们不是在空间上区分的，只有在英国，人们才能讲出与生产毛或麻织品的地区极为不同的棉纺区；这个区别也不适用于苏格兰。欧洲大部分棉纺区和行业中心地区生产各种布料，如果不是所有的布料，也是大多数的布料。工厂从一种布料生产转为另一种，甚至一些工厂同时进行不止一种的生产工序。当然，欧洲所有的地方都生产纺织品，但大多数在家庭中织造和使用，并不进入市场。布料商业生产主要位于低地国家、法国、中欧、意大利，当然还有英格兰。

佛兰德斯城市的传统绒面呢生产于 16 世纪走向衰落，被佛兰德斯平原的工业村的"新布料"——主要是精纺毛料和毛哔叽所取代。这些新布料在 16 世纪大幅增长，但它们的生产在世纪末的

战争中遭受重创。这些新布料生产的最重要中心翁斯科特于 1582
年被摧毁。尽管之后它复兴了，但再未获得以往的繁荣和重要地
位。佛兰德斯衰落的受益者是尼德兰、布拉班特和列日地区。荷
兰省，尤其是莱顿市是最早发展该工业的。在来自南方的难民的
帮助下，莱顿建立了欧洲最大的布业工厂之一，其本身于 17 世纪
成为发展最快的城市之一。莱顿使用的是西班牙的羊毛，出口的
是拉肯斯（lakens）——一种类似于翁斯科特曾生产过的轻质面料。
这种布业蔓延至尼德兰西部的其他城市如代尔夫特（Delft）、豪达
（Gouda）、哈勒姆（Haarlem）、乌得勒支；也传播至尼德兰东部，
在这里作为家庭工业开展开来。

　　从佛兰德斯制造业的衰落中受益的第二个地区是列日地区。
毛纺业在阿登高地的北部边缘发展起来。其主要中心是韦尔维
耶，一个未被承认的城镇。其大部分劳动力来自佛兰德斯，羊
毛来自西班牙。它的首要优势是，来此买卖羊毛和布料的工匠或
商人不受制度约束。该地的制造业于 18 世纪穿过山丘蔓延至欧
本（Eupen）、布特沙伊德（Burtscheid）和艾费尔高原北部的其
他小镇。这个地区因并入革命的法国而获得了重要地位，因为它
此时能开发整个法国市场。1799 年机器纺纱被科克里尔家族（the
Cockerills）引入，韦尔维耶所在的韦德尔（Vesdre）河谷成为欧洲
大陆最早的工业革命区之一。

　　伴随纺织业在低地国家的再生，传统亚麻布生产扩大了。亚
麻由农民种植、处理和编织，据说佛兰德斯的城市商人买卖的亚
麻布数量与棉布一样多。棉纺织业来得较晚，直到 18 世纪末第一
个制造厂才在根特建立，棉纺织品开始取代亚麻布成为佛兰德斯

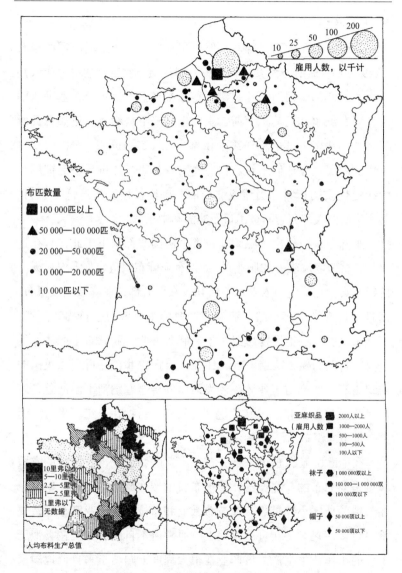

图9-20　18世纪早期法国的织物加工

* 里弗，当时法国的货币单位。——译者

最主要的纺织品。

毛纺织业在法国很普遍，但大多只生产当地市场所需的粗布（图 9-20）。政府，尤其是科尔贝发展优质布料生产的努力成效甚微。法国北部的棉纺织业是佛兰德斯棉纺业的延伸，在亚眠、博韦、阿布维尔，尤其是兰斯，主要生产轻毛料织物。正如总督所记述的，法国南部的棉纺织业由塞文山（Cevennes）农村和小村庄里的农民"在他们不在农田劳作时"从事。西班牙羊毛被用于生产更优质的布料，当地或北非的羊毛则被用于生产低劣布料。其所生产的大部分布料被出口至非洲和中东。

亚麻布编织仅次于毛织业，整个法国北部从事于此，它在这里是"贫穷家庭唯一的职业"，如没有亚麻布织造，许多农村无产阶级就会消亡。它与农业联系密切。在西北部，亚麻被织成帆布，而且出口规模不容小觑。亚麻布产业的主要威胁来自棉布生产。直至 18 世纪 40 年代鲁昂建立了亚麻布工业，亚麻布生产才变得重要。直至约翰·霍克（John Holker）于 18 世纪中叶引入英国的纺织工序，亚麻纺织业才蓬勃发展，并传至塞纳河下游河谷，之后进入里尔地区和法国其他地区。最初，纺纱在小工厂进行，但下个世纪的织布仍是家庭工业。

在中欧，亚麻布织造是分布最广泛的纺织业，农民穿的衣服大多是亚麻布的。在德国，传统布料生产在城市中开展，但它只在莱茵兰地区小镇扩展。在波希米亚和摩拉维亚，亚麻布织造要重要得多，它建立在贵族领地上，通常由不自由的劳工在类似于工厂的小作坊中生产。该产业在很大程度上归功于来自低地国家的工匠移民，是他们在 18 世纪建立了小工厂，特别是在伊赫拉瓦

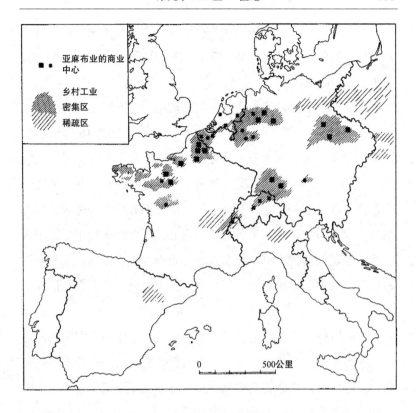

图9-21　18世纪早期欧洲的亚麻工业

（Jihlava）和布尔诺（Brno）。

　　亚麻布的生产在北欧平原占主导地位（图9-21），在威斯特伐利亚尤为重要，明登（Minden）、比勒费尔德（Bielefeld）和拉文斯堡是其主要中心。纺纱和织布是家庭工业，补充了落后的农业。瑞士北部和德国西南部也成为中欧亚麻布生产区的一部分。该产业在三十年战争后复兴，开始生产质量上乘的亚麻布，尤其是在圣加仑。第三个发展出相当有规模的亚麻布产业的地区是波希米亚及其附近的西里西亚。然而，这里生产的布料是较粗劣的，出售给东欧的农民。

德国南部早已使用棉花，大部分被用于生产混合面料（见本书第 173 页）。奥格斯堡是棉布生产的中心，早在 16 世纪棉布织造者就从这里把技术带至萨克森的开姆尼茨（即卡尔－马克思城），并传至奥尔山。依据米拉波（Mirabeau）的说法，18 世纪晚期甚至远至波美拉尼亚和普鲁士的地方都有棉布织造者。与此同时，棉布织造正在下莱茵兰地区传播，这里的亚麻布生产工人迅速改变他们的技术以适应新布料的生产。纯棉面料，尤其是用木板印上图案的"印花布"不久变得极为时尚，与亚麻布形成了竞争。

该时期初南欧布料生产的主要中心是西班牙和意大利北部地区。西班牙布业的衰落主要是因为其行会有限制，并且未能适应新的商业环境。18 世纪西班牙试图建立"工室"工厂以生产毛织品和挂毯，但在政界控制的重压下失败了。只有在加泰罗尼亚，复兴古代织布工业的努力获得了成功。棉布织造工业建立于 18 世纪中叶，并传遍巴塞罗那的腹地。纺纱在小型水力工厂中进行，而织布仍是家庭工业。

意大利的布业主要生产优质布料，直至 18 世纪下半叶仍很繁盛。地中海和北欧市场丢失后，其生产因战争而中断，布业缩减至仅生产农民所需的廉价布料，直到 19 世纪晚期才复兴（见本书第 405 页）。

奢侈布料

在这整个时期，丝绸是昂贵的布料，丝制服装是社会地位的象征。很少有国家没尝试织造丝绸，甚至养蚕。布冯试图在勃艮第种植桑树但失败了，腓特烈大帝在普鲁士种植的那些则在霜冻中冻死。然而，对从南欧进口的生丝进行织造取得了成功。最早的工匠一般是意大利人。丝织业在里昂建立（见本书第405—406页）后，苏黎世、巴黎和图尔也随之建立了丝织业。18世纪，工匠从里昂墨守成规的工业中转至圣埃蒂安（Saint Etienne），这里随后成为缎带织造中心。范德莱恩（van der Leyen）家族在德意志西北部的克雷菲尔德（Krefeld）建立了丝织业，勃兰登堡、萨克森、波希米亚，以及伦敦的斯皮塔佛德（Spittlefields）也都建立了丝织工厂。虽不是所有这些工业部门都能被证明是持久的，但伦敦、克雷菲尔德和圣埃蒂安的那些工业部门至18世纪末已地位稳固。

迎合富裕客户的另一种纺织业是挂毯织造。虽然该工艺源自意大利，但16世纪已在低地国家南部建立。1601年佛兰德斯地区的挂毯织造工把该工艺带至巴黎，并在戈布兰定居下来。1664年，他们的产业获得王室赞助，继续经营至大革命爆发。来自戈布兰的织工受到吸引，将他们的工艺远传至圣彼得堡。

金属行业

第二个重要的制造工业群与开采、冶炼和金属品制造有关。16世纪初开始使用高炉（见第八章"金属行业"部分），至18世

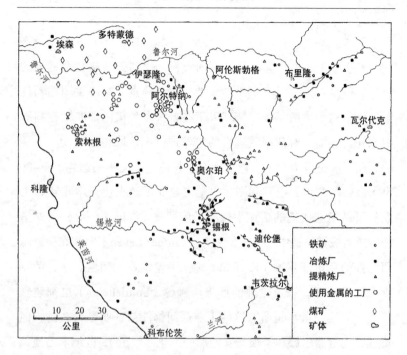

图9-22　约1800年席根兰及其附近区域的冶铁业，基于F. A. A. Eversmann, *Die Eisen und Stahl Erzeugung auf Wasserwerken zwischen Lahn und Lippe* (Dortmund, 1804), and A. M. Heron de Villefosse, *De la richesse minérale* (Paris,1819)

纪只有极少数地区仍使用较原始的直接冶炼法。正如我们所见到的，高炉生产高碳的液体金属，极为适合铸造使用量日益增多的铸件。而为了其他用途，铁必须在炉床上提炼。铁加工的所有部门都需要大量木炭和水力，这使得这些生产部门更为分散。图9-22显示，冶铁集中于锡根和迪伦堡（Dillenburg）附近的山丘，这里有最好的矿石；但提炼工序则在北部较远的地方进行，那里针对木炭和水力的竞争更少。五金商品的生产甚至更分散。导致

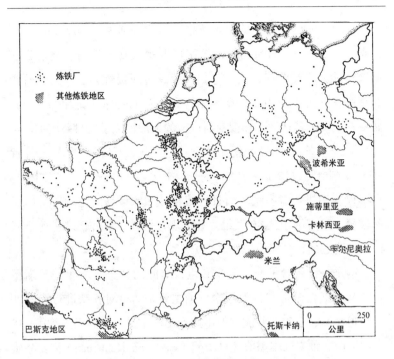

图9-23　18世纪晚期欧洲的冶铁工业

初级铁加工极为分散的正是木炭供给而非铁矿获取的问题。从西班牙至俄罗斯，只有极少的地区还有小型的铁器作坊（图9-23）。

　　正当冶炼和精炼受到的制约变得更严重时，对软铁或条形铁的需求不断增加。其结果是双重的。一方面，该工业扩展至矿石、燃料和水力不那么缺乏的地区；另一方面，人们开始探寻另一种精炼方法。前者导致了瑞典和之后俄罗斯铁产量的增加。而另一种补救方法是找到其他燃料、矿石和动力资源。17世纪人们已尝试使用煤取代木炭作为高炉燃料，直至1709年，亚伯拉罕·达比

（Abraham Darby）才在他位于英格兰什罗普郡（Shropshire）的克尔布鲁克戴尔（Coalbrookdale）工厂取得成功。然而，被期盼的革新可能并不受欢迎，因为它仍未找到金属提炼方法。高炉所产的高碳铁几无工业用途。英国尽管有这个发明并且拥有巨大的煤储量，但发现其从瑞典和俄罗斯进口的条形铁数量仍日益增加。

第二个补充性的革新产生于18世纪80年代，亨利·科特（Henry Cort）改造了一种炉——被称为反射炉——来提炼生铁。它不仅能用煤代替木炭，而且能熔化并回收废铁。这种所谓的搅炼过程，一直沿用至20世纪。开创现代钢铁工业并使之坐落于煤田及其附近的，是搅炼炉而非高炉。

钢是一种碳含量介于软铁和生铁之间的合金，18世纪日渐用于工具与武器制造和其他用途。钢主要是通过对软铁进行渗碳处理或迫使其吸收碳而制成。但由此产出的金属的品质极不均衡；18世纪中叶，钟表匠本杰明·亨茨曼（Benjamin Huntsman）需要品质优良、均衡的钢，研发了生产"坩埚"钢的方法。"亨茨曼"钢迅速获得极高声誉，用于其国内和出口的钢产量都有所增加。

因此，生产软铁和钢的重要革新发生于革命战争爆发前的英国。欧洲大陆试图使用煤或焦炭作为高炉中的燃料，取得了不同程度的成功；但其他革新在1815年以前或是未知的，或是未被投入使用。在钢铁行业方面，英国和大陆之间的技术鸿沟逐步扩大。

17和18世纪最重要的产铁地区可能是瑞典中部，随后那里在该时期末被俄罗斯赶超。瑞典的制铁工业最初基于乌普兰省的丹尼莫拉（Dannemora）富矿，但此后向西、向北传播至韦姆兰（Varmland）和达拉纳（Dalarna）。矿石在砖石炉中冶炼，在炉床上提炼。其所产出的条形铁是瑞典最贵的出口品,在若干年中占其出口总量的四分之三。铁产量从 1600 至 1750 年增加了五倍,这一增速使瑞典政府开始担忧森林和矿石资源并限制生产。瑞典从未发展出可与之相比的使用铁的工业。18 世纪 70 年代后瑞典工业开始衰落,部分是因为英国取得的技术进步,但主要是由于俄罗斯工业的竞争。

在俄罗斯,制铁业是 17 世纪晚期和 18 世纪最重要的工业,除粮食之外最有价值的出口品。据说 1700 年的总产量约有 15 000 吨。至 1800 年,总产量已增至约 16 万吨,这使俄罗斯成为世界最大的生铁和条形铁产地。早期的产铁中心曾是图拉(Tula)附近的奥卡河谷。但乌拉尔山有无限的矿石和木炭资源,超过了旧中心。叶卡捷琳堡(即斯维尔德洛夫斯克[Sverdlovsk])和下塔基尔(Nizhne Tagil)是制铁工业中心,但事实上该工业遍布乌拉尔山南部地区,向西至伏尔加河上游的平原。制铁工业由握有资源的家族控制。劳动力主要是农奴,并且工作环境恶劣。大部分条形铁通过阿汉格尔斯克或圣彼得堡被出口至西方。

有色金属在此期间尤为重要。铅的主要产地是英格兰西部丘陵、阿登高地、哈尔茨山,以及波希米亚和斯洛伐克的矿区。后者在 16 世纪因其矿石中含有银而变得更重要。但当银-铅矿于 16 世纪晚期被开采殆尽时,其采矿业地位下降。

铜从哈尔茨山、斯洛伐克,尤其是瑞典获得。在匈牙利的喀尔巴阡山,铜矿逐渐取代银-铅矿成为首要矿产品,但 17 世纪又衰落了。斯洛伐克之后被瑞典取代,后者成为欧洲最重要的铜矿产地。主要矿藏大铜山位于斯德哥尔摩西北部的法伦。瑞典的采矿业由大量小企业开展，但由王权严格控制。铜是瑞典最重要的出口商品，直到其地位被条形铁所取代。据说欧洲"充斥着瑞典的铜"，瑞典在中欧的军事征战主要通过铜出口来获得开支。17世纪晚期，铜矿藏几近枯竭，至18世纪，瑞典对铜市场的主导已成为过去；欧洲自此以后从西班牙和哈尔茨山、奥尔山获得供应，英国的供应则越来越多地来自康沃尔和安格尔西岛（Anglesey）的阿姆卢赫（Amlwch）矿。

人们不应夸大前工业时期金属矿的生产规模。1800年前，包含生铁和条形铁在内，铁的总产量是否超过一年10万吨是值得怀疑的。瑞典在其生产高峰时铜的年产量不超过3000吨。19世纪早期，上西里西亚的锌年产量只有约100吨。

煤　炭

欧洲有巨量的煤炭资源，没有它就不可能有19世纪的工业扩张（见本书第413页）。许多领域的工业都发生了扩张；大部分煤矿都很小，且分散在除斯堪的纳维亚和地中海之外的欧洲大部分地区。很难知道19世纪前有多少煤矿被开采，获得的煤炭数量是多少。反对煤炭使用的声音很强烈。医学观点也反对使用煤炭。巴黎禁止使用煤炭。在英格兰，约翰·伊夫林（John Evelyn）写了一篇檄文谴责使用煤炭。尽管如此，有证据显示大部分煤田在16和17世纪被开采，如果不是更早的话。煤炭通过船只从诺森伯兰煤田运至伦敦，因此它名为"海煤"。至1670年，里夫德吉耶（Rive-de-Gier）矿山每年向里昂地区提供2万吨煤矿；即使在巴黎，尽管煤炭被禁用，人们仍通过河流和运河从"中心"煤田区获得煤炭。木材日益缺乏，迫使人们转向煤炭。煤炭越来越多地用于制铁、烧制石灰、制作砖和玻璃，以及各种之前需用木材或炭的领域。

很难探寻煤炭生产在 17 和 18 世纪的发展情形。英国的煤炭产量至 1600 年可能已达到 25 万吨，一个世纪后达 300 万吨。之后迅速扩大，1800 年前总产量超过 1000 万吨。欧洲大陆的煤炭产量要少得多。法国产量最高的地区圣埃蒂安－里夫德吉耶到 18 世纪初产量不超过 5 万吨，18 世纪中叶法国总产量仍在 50 万吨以下。在低地国家南部，位于默兹河和桑布尔（Sambre）河谷沿线的煤田，在当时看来是"欧洲大陆最大且储量最丰富的"。虽然事实上并不是那样，但也接近于此。煤炭沿河谷两边分布，并可以通过水路向外输送。它供给低地国家和法国北部地区，当 1713 年法国丧失对蒙斯地区的控制之后，人们开始在法国北部地区寻找炉床的延续部分。然而，该煤田狭长且在瓦朗谢讷附近改道，钻探洞无法触到煤层。直至 1734 年人们才在昂赞（Anzin）附近找到可开采的煤田，至 19 世纪方才发现法国北部大规模的煤田。

低地国家的南部地区很有可能是欧洲大陆最大的煤产地。这些地方向尼德兰和洛林提供煤炭；由于水路的改善，也供给法国北部大部分地区。其总产量在约 1800 年时达 50 万吨。德国是欧洲大陆最富足的煤产地，鲁尔和上西里西亚有广袤的煤田，但这在当时不为人知；甚至在 19 世纪末，鲁尔的煤产量可能也没有超过 10 万吨很多。西里西亚的产量更少得多；19 世纪初，整个欧洲大陆的总产量仅比英国的四分之一多一点。

302

消费品行业

在 1761 至 1788 年间，迪阿梅尔·德·蒙索发表了 100 多篇有关他认为值得关注的工业生产部门的系列研究。[①] 他是从贵族的视角出发看待工业品的。他没有告诉我们粗布是如何制作的。他的读者的兴趣更多地转向了瓷器、橱柜制作和精细镶工。不幸的是，这反映了那个时代的观点，正符合阿瑟·扬格的判断（见本章"制造和开采"）。欧洲大部分地区的统治阶层对那些可能满足大众需求的行业不感兴趣，也不鼓励其发展。英国和尼德兰例外，一些开明的统治者如普鲁士的腓特烈大帝也尽其最大能力对之进行鼓励。

然而，重要的制造业有鞣革，马鞍、挽具和鞋类制造，砖瓦烘制、陶器、玻璃、蜡烛和肥皂制作。另一些制造业则更地方化。西班牙和意大利最早进行纸张生产，纸张的生产和印刷工艺从这里向北传播。每个大型或中型城市都有印刷厂，其中一些，包括巴黎、阿姆斯特丹、巴塞尔、维也纳，成为著名的图书出版中心。

肥皂的使用在这几百年间变得更加普遍，但原材料——动物或植物的脂肪和木灰——不易获得。肥皂制造往往在港口城市如马赛和阿姆斯特丹兴起，因为这里可以进口原材料。而只要有适合的黏土，任何地方都能制作粗糙的陶器，但精致的瓷器和陶器生产则分布不广。16 世纪，花饰陶器和彩瓷（来自法恩扎［Faenza］）——粗制的釉面器皿——源自意大利，陶器制作则广泛分布于西欧。标准化瓷器的大量生产始于 18 世纪的英格兰。欧

[①] *Descriptions des Arts et des Métiers,* 27 vols. (Paris, 1761–1788).

洲大陆重视瓷器生产，生产的秘诀来自中国。大量瓷器"工厂"建立，其中许多能工巧匠来自萨克森的迈森（Meissen）公爵陶器作坊。今天它们的产品价值极高，但在那个时代只有极少数工厂能够成功或长久运营。

运输和贸易

国际贸易的发展由当时盛行的所谓重商主义经济学说塑造。用重商主义辩护士托马斯·曼（Thomas Mun）的话来说："我们必须遵守这一规则：少买多卖……因为没有退还给我们的部分货品库存必须被作为财物带回家。"[1] 积累黄金被看作政策的唯一目标。这样做的必然结果是，一个国家应该根本不依赖于另一国家的任何商品，除非这是绝对不可避免的。允许商人自由贸易和实施该法律的绝对困难，通常对这一个学说进行了调和。仅法国和普鲁士试图严格实施该学说。而尽管有这些限制条例，这个时期的贸易总量仍大幅增加。18世纪，仅英国的进口就翻了两番，出口增加了将近700%。法国的外贸据说已增加了300%以上。欧洲的大部分对外贸易是同新大陆和亚洲的殖民属地进行的。荷兰人尤其让阿姆斯特丹成为东方商品的商业中心。国内贸易则因大量的税费、难走的道路和难以通航的河流造成的地理障碍而受到阻碍。

对外贸易

地中海贸易从葡萄牙人地理大发现的直接影响中及时复苏。

---

[1] *England's Treasure by Foreign Trade (1664)* (Oxford, 1928), 4.

热那亚和威尼斯继续在一方为意大利，另一方为非洲、亚洲的贸易中发挥着中介作用。只是商品，在一定程度上还有路线发生了改变。事实上，其他港口如利沃诺（即里窝那［Leghorn］）、杜布罗夫尼克、安科纳（Ancona）和斯波莱托（即斯普利特［Split］）开始争夺威尼斯和热那亚的霸权。但后者最大的威胁来自西北欧，尤其是英国人，他们从 16 世纪晚期进入地中海，直接同黎凡特进行贸易。而且，北欧的商人也有商品在地中海出售。除布匹和金属之外，他们还带来了粮食，这正是地中海城市共和国每当歉收时都需要的。事实上，一度让威尼斯和热那亚、马赛和巴塞罗那引以为傲的商业已衰落为地方贸易。

与此同时，波罗的海贸易量增加，逐渐不再由汉萨同盟的商人主导。其后继者是荷兰人和英国人，他们把布匹和葡萄酒带至波罗的海的港口，并运回粮食、木材、瑞典的铁和俄罗斯的亚麻。英国人想要的主要是铁和航海用品，包括木材、桅杆、沥青和大麻；但其除布匹之外，几乎没有能与之交换的物品。荷兰人以阿姆斯特丹大量且种类繁多的贸易为后盾，能提供更多的商品，从而迅速主导了北方的贸易。"通过非凡的企业和效率，他们控制了四分之三的木材贸易，三分之一至二分之一的瑞典铁贸易。"[①]

波罗的海的贸易是最早有全面统计数据的。这是因为该地区的海上贸易必须通过丹麦的桑德海峡，所用船只在这里都必须支付货物通行费。当然也存在一定程度的逃税和走私，但桑德海峡

① Charles Wilson, *Profit and Power: A Study of England and the Dutch Wars* (London, 1957), 41.

的"收费"记录大致记述了 15 世纪晚期以来该地区贸易的性质和数量。直到 1856 年，该项收费才被取消。

粮食贸易对波罗的海的贸易和西欧，甚至南欧的幸福生活都是至关重要的。其贸易量因波罗的海可获得的粮食数量和西欧的需求量而不同，在饥荒时期的贸易量总是较大。粮食贸易于 18 世纪开始衰落，可能是因为西欧的自给自足变得较常见了。另一方面，木材贸易不断增长，因为西欧的船只变得更大、更多。波罗的海南部的供给枯竭，迫使商人转向北部更远的广阔丛林。里加成为最重要的木材贸易港，直径超过 12 英寸的"大船桅"从这里被运送至英国和低地国家。

亚麻、大麻和铁是波罗的海地区的剩余产品。亚麻和大麻是农产品。条形铁最初来自瑞典，18 世纪晚期，日益来自俄罗斯。铁的出口与亚麻的出口紧密相关。一货船的亚麻或大麻的分量很轻，以至于船上必须装上压舱物。条形铁就是用于这一用途，结果，以极低的成本价被运至西方。在被法国军队侵占前，荷兰同波罗的海地区的贸易一直是大规模的，并且利润丰厚。这使得主导波罗的海贸易的英国人没有了障碍，直至木材和铁停止大量出口。

从西班牙和葡萄牙航海时代开始，大西洋贸易几乎不间断地扩大。新贸易最初的两个焦点是里斯本和塞维利亚，前者是欧洲大西洋沿岸最好的港口，后者距离可通航的瓜达尔基维尔河 50 多英里，并且有许多外港，包括加的斯为其提供服务。葡萄牙人展开的贸易从一开始就包括香料和东方的其他产品，交换的是布料和金属制品，这些大多是从低地国家的市场获得的。西班牙于 16

世纪带来的黄金量日益增加，此外玉米、烟草和新大陆的其他产品也越来越多，而主要出口的是西班牙殖民者所需要的食物和衣服。该贸易一路衰落至18世纪，西班牙和葡萄牙这两个帝国奋力保护从英国和荷兰劫掠者虎口下逃脱的少量贸易。人们一定不能夸大大西洋贸易的量，即使是其繁荣高峰期。该贸易雇用的船只只有少数几艘，据说船只的吨位少于西班牙北部沿岸运输羊毛、铁的船只吨位。

对塞维利亚和里斯本形成补充的是低地国家港口，大西洋贸易在此与北欧贸易交汇。16世纪，最重要的港口是安特卫普，它已取代了布鲁日的淤塞水道。它拥有优良的通航河流——斯海尔德河，以及发达的腹地，其中包括整个莱茵兰地区。安特卫普成为意大利和葡萄牙商人的北方基地。卢多维科·圭恰迪尼（Ludovico Guicciardini）描述，安特卫普在16世纪中期处理的商品种类和交通密度是塞维利亚港口无法比拟的。之后安特卫普迅速衰落，比其发展的速度更快。因1576年被西班牙士兵洗劫，并且被尼德兰的新边界切断了同海上的联系，安特卫普衰落了；其同海洋的联系直到1792年才被法国人重新开放。

安特卫普的重任又由阿姆斯特丹担起，后者的优势安特卫普并不具有。连同须德海周边的许多小港，阿姆斯特丹有大批商船队在整个北方海域进行贸易。它所成立的金融机构远远超前于安特卫普已知的那些，它为西班牙人从低地国家南部吸引而来的大部分商户资本和许多企业家提供庇护。正是阿姆斯特丹的商人为欧洲北方和地中海之间的贸易建立了联系。当1595年第一支荷兰船队航行至印度群岛后，阿姆斯特丹贸易又增加了新的内容。不同于塞维利亚和里斯本，阿姆斯特丹把代售的制造品运至其属地，反过来进口的不仅是胡椒和香料，更重要的还有茶叶、咖啡、热带棕榈油和硬木，荷兰人把这些货物以极高的价格卖给北方各地。

在塞维利亚和丹麦桑德海峡之间坐落着大量港口，其中大多数都很小，但也包含一些可以容纳"大船"的港口：波尔多、拉罗谢尔、圣马洛（Saint-Malo）和勒阿弗尔，每个港口都充当了地方沿海贸易的中心以及这些中心与大港口之间的桥梁。沿着这些海岸，人们运送着无数种商品：羊毛和布料，条形铁和锻造的铁器，木头和燃料，建筑石料，石板屋瓦，石灰，粮食，酒，咸鱼。布列塔尼的水手最活跃，但英国人和荷兰人也发挥了作用。这一沿海贸易的贸易量很大，部分是源于道路条件很糟糕；一旦陆上交通条件改善，其贸易量便大幅下降。

一些港口成长起来且扩展了它们的商业，另一些则衰落。塞纳河的那些港口——鲁昂和勒阿弗尔——随着巴黎的成长和制造业在腹地的扩张而增长（参见本书第 338 页）。南特和波尔多都位于通航河流的河畔，随着殖民贸易的扩大而成长；洛里昂（Lorient）正如其名字一样，其建立是要推进法国与东方的贸易。[①]

北欧的港口和商业也发生了变化并有所发展。贸易变得日益集中，18 世纪有少量的大港口出现，而许多小港口在竞争中出局。不来梅、汉堡、斯德丁、但泽、里加全都获利了，其原因显而易见。这些港口控制着出口——主要是粮食、木材、亚麻和条形铁，这些出口品从其腹地沿河顺流而来。短途的沿海贸易在这个不发

① Orient 有东方之意。——译者

达、人口稀少的地区不太重要。在这数百年中发展的这一北方贸易分支是同俄罗斯进行的。这基本上是一种"殖民"贸易；出口原材料，进口制造品和奢侈品。最初该贸易沿挪威北部海角周围漫长且危险的路线进行，之后沿更短但政治上不安全的波罗的海路线。服务于俄罗斯的港口有里加（1721 年前一直处于俄罗斯控制下）、塔林（Tallin，即瑞维尔［Reval］）、纳尔瓦（Narva）及 1703 年之后的圣彼得堡（列宁格勒）。它们通过河流与湖泊连接诺夫哥罗德、莫斯科，并最终与乌拉尔的产铁地区建立了联系。

内部贸易

只有小部分欧洲贸易通过港口进行。尽管有许多关税、地理障碍的阻碍，大部分欧洲贸易仍是通过陆路、河流和运河进行。税费的收取在某些情况下保留了记录，但在更多情况下是逃税和走私，没有记录。1664 年科尔贝在法国，1775 年约瑟夫二世在哈布斯堡领地上，都减免了许多内部贸易税费。但"法国分布着千百个部门，交通因其盘查和官僚控制而受阻"[①]，直至 1790 年才最终废除。如此繁重的限制，在德意志一直持续至 19 世纪中叶。

贸易机制的变化不大。它建立在市场和展销会之上。随着长途贸易由城市商人接手，展销会在西部的重要性下降，但它们在东部直至 19 世纪晚期仍具有重要意义。市场是农民出售自己的剩余产品的地方，偶尔也卖一些土布。展销会服务的区域更广，但

---

① J. F. Bosher, "French Administration and Public Finance in Their European Setting," in *New Cambridge Modern History,* VIII (1965), 565-591, 579.

在 17 和 18 世纪它们变得越来越不重要且更加专门化。有马匹展销会、葡萄酒展销会，偶尔也有乡村展会。

大多数人和商品经由陆路旅行和运送。公路网络变化不大。路面仍崎岖不平，覆盖着深深的泥泞或厚厚的尘土。旅客为避免泥泞的路面要走很长的弯路。桥梁建在道路交会处，数量并没有19 世纪那么多。山路可能更崎岖，但其表面通常布满坚硬的岩石，通行更容易。人们做了许多努力来改善道路。在法国，亨利四世任命一位部长来改善道路，但成效似乎甚微。科尔贝的努力也没有取得更大的成功，临近 18 世纪末这个责任给予了总督。1738 年，改善道路的义务被交给农民，之后不久，工程师队伍成立，他们开始承担此义务。

在英国，维修道路的义务落到了地方社区，而它们不愿履行该义务。17 世纪晚期，人们开始建立收费公路信托基金，法律授权该机构筹集资本、改善道路并收取通行费。数百上千个坚固的收费站仍留存于英国道路沿线。丹尼尔·笛福于 1720 年承认收费公路"是一件非常大的事情，是他们所做的一件非常大的事情"[1]。旅行的速度和运输量大大增加，如没有这些，18 世纪晚期的工业发展将大大受阻。

在中欧和南欧，人们为道路改善所做的努力极少，东欧则根本没有。阻碍改善的原因，除了当局不愿投资外，还包括缺乏如何建造全天候公路的知识，以及许多地方没有建造坚硬路面的石头。河流和运河是唯一能替代公路的。作为运输手段，河流运河

---

[1] *Tour through England by a Gentleman* (London, 1928), Ⅱ, 119.

通常更安全、更廉价，但速度慢。它们不一定位于最需要它们的地方，并且在每年的某个时期都会因洪水、冰冻或低水位而无法通行。17世纪晚期从布达佩斯前往贝尔格莱德的一个旅行者使用船只，他记述道，"极少经由陆路旅行，因为陆路充满了盗贼和麻烦制造者。在晴好的天气，你可能走……至少八天，但在寒冷天气，我们被迫在水上待更久"[1]。陆路的距离不会超过200英里，花费的时间可以更短。船只的设计必须适合水路条件，通航必须根据季节调整。除了在最大的河流以外，船的容量很小，不足10吨，通常少于5吨。在19世纪以前没有内河码头；最多只有一些石砌的码头用于固定船只进行装卸。甚至连拥有并经营船只的船夫通常也仅是兼职的。这毫不奇怪，内陆通航是"季节性的、零星的、间断的"[2]。

　　在意大利，人们使用的是波河和台伯河下游。在西班牙，人们使用的是瓜达尔基维尔河，以及塔霍河、杜罗河（Duero）和埃布罗河下游。法国拥有丰富的通航河流，沃邦看到，河流在改善过程中成为贸易增加的主要手段。然而，大多数河流的使用无定则。罗讷河由于流速的原因仅被用于顺流运输。卢瓦尔河被用于从"海湾"向内地运送盐。只有塞纳河的使用似乎有定则，主要满足了巴黎的供给（见本书第182页）。塞纳河及其支流事实上是这一时期使用最频繁的水路系统，但它们的运输量仍很小。18世

---

① *The Six Voyages of John Baptista Tavernier through Turky, into Persia and the East Indies* (London, 1677), Introduction, unpaged.

② J-Y. Tirat, "Circulation et commerce interieur dans la France du XVIIe siécle," *XVII Siécle,* nos. 70—71 (1966): 71.

纪通过诺曼底和巴黎之间的收费站的商品，每年不超过 45 000 吨。

低地国家的水上运输重要得多，因为正如一位旅行家讲起从埃姆登（Emden）到格罗宁根（Groningen）的道路时所说的，它是"夏季唯一的通道，在冬季大部分时期它位于水下"[①]。在尼德兰，大部分旅行是"用马拉的大船"[②]，该航行具有如经营良好的巴士服务那样的频率和定则。17 世纪，威廉·坦普尔爵士（Sir William Temple）提到"大河和……不仅能通到每个大城镇，几乎还能通至每个村庄、每家农户的运河……以及在其上行经的无数帆船"[③]。

莱茵河是欧洲最易通航且最具潜在价值的河流，在该时期则处于可悲的衰落状态和被忽略的地位。它有其天然障碍——上游湍急，美茵兹以上部分迂回曲折，宾根（Bingen）段多岩石——但这些并不是它被忽略的原因。相反，以前的莱茵河非常有用，乃至逐渐被沿河城市的通行费和限制性权力所累（见本书第 182 页）。这些几乎中断了河流交通。歌德形容莱茵河是"空空的寂静"，只有在大城市附近流通的"贸易船只"才能打破。莱茵河支流的巨大潜力在 19 世纪前未被使用；当歌德从瓦尔密（Valmy）战争中仓促逃脱时，他乘着船从摩泽尔河顺流而下，整条河上只有他一人。

---

① J. -Y. Tirat, "Circulation et commerce interieur dans la France du XVIIe siécle," *XVII Siécle,* nos. 70–71 (1966): 71.

② William Bromley, *Several Years Travels, Performed by a Gentleman* (London, 1702), 271.

③ *Observations upon the United Provinces of the Netherlands,* ed. G. N. Clark (Oxford, 1932), 93.

德意志北部的河流被用于地方运输，木材从山上顺流而下。17世纪初，人们在河流之间开凿了衔接运河。其中一条——连接易北河和吕贝克的斯泰克尼茨（Stecknitz）运河，可以规避丹麦的桑德海峡及其通行费。尽管早期的运河衰落了，但腓特烈大帝重建了易北河和奥得河之间的衔接运河，甚至借由瓦尔特河（Warthe）与维斯瓦河建立联系。普鲁士政府也开凿了一条从奥得河通至上西里西亚煤田的克德尼基运河，以方便将煤运至柏林。维斯瓦河很不适合通航，夏季是浅滩，冬季则往往发生冰冻和严重的洪涝。尽管如此，它也是最常使用的通航河流之一。粮食被马车运至距离华沙北部80英里的卡齐米日－多尔尼装船，然后顺流至但泽港（即格但斯克［Gdańsk］）。维斯瓦河也被用于筏运木材。维斯瓦河的运输因波兰领土被瓜分而中断，但仍在较低程度上使用，直至被铁路接替。波兰贵族有不切实际的愿望，即通过出口他们在东波兰和立陶宛领地上的粮食和木材以赚取大量的财富。他们开凿了连接维斯瓦河和尼曼河（Niemen）、普里佩奇河（Prypec）的运河。但其商业结果几乎未能满足他们的期望。

法国在16和17世纪进行了大规模的运河建造活动。弗朗西斯一世国王有雄心勃勃的计划，甚至同列奥纳多·达·芬奇一起讨论实施。然而，直到18世纪才建造了连接加龙河（Garonne）、比斯开湾和地中海的运河，以及连接卢瓦尔河和塞纳河的运河。前者——朗格多克运河——被形容为"罗马时代与19世纪之间欧洲最大的土木工程壮举"[1]。它为同时代人所钦佩，其技术和经济上的成功使得

---

[1]　A. W. Skempton, "Canal and River Navigation before 1750," in *A History of Technology*, ed. Charles Singer et al., III (Oxford, 1954), 438-470, 459.

其他一些成绩在革命战争爆发时，都显得不太成功或不完整。

英国运河建造的构思更精细，实施得更巧妙。然而，并非所有运河都成功。满足工业需求的运河建造始于18世纪中叶，比如在兰开夏煤田或附近建造的小运河。1761年布里奇沃特（Bridgewater）运河是其他许多运河的原型，它的建立是要把煤运至曼彻斯特的工厂。在这之后，建造了横穿整个国家的"干流"运河，连接着伦敦和英格兰中部地区、塞文河（Severn）和北部地区，以及不断扩大的工业区和港口。其中许多运河都承担着一个至关重要的功能——运送煤炭和原料，在19世纪30年代铁路时代到来之前，它们被大量使用并且获利颇丰。

精选书目

总论

Braudel, F. *The Mediterranean and the Mediterranean World in the Age of Philip II.* 2
  vols. London, 1972−1973.

The Cambridge Economic History of Europe. Vol. 3, *The Economy of Expanding*   310
  Europe in the 16th and 17th Centuries. Cambridge, U.K., 1967.

The Fontana Economic History of Europe. Vol. 2, *The Sixteenth and Seventeenth*
  Centuries, ed. C M . Cipolla. London, 1974.

Heckscher, E. F. *An Economic History of Sweden.* Cambridge, Mass., 1954.

Kamen, H. *The Iron Century.* London, 1971.

Marczali, H. *Hungary in the Eighteenth Century.* Cambridge, U.K., 1910.

Temple, Sir William. *Observations upon the United Provinces of the Netherlands,* ed. G.
  N. Clark. Oxford, 1932.

人口

Berkner, L. K. "The Stem Family and the Developmental Cycle of the Peasant

Household: An Eighteenth Century Austrian Example." *American Historical Review* 77 (1972): 398−418.

Clark, Sir George. *War and Society in the Seventeenth Century.* Cambridge, U.K., 1958.

Jutikkala, E. "The Great Finnish Famine in 1696−97." *Scandinavian Economic History Review* 3 (1955): 48−63.

Ohlin, G. "Mortality, Marriage and Growth in Pre-Industrial Population." *Population Studies* 14 (1960−1961): 190−197.

Post, J. D. "Famine, Mortality and Epidemic Disease in the Process of Modernization." *Economic History Review* 29 (1976): 14−37.

Vincent, P. E. "French Demography in the Eighteenth Century." *Population Studies* 1 (1947−1948): 44−71.

城市聚落

Hiorns, F. R. *Townbuilding in History.* London, 1956.

Hufton, O. H. *Bayeux in the Late Eighteenth Century.* Oxford, 1967.

Kany, C. E. *Life and Manners in Madrid, 1750−1800.* Berkeley, Calif., 1932.

Kaplow, J. *Elbuef during the Revolutionary Period: History and Social Structure,* Baltimore, Md., 1964.

Murray, J. L. *Amsterdam in the Age of Rembrandt.* Norman, Okla., 1967.

Murray, J. L. *Antwerp in the Age of Plantin and Brueghel,* Norman, Okla., 1972.

Pike, R. *Aristocrats and Traders: Sevillian Society in the Sixteenth Century.* Ithaca, N.Y., 1972.

Pike, R. *Enterprise and Adventure: The Genoese in Seville and the Opening of the New World.* Ithaca, N.Y., 1966.

Van der Wee, H. *The Growth of the Antwerp Market and the European Economy.* 3 vols. Louvain, 1963.

农业

Blum, J. "The Rise of Serfdom in Eastern Europe." *American Historical Review* 62

(1956–1957): 807—836.

Bourde, A. J. *The Influence of England on the French Agronomes.* Cambridge, U.K., 1953.

Forbes, R. J. "The Rise of Food Technology (1500–1900)." *Janus* 47 (1958): 139–155.

Forster, R. "Obstacles to Agricultural Growth in Eighteenth Century France." *American Historical Review* 75 (1970): 1600–1615.

Goldsmith, J. L. "Agricultural Specialization and Stagnation in Early Modern Auvergne." *Agricultural History* 47 (1973): 216–234.

Goubert, P. "The French Peasantry of the Seventeenth Century." *Past and Present* 10 (1956): 55–77.

James, P., ed. *The Travel Diaries of Thomas Robert Malthus.* Cambridge, U.K., 1966.

Lough, J., ed. *Locke's Travels in France 1675–1679.* Cambridge, U.K., 1953.

Marczali, H. *Hungary in the Eighteenth Century.* Cambridge, U.K., 1910.

Salaman, R. N. *The History and Social Influence of the Potato.* Cambridge, U.K., 1949.

Slicher van Bath, B. H. "Agriculture in the Low Countries (c. 1600–1800)." In *Relazioni del X. Congresso Internationale di Scienze Storiche,* IV, 169–203. Florence, 1955.

Vives, J. V. *An Economic History of Spain.* Princeton, N.J., 1969.

Wagret, P. *Polderlands.* London, 1968.

Wyczanski, A. "Tentative Estimate of the Polish Rye Trade in the Sixteenth Century." *Acta Poloniae Historica* 4 (1961): 119–131.

Young, A. *Travels in France during the Years 1787, 1788, 1789.* London, 1915.

Zytkowicz, L. "An Investigation into Agricultural Production in Masowia in the FirstHalf of the Seventeenth Century." *Acta Poloniae Historica* 18 (1968): 99–118.

制造业

Albion, R. G. *Forests and Sea Power.* Cambridge, Mass., 1926.

Cipolla, C. M. "The Decline of Italy: The Case of a Fully Matured Economy."

311

Economic History Review 5 (1952–1953): 178–187.

Hobsbawm, E. J. *Industry and Empire.* Harmondsworth, 1969.

La Force, J. C. *The Development of the Spanish Textile Industry, 1750–1800.* Berkeley, Calif., 1965.

Nef, J. U. "Industrial Europe at the Time of the Reformation." *Journal of Political Economy* 49 (1941): 183–224.

Nef, J. U. *Industry and Government in France and England 1540–1640.* Ithaca, N.Y., 1957.

Nef, J. U. *Rise of the British Coal Industry.* 2 vols. London, 1932.

Nef, J. U., "Silver Production in Central Europe." *Journal of Political Economy* 49 (1941): 575–591.

Wilson, C. "Cloth Production and International Competition in the Seventeenth Century." *Economic History Review* 13 (1960–1961): 209–221.

商业

Astrom, S-E. *From Cloth to Iron: The Anglo-Baltic Trade in the Late Seventeenth Century.* Helsinki, 1963.

Davis, R. "England and the Mediterranean, 1570–1670." In *Essays in the Economic and Social History of Tudor and Stuart England,* ed. F. J. Fisher. Cambridge, U.K., 1961.

Friis, A. *Alderman Cockayne's Project and the Cloth Trade.* Copenhagen, 1927.

Hinton, R. W. K. *The East land Trade and the Common Weal in the Seventeenth Century.* Cambridge, U.K., 1959.

Kent, H. S. K. *War and Trade in the Northern Seas.* Cambridge, U.K., 1973.

Oddy, J. J. *European Commerce.* London, 1805.

Pullen, B. *Crisis and Change in the Venetian Economy.* London, 1968.

Ringrose, D. R. *Transportation and Economic Stagnation in Spain 1750–1850.* Durham, N.C., 1970.

Verlinden, C. "From the Mediterranean to the Atlantic: Aspects of an Economic Shift." *Journal of European Economic History* 1 (1972): 625–646.

第四部分

工业革命及以后

18世纪晚期是变革日益加速的时期，但被革命战争和拿破仑战争打断。当1815年和平重现后，不列颠和被战争蹂躏的欧洲大陆之间在技术水平上显现出了巨大鸿沟。

第四部分的第一章探究了这个时期欧洲所达到的水平。不列颠群岛的人口从未停止增长，而欧洲大陆大部分地区的人口则被战乱抑制了增长。在大不列颠，作为早期特征的选择性城市发展仍未衰退，而欧洲大陆几乎没有任何发展。重建农业结构的缓慢进步在所有地方停止；除了大不列颠和斯堪的纳维亚，这些地方几乎没有直接遭受到战争的破坏。但欧洲大陆的相对落后在制造业方面最为明显。当工厂制度在不列颠扩散且在总产量的比例中日益增加时，机械力量的使用——至少在低级的水磨坊技术水平之上——在欧洲大陆极少。最后，尽管海上贸易的中断情况没有比可预期的严重，但商业必须在战后重建。

19世纪欧洲经济的扩张和空间布局发生的剧烈变化构成了本部分的第二章。主导这一发展的经济力量只是被简单涉及，我着重强调的是其所带来的空间格局变化。引起这个时期急剧变化的是运输和交通的变革。这对工业的不断密集、生产的不断专门化，尤其是对生产者与市场互动的速度，都至关重要。生产者不仅可以反映出大众需求的每个变化，而且革新可以随着新发明的邮政系统的速度传播。

19世纪欧洲经济的空间发展可被归纳为六个方面。（1）首先，劳工使用的密集程度减少且效益增加。农业和制造业都是如此。其结果是生产显著增长，至少为提高材料标准培育了潜力。

314

（2）其次，农业的变化和发展最不明显。其原因本书已详细阐述过（见第九章"工具和技术"部分），传统的耕作模式在一些地方一直使用至19世纪末。尽管如此，农业生产仍日益专门化。这在蔬菜、水果的种植，以及为城市市场生产牛奶、奶油和黄油等方面，都是最显著的。毗邻大市场和地理环境同样有助于专门化。大伦敦、巴黎地区、莱茵兰低地和低地国家的例子，说明了城市需求对乡村土地使用的影响。但专门化没有局限于这些生产行业。在有限专门化和质量提高并行的其他地方，人们进行着葡萄种植和奶酪制作。

（3）制造业经历了最剧烈的革新活动大爆发。这些发展的根本是机械力量的应用；首先是蒸汽机，后来才有了蒸汽与水轮机和内燃机的应用。煤和其他形式的燃料是一种"粗"原料，因为它们在制造过程中被完全消耗。它们绝不是制成品的一部分。运输经济决定了工业品的制造应尽可能接近燃料产地。在19世纪，这意味着制造工业被吸引至煤田。即使最小的制造工业也经历了短暂的繁荣期。但从长远来看，制造业的投资规模与可获得的燃料总资源有一定的关系。人们很快意识到，许多小煤田缺乏维持显著增长的资源，在一阵生产活动之后它们被丢弃了。事实上，人们可以区分工业活动的三个阶段。第一阶段是广泛分布着的工匠群体，这些工匠充其量使用的是地方水力。第二阶段的特点是更大型的生产单位，它们在一段时期内使用小型的燃料资源。例如，法国到处是这样毫无生机或被弃置的制造中心。最后一个阶段是转移——许多情况下，工业拥有的所有可移动资产会转移至在可预见的未来可获取的资源，即煤或铁矿石，不会枯竭的地方。

这是对煤田附近地区制造业增长的理论说明。但增长带来了发展。对矿物燃料依赖极小的许多工业迁移至这些迅速发展的工业地区。其中，许多工业设法使用已发展的基础设施——交通、银行业务、商业。其他工业则被市场所吸引，如此工业化的地区提供了资本货物和日益增加的大量劳动力所需要的生活消费品。人们会迫不及待地猜测，到20世纪初欧洲日益增长的制造业会有多少被吸引到煤田附近地区。很明显，这样的制造业有很多。包括大不列颠大部分的重工业和纺织工业，以及西欧和中欧的大部分钢铁工业。

（4）随着19世纪慢慢过去，一个相反的趋势开始显现。不断增加的燃料效能使制造业更少依赖煤炭；道路网络的完成有可能无须高额花费便能把煤炭运送至远离矿井的地方，并且大运河的建造在一定程度上推动了这一进程。在19世纪结束之前，一种新的分散的工业生产形式开始补充工业密集区的生产。

（5）整个19世纪，欧洲既有不断增长的工业，也继续零星存在着衰败的迹象。一般说来，乡村工匠不会带着自己的看家本领到处迁移，这些本事是他们在自己位于小城镇、村庄的作坊中学会的。他们为了保住工作，会通过削减开支和尽可能做出调整，以拼命阻止工厂工业的竞争。通过这种方式，原始工业一直持续

315

至 19 世纪，但几乎不再吸纳新的劳工，并越来越局限于不适于机械化的生产行业。接近 19 世纪末时，很大一部分劳动力由从事传统的蕾丝制作、刺绣和织袜等工艺的年长妇女组成。

（6）欧洲的生产规模日益扩大且越来越专门化，欧洲内部和同世界其他地方之间的贸易量不断增加。欧洲增加的人口和增长的工业生产，需要不断增加食物和原材料的进口量。巨大的棉花产业——暂且不论俄罗斯——完全由海外提供原料；大部分羊毛和木材是进口的；黑色金属矿物和有色金属矿物的生产日益通过进口来补充。同时，回报进口的是出口制造品；这些出口制造品除了支付进口商品的费用外，还增加了欧洲制造商的规模和边际生产力。

这些变化的结果是商品供应增加，但其益处需要时间才能惠及大众。在 19 世纪上半叶，生产利润往往用于再投资。而在 19 世纪下半叶，生产利润被用于缩短工作时间和改善民众生活条件。就后者而言，在 19 世纪最后三分之一的时间内，欧洲大部分地区公共事业的发展、食物供给的多样化以及公共卫生的改善都是迅速的。

为了探索人类活动的空间模式随之而来的变化，本部分如前几章一样分以下几个标题讨论：人口及其分布、城市发展、农业、制造业和商业。但必须要强调的是，欧洲大陆日益一体化意味着欧洲地理的这些方面不再存在于独立的区划中，如果它们确实曾经存在过的话。它们相互之间联系得更紧密，每一个方面都会影响到其他所有方面。

本部分最后一章仅是总结，写的是在 1914 至 1918 年间被撕得粉碎的欧洲地理。它标志着以上所列诸多发展线索的顶峰。伴随着新的国家、变化的边界以及不同的希望和愿望，一个新欧洲在冲突中产生。它不再是"世界的工厂"。它失去了市场，不久就感受到亚洲和美国制造商的竞争。无力和无奈感促使一些欧洲国家尝试重新主张自己的权利，但其结果对它们和世界来说都是灾难性的。实际上，它已是一个截然不同的欧洲，是从人们已知最血腥的四年多的战争中产生的伤痕累累、面目全非的欧洲。

316

第十章　工业革命前夕的欧洲

政治家们聚集在维也纳把和平带回这个被战争蹂躏的大陆，决心恢复战争前盛行的状态。但这被证明是不可能的，之前数十年太多的变化是不可逆的。德意志尤其如此，独立自主的政治单元的数量从300多个缩减至39个。德意志帝国于1806年被消灭，没有任何人抱怨。1815年帝国恢复，但不再处于奥地利的哈布斯堡王室统治下，而是作为德意志邦联（*Bund*），由勃兰登堡－普鲁士统治（图10-1）。在西欧，政治边界的分歧被消除。大部分的飞地和外飞地的封建残骸被整理。法国稍有损失，但回想起来却意义深远。萨尔（Saar）煤田的大部分和制铁的桑布尔河谷的大部分，分别被划给普鲁士和尼德兰。萨伏依和尼斯重归撒丁王国，1860年法国才将其收回。对复兴的法国入侵的恐惧，导致低地国家南部以往属于奥地利的区域并入尼德兰联合王国，其目的是要创造一个针对法国扩张的有效缓冲区。但这一决定被证明在低地国家南部地区是不可接受的。该地区于1831年退出尼德兰联合王国，建立比利时王国；大国保证了它的独立性和不可侵犯性。

东欧的变化更重要。拿破仑的华沙大公国——一个复兴的波兰人国家，之前创建于被俄罗斯和奥地利分割占领的领土上，此时由俄国沙皇们以个人名义受领。至1864年，它完全并入俄罗斯帝国。芬兰之前是瑞典的附属国，也作为半自治的大公国被给予了沙皇；而挪威与瑞典合并。

哈布斯堡帝国仍是一个杂乱的民族集合。它包含以维也纳为中心的纯粹的奥地利土地，波希米亚和摩拉维亚的捷克人的土地，以及那些允许奥地利保留的波兰领土。这些土地上有加利西亚（Galicia）、洛德梅里亚（Lodomeria）或利沃夫（Lwów）领土，以及布科维纳（Bukovina）[①]，其中还加入了包含特兰西瓦尼亚和克罗地亚在内的匈牙利王国的土地。沿着与土耳其帝国的边界，哈布斯堡帝国保留了军事边境，这是一个区别于帝国管理的防御区。沿着亚得里亚海滨，哈布斯堡帝国把狭长的领土几乎扩张至杜布罗夫尼克。最后，哈布斯堡帝国合并了作为拿破仑帝国的战利品的米兰、伦巴第和威尼斯共和国。除了这个，以及热那亚并入撒丁王国之外，意大利半岛没有发生大变化。

土耳其帝国在拿破仑战争中不是什么重要的角色，遂置身于那些和平制造者的管辖之外。但非土耳其人中萌发了独立的想法。黑山、塞尔维亚和罗马尼亚等公侯国实际上是独立的，不过这一地位没有被土耳其帝国政府或其他大国认可。

俄罗斯帝国的范围从波罗的海海滨延伸至西伯利亚最远端。它包括远至里海的大草原，但还未扩张至高加索地区和中亚。其西部包括半主的芬兰大公国和"会议"波兰——这样称呼是因为它的地位由维也纳会议决定。这个广阔、落后、组织松散和统

---

① 东欧的一个历史地区，位于乌克兰西部和罗马尼亚东北部，是德西亚的罗马省的一部分，3世纪以后被野蛮部落统治。该地区后来由基辅、土耳其帝国和奥地利所统治。——译者

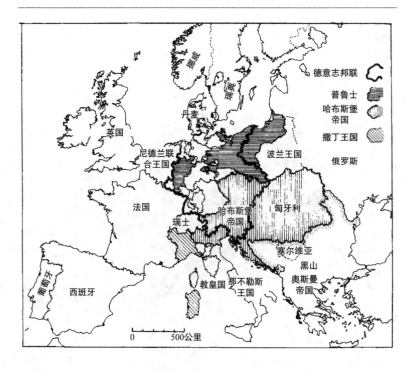

图10-1 拿破仑战争之后的欧洲政治地图

治薄弱的帝国之所以是欧洲的强国，更多的是因为其潜在的而非现实的资源。广袤的疆域成为它的屏障，使它无法被征服。

人 口

一段时期的人口增长被20年的战争中断。很难估计直接和间接的损失程度。据说法国在军事战争中损失了超过80万人，其他一些国家必定也有相应的损失。法国的直接损失较小，因为战争

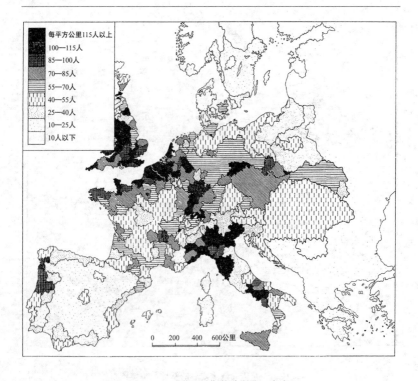

图10-2 19世纪早期的欧洲人口密度

大多发生在其他民族的领土上；但低地国家南部、德意志、意大利北部和俄罗斯的损失无疑较大。战争之后，几乎紧随而来的是这样一个时期，欧洲部分地区处于歉收和近于饥荒的状况。战争和农场设施的破坏是促成因素，但主要原因是气象因素。1815 年，东印度群岛上的坦博拉火山（Mount Tambora）爆发，全球弥漫着大面积的灰尘，日照减少，由此带来了记录中最凉爽的夏季。

此后是人口加速增长。其原因是更有保障的食物供给、重大疫情的消失，以及有利于早婚的社会和经济条件。相比于三十年战争，拿破仑战争的特点是没有带来灾难性疫情的传播。就欧洲大部分地区而言，瘟疫已过去。由于预防接种和疫苗注射，天花也在被克服。很少有证据显示出生率有任何显著变化。这些年的人口增长几乎完全是因为死亡率下降，尤其是幼童的死亡率下降。

编制拿破仑战争之后几年的欧洲人口地图是不容易的。英国、法国和伊比利亚国家都已进行了精确标准极为不同的人口普查。在斯堪的纳维亚，教区对出生和死亡人数的登记被转变为一个记录总人口变化的有效工具。人们对普鲁士和意大利的人口数有很好的估算；但对欧洲其余大部分地区，不过是粗略估计一下总人数。对欧洲大部分地区来说，在19世纪中叶之前没有详细的资料，而俄罗斯在19世纪末之后才有。图10-2的地图，大体上涉及了19世纪30年代收集的数据。其所显示的密度本该比20年前更大，但普遍的人口统计学模式却并无不同。

英国的人口数据最详尽、最可靠，尽管其最初的三次人口普查有不足。表10-1显示了所记录的人口数。其分布极不均匀，英格兰低地地区的人口比西部和北部丘陵地区的要多得多（图10-3）。伦敦是一个容纳了约160万人口的不断扩张的都市区，地图开始显示在西米德兰兹、兰开夏南部和约克郡西区人口密集，在像布里斯托尔、特伦特河畔斯托克（Stoke-upon-Trent）、诺丁汉、考文垂和泰恩河畔纽卡斯尔（Newcastle-on-Tyne）这样日益发展的工业区人口较稀疏。在苏格兰，密集人口开始出现于克莱德（Clyde）下游沿线、拉纳克（Lanark）煤田和整个中部低地。但此地图最显著的特点之一是，爱尔兰大部分地区人口相对密集。英

320

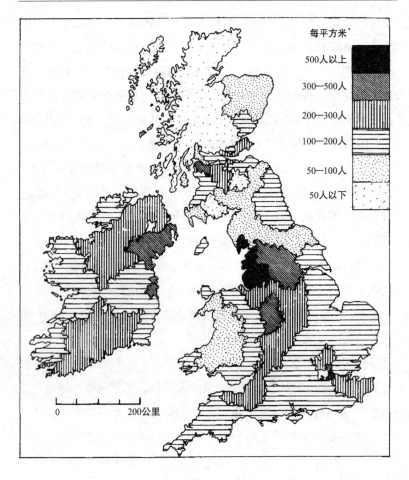

图10-3　不列颠群岛的人口密度，根据1821年的人口普查

　　*　原文如此，疑为"每平方公里"。——译者

国的绝大部分人口密集地区缘于煤矿开采和制造业发展。但这个
时期，爱尔兰没有此种发展。其不断增长且密集的人口几乎完全

依赖农业为生，生活极为痛苦。

表10-1　19世纪早期英国的人口（以千计）

	1811 年	1821 年
英格兰和威尔士	10 164	12 000
苏格兰	1608	1806
爱尔兰	—	6802

在拿破仑战争尾声，法国有约 3000 万人口，是除了俄罗斯帝国外人口最多的欧洲国家。但其人口增长缓慢不仅是因为战时的损失，还因为出生率降低。这被归咎于法国民法《拿破仑法典》的引入，因为它规定了继承者之间分割农场的条款，而法国农民不愿他们的土地被分割。但几乎可以肯定，其原因比这更复杂，在此法律被采用前，出生率早已开始下降。无论如何，在法国部分地区，分割遗产是传统惯例。低出生率的原因更有可能在于法国农民的社会愿望，他们愿意遵照比自己高的阶层成员的习俗。重要的变化不仅限于法国本身，在比利时和瑞士的法语区变化也很明显。出生率降低，既是一个经济现象，也是一个文化现象。 321

最密集的人口仍分布在从布列塔尼至诺德（Nord）的北方海岸沿线的广阔地带；除此之外，相对较高的人口密度只被发现于阿尔萨斯和巴黎、里昂地区。随着农民从贫困的乡村地区迁至城市，中部和西南部山区的低人口密度实际上变得更低。 322

低地国家大部分地区的农业是集约型的，但只雇用少部分的人口，比欧洲大部分地区都要少。实际上，尼德兰联省共和国是第一个有一半以上的人口从事非农业工作的国家。盛行的工艺工业和刚起步的工厂工业，共同为人口激增提供了条件。拿破仑战争结束时，低地国家南部地区或比利时的人口数量一定达到了340万左右，尼德兰或荷兰的人数则达240万。

　　德意志的政治分裂使得对其进行任何人口估算都是极难的。德意志邦联，在这个时期包括捷克和奥地利本身，在1816年据估人口有约2350万。普鲁士王国几乎占德意志邦联三分之一的面积，包含了邦联之外的大片地区，有约1035万人。普鲁士包含了德意志的一些人口最密集的地方，如正在发展制造业的下莱茵兰地区；还包含人口稀少的东部的大部分地区，这些地区的大庄园仍由农奴耕种。同下莱茵兰地区一样，萨克森王国正变得工业化，其人口数量在130万左右，密度与下莱茵兰地区相当。德意志其他地方的人口密度差异很大。北部和巴伐利亚地区的许多地方人口稀少，而人口相对密集带延伸至莱茵河谷和符腾堡、瑞士。除多瑙河谷沿线和匈牙利平原的边缘地区之外，奥地利本身的人口极为稀疏，但波希米亚和摩拉维亚的捷克人的土地则因为发达的家庭制造业而成为中欧人口最稠密的地区之一。

　　除丹麦以外，斯堪的纳维亚的国家位于聚居区和农业的北部边缘地区。气候波动在更偏南的纬度地区可能仅仅是带来不便，但在这个地区则是灾难性的。挪威、瑞典和芬兰的大众长期生活在生存危机边缘，仅靠土豆的引入才有所缓解。如果春霜能避免，土豆收成丰厚且可靠，那么它们似乎就会有同在爱尔兰所经历过的一样的人口结构影响。

　　丹麦位于较南的纬度地区且具有普遍较好的土壤，在一定程

度上没有这些困难。它至今仍是人口最密集的斯堪的纳维亚国家，
1815 年有 100 多万人口。挪威的人口少一些，分布在较南部的海
岸附近。瑞典大部分地区是无人居住的荒原，只因铁矿和木材而
具有价值，这些地区甚至在 19 世纪初也几乎未被开发。瑞典有约
250 万人口，主要分布于瑞典中部的湖泊区域和南部的斯科讷省
（Skåne），在许多方面与丹麦极像。芬兰于 1815 年摆脱瑞典而改
由俄罗斯控制，大约有 100 万人口，其中大部分居住在芬兰南部
海岸沿线。

323

　　没有令人满意的数据可用于估算东欧和巴尔干地区的人口。
"会议"波兰可能已有约 270 万人口。匈牙利，包括斯洛伐克、特
兰西瓦尼亚和克罗地亚——共有人口约 830 万，其中约 40% 事实
上是匈牙利人。波兰南部所谓的加利西亚和梅里亚，在波兰被瓜
分的过程中由哈布斯堡帝国占领，该地区在农业上富足，密集地
居住着乡村人口。其出生率很高，过剩人口又没有任何出路，这
使它可能成为 19 世纪整个欧洲最危殆的人口过剩地区。

　　人们只能猜测巴尔干半岛的人口数。希腊人口少于 100 万，波
斯尼亚和塞尔维亚可能有 50 万，罗马尼亚公国可能有 150 万。半
岛其余地方仍在土耳其帝国统治之下，其中甚至包括君士坦丁堡，
这些地区的人口不足 500 万。绝大多数人口居住在受限制的低地
地区，尤其是马其顿平原和马里卡（Marica）谷地以及具有特色的
群山环绕的小平原地区。

　　俄罗斯人口比东欧和巴尔干地区人口更难以分析。然而，有
证据显示，在 19 世纪初期的数十年中，俄罗斯人口急剧增长。据
说有约 3550 万人，包括 1800 年俄罗斯所占有的波兰人口。1815

年肯定有 4000 万至 4500 万人。

西班牙和葡萄牙的人口在半岛战争期间势必已经骤减。在战争前，西班牙有约 1050 万人，葡萄牙有约 300 万人。虽然我们无法知道人口损失如何，但在战后十年中人口可能得以补充。意大利大部分地区几乎都免遭战争，人口持续增长。至 1815 年，其人口数量可能达到了 1800 万。北部平原部分地区和托斯卡纳地区的人口最稠密；而在意大利南部地区，人口不断增长，出生率极高且人口没有明显的流出。

欧洲国家的人口总数难以估算，每个国家人口分布的地区差异不可能被评估出来。大致说来，相对较高的人口密度带延伸至法国北部、低地国家南部和下莱茵兰地区。这部分程度上与该地区的农业生产力有关。然而，实际上还有其他因素。农业价值相对较低的一些地区，如诺曼底西部，由于家庭工艺尤其是纺织相关工艺的发展，显示出了与该地区不相符的人口高密度。在其他地区，包含分割继承制度在内的社会状况引发了比预期更高的出生率和人口密集度。采矿、冶炼和制铁工业，尽管规模小且有时极具地方性，但通常在原本几乎是无人居住的地区维持了一定的人口。相比之下，还有高生育率的地区，博斯地区是一个人口密度看来或许异常低的例子。与三耕制、公耕制农业相联系的社会结构，意在不鼓励早婚和大家庭。

最后，城市化大大促成了许多地区的高人口密度。在前几个世纪，城市人口大体上由当地的食物生产能力维持。这限制了城市的数量和规模。至 19 世纪初期，城市的发展突破了该限制，每个大城市和城市化的地区都依赖于远距离的食物供应。这是一个新现象。大约于1815年刚刚开始的19世纪的城市发展，如没有来自远离当地的食物供给，尤其是谷物供给，将是不可想象的。在19世纪期间，这种依赖性增加，以致到了欧洲大都市地区开始依赖来自北非和澳大利亚的谷物以及新西兰和阿根廷的肉类的程度。

城市模式

1815年的城市地图与两个甚或三个世纪之前没有什么不同（图10-4）。城市人口的增长伴随着整体的城市发展。但这在较大城市中最显著，而在小城市中则几乎没有增长。在19世纪早期的数十年中，城市模式的特点是大城市尤其首府城市急速发展。

英国至此时已是欧洲城市化程度最高的国家。在英格兰本土，几乎30%的人口居住在人口逾1万的城市中。英国最大、实际上也是欧洲最大的城市是伦敦。它已经远远超出中世纪的中心城区，建造面积从西部的肯辛顿（Kensington）扩展至东部的贝斯纳尔格林（Bethnel Green）和哈克尼（Hackney），包含泰晤士河南面的南华克区和朗伯斯（Lambeth）。这个大都市圈的大部分地区在行政上并不是伦敦的一部分，但1815年其人口已有150万，并以每年约2%的速度增长。工业生产的扩张和机械化已有相当大的进展，并把人口吸引到未来的工业区。曼彻斯特和利物浦的人口都超过了10万，伯明翰、利兹和布里斯托尔的人口将近10万。在苏格兰，格拉斯哥和爱丁堡都有10万以上的人口，都柏林的人口达17.5万。

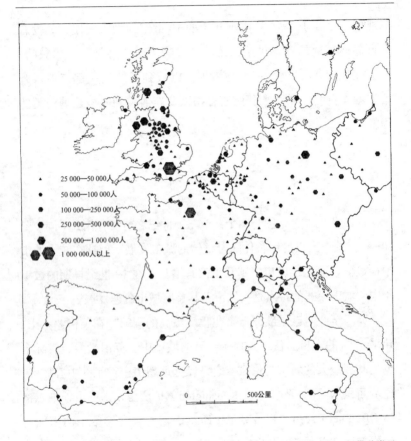

图10-4　19世纪前50年的欧洲城市地图。这是一个城市急速增长的时期，规模种类只能认为是接近于真实的情形

　　欧洲大陆还未经历工业化之后的城市大爆炸。巴黎可能是除君士坦丁堡之外欧洲大陆最大的城市，但其人口仅为大伦敦的一半。其他法国城市中没有一个接近巴黎的规模。其中最大的城市是里昂和马赛，这个时期它们的人口都有约11.5万。里昂是法国

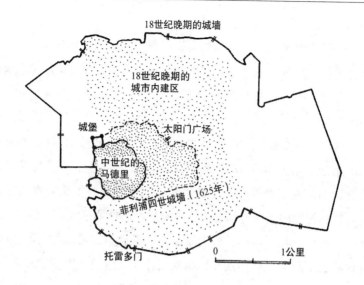

图10-5　马德里城的发展

中东部的区域首府，而且具有重要的丝织基础工业。马赛则体现 325
了所有大港口典型的急速发展形势。

　　伊比利亚半岛几乎没有大城市。最大的城市马德里发展迅速
（梅塞塔高原上只有这么一座城市能做到这点），18世纪晚期建造
的城墙圈进了2.5平方英里的土地（图10-5），但这一时期并未全
部用于建造。其人口约17.5万。巴塞罗那、瓦伦西亚，可能还有塞
维利亚的人口都超过了10万，葡萄牙的首都里斯本人口则有将近
20万。

　　如往常一样，意大利有大量的城市人口。米兰人口达15万，
威尼斯有25万。罗马和都灵兼任政治首府和文化中心，都是大城
市。那不勒斯，仅有两西西里政府维持和雇用其市民，人口远超 326

40万。

在低地国家，布鲁塞尔和安特卫普是大城市，但布鲁塞尔已不再是政治首府，安特卫普仅在数年前才开放海上运输。在低地国家北部，阿姆斯特丹自17世纪初已是重要港口，人口在20万以上。

德意志和北欧很少有大城市，大多是港口或政治首府。柏林发展迅速，其人口在1815年有20万，作为普鲁士帝国的首都，随着帝国的发展和统一而不断增长。就规模和政治重要性而言，堪与柏林相比的是维也纳。维也纳在这个时期明显较大，约有25万人。德意志邦联内的其他大城市有汉堡和布拉格，但大部分区域首府如慕尼黑、斯图加特、德累斯顿、汉诺威，以及德意志邦联各首府都仅是中等规模。德国的城市扩张仍需数十年。

在北欧和东欧没有真正的大城市。首都是人口最密集的城市，且规模远远超过本国所有其他的城市。哥本哈根有10万人。而斯德哥尔摩大约有8万人，仅相当于中等规模的英格兰工业城市。奥斯陆仅有约1万人，赫尔辛基仅是一个大村庄。在东欧，首都的主导地位同样表现得非常显著。华沙人口在10万以上；布达佩斯被分为布达和佩斯两个独立的城市来管理，人口约6万。在巴尔干半岛，君士坦丁堡是苏丹所在地，有50万以上的人口，但土耳其帝国的欧洲省份中没有一个城市的人口可能超过2万至2.5万的规模，甚至雅典、布加勒斯特、索非亚或贝尔格莱德也是如此。俄罗斯帝国也类似：圣彼得堡和莫斯科这两个大城市分别有34万和27.5万居民。其他地方的城市都不超过5万人的喀山、3.2万人的里加和2.5万人的基辅。

这个时期的城市还未成为工业发展的中心，这要等到 19 世纪才能实现。当然，人们使用工艺，有时也以可观的规模从事家庭工业，如里昂的丝绸制作。但制铁工业大体上是乡村式的；除了在英国，大多数工厂坐落在可提供动力的河畔。

农 业

欧洲的农业制度在不断变化。在欧洲大陆的大部分地区三个世纪前的农作物和耕种方式仍普遍存在，但在整个东欧和中欧的大部分地区新方法正被采用。在一定程度上，这些发展是法国大革命和由其带来的对传统广泛摒弃的结果。法国革命者赋予农民对所耕种土地的合法所有权，但这不是迈向平等主义的步伐。无地的农民和只有一两英亩土地的短工（*brassiers*）并没有从被没收的地产中得到额外的土地。但农民不再支付年贡（*cens*）或实物地租（*champart*），这些是对他们劳役的折算。农民所在群落的强大社会压力，限制了他们种植何种农作物和如何种植。然而，他们可以进行革新，且可能能有更多的资本这样做。其所带来的农业改进极缓慢，但至少某些先决条件已被确立。

法国的"改革"也在那些地区得到采纳，包括曾短暂并入法国的低地国家南部地区。在其他地方，旧的方式也受到了冲击。但新的模式并未立即被采用。实际上，威廉·雅各布的旅行揭示了德意志部分地区可怕的落后状况。尽管如此，作为拿破仑振荡所带来的后果，变化来得更快。

欧洲大部分地区继续采用三耕制，村庄声明了对休耕地的闲置放牧（*vaine pâture*）权。除英国和荷兰外，在休耕地上耕种填闲作物的地区极少。大部分土地被播种谷物，而谷物的空间布局变化很缓慢。在法国，沙普塔尔（Chaptal）对所种植的谷物和每种谷物播种的区域进行了调查。他通过各省收集了数据，图10-6显示了其调查结果。小麦是最重要的，但只在法国北部、巴黎盆地和南部地区有大面积的种植。西北部和中部极少种植小麦。替代性的冬季谷物黑麦，在布列塔尼和中央高原的贫瘠土地上是很重要的。燕麦是种植最广的春季谷物。玉米只在西南部被种植；地图突出了荞麦在布列塔尼的重要性，在布列塔尼的某些省份荞麦是种植最广泛的农作物。

只有英国有类似的收成数据，这在很大程度上要归因于之前20年间编制的有关农业状况的县志。在德意志，黑麦是最重要的谷物，向东小麦的重要性逐渐降低。在普鲁士，谷类作物几乎占据了40%的农田，其余大部分土地则被用于种植草料。在波兰，荞麦更占主导地位，其情况可能与北欧类似，但仅有像马尔萨斯和雅各布这样的旅行家的考察报告可以作为证据。

土地的持有状况大大影响了其使用方式。只有土地使用的安全性才可能鼓励对土地的投资甚至是为这种投资提供理由。事实上，农民不可能有显著的创新；但如果用讲求实际的方式让他们看到了对自己有利的方面，他们就能够效仿创新者。法国的"改革"赋予了农民租地使用权的保障。但改革没有使之成为开明的农民，只是为其提供了条件。确实，许多农民重回到依附性的承租人的地位。土地市场旺盛。一些土地被之前的贵族所有者购回。一些则由寻求投资的富裕自由人获得。不论哪种情况，新的土地

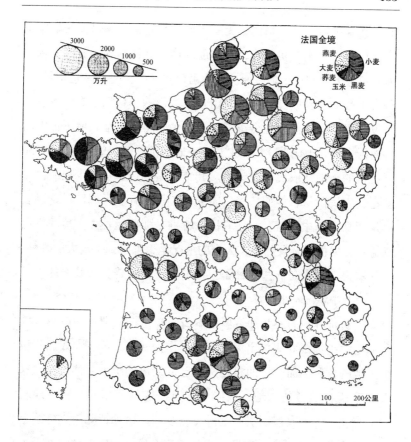

图10-6 19世纪早期的法国各省粮食作物耕作，基于 de Chaptal, *De l'Industrie française* (Paris, 1819) 中的表格

所有者又把土地租给农民，并且大部分都是基于分成制。

在德意志西部，领地制在很大程度上消失了。劳役被折合成租金。地块通常很小；如果不是在法律意义上，至少在事实上，这些土地占有者有租种土地的保障。然而，易北河东面却并非如此。在这里留存了严格的、无所不包的领地制，连世袭农奴制也一同保留了下来。实际上，其制度的严密性已被加强，因为领主抓住机会充分利用土地以便从粮食出口贸易中获利。19世纪早期，普鲁士政府受到欧洲盛行的自由主义的影响，免除了农民所有的劳役，但他们要向领主做出补偿。农民获得了土地，但不得不出售或抵押部分土地去赎买领主对其土地的所有权。总计有大约250万英亩的土地从农民手中流出。其结果是创造了一个少地或没有土地的农民阶层，他们依赖庄园的日工资生存。人们已讨论过农民是否从改革中受益。一些农民，特别是那些租种大土地的肯定受益了；但值得怀疑的是，大众的境况是否都得到了极大的改善。一些农民，特别是那些租种小土地的农民，在普鲁士政府的自由主义改革中境况不济。

　　俄罗斯占领的波兰和俄罗斯本身，在这个时期没有改革。庄园不论大小仍由农奴付出无偿劳动，作为回报，这些农奴拥有租种土地的权利。而这样的封建义务已从斯堪的纳维亚消失，在这里几乎所有地方的土地，或终生保有，或长期租借。在奥地利的王家领地上，农奴制实际上没有被废除，这种情况一直持续至1848年。但通常说来，它没有德意志东部盛行的农奴制烦冗，可能是因为领主出售产品的机会较少。在罗马尼亚的省份，农民仍通过在领主领地上劳役而持有地产，这可能是欧洲唯一的、农民租地环境恶化的地方。在伊比利亚半岛，自由持有土地的农民阶层人数很少，主要被发现于加泰罗尼亚和北部山区。在半岛大部分地区，农民租用土地，通常是短期且负有义务的，还有规模很大的无地阶层在庄园中劳作。尝试改革土地所有制和使小农受益的努力几乎未获得成功，因为农民被要求赎买地主对其持有的劳役权。意大利南部地区的特征是大庄园，其耕作方式同西班牙的大庄园很类似；但意大利中部和北部的大部分地区由在分成制基础上耕种的小土地组成。

与农民的地位和繁重的封建义务遗存截然不同的是，农民可处置土地规模。除英国、低地国家、法国和瑞士外，大部分土地都以庄园形式被占有。大面积的土地是森林或荒地，极少有农业价值；尤其在东欧，部分土地是领地的自留地，雇用劳工或依靠农奴的劳役来耕种。农民所租种的其余土地情况各异，上文已做过概述。人们不能确定各类土地所占总地产的比例，但显然相当比例的土地实际上是由农民租种的和需支付租金或劳役的土地组成的。

无疑，大部分地块都太小，但所有地方也都有一小群富农。最合适的租种土地规模因地理条件和所种农作物种类而不同。它们在北欧、东欧的规模比在西欧、南欧要大得多。其适当性在部分程度上也取决于农民是否使用放牧的公共牧场和用于砍柴、养猪的公共森林。统计数据极难获得。在1826年的法国，平均只有6.5英亩（2.6公顷）土地的"小地主"在农民中将近90%的，他们占有近三分之一的土地。就这一规模的土地而言，据说农民通常可能就业不足，有严重物资匮乏之虞。据说，只有在有12至25英亩的土地上，"人们才开始具有安全感"。

庄园和自由持有的小土地可见于德国各地；只是其"组合"（mix）在各省各有不同。东部的大庄园比西部的大，而且数量也多；但即使在波美拉尼亚和波森，370英亩（150公顷）以上的租种土地也只占这些地区面积的一半多一点。另一个极端是，在巴伐利亚的普法尔茨，近一半农场的面积不足 2.5 英亩，只有 5% 超过 25 英亩。在波兰，农民平均租种的土地面积较大，但耕种情况很可能是低密度的。

哈布斯堡王室土地上的情况甚至更多样。有匈牙利的大庄园，这是从奥斯曼土耳其手中收复平原的结果；也有奥属加利西亚的微型地产，这里由可以被称作乡村无产者的人居住。大庄园是波希米亚和西里西亚的典型特征，其中许多被分成更多小型的农民租种的土地，而其中大部分都不足 12.5 英亩。类似的状况也盛行于斯洛伐克和特兰西瓦尼亚的山区。

在西班牙半岛也有大庄园，许多为教会和军事阶层所有，农民租种的土地不可能很小。即使在加泰罗尼亚和北部山区一带，奴役的迹象也少有证据，佃户租种的土地根本不小。意大利，或者至少是其北部和中部地区的特征，主要是小土地，几乎不够维持家庭生计。大土地可见于南意大利和西西里，以及托斯卡纳、彭甸（Pontine）沼泽地和波河沼泽地，因为这里的环境极不适合农民耕种。

围绕农民的生活，有一个矛盾之处，即巴尔干一些地区的物质条件可能比中欧好。例如，在塞尔维亚，大部分土地以 12.5 至 50 英亩为单位租种。在克罗地亚和达尔马提亚，家族土地一般是充足的。而在那些仍处于土耳其人有效统治下的巴尔干地区，情况则严重得多。更优质的耕地大都在马其顿、色雷斯平原和马里卡谷地，它们由土耳其人以不同规模的庄园的方式持有，土耳其人强迫其基督徒属民进行耕种；这些属民居住在军功世袭

（*chiflik*）的村落，他们生产出口的农作物为他们的土耳其主人营利。他们自己的土地似乎很小。在最好的情况下，军功世袭的村落占该地区 20% 以上的面积。剩余土地的大部分是山区和贫瘠之地，由当地的巴尔干农民小面积租种并向他们的土耳其主人缴纳重税。

在波兰和俄罗斯，大部分土地以庄园形式被人持有。其中，波兰的庄园实际上很小，许多情况下小于农民租种的大型土地，而不够维持其主人上流社会的虚荣做派。然而，东部的庄园一般较大，其运营有赖农奴的劳动。例如至 19 世纪末已从西欧消失的二分式庄园仍存在，其领主强求农民为自己全力服劳役。这些义务在一定程度上不得不通过交钱来代替（*obruk*），但农民并没有因此而获得自由，他们的行动仍受到限制。在俄罗斯大部分地区，农民受到其村落（*mir*）的掌控，比西欧以前的情况更加严密，他甚至可能发现他的土地已被村落重新分配。

不论是庄园或农民租种的土地，其规模和分裂的一个重要因素是土地继承的合法基础。在欧洲大部分地区，尤其是欧洲的公耕地，长子继承制原则盛行。土地由长子继承。这个原则的影响是保持了所有地产不变。一般说来这是庄园领主想要的，因为这有利于土地管理。就庄园来说，这个原则有时以限定继承的形式得以推广。通过这个原则，庄园不仅被传给长子，而且不能被分割或转让。这个准则尤其适用于德意志东部和西班牙，它在这里被用于保持地产不变。任何彻底的土地改革，都依赖于打破限定继承来为农民的农庄释放土地。但当西班牙进行土地改革时，进入市场的土地被富有的中产阶级和贵族成员抢购，以至于改革仅带来地产的重组。1807年的普鲁士法律废除了限定继承法并创造了农民终身保有权，这比西班牙的尝试更成功，但它也使农民负担了债务，往往被迫变现土地（见本书第387页）。

另一个重要的继承模式是分割继承。据此，土地和其他财产在继承者间划分。这导致了土地的分裂，因为许多情况下个人的田地会被划分。这个原则在法国部分地区已是一个地方惯例，被《拿破仑法典》吸收。但在法国，该制度最糟糕的结果因农民阶层的低出生率而避免了。然而，在佛兰德斯、德意志西南部、奥属加利西亚和分割继承原则盛行的其他地区，土地分裂和小土地数量的增加常常催生出一个贫困的乡村无产阶级。

技术进步

威廉·雅各布在拿破仑战争之后数年间游历了欧洲，他记述道，"法国的大部分，德意志的大部分，几乎整个普鲁士、奥地利、波兰和俄罗斯在体制上呈现出不幸的一致性……土地几乎普遍未被围起来"[①]。换句话说，公耕制盛行，这对个体农民的积极性产生了一种群体性约束。雅各布把他在几乎所有地方见到的落后都归因于此。从西班牙到乌拉尔山脉的整个地区——只在一些进步地区除外——秋种谷物之后是春种谷物，然后是休耕。其产量和投入产出比很低，只有一些已采用更先进措施的地区除外。这些地区的农民土地由分散在公耕地中的许多条状和块状田地组成，

---

① *A Report respecting the Agriculture and the Trade in Corn in Some of the Continental States of Northern Europe,* Cambridge University Library, Pamphlets Vol. 10, 1828, 361-456.

这一消耗性体制限制了每个农民的进步，使其成为社会中进步最迟缓的那个群体。在波兰的东北部，这样的惯例一直持续至19世纪末。这里公耕面积大约有50万英亩。其中，2.5万英亩或5%的面积由"未耕地、边界带、沟、进出道路"组成。此外，还要再加上持续不断和浪费时间的纠纷，以及在田地间拉犁的团队劳动，而且人们对阻碍改善该农业体系的障碍也有所了解。至1815年，英格兰大部分地区和尼德兰的土地被围了起来。丹麦取得了进步，1781年的法律赋予了每个农民将其土地合并为一块的权利。尽管瑞典和挪威的发展更缓慢，但也在进步。而在大部分采用公耕制的欧洲地区，即使之前的创伤已过去了20年，阻碍变化的制度和心理障碍仍是巨大的。

人们可能认为，在公耕制根本没有盛行，并且土地一直被密集、封闭耕种的地区，可能会有更大的革新和进步机会。这些地区包括了大西洋和中欧高原地区，以及地中海盆地大部分地区。但有关这些地区的农业进步，几乎没有证据。其原因不难理解，通常来说是土壤贫瘠且气候恶劣所致。其产量较低，且这些地区缺乏资本，无法实现重要的农业进步。实际上，这些地区的人口得到了补充性的手工业的支持，且19世纪期间大量移民人口来自这个行业。

1815年的农业工具与三个世纪前使用的几无不同。奥利维尔·德·塞雷斯（Olivier de Serres）提倡的用于压紧和疏松土壤的尖刺辊没有被接受。马拉草耙是杰思罗·塔尔在英格兰发明的用于除草的工具，欧洲大陆则极少能够见到。播种机闻名于英格兰，但其使用未能传播得更远。尽管人们能获得有较长叶片和较大横扫面积的长柄大镰刀，但收割时仍使用常规的镰刀。肥料极少使用，因为极少能获得。农民有时为土地挖泥灰或烧石灰，但只有在这些是可以毫不费力获得时才这么做。

牲畜的数量增加了，但仅在欧洲较进步的地区如此；这些地区有足够的饲料作物喂养牲畜，反过来牲畜通常也有助于提高田地的肥力。在法国和德意志，动物被认为从占农业收入的五分之一提高到四分之一，具体情形因地而异。在山区和潮湿的低地，比例最高，因为这些地区不易耕种。在未改革的开放耕地，动物所占农业收入的比例最低，因这里极少种植饲料。

季节性的迁移放牧始终很重要，在这个时期其重要性可能达到顶峰。来自普罗旺斯和意大利平原北部的羊群，在夏季可能以先前未知的规模进入阿尔卑斯山；并且短距离、季节性的迁移通常存在于阿尔卑斯山中和斯堪的纳维亚、英国西部和巴尔干地区。在西班牙，畜群的季节性迁移在梅塞塔被制度化，羊群业主协会成功地保持了迁移路线的开放，以防止耕地被封闭。

农业地区

在地方社会基本自给自足且极少有地方专业化的欧洲，难以勾画出广义的农业区。尽管如此，仍可划分五种不同的农业类型：

1. **粗放农业**。这类农业在小块土地上轮番耕种，几乎一直存在于气候上的边缘地区。动物饲养——有时是季节性的游牧——是重要的。这样的体制在斯堪的纳维亚大部分地区、普鲁士部分地区、欧洲近大西洋地区的丘陵地带，以及中欧和东欧的丘陵、山地等都是很重要。"火耨"（burnbeating）——周期性燃烧植被以耕种土地一两年，是北欧此类农业体制的特点。

2. 具有附属种植业的**动物饲养**。这类农业不仅包含南欧的季节性迁移放牧，还包含匈牙利平原、波兰东部和俄罗斯平原的牛群饲养。在阿尔卑斯山大部分地区、中央高原以及尼德兰和德意志西北部的低地沼泽地区，动物在农业系统中同样处于主导地位。尽管动物有时从这些地区被赶至中欧和西欧的市场，但它们主要提供羊毛和毛皮、黄油和奶酪。这些地区的谷物通常不足，需从邻近地区获取，通常用动物产品作为交换。

3. **混合农业**。即作物栽培和动物饲养相结合，并且相互依赖。这类农业有许多形式，但最重要的是在之前休耕的土地上种植根茎类作物和其他饲料作物，并将其喂养给家畜，家畜则反过来为耕地提供肥料。在英国、西北欧和部分斯堪的纳维亚地区的围田区域，这类农业要求日益复杂的作物轮作，这些作物包含谷物、根茎类作物和人造草在内。这类农业覆盖了欧洲最先进的农业区。

4. **耕地农业**。即集中于谷物生产，且通常被认作前工业化欧洲典型的农业系统。它与公耕地在欧洲的分布极为符合，在法国北部和延伸至俄罗斯草原的欧洲北部黄土地带最为发达。具有休耕内容的三耕轮作制几乎盛行于所有地方。动物的重要性是其次的。饲养牛或马的目的是用作畜力，羊则对休耕地做一些不怎么重要的利用；但相对于其他农业系统中的畜牧数量，它们的数量较少。这类农业大体上是落后的，因为受社区和制度约束的限制。尽管如此，在最优质的土壤上，它仍能产出极大的粮食盈余。

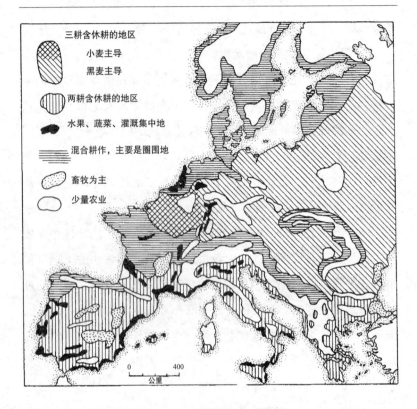

图例：

三耕含休耕的地区

小麦主导

黑麦主导

两耕含休耕的地区

水果、蔬菜、灌溉集中地

混合耕作，主要是圈围地

畜牧为主

少量农业

0　　　　400
公里

图10-7　19世纪欧洲农业区域概况

5. **密集农业。**最大程度地利用了土地，并且涉及非常有限的地区。这类农业通常被用于特定的作物，包括城市附近的密集生产、西班牙的橄榄园以及英国和法国北部的果园和啤酒花园。沿意大利北部的波河河谷，水稻被灌溉种植。法国、意大利、西班牙以及其他地方有大面积的葡萄园。

图10-7试图全面地显示这些农业类型的分布。

制造业

当长期的战争于 1815 年结束时，欧洲大陆比 18 世纪 80 年代更落后于英国。纺织业的进步，包括动力织机的引入，在精炼铁和制钢方面根本的、重要的创新，最重要的是蒸汽机越来越多的使用，所有这些共同改变了英国的制造业。但这些极少到达欧洲大陆。拿破仑提供奖励给任何人，只要他生产的钢可与亨茨曼程序产出的钢相比。一些人声称成功了，其中有弗里德里希·克虏伯，但令人起疑的是他们是否已发现了"英国人的秘密"。在英国，除了一些老式的纽科门型发动机外，还有 150 台改进型瓦特蒸汽机在使用。而欧洲大陆的改进型瓦特蒸汽机总共是否超过了 6 台都很可疑。

英 国

尽管今天的乡村地区已无任何轻工业，但在当时后者仍在乡村地区继续发展，而基础工业已集中于一些专业化的地区。在 18 世纪的工业进步中处于领先地位的棉纺业，此时集中于兰开夏和奔宁山谷。它最初被可利用的水力所吸引，但至 1815 年，有大量作坊由蒸汽机运行，这把棉纺业吸引至煤田。兰开夏的吸引力被证明是最大的，因为通过利物浦港运进来的原棉可以通过驳船进行分配。曼彻斯特有通航的默尔西河（Mersey），环绕其周围的工业城镇有：斯托克波特（Stockport）、奥尔德姆（Oldham）、罗奇代尔（Rochdale）、贝里（Bury）。所有这些城镇都从事棉纺织生产。纺纱至此已完全机械化。人们虽然已开始使用动力织机，但在这个时期相比于老式的手织机，它并没有多大的优势，以至于许多织布工作仍在家庭和农舍中进行。

兰开夏的小型羊毛作坊转向棉织物，但在奔宁山谷的另一面，粗纺和精纺毛料工业在迅速扩大。利兹是生产的中心，其作坊位于奔宁山谷沿线。犹如兰开夏，蒸汽动力在取代水力，工业则集中于煤田附近。棉布生产在 18 世纪几乎是一个全新的行业，但呢绒自早期起就已开始织造。西约克郡开始取代其他布料生产区的地位，尤其是英格兰西南部和东安格利亚。而这些地区继续生产上乘布料，但竞争导致了大量失业。

钢铁行业一些部门的增长速度不低于纺织生产，并且同后者一样正在集中于生产要素成本最低的地方。分散的炭炉几乎已全部倒闭；威尔德的最后一个炭炉几年前被熄灭，只有几个炭炉仍在迪安森林和英格兰西北部活跃。而在其余地方，铁在烧煤的高炉中被冶炼，并且这些高炉就位于煤田或其附近。这形成了四个炼铁区。最老且可能仍是最大的在什罗普郡，临近亚伯拉罕·达比首次在熔炉中成功使用焦炭的地方。第二个炼铁区位于斯塔福德郡（Staffordshire），在伯明翰的西部及西北部。第三个炼铁区发展于西约克郡、德比郡（Derbyshire）和诺丁汉郡的煤田。最后且时间最近的炼铁区是威尔士南部的煤炭开采山谷。所有炼铁区都有固定的燃料供应和最常用的煤系矿石。许多铁被提炼成软铁，该过程在日益重要的搅炼炉或炉膛中进行。但铸铁具有新的意义。在克尔布鲁戴尔附近的铁桥谷，横跨塞文河所建的生铁桥是许多铁建筑结构的原型。甚至用于运送煤炭的原始铁轨也是生铁制的。

当然，一些软铁被转化为钢，尤其是在供给谢菲尔德刀匠的约克郡；以及西米德兰兹地区，在这里生铁炼钢工业被迅速发展的机械工业所吸纳。日益增产的英国没必要再从瑞典和俄罗斯进口条形铁。这个时期没有可靠的生产统计数据，但最好的估计表明，英国生铁产量在 1806 年约有 25 万吨，1820 年约有 40 万吨。这个数量还应加上少量但意义重大的瑞典条形铁进口，这在战争年代尤为重要。

如没有相应的煤炭输出数量，本书在此不可能对制造业生产的发展做出总结。英国的煤炭生产在 1800 年前超过了 1000 万吨，1815 年可能约有 1200 万至 1500 万吨。最大的产出来自西米德兰兹地区，这里的铁工业发展得最为蓬勃。接下来是诺森伯兰和达勒姆煤田，它们位于海边，且运送煤炭至伦敦和东南部地区。许多不断增长的煤炭产量被蒸汽机和制铁工厂所消耗。这两者都是低效率且高耗能，它们的需求量很大。人们有时认为英国早期的工业化是由于煤炭充足。然而，事实上工业增长过程在矿物燃料变得重要之前已取得很大进展。早期的工厂由水力发动，直至 18 世纪下半叶煤和焦炭在生产中才大规模地取代了木炭。

后来人们又因同样目的而采用煤炭，但有一个重要的例外，那就是主要位于英格兰西南部的金属矿。含有锡和铜、铅和锌等矿石的矿脉深入地壳。至 17 世纪，许多矿井太深而无法自然地把水掘干，如果要继续提取金属，那么泵就必不可少。事实证明，用马拉或水力运转的原始设备不完备；没有蒸汽泵，开采将会走下坡路甚至走向终结。至 18 世纪晚期，矿井——金属矿而非煤矿——是蒸汽机的主要市场，并且蒸汽机的大部分改善是要增加采矿效率。到 1815 年时，它们使英格兰西南部成为世界最大的锡制造商和重要的日益发展的铜产地。

低地国家

低地国家南部——未来的比利时王国——在工业发展方面最接近于英国。其煤资源不是欧洲大陆分布最广泛的，甚至也不是最好的，但却是最有名和最易获取的。沿默兹河和桑布尔河谷的矿井生产约 50 万吨煤炭，其中极少被用于当地的制造业。蒸汽机被用于矿井，但还未被改造以适用于纺织业，人们仍在使用焦炭炼铁，并且又持续了数年。

低地国家——比利时和尼德兰——的制造工业仍主要由纺织业组成：佛兰德斯的亚麻布、根特的棉布、韦尔维耶和尼德兰的毛织品。一般而言，纺织业是家庭工业且技术落后，当 1815 年进口障碍不存在时，低地国家强烈感受到英国工厂的恶性竞争。但已有变化的迹象。1799 年，一位兰开夏人，威廉·科克里尔（William Cockerill）到达韦尔维耶，开始建造他在英国所知的纺纱机。他的成功带来了欧洲大陆第一个纺织机器制造工厂在列日附近的建立。但比利时纺织业没有效仿英国；其生产增长缓慢，表现之一即是从纺织业发家的科克里尔已将其兴趣转移至了钢铁业，而这将成为比利时经济中的增长部门。

法 国

法国从大革命和拿破仑战争时期开始出现的工业结构，与旧制度中的相比变化不大。法国试图引入英国技术的努力没有取得显著成功。在高炉中使用焦炭的早期努力最终惨败。织布机于18世纪80年代被引入，但至1815年才被很有限地接受。传统对法国的制造业的影响很深，随处可见。但发生变化的条件成熟了。法国大革命一扫整套行会组织和制度。农民获得了更大的购买力，乡村向工业产品和发展于英国的生产技术开放。法国的制造业必须进步或屈从。

纺织制造广泛分布。在四个重要地区，人们所追逐的羊毛工业几乎完全是家庭式的。这些地区是塞纳河下游河谷、法国北部、色当和毗邻洛林的地区，以及朗格多克。塞纳河下游河谷的中心地带是埃尔伯夫（Elbeuf）、达纳塔尔（Darnetal）和卢维埃（Louviers）等城镇。在法国北部，里尔和其邻近的图尔昆、鲁贝（Roubaix）城镇发展成了重要的生产中心。朗格多克已失去了其中东部市场，正在衰落。

另一个传统纺织制造业——亚麻织造，继续遍及法国北部，但它没有其他工业部门那么先进，而且已开始感受到棉织品的竞争。棉织品的生产已稳定增长，如英格兰一样已集中于对新的制造部门限制最少的地区。这些地区是：塞纳河下游河谷，这里的棉织物可媲美历史悠久的毛织业；巴黎地区；法国北部的里尔区，这里的棉织物往往取代了亚麻织物；最后是阿尔萨斯，尤其是米卢斯（Mulhouse）市，这里的瑞士工匠活跃并且人们还可获得瑞士的资金。原棉必须进口。这在法国北部不是大问题，塞纳河谷和巴黎从鲁昂港和勒阿弗尔港获取材料。但阿尔萨斯远离大海，且原棉不得不通过运货马车进行陆路运输。大工业的位置在这方面不是那么好，但米卢斯的工业家通过其企业技术弥补了这一点，使阿尔萨斯成为法国最先进的棉纺织区。其棉纺织业在拿破仑战争结束后的几年中迅速扩张，但相比于英国仍很小。1809年法国原棉消费只有英国的五分之一，但至1820年这个比例已增至约三分之一。

棉、毛和亚麻绝没有构成整个法国纺织业，其涵盖范围从丝绸至粗麻织物。丝织业继续主导着里昂的工业结构，里昂生产上乘的出口丝绸。然而，该工业向西北传播至圣沙蒙（Saint-Chamand）；而后至圣埃蒂安，在这里，它摆脱了里昂"大师"的嫉妒性的控制，生产更廉价的材料，更多地面向国内市场。实际上，圣埃蒂安成为分散的、编织丝带的家庭工业中心。

当大生产中心逐渐从事棉、毛织物的生产时，纺织工业开始在乡村消失，被一系列衍生产业取代，其中包括织袜、蕾丝制造和刺绣。其中一些是传统工艺，它们对惯常风格和样式的遵循对其市场极为重要。这些手工业在西北部（布列塔尼和诺曼底）和中央高原是最重要的，它们补充了这里的落后农业。

中　欧

除瑞士以外，中欧地区相比法国更加落后于英国。这些地方几乎从未尝试过引进英国在冶金业或纺织业上的先进技术。铁加工分布广泛，熔炉和精炼厂集中于下莱茵兰、哈尔茨山、萨克森和奥尔山。其产量小且方法传统。只有在上西里西亚，人们做出的努力所取得的进步超出了这些水平，而这源于普鲁士政府的倡议。大部分德国小产量的生铁在当地传统的炉床内被精炼、制成各种各样的金属制品。大部分来自席根兰的铁在水力工厂被拉成丝，用于制造别针、钉和螺丝。一些铁被炼成钢，供给兴盛于雷姆沙伊德（Remscheid）及其周边的餐具工业；一些则被锻造成链条和武器。该工业在扩大，但其增长沿着传统路线进行。同样的生产也渗透至穿过图林根到萨克森州的丘陵地区。只有在上西里西亚，技术进步才得以推进。那里早已有小型的木炭炼铁工业。18世纪晚期，普鲁士政府同哈布斯堡王朝反复斗争，试图从武器制造的充足资源中获利。传统工业扩大了，实验用焦炭冶炼取得了一定成功。之后，在英国工匠的帮助下，人们在格莱维茨（Gleiwitz/Gliwice）特别建造了一个使用焦炭的熔炉；随后在科尼希斯许特（Königshütte，今霍茹夫［Chorzów］）又建立了另一家工厂，且更著名。这些发展都发生在煤田，但这并没有阻止该地区的贵族地主在自己的领地上使用木炭烧炉。事实是，木材是一种比煤炭更便宜，甚至更充足的资源。

德意志一直因其有色金属而闻名，在1815年之后的数年中因它的锌、铅和铜而重要。锌主要有两个来源，一个来自亚琛附近的比利时边界的古山（Vieille Montagne）矿山，另一个来自上西里西亚。铅在阿登、哈尔茨山、波希米亚与萨克森州的奥尔山、上西里西亚被开采。铜矿不充足，主要的来源地是东哈尔茨山的曼斯菲尔德。

纺织业广泛分布。其工厂数量少且规模极小，极少使用水力，根本未使用蒸汽机。亚麻布的生产位于北部平原的大部分地区和西里西亚地区，毛织品的生产从韦尔维耶传播至亚琛地区，之后进入格拉德巴赫（Gladbach）、赖特（Rheydt）、埃伯菲尔德和巴门（Barmen）等城市。事实上，无论在哪个地区，金属工业都不占主导地位。德意志南部都有羊毛和亚麻产业，这在很大程度上归功于瑞士的积极性。

虽然棉纺织自中世纪便已闻名于德意志南部和瑞士，但在 18 世纪晚期之前并未大幅扩大规模。珍妮纺纱机被用于纺纱，但日后才有了动力织布机。棉纺织业增长的中心位于下莱茵兰地区，这里的棉布取代了德意志南部尤其是萨克森的亚麻布。开姆尼茨是棉纺织业重要中心，之后又传播至茨维考（Zwickau）、普劳恩（Plauen）以及毗邻奥尔山的许多小镇。

18 世纪早期建立于克雷菲尔德的丝绸业已开始增长，最终成为城市的主导产业，并且有效地排除了其他纺织生产部门。它已成为欧洲北部的"里昂"，同里昂一样使其附近城镇产生了其他丝绸织造部门，尤其是在埃伯菲尔德和巴门。

瑞典和俄罗斯

只有瑞典和俄罗斯仍在大规模地进行传统铁工业生产，原因在于瑞典产品质量好而俄罗斯产品价格低。瑞典条形铁在无数分散于瑞典中部的小工厂中精炼。燃料的缺乏使瑞典无法采用英国最先进的发明；尽管如此，条形铁在铜矿开采衰落之后仍是瑞典最大的出口商品，其品质支配着英国的刀匠和工具制造者的市场。

在俄罗斯国内，叶卡捷琳娜二世统治下短暂的发展生产——主要是法式奢侈品的生产——的努力失败了，其 19 世纪初唯一重要的工业是铁的熔炼和精炼。这具有很大的优势：木炭和焦炭充足，雇用的农奴劳动力廉价。但它也苦于距离障碍。最重要的铁厂位于北部森林和乌拉尔山的另一边。要将矿石和燃料运至熔炉，并将金属运至港口，这些费时费力的行程增加了成本。不过，俄罗斯 19 世纪初的产量有 16.5 万吨，为世界最高。生产的铁大部分被出口，但其贸易因政治形势和英国工业的扩张而缩减。除此之外，其他制造业的重要性可以忽略。俄罗斯国内没有大量商品消费，而贵族的需求主要由进口所满足。俄罗斯政府鼓励的工业只是那些支持军事的必要工业。

东　欧

从波罗的海至爱琴海，东欧极少有不是在国内进行而且用于地方消费的制造业。波兰南部的炼铁规模不小。熔炉和精炼厂散见于喀尔巴阡山脉和特兰西瓦尼亚。据说"在保加利亚的土地上几乎有 100 个冶炼厂址"。即使参照中欧的标准，所有这些工厂也都小且落后。实际上，唯一有前途的制铁中心以阿尔卑斯山东部施蒂里亚和克恩滕的优质矿石为发展基础。但即使在这里，其增长也因远离市场而受阻。

东欧的纺织业大致相同，因其均为占主导的地方市场生产粗呢绒。在波兰，亚麻加工和亚麻布编织是重要的。但在哈布斯堡帝国，作坊——多过工厂的织布棚——在波希米亚和摩拉维亚很活跃。许多作坊是作为地主家庭住宅的附属建筑建立的，地主们希望以这种方式从所"拥有"的劳动力身上获利。大多数企业从事羊毛和亚麻纺织，但德意志南部和瑞士的影响力显示在一些更大型的企业对棉布的采用上。

南　欧

意大利和伊比利亚半岛曾因它们的纺织和金属产品的质量而

闻名，但在 18 世纪这两方面均经历了毁灭性的衰落。服装行业衰落至生产粗布用于地方消费，威尼斯、米兰和佛罗伦萨等地的服装出口贸易已几乎终止。在西班牙，行会和政府过于热心的控制已摧毁了曾一度兴盛的毛纺织业，而试图建立"王室"工厂的努力也未能恢复该工业。然而，有一个例外对未来具有重要意义。巴塞罗那的商人成功地扩大了地方上的小型棉纺织业，直至 19 世纪初，在加泰罗尼亚的海滨城镇和村庄有了将近 100 个纺织间。

　　制铁工业同样小而落后。巴斯克地区和比利牛斯山的条形铁制造大部分用于出口。在意大利，少量优质金属在布雷西亚和贝加莫的阿尔卑斯山地区被制造出来，来自厄尔巴岛的矿石在托斯卡纳本土熔炼。

　　我们难以评价 19 世纪初的欧洲制造业。对一些国家来说纱锭数量或原棉的消耗量是可知的，但通常人们只能从后来的统计推断中得出估算结果。表 10-2 归纳了我们已知的点滴信息。它显示出英国已远远领先于除俄罗斯以外的其他所有欧洲国家。只有法国的生铁和条形铁生产量超过了英国。

表10-2　1815至1820年的主要商品产量

	英国	法国	欧洲总量（除俄罗斯）
煤（百万吨）	10.5	0.5	12.0
生铁（千吨）	125.0	140.0	512.0
原棉消耗（千吨）	48.0	19.0	80.0

贸易模式

法国大革命和拿破仑战争是在一段对外贸易平稳增长时期结束之后到来的。之后，欧洲国家之间的贸易缩减；和平时期太短，贸易量还不能得到明显恢复。在此后的数年中，拿破仑的"大陆封锁"试图隔断欧洲大陆与英国的所有商业联系，贸易因此又大幅度衰落。该政策虽因拿破仑失去了海洋的控制权而未能实行，但它足以对大陆制造商和消费者造成极大不便。

英国已成为主导欧洲的商业强国，只有在英国和其商业伙伴的贸易统计上，我们才能获得令人满意的数据。18世纪稳定增长的英国贸易至拿破仑战争时代已变得巨大。它虽因大陆的"封锁"而被削弱，但减少得并不严重，战争结束后则继续增长。然而，现有统计数据因两个缺陷而受到严重影响，必须将其视为近似值。首先，必须忽略走私货物的价值，当时的走私是一项普遍且近乎光荣的事业。其次，所使用的估值往往是海关所采用的早几年的数据，并没有体现商品间的差异变化。

343

表10-3 英国的海外贸易

	1806 年		1817 年	
	贸易值[1]	%	贸易值	%
北欧	16 338	28.6	21 885	27.5
南欧	5070	8.88	12 629	15.87
亚洲	5692	9.96	10 483	13.18

续前表

非洲	1549	2.71	854	1.07
北美洲	11 894	20.83	12 345	15.52
中、南美洲	16 572	29.02	21 367	26.86

[1] 贸易值以 1000 英镑计。

来源：基于 B. R. Mitchell, *Abstract of British Historical Statistics*。

　　表 10-3 显示了 1806 年欧洲大陆封锁实施前和 1807 年战争的直接后果被控制后的英国贸易（进出口合计）方向。英国同欧洲大陆间的贸易增加，尤其是同因封锁而遭受最严重影响的南欧间的贸易。但同欧洲大陆的总体贸易在相对意义上早已下降，因为同亚洲和新大陆的贸易在增加。人们虽不能使用英国的数据来说明大陆国家同海外世界间的贸易，但大量证据显示，除战争期间，法国和尼德兰的贸易也在持续增长。西北欧同非欧洲地区间的贸易增长，在某种程度上是以牺牲西班牙和葡萄牙的贸易而实现的。

　　人们只能笼统地说说欧洲内部贸易。总体统计数据缺乏，只能获得英国同个别国家的双边贸易数据。有关跨越欧洲大陆内部边界的商品量，没有完整的数据材料。战争时期，每年的商品量忽高忽低，有时贸易会中止。无论如何，欧洲内部贸易的障碍不论是在地理上还是财政上都是巨大的，相比于通过港口同英国和世界其他地区间的贸易量而言，其贸易量较小。为方便起见，后者的贸易可以被归为"北方贸易"和"南方贸易"。后者的量一直都比较大，因为它包含了西欧海上强国所必需的两种商品：粮食和船舶供给。对英国来说，北方贸易至关重要；1801 年为保持海

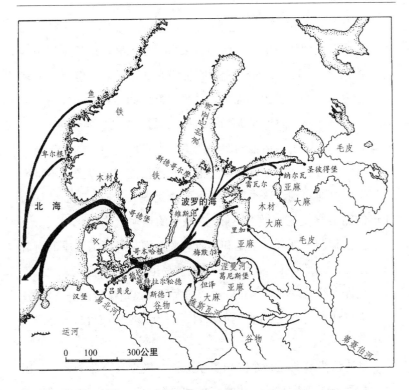

图10-8 19世纪早期的波罗的海贸易

路向英国贸易开放，在丹麦桑德海峡爆发了海战。数年后，杰普 344
逊·奥迪（Jepson Oddy）发表了关于英国贸易的论著，尽管其标
题与欧洲有关[①]，但实际上仅限于同波罗的海地区的贸易。

英国的北方贸易极少受到大陆封锁的影响。奥迪论述，英国
的贸易以主要来自东波罗的海地区的木材、亚麻和大麻以及南部

[①] *European Commerce* (London, 1805).

的谷物为主（图 10-8）。在立陶宛已开凿的小运河（见本书第 432
页）延伸至波罗的海港口的腹地，来自喀尔巴阡山的硬木被用木
筏沿杜纳耶茨河（Dunajec）和维斯瓦河顺流而下至但泽。大多
数的船运木材经圣彼得堡而来，并且"最好的船桅……经由里加
湾"[①]。一些木材来自俄罗斯的内陆深处，需花费两年才能到达波罗
的海海岸。实际上，运输问题很严重。来自加利西亚的黑麦被用
木筏沿河顺流运送，通常在抵达港口时已很潮湿，以至于不得不
再晒干。奥迪写到，这类贸易"主要由犹太人掌控，人们会认为
他们的利益驱使他们做得更好"。每年的运输货物变化很大，正
如人们所猜测的那样，不是和丰收有关，而是"因为夏季的河流
水量充足、易于通航"[②]。波罗的海的贸易范围正扩展至乌克兰，英
国甚至提出经由波罗的海和俄罗斯的大河同奥斯曼帝国进行贸易；
这个提议让人们想起 16 世纪的项目，而当时这些项目却未能修成
正果。

　　奥迪认为瑞典是一个除出口条形铁外极少具商业重要性的国
家，故而不予理会。他指出丹麦的贸易除通过桑德海峡的转运贸
易之外是极小的。但他发现，汉堡在波罗的海贸易中越来越发挥
着中介作用，许多地中海贸易常经由德意志东部的河流和运河到
达易北河。挪威是木材和鱼肉的来源地，尤其是船桅的产地，但
奥迪把其进口商品归纳为"穷人所需的必需品和少数奢侈品，以
及北方高纬度地区不生产的产品"[③]。

[①]　*European Commerce* (London, 1805), 75.

[②]　Ibid., 248.

[③]　Ibid., 297.

因法国的征服和占领，尼德兰贸易的中断状况可能甚于欧洲其他国家。同荷兰帝国和北欧的贸易都受到严重阻碍，而唯一受益的是英国。与此同时，1792 年被法国重启海运的安特卫普港，开始对阿姆斯特丹的未来造成威胁，而伦敦港逐日壮大。泰晤士河下游的船只拥挤，1802 年东印度和西印度码头开放；仅数年后，伦敦、萨里（Surrey）的船坞和商船船坞也开放了。在英国的其他地方，布里斯托尔、利物浦和赫尔同时也建立了船坞，反映了在纺织业和金属业增长之后贸易的迅速扩张。如上面引用的统计数据所示，三分之一或以上的英国海外商业仍是同欧洲大陆开展的。其中一些包括商品的再出口，如主要从亚洲或新大陆出口至英国的棉花。其余出口至欧洲大陆的产品由制造品组成。它是极不均衡的贸易。英国从欧洲其余地方进口的商品包括木材、谷物、葡萄酒和奢侈品，其价值远低于欧洲从英国获取的商品价值。

同南欧的贸易量很小。北非和黎凡特是潜在的大市场，但除原棉之外，它们极少能提供欧洲所需的商品。曾在亚历山大里亚和安提阿市场处理的东方商品，现在由英国、荷兰和法国的船只带至欧洲。中东是轻质布料，尤其是在朗格多克制造的轻质布料的市场，而棉花和水果干则是其出口产品。地中海贸易对法国、西班牙和意大利比对北欧更重要，它对谁都不具有生死攸关的意义；其交易量要少于北海和波罗的海港口处理的大件货物的数量。

东欧和俄罗斯日益增加的出口量要求港口的数量和容量也增加。波罗的海的港口已非常成熟，里加和圣彼得堡处理了俄罗斯北部的大部分贸易。俄罗斯南部肥沃"黑土"的开发是近代的事，从这里出口至西部的粮食有望增加。17 世纪末俄罗斯已占领了敖德萨的小型海岸定居点，自 1794 年以来将其发展为粮食港。俄罗斯已从奥斯曼帝国政府处获得通行土耳其海峡的船只通航权，干草原不久就成为重要的出口西方的谷物产地。但多瑙河口的口岸同其腹地一样欠发达，部分是因为 1829 年以前不能确保来自罗马尼亚港口的船只能够通航于土耳其海峡。

精选书目

总论

The Cambridge Economic History of Europe. Vol. 6, *The Industrial Revolutions and After,* 2 pts.Cambridge, U.K., 1965.

The Fontana Economic History of Europe. Vol. 3, *The Industrial Revolution,* ed. C. M. Cipolla. London, 1973.

Kuznets, S. *Modern Economic Growth.* New Haven, Conn., 1966.

Landes, D. *The Unbound Prometheus.* Cambridge, U.K., 1969.

Lillin de Chateauvieux, F. "Travels in Italy Descriptive of the Rural Manners and Economy of That Country." In *New Voyages and Travels.* London, n.d.

人口与聚落

Blaschke, K. "The Development of Population in an Area of Early Industrialization: Saxony from the Sixteenth to the Nineteenth Century." In *Third International Conference of Economic History,* Vol. 4. Paris, 1972.

Drake, M. *Population and Society in Norway 1735-1865.* Cambridge, U.K., 1969.

Hendricks, F. "On the Vital Statistics of Sweden from 1749 to 1855." *Journal of the Royal Statistical Society* 25 (1862): 111-174.

Hufton, O. H. *Bayeux in the Late Eighteenth Century: A Social Study.* Oxford, 1967.

James, Patricia, ed. *The Travel Diaries of Thomas Robert Malthus.* Cambridge, U.K., 1966.

Mayer, K. B. *The Population of Switzerland.* New York, 1952.

Sjoberg, G. *The Preindustrial City.* New York, 1960.

Utterstrom, G. "Population and Agriculture, c. 1700−1830". *Scandinavian Economic History Review* 9 (1960): 176−194.

Walker, M. *German Home Towns: Community, State and General Estate.* Ithaca, N.Y., 1971.

经济发展

Blum, J. *Noble Landowners and Agriculture in Austria 1815−1848.* Baltimore, Md., 1948.

Jacob, W. *A View of the Agriculture, Manufactures, Statistics and State of Society of Germany.* London, 1820.

Pounds, N. J. G. *The Ruhr.* London and Bloomington, Ind., 1952.

Pounds, N. J. G., and W. N. Parker. *Coal and Steel in Western Europe.* London and Bloomington, Ind., 1957.

Scrivenor, H. *A Comprehensive History of the Iron Trade.* London, 1841.

第十一章　19 世纪

　　这个世纪在滑铁卢战争和第一次世界大战爆发之间流逝而过。这个世纪所发生的变化，比人类历史上任何时期都更深刻。这是人类历史上发生史无前例增长的时期之一：人口翻了一倍多。农业产量也发生了相应的增长，工业生产增长了十倍，欧洲生产总量增了六倍。伴随经济增长的是经济活动场所的根本性变化，较老的原工业化模式衰落，取而代之的是对应新的生产因素和满足不断变化的需求的工业模式。拿破仑战争结束时的欧洲地理，从根本上不同于 1914 年 8 月夜幕降临时的状况。

　　这个居中的世纪总体上是和平的。绝大多数冲突是短暂的，称不上是毁灭性的。许多冲突是关于民族的民主精神或从诸帝国中独立的要求，这些帝国瓜分了欧洲的大部分地区。尽管如此，经济增长是一个极具地方性的现象。欧洲大陆大部分地区直至 19 世纪晚期，在工业、农业或商业上仍未有发展。与此同时，有些地区发展迅速，新技术从这些地方被传播至大陆其他地区。19 世纪中叶，以比利时中部、莱茵兰低地和英格兰中部为一方，它们与马其顿山地和罗马尼亚山地之间的差异，或波兰东部丛林和俄罗斯北部丛林之间的差异，远大于今天发达国家与第三世界之间的差异。

民族主义

　　维也纳会议之后的这个世纪，由三种趋势或运动所主导：民族主义、帝国主义和经济增长。法国大革命开启了通向民族主义的大门，维也纳会议未能成功地将其关闭。该世纪的特点是民族情感的大爆发，总是与之相伴的是借以表达其主张的民主制度诉求。首先是比利时反抗荷兰的统治，而这种统治绝不是压迫和不开明的，其次是波兰第一轮不成功的起义、捷克人反抗哈布斯堡王朝的起义、克罗地亚人反抗匈牙利人和匈牙利人反抗奥地利人的起义。只有匈牙利人取得了一定程度的成功，于1867年获得了哈布斯堡王朝统治下的自治，但对自己的属民——克罗地亚人拒绝做出任何让步。

　　同时，在德意志，通过关税同盟（Zollverein）中各州间的一系列协议，经济统一被逐渐加强。这个统一在普鲁士的支持下得以实现。最初，没有与之相配的任何程度的政治统一，在1848年的"革命年"尝试建立统一德意志的努力失败了。直到1864至1871年间，政治统一才得以实现，德意志帝国宣告成立。

　　意大利的情况极为相似：许多独立邦国在不同程度上受到法国和哈布斯堡帝国的影响。但这里的统一是通过自下而上的复兴运动（Risorgimento）实现的。哈布斯堡帝国在意大利北部的大部分统治已终止，这与不得不割让萨伏依和尼斯补偿法国从而取得其帮助不无关系。

　　最激烈的民族觉醒运动发生在巴尔干地区。在这里，一个小型的、效率低下的、腐败的官僚机构，还有这样的一支军队试图控制比其人数多得多的人口——由斯拉夫人、罗马尼亚人和希腊人组成。在某种程度上，这是东正教基督徒与穆斯林之间的斗争；但在更大程度上，是受压迫的、税负过重的农民与控制土地和资源的反动甚至带有封建色彩的阶级之间的斗争。奥斯曼帝国统治的低效冲淡了其残酷性。在罗马尼亚公国，奥斯曼帝国的权威由法纳尔① 希腊官员所代表，他们日渐认同自己是罗马尼亚人，以至于瓦拉几亚和摩尔达维亚卷入了独立浪潮中。奥斯曼帝国官员在阿尔巴尼亚和黑山几乎没有任何权力。塞尔维亚首先发起反抗，紧接着是希腊，最终导致塞尔维亚和希腊的独立。1875 年，波斯尼亚爆发革命，而后蔓延至仍处于土耳其统治下的塞尔维亚人的土地和保加利亚。

巴尔干地区而后成为争取影响和控制权的三方角逐之地。奥匈帝国试图从多瑙河向南推进其势力。俄罗斯致力于控制土耳其海峡和从地中海进入其南部海岸的入口。紧跟着法国，英国也急于把其他大国摒除出地中海盆地。在斗争过程中，巴尔干国家获得独立，但促成了 1914 年的战争。

帝国主义

形塑了 19 世纪的第二股力量是帝国主义。如果我们把俄罗斯

---

① Phanar，来自君士坦丁堡郊区。

包含在内，那就有不少于十个欧洲大国获得了海外领土或扩张了已拥有的海外领土。事实上，西班牙在该世纪初丧失了许多帝国领土，并在世纪末失去了余下的大部分领土。俄罗斯帝国并未超越海洋，但在亚洲它仍参与征服并统治了许多非俄罗斯民族。不列颠帝国和法兰西帝国都极为广阔，但其广阔的扩张领土大多由无价值的沙漠组成。比利时和荷兰帝国更有限。葡萄牙同西班牙一样，由更大帝国的留存领土组成。意大利人和德国人较晚进入比赛，仅是"专门注意人家不留心的零碎东西的小偷"，并不在早期帝国的行列。至 1900 年，欧洲列强的殖民属地面积不少于 19 803 171 平方英里，占地球陆地表面的 35%。表 11-1 显示了这个时期各帝国的属地面积。帝国主义的动力是复杂的，但最重要的动因肯定是经济因素。霍布森（J. A. Hobson）见证了许多这类事件，他写道："各种骄傲、声誉以及好战的强大现实动力，再加上一个更利他的开化使命，被认为是帝国扩张的动因，而主导动力是对市场的需求。"[①] 所有工业化国家都想要不受限制地获得所需要的原料和食物，另外，由于大规模或大量生产是它们成功的条件，推销自己产品的市场就没有那么必要了。帝国可能期望这两者兼得。英国无疑是这样的情况。甚至在 1815 年英国大约 60% 的贸易是同欧洲之外的世界进行的，这个比例相当固定地延续至 19 世纪晚期才开始稍有下降。

---

① 　J. A. Hobson, *Imperialism, A Study* (London, 1902), 113.

表11-1　各大帝国的领土面积，约1900年

英国	8 964 571（平方英里）
法国	4 587 085
尼德兰	2 048 626
德国	1 231 513
比利时	905 144
丹麦	879 672
葡萄牙	808 253
意大利	245 882
西班牙	132 425

其他欧洲国家从同殖民属地的贸易中获得的利益少于英国，部分是因为其殖民地获取较晚且仍未开发。尽管如此，荷兰和法国从殖民地获得的商业利益是毋庸置疑的；甚至连西班牙于1898年失去了大部分海外领土和加泰罗尼亚纺织品的重要市场份额时，也损失惨重。但随着殖民贸易的"门户开放"概念不断传播，殖民地的商业价值变小。殖民列强无权独享殖民地的资源和市场这一条款，首先被引入1885年的公共法律《刚果法案》（Congo Act）。尽管这一条款的实施是缓慢的和不完满的，但该世纪晚期，即使是荷兰这一最排他的殖民大国也不能保持其商业垄断。与此同时，同海外——尤其是中国、日本、美国和拉美——的贸易量，不论是在相对还是绝对意义上都在不断增加。

殖民地的开发，大致发生于欧洲范围内的铁路网建设接近尾声时。铁路设施的制造是欧洲钢、铁和工程行业必不可少的活动

350

（见本书第433—434页）。满足实际需求的建设活动延伸至20世纪。码头和船舶建设，以及矿产开发，都是如此。对殖民地基础设施的投资，为欧洲许多生产资料工业注入了新的活力。"外围"这一术语被用于称呼这些提供原料并吸纳资本投入的、基本上未开发的地区。东欧和东南欧大部分地区也能被说成是属于外围，整个沙皇俄国也属于外围。外围的出口产品主要是原材料：粮食、木材和粗制亚麻。这些产品被运至西北欧的"核心地区"，用工业品进行支付。但在欧洲外围和海外外围之间存在一个重要差别。后者大体上由西欧和中欧控制。前者由其各自社会内的"封建"要素掌控。这些要素成功地依据自己的利益来操控生产和贸易。尽管它没有阻止某种程度的工业发展，但它成功地维持了这些地区作为初级生产者的角色。直到"一战"之后，随着土地改革和工业发展，这一角色才发生显著变化。

经济增长

惊人的生产增长和与之伴随的第三产业或服务行业的就业的增长，是19世纪的第三个重要特征。这些发展可以通过其对国民生产总值的贡献来衡量；但这很难衡量，估算只能被看作最粗略的近似值。贝罗奇（Bairoch）编制的表，是这里所使用的地图和附带讨论的基础。考虑到通货膨胀，包括俄罗斯和英国在内的欧洲国民生产总值，约相当于1960年的600亿美元的价值。这个时期的总人口约有2亿，这样人均国民生产总值为约300美元。但各地差异很大。在英国有将近600美元。在俄罗斯和东欧大部分地

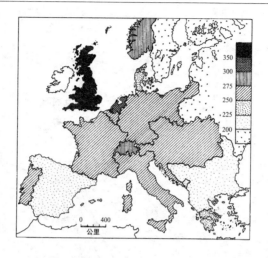

图11-1 约1830年的人均国民生产总值。单位为1960年的美元。基于 P. Bairoch, "Europe's Gross National Product, 1800－1975," *Journal of European Economic History* V (1976): 273－340

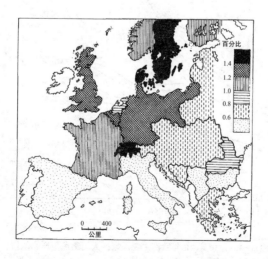

图11-2 1830至1910年的国民生产总值增长，1830年的增长率数据被展现为每年的增长率

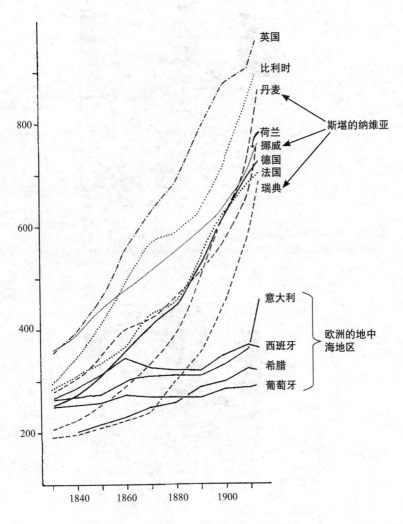

图11-3　1830至1913年欧洲主要国家的人均国民生产总值增长

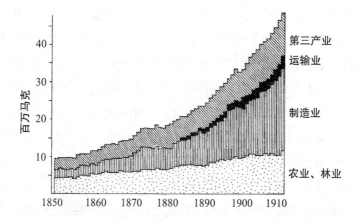

图11-4　德国按部门计算的国民生产总值。1886年以前的运输业务价值太小而无法在图上显示。统计数字基于 W. G. Hoffmann, *Das Wachstum der deutschen Wirtschaft seit der Mitte des 19. Jahrhundert* (Berlin, 1965)

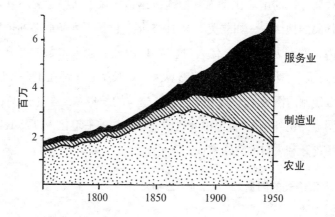

图11-5　基于就业部门的瑞典人口增长，根据 H. Osvald, *Swedish Agriculture* (Stockholm, 1952)

区则少于 200 美元（图 11-1）。这个世纪的增长不平衡，英国和
中欧增长最快，南欧和东欧最慢（图 11-2）。至 1913 年，最富有
和最贫穷国家之间的差异在比例上远大于 1830 年时（图 11-3）。

国民生产总值的增长伴随着一些经济行业的贡献所发生的变
化。人们可以非常宽泛地讲农业生产力有所提高，但农业部门的
就业人数在绝对意义上是下降的，而制造业的就业和生产力在相
对和绝对意义上都有提高。第三产业在欧洲发达国家的增幅大，
在其他国家的增幅小。德国国民生产总值图表（图 11-4）和瑞典
的就业图表（图 11-5）说明了该世纪的经济发展趋势。本章的其
余部分将关注这些变化在空间方面的问题。

人　口

欧洲人口的增长比世界其他地区迅速，除了那些源源不断地
接收移民的地区——如北美。至 1815 年，包括不列颠群岛和俄罗
斯在内，欧洲大约有 1.8 亿人口。至 1910 年，总人口数量上升至
约 4.355 亿，增长约 140%，粗略算来，增长率每年都在 1% 以上。
按对数绘制的图表（图 11-6）显示了这一增长是多么连贯和统一，
唯一明显的例外是 19 世纪中叶法国人口曲线的平坦化，以及 1840
年前后匈牙利人口的急剧增长。

人口增长的因素

人口增长速度是出生率和死亡率变化的结果，但它也受到移
民的影响。宽泛地讲，"死亡率下降解释了人们所观察到的英格兰

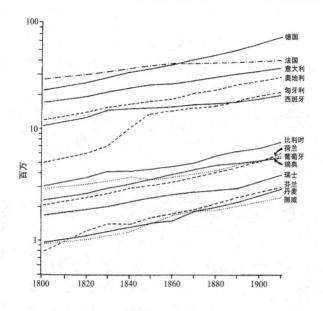

图11-6　1800至1910年欧洲各国的人口增长

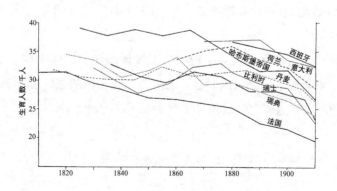

图11-7　1810至1910年各国的出生率

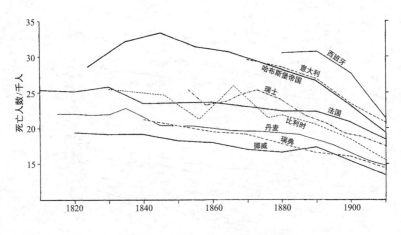

图11-8 1810至1910年各国的死亡率

人口增长的速度"[1]，同样，欧洲其余地区也是如此。在1875年之前，除法国之外，欧洲的出生率都下降了，但不显著（图11-7）。实际上，许多国家显示出生率和净繁殖率上升，直至19世纪30年代才开始突然下降。死亡率开始下降得更早，在大多数国家，从19世纪30年代开始不断下降（图11-8）。总的来说，其原因是饥荒危机从欧洲消失，流行病的严重性下降，以及物质生活条件改善。其结果是人口结构发生了缓慢的变化，即年轻人比例较小而老年人比例较大。这一趋势首先在法国加强，但至20世纪初期欧洲大陆大部分地区也都出现了这一趋势。

食物供应和疾病 我们不可能在统计学上分开饮食、疾病和

---

[1] Colin Clark, *Population Growth and Land Use* (London, 1967), 50.

恶劣住房条件导致的后果。当饥荒不再是一个显著因素之后，饮食仍很重要，受制于季节变化，它几乎总是不平衡的。最后一次欧洲大陆范围的食物危机发生于1816至1817年，但1830年和1846至1847年发生了比较地方性但不太严重的危机，甚至在19世纪50年代，粮食歉收也造成了大范围的贫困和死亡率增加。即使在好年景，饮食也是高淀粉的，以谷物为主且土豆的食用不断增加。绿色蔬菜的食用不充足，动物蛋白质食用很少。甚至在诺曼底和巴黎盆地这些被认为是肉类消费很多的地区，每人的肉类食用量每年也仅约60磅。其他地方的蛋白质消费更是少得很，许多农民和工厂工人只在特定的节日接触到肉。城市饮食比乡村地区更欠缺。在乡村，至少有蔬菜可以种植在花园中。对19世纪中叶根特地区的食物消费研究表明，饮食以谷物为主导。平均2435卡路里中有1479卡路里来自谷物和土豆，有428卡路里来自粮食酿造的啤酒。这样，几乎80%的热量摄取自淀粉食物。饮食质量似乎在1850年前没有显著改善，城市饮食直到1875年后才得以改善。

　　许多人的恶劣生活物质条件进一步恶化了不良饮食的后果。最没有能力抵御感染的人最容易受到攻击。城市条件总是最糟糕的，在极其肮脏的条件下，病原体极易传播。而且，因拥挤和卫生条件差产生的疾病，如霍乱、伤寒、白喉、天花和肺结核的毒性实际上在增加（见本书第383—384页）。另一方面，瘟疫消失了，1871年哈布斯堡帝国终止了隔离检疫。得益于日益普及的疫苗接种，天花已不严重，但斑疹伤寒增加了；霍乱在该世纪中期变得尤为严重，直到霍乱被证明其实与供水污染有关。但经过了

354

356

半个多世纪人们才正确地吸取教训，才将未受到污染的水用管道输送至大多数城市（见本书第 374—375 页）。而另一方面，结核病的发病率增加了。这一疾病的死亡率在儿童中尤其高，特别是在规模较大、发展较快的城市中。勒克鲁佐（Le Creusot）绝不是最糟糕的工业城市之一，但其死亡率一直高于法国平均值（见表11-2）。

表11-2　每千人的死亡率

	勒克鲁佐	全法国
1851—1855 年	33.0	24.1
1856—1860 年	31.5	23.8
1861—1865 年	31.7	22.9

限制生育　19 世纪中期，许多国家的出生率开始下降。较低的怀孕水平有时被归因于营养不良和传染病，但一般而言，它只能通过少生孩子的决定得以解释。向较小家庭发展的趋势首先在法国显而易见，勒普莱（Le Play）把它归因于《拿破仑法典》的遗嘱条款，该条款规定继承者之间应平等地划分继承。这是减少孩子数量的强大动机，但其本身并不是一个充分的理由。降低的出生率首先在中产阶级中表现出来，并及时地被更低阶层所效仿。这在 19 世纪末的欧洲大多数地区显然成为一个趋势，而法国只是提前发生了。

移民　欧洲内部一直存在着移民活动，近来海外移民变得更

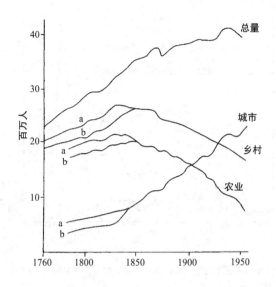

图11-9　法国农村人口缩减而城镇人口增长。"乡村"与"城市"线的区别是内部移民的粗略估量；a是最大估值，b是最小估值，根据J. C. Toutain, "La population de la France de 1700 à 1959," *Histoire Quantitative de l'Economie Française* 3 (1963)

显著。移民活动往往会推迟婚姻，从而使完整家庭的规模下降。更大部分的欧洲移民活动仅是短距离的，人们迁移至最近的小镇或地区首府；大部分迁移只是短暂的，移民希望最终回归故乡。其迁移模式很复杂。大部分迁移始于季节性活动，而以永久脱离家乡告终。随着轮船航行的到来，甚至有到新大陆去收割粮食的季节性移民活动。但海外移民只是极小范围的，较易衡量，因为大多数国家对经过其港口的移民做了记录。

　　内部移民大体上是从乡村向城市迁移。首先，这主要来自土地贫瘠和农业落后的地区；但接近19世纪末时，随着田地劳动变

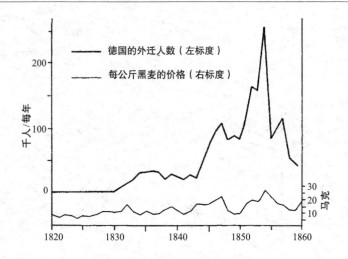

图11-10　1820至1860年德意志的人口迁移与黑麦价格，根据Mack Walker, *Germany and the Emigration, 1816–1885* (Cambridge, Mass., 1964)

得不那么密集，甚至连土壤肥沃和农业进步的地区也失去了人口。图 11-9 显示了法国的城市人口的增长和乡村、农业人口的下降。移民最初主要来自阿尔卑斯山、比利牛斯山和中央高原地区，但 1870 年之后越来越多地来自巴黎盆地和东北欧的肥沃地区。也有相当多的移民从法国南部迁至阿尔及利亚，特别是在葡萄园的根瘤蚜（*phylloxera*）疫情暴发后。

　　在 1871 年德意志帝国建立前，德国的内部移民活动仍相对较少。19 世纪中期大量的移民往往被归因于 1848 年建立统一、民主的德国的运动失败。事实上，这些年的大部分移民活动是由于庄稼歉收和农村贫困。移民和黑麦的价格关系紧密（图 11-10）。19 世纪下半叶下莱茵兰的工业发展吸引了大量的工人来到此地。最初他们主要来自附近的德国西部地区。之后，19世纪90年代的移民活动肇始于东部省份，这些地区的农村出生率居高不下，而制造业几乎没有就业机会。事实上，移民量非常大，甚至造成了东部劳动力短缺，波兰移民很好地弥补了这一点。许多波兰人甚至迁到莱茵兰地区，至1910年鲁尔有25万人（图11-11、11-12）。

欧洲其他地方的内部移民规模更小。从阿尔卑斯山和东南欧的山脉向外迁移。在意大利，农民向城市迁移，尤其是来自南部地区的农民。那不勒斯、巴勒莫和其他地区不曾发展至需要雇用如此多人口的地步。人口也向北部的发展中地区迁移，但在1900年之后人们越来越多地向新大陆迁移（图11-13）。所有地方的移民程度因农业运势而不同：在收成好的情况下，人们极少会背井离乡；农作物歉收且不足时，农民蜂拥至港口，通过可行的最经济的交通方式跨越大西洋。对最贫穷的农民来说，问题是要积累足够的路费，正是这个原因，海外移民为像奥地利的加利西亚这样的地区的过剩人口提供的出路很少。在巴尔干地区，如1890年黑色大饥荒这样的灾难造成了大规模的欧洲内部的和海外的人口迁移。斯堪的纳维亚国家大大推进了移民浪潮，很大程度上是因为他们在环境上处于边缘地带。天气变化多端，在其他地方会造成短期的匮乏，但在这里却变为灾难，导致人们向外移民。

就绝对数量而言，最大的移民浪潮来自意大利，紧随其后的是哈布斯堡帝国、德国和西班牙（见表11-3）。但相对于本国的人口规模而言，挪威位列第一，其后是葡萄牙和意大利。就这两方面来说，法国移民都极少，这主要是因为人口的低增长率。

个别国家内的移民活动相当多，但欧洲各个国家之间的迁移

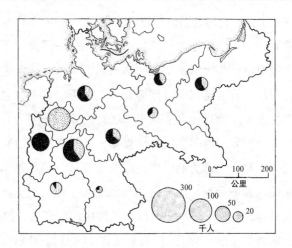

图11-11   1880年德意志内部迁移至工业省份莱茵兰和威斯特伐利亚的人口。亦见图 11-12的图例。基于 W. Kollmann, "Die Bevölkerung Rheinland-Westfalens in der Hochin-dustrialisierungsperiode," *Vierteljahrschrift für Sozial-und Wirtschaftsgeschichte* 58 (1971): 359−388

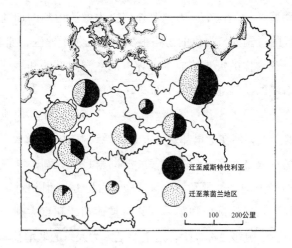

图11-12   德意志内部迁移至莱茵兰和威斯特伐利亚的人口。见图11-11的图例

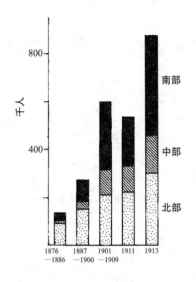

图11-13　1876至1913年意大利的人口迁移。注意，来自意大利南部和西西里的人口迁移的重要性逐步增强

极少。波兰人迁移至德国东部，一些人再从这里向西迁移。比利时人、意大利人和西班牙人进入法国，在当地人口几乎停止增长的地方寻找工作，但也极少有其他显著的实例。

表11-3　1850至1914年欧洲的人口迁移

	移民总数（以千人计）	1900年占总人口的比例（%）
奥匈帝国	4878	10.7
比利时	172	2.6
不列颠群岛	18 020	43.5
丹麦	349	13.9
芬兰	342	12.7
法国	497	1.3

续前表

	移民总数（以千人计）	1900 年占总人口的比例（%）
德国	4533	8.0
意大利	9474	29.2
尼德兰	207	3.9
挪威	804	36.5
葡萄牙	1633	32.7
俄罗斯	2253	1.2
西班牙	4314	23.2
瑞典	1145	22.5
瑞士	307	9.3

犹太移民　犹太人的迁移形成了欧洲范围内的一个特殊移民案例。他们构成了最大的移民群，主要从俄罗斯迁至中欧（图11-14）。19世纪初有两个截然不同的犹太人群体。塞法迪犹太人主要定居（见本书第261页）在地中海西部，在被驱逐前他们的身份认同主要与西班牙联系在一起。他们从这里向东迁至奥斯曼帝国，向北迁至英国和尼德兰；他们在这些地方往往失去了自己的身份。另一个犹太人群体在中世纪已迁入中欧，他们受到基督徒的敌意驱使，从这里向东迁入俄罗斯，19世纪早期，他们定居在白俄罗斯和乌克兰。在此，他们的人数开始急剧增加，其增长速度远远超过居住在其周围的民族。

362　　　约1800年，欧洲大多数的犹太人口居住在德国东部。他们被禁止居住在大城市，大多住在乡村和小城镇。他们不能拥有土地，

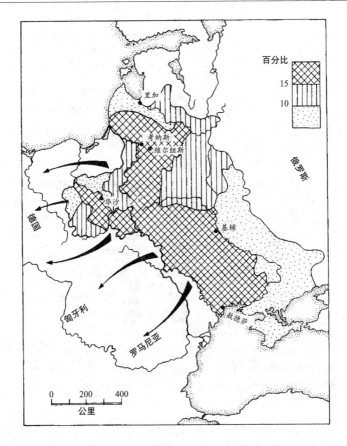

图11-14 俄罗斯的犹太栅栏区，以及犹太人向中欧与东南欧的迁移，根据H. G. Wanklyn, "Geographical Aspectsof Jewish Settlement East of Germany," *The Geographical Journal* 95 (1940): 175−190

因此不能从事农业，只能把手工业和小贸易作为仅有的职业。在俄罗斯，他们被叶卡捷琳娜二世的法令限制在所谓的犹太栅栏区（Pale）。随着他们人数的增加和当地敌对情绪的上升，他们向西

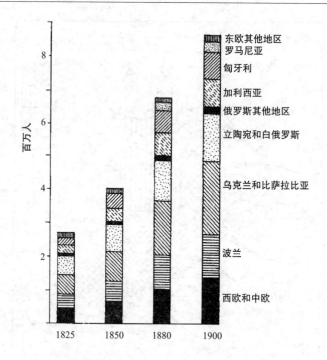

图11-15　1825至1900年欧洲的犹太人分布，基于U. Z. Engelman, "Sources of Jewish Statistics," in L. Finkelstein, *The Jews: Their History, Culture and Religion* (New York, 1949)

迁移，漂泊在从普鲁士至黑海的宽阔地带上（图 11-15）。相对很少的犹太人跨过多瑙河进入巴尔干地区，这里的环境甚至比俄罗斯更充满敌意。随着迁移，他们生活的经济基础也缓慢发生变化。他们仍主要居住在波兰、加利西亚和罗马尼亚诸省的乡村，从事"小店主、小商、小贩"[1]的工作。他们经营粮食、皮毛和木材贸

363

---

[1]　I. Cohen, "The Economic Activities of Modern Jewry," *Economic Journal* 24 (1914): 45.

易，并且随着生产发展而从事石油贸易。许多小镇变成了以犹太人居住为主。随着他们迁入中欧，他们的贸易活动变得日益高档。1867年在哈布斯堡帝国，1871年在德国，他们获得了全部的公民权。自由职业向他们开放，他们的小贸易和借贷业发展成为商业和金融业。

犹太人主要讲的是一种斯拉夫语言；但随着他们向西迁移，他们采用了一种适合其需求的日耳曼语。这变成了意第绪语（Yiddish），并被带回波兰和东部地区，作为犹太民族之间的一条重要文化纽带。离开栅栏区的犹太人并非全部迁居到了中欧。在1870年之后，他们开始迁移至新大陆。移民活动最初很缓慢。至1899年，美国犹太人的数量不足50万，但在1900至1914年间，不少于150万的人迁往美国，大多数来自俄罗斯和东欧。犹太移民不同于其他欧洲民族的移民，因为除了之后迁移至以色列，他们没有回流；其次，犹太的移民群体不是农民，而是工匠和商人。他们成为城市定居者，纽约的服装区是其移民活动持久的见证。

364

种族模式

从严格意义上讲，欧洲的种族模式在有记录的历史之前已确立，而历史上的移民活动仅是种族表面的涟漪。自然地理环境各种各样，一些地区集中显示出某些特征：色素沉着、头型和发型。但欧洲"种族"是19世纪的发现，逐渐成为民族主义的极端表现。如果"种族"在欧洲19世纪的背景下极少有真正的意义，那么文化（社会性的而非生物性的遗产）是非常重要的。语言，作为最重要的文化表现形式（因为它是文化传播的主要工具），具有重要意义。语族获得了更深层次的统一，在国家内部，不同的语言是国家难以统一的巨大障碍。如在比利时，讲法语的瓦隆人（Walloon）和讲荷兰语的佛兰芒人之间的裂缝扩大了。梅塞塔的加泰罗尼亚人和西班牙人、捷克人和德意志人、匈牙利人和克罗地亚人之间的分歧不断增大。

文化特征有时延伸为家庭行为模式。出生率不仅在法国较低，而且在比利时和瑞士的法语区也较低。在法国，佛兰芒人的死亡率总是比瓦隆人高，他们往往向南移民到后者的领地上，被瓦隆人所同化。瓦隆人的物质标准往往更高，这使得这两个民族之间难以平衡。类似情况也出现于瑞士，在这里，讲德语和意大利语的人口的死亡率明显高于讲法语的（表11-4）。这一明显的差异造成民众向瑞士讲法语的地区迁移；但由于每个州都具有自己的官方语言，移民者往往很快被同化。

表11-4　瑞士已婚妇女每千人的活产率

行政区	1899 年	1909—1912 年
德语区		
乌里	399	326
上瓦尔登州	336	312
下瓦尔登州	338	303
施维茨	304	257
卢塞恩	305	262
伯尔尼	299	246

行政区	1899 年	1909—1912 年
意大利语区		
提契诺	293	250
法语区		
弗州	242	188
纳沙泰尔	240	177
日内瓦	150	109

类似的文化差异也存在于哈布斯堡帝国。马扎尔人（匈牙利人）的出生率虽比哈布斯堡帝国内的其他民族更高，但马扎尔人的人口在 30 年内增长了 55%，这只能通过非马扎尔民族在匈牙利平原被同化来解释。

19世纪的人口模式

伴随欧洲人口约 140% 增长的是由移民和不同出生率带来的人口再分配。从广义上讲，农村或人口停滞不前，或因向外移民而丧失人口；工业化地区则获得发展。在英国和法国最容易探查到这些变化，因为这两者有充足的调查数据。在英国，包括苏格兰大部分地区、英格兰和威尔士的大部分乡村地区，以及除贝尔法斯特和都柏林之外的整个爱尔兰，人口都流失了。米德兰兹、北部和威尔士南部地区的大城市和工业区则得到了相应发展。英格兰南部海岸沿线地区的相关设施显著发展（图 11-16）。

在 19 世纪之前，法国的出生率一直在下降，战时损失使人口

365

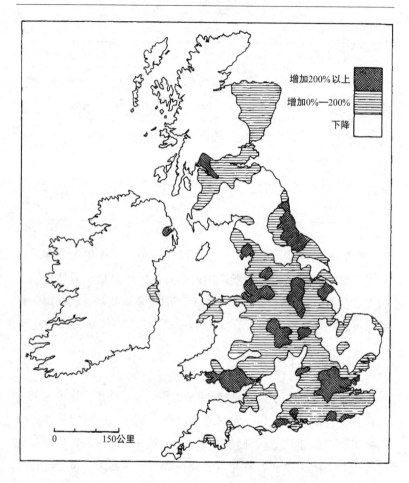

增加200%以上

增加0%—200%

下降

0　　　150公里

图11-16　19世纪英国的人口变化

进一步减少，并导致性别结构失衡。农村的出生率仍比城市高并向城镇持续移民，而且农村工艺的衰落加强了这一移民活动。法国历史学家提到乡间的"农村化"，这一趋势是完全农业性的。

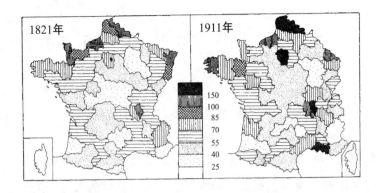

图11-17　1821与1911年法国每公顷土地的人口数，根据 C. H. Pouthas, *La Population française pendant la premiere moitie du XIXe siècle* (Paris, 1956)

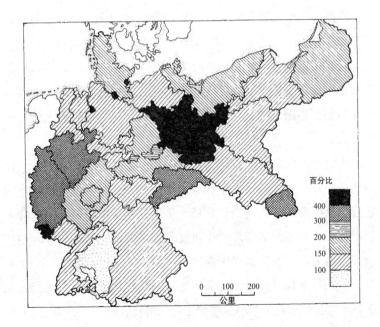

图11-18　1816至1914年德意志的人口增长百分比

图 11-17 中的地图对比展示了衰落最明显的地区，还有其他区域（尤其是北部），以及城市和工业发展最迅速的巴黎、里昂、马赛地区。

在比利时，北方和南方之间出生率的差别被移民所掩盖。在布鲁塞尔、安特卫普和根特周围，以及桑布尔河和默兹河谷沿线形成了两个人口密集区，这里出产的煤支持着重工业。尼德兰分享了佛兰芒人的高出生率，二者之间有着密切的文化纽带。在没有任何大规模工业发展的情况下，人口增加的大部分进入了农业领域，其结果是尼德兰成为为数不多的农业人口增长地区之一。

德国人口增长迅速。增长幅度最大的有四个地区：威斯特伐利亚和下莱茵兰，柏林、勃兰登堡和邻近省份，萨克森，以及上西里西亚。每个地区都有繁荣的工业发展（图 11-18）。人口增长率最低的地区是南德和东部的省份，主要是因为这里迁出的移民是最多的。德国东部是纯粹的人口流出区，尽管那里有大柏林的吸引。

波兰和俄罗斯的人口行为模式与德国东部类似。大多数人口居住在农村，有着高出生率和稳定增长的特点；波兰人口向德国迁移，俄罗斯人口则向西伯利亚和中亚迁移。斯堪的纳维亚的人口增长相比在如此边缘环境中可能预期的要快，这造成了人们在欧洲所遇见过的最高的移民迁出率之一（见本章"移民"部分）。余下的人口增长可能是由定居点边界向外扩展、种植更高产的农作物（尤其是土豆）和小规模的工业化所致。

瑞士人口的增长没有德国显著，德语区瑞士人的高出生率被法语区的低出生率抵消。哈布斯堡帝国和巴尔干地区的人口史，因数据缺乏和所获数据不尽如人意而令人苦恼。总体来看，出生率和死亡率仍相当高，但下降趋势最初在奥地利和捷克的土地上变得明显，之后缓慢向东南延伸。讲德语的社群社会地位较高，其对未来的预期也是积极向上的，他们的出生率和死亡率首先下降。巴尔干部分地区的人口结构在19世纪末本质上仍是前工业化的。

低出生率和低死亡率逐渐取代前工业化时期欧洲的高出生率和高死亡率。这种人口学上的变革在意大利和伊比利亚半岛来得相对较晚。意大利尤其是意大利南部的出生率，是欧洲最高的之一，至19世纪晚期只有微不足道的下降（表11-5）。在意大利北部，人口压力因工业化而减轻；在意大利南部，除了向外移民以外人口压力没有任何缓解，在20世纪中叶前"南方"一直是人口过密的不发达地区。意大利中部的情况介于北部和南部之间。

表11-5 意大利的出生率与死亡率（每千人）

	出生率		死亡率	
	约1875年	约1895年	约1875年	约1895年
北意大利	36.2	33.2	28.7	23.7
中意大利	34.4	34.8	20.8	24.0
南意大利	40.8	37.2	30.8	29.0

在西班牙，出生率和死亡率同样较高，但区域对比更强烈、更显著。在西班牙最为工业化和最先进的加泰罗尼亚地区出生率

和死亡率有所下降，而梅塞塔地区仍很高。大约在1900年，巴塞罗那省的总出生率是每千人27.8，而新卡斯蒂利亚的昆卡省为每千人41.6。必然有移民从梅塞塔迁往外围和沿海地区。

城市发展

欧洲总人口在19世纪大约增长了140%，而城市人口增长了约20倍。前工业化的城镇形成了一个大致固定的网络。一定是如此，因为城镇的功能与其周围地区的需求相关，它们所服务的地区反过来又与运输速度有关。图11-19显示的是在阿尔萨斯发展起来的网络。在许多中小型城镇之上兴起了三大城镇，即米卢斯（即米桑约［Mülhansen］）、科尔马（Colmar）以及具有支配地位并高居塔尖的斯特拉斯堡。"中央－地方"的等级制度由此产生，它的功能适于其所服务的区域。小城镇只具有低层次的功能，如集市中心；最大的城镇则具有行政、商业和生产等功能，而这些功能远远超出其地方范围。这样的模式和城市关系，在19世纪初被复制于整个欧洲。

城市增长速度不同。地区首府和工业化城市迅速增长。远离煤田和主要交通干道的其他城市，就算有所增长，也极缓慢。但在此整个时期，在任何一个特定国家或主要地区，城市都呈现出如图11-20所示的规模结构。最大的城市大致是第二大城市的两倍；第二大城市与第三大城市的关系也与之类似，以此类推。即使一些城市的排名顺序发生了变化，但该结构存在于整个时期。

一些城市在这个世纪的发展几乎是从无到有。它们在世纪初

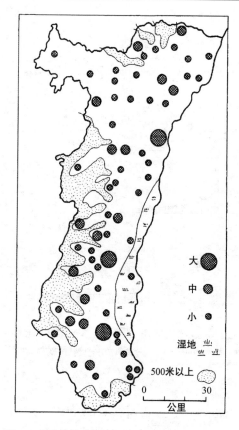

大

中

小

湿地

500米以上

0   30

公里

图11-19　约1850年阿尔萨斯的城市网络，基于M. Rochefort, *L'Organisation urbaine de l'Alsace* (Paris,1960)

是村庄，但煤矿、工厂或炼铁厂吸引了移民定居；工人建立住所；铁路修建起来，其车站为城镇的不规则发展确立了某种意义上的核心。最终村庄可能获得了城市的地位，如任何一个历史悠久的城市一样具有了镇政厅、盾徽和城市徽章，但其新兴性无法被掩盖。它完全属于工人阶级，其服务行业被降至最低水平，大多数受雇者在工厂或矿山工作。在英国，每个工业区都有新的城镇，

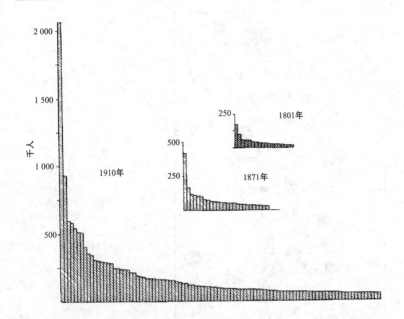

图11-20 1801、1871与1910年德意志较大城镇的位序-规模图，基于 P. Meuriot, *Des Agglomerations urbaines dans l'Europe contemporaine* (Paris, 1897)和 *Petermanns Mitteilungen* 57 (1911), i, 131

如奥尔德姆、巴恩斯利（Barnsley）、斯梅西克（Smethwick）。在法国北部和比利时中部，城镇分散于煤田：在鲁尔区有盖尔森基兴（Gelsenkirchen）和万讷艾克尔（Wanne-Eickel），在上西里西亚有科尼希斯许特（即霍茹夫）和卡托维兹（Kattowitz）。波兰的罗兹也是一个新镇，正如加泰罗尼亚的工业城镇以及法国的德卡兹维尔（Decazeville）和科芒特里（Commentry）等那些发展于钢铁工厂周围的城镇一样。

一种特别的新镇是度假胜地，它们或在据说有神奇效力的泉水四周，或在有洁净空气和明媚阳光的海岸。这些地区在1815年以前几乎无人知晓，并且大部分直到1850年之后才得以开发。它们把这一切都归于财富的增加和对离开家去放松和休息的渴求——这是它们所尽力去鼓励的。度假是中产阶级的习惯，但下等阶层在"一战"前的若干年也开始光顾这些地方。度假的增长和流行，更多地归于某个重要人物的推荐，而非其本身的价值。国王乔治三世肯定了英格兰南部海岸的布莱顿，王后欧仁妮肯定了法国比斯开海岸的比亚里茨（Biarritz）。从英格兰的巴斯和比利时的斯帕（Spa）到卡尔斯巴德（Karlsbad，今卡罗维发利［Karlovy Vary］）、马林巴德（Marienbad，今玛丽亚温泉市［Mariánské Lázně］），以及巴特伊施尔（Bad Ischl），多个内陆"温泉地"都获得了社会声誉和疗养中心的名声。和工业一样，度假中心是专业化的且有严格的基础，其业务是提供食宿、娱乐和开发客户。

城市规模

城市规模的估算容易出现两种错误：城市构成的不确定性和所有大城市的合法界线间隔性地向外扩张圈入更大面积。在东欧和南欧，许多真正具有城市规模的定居区大体上只有农业功能，它们的大部分建筑由农场建筑组成。这样农业性的"城镇"仍是匈牙利平原的特点。一般而言，它们在本世纪没有增长多少。相反，它们的倾向是失去人口，因为它们的农业人口占领了永久居留地。

在这个世纪，大多数城市得以增长，但按比例算，大城市的增长率比中小规模城市更大。大城市吸纳的人口比例不断增加。比如，布鲁塞尔在该世纪初吸纳了 2% 的比利时人口，但在 1910 年吸纳了 10%。在德国，较大定居区的扩张尤为显著。"首要的"或最大的城市的增长都极为显著。在大多数情况下，它们也是政治首府，并在一定范围内集中了行政功能，这些功能的规模在该世纪有所增长。图 11-21 显示了首要城市的规模，以其所占国家人口的百分比来表示。

城市通常具有这些功能：农业、生产和服务。这些功能间的平衡，不仅因城市而不同，而且在 19 世纪不断变化。虽然所有城市的农业功能都在衰落，但即使在 20 世纪，也极少有城市不残留一些痕迹。在大多数城市，服务功能增加至支配就业结构的程度。图 11-22、11-23 说明了这些功能在图卢兹和斯特拉斯堡城市中的发展趋势。大多数新的工业化城镇将会显示出以制造业为主的就业结构。

城市的社会地理

没有大规模的乡村人口移民，就不可能实现城市人口的增长。19 世纪晚期工业化城市的绝大多数人口出生于其他地方。柏林和德国西北部的工业化城市，大大吸纳了德国东部的乡村人口。马赛和里昂都主要从其山区腹地吸纳人口（图 11-24）。19 世纪初期迁往城市的移民主要来自当地；但随着时间慢慢流逝，各大城市都被迫扩张自己的人口来源范围。图 11-25 显示了在该世纪巴黎是如何扩大其人口来源的范围的。

城市的年龄和性别结构通常是不正常的，几乎很少反映整个

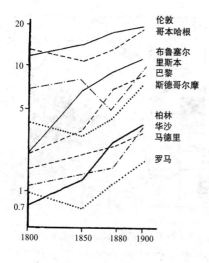

图11-21　1800至1910年各国首要城市的人口占国家人口的比例

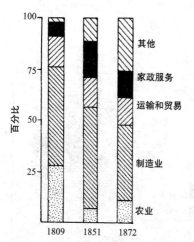

图11-22　1809、1851、1872年图卢兹的就业结构，基于M.-T. Plegat "L'évolution demographique d'une ville français au XIXᵉ siècle: L'exemple de Toulouse," *Annales du Midi* 64 (1952): 227-248

图11-23　1866、1882、1895年斯特拉斯堡的就业结构，基于E. Sayous, "L'evolution de Strasbourg entre les deux guerres (1871-1914)," *Annales:Economies-Sociétés-Civilisations* 6 (1934): 1-19, 122-132

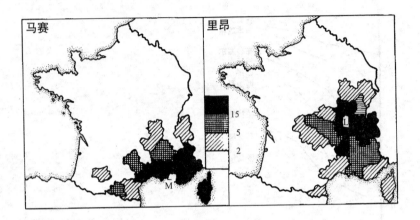

图11-24 人口迁移至马赛和里昂。数字代表各省每千人中的移民数量，根据A. Chatelain, "L'attraction des trois plus grandes agglomerations françaises: Paris−Lyon−Marseille en 1891," *Annales de Démographie Historique* (1975): 27−41

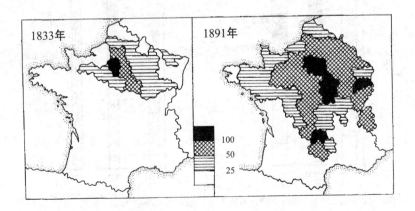

图11-25 1833与1891年来到巴黎的移民来源。数字代表各省每千人当中出生在各省而居住在巴黎的移民数，根据L. Chevalier, *La formation de la population parisienne au XIXe siècle* (Paris, 1950)

国家的典型特征。成年人的移入意味着更年轻的群体较少，而平均寿命较短的现象在城市很普遍，老年人的数量也减少了。性别比例在两方面都是异常的。许多小城镇，如第戎，显示15岁以上的女性过量。这是由于大量女性从周围的乡村地区来到城镇从事家政服务。另一方面，拥有明显重工业特征的城市则显示出男性数量占优势。

城市的死亡率往往比国家平均水平略高，部分是因为城市人口较老，部分是因为公共卫生条件比其他地方差。没有一个大城市能够为移民人口提供充足的住房，其住宅通常太小。这必然使得城市中存在一定程度的密集和拥挤，这有助于传染病的传播。许多19世纪的流行性疾病，如伤寒、肺结核和天花，都通过密切的个人交往传播。与此同时，在19世纪末期之前，大多数城市的卫生设施仍不足。生活垃圾被扔在街上，每隔一段时间才会被运走。在所有地方，厕所的数量都不够，粪便通常被排入污水坑或附近河流。直到1880年，巴黎至少有7万个沟渠，据说只要风向对，其中一个——莫弗孔（Maufaucon）粪坑——的恶臭能覆盖城东大部分地区。其必然的结果是伤寒、痢疾的产生；而且，最重要的是，霍乱是流行性的，它周期性地暴发形成流行病。直到1894年，法国的法律才规定城市须建立污水处理系统。德国的发展要早一些，但南欧许多城市在20世纪初都几乎没有什么规定，巴尔干地区则根本没有这方面的规定。

公共卫生与饮水供应密切相关。19世纪初的欧洲城市不像许多罗马帝国城市那样拥有安全和有保证的饮水供应。人们从城内的水井和城外的清泉中取水，或仅从河流中取水。直到19世纪90

374

年代，汉堡仍从易北河汲取未经过滤的水。这造成了 1892 年的霍乱流行，之后供水系统重建起来。德国绝大多数大城市在 19 世纪末已建立起安全的系统。豪斯曼在重建巴黎部分地区时，计划从遥远的香槟地区的清泉处汲水，但出于成本考虑而不得不在城市附近解决水源问题。挖掘深井的技术直到 19 世纪 40 年代才得以发展，而当时的巴黎是从 1800 英尺深的井中取水，这远在可能感染的水位之下。

在西欧和中欧，直到 1850 年，只有较大城市中的较富有的城区才有了改善的饮水供应。大多数较大的城市在 19 世纪下半叶获得了水管供水，但发展确实极不均衡。发展较快的是在可从充裕供水中获得明显经济利益的地方。例如，在鲁尔，工业需求似乎比生活需求更大，水管早在提供家用之前就被用于降温和灭火。然而，后者也最终受益，至 1913 年鲁尔已经有了一个复杂的、用于储水的鲁尔河水坝系统和供给工业区的管道系统。

对大城市来说，能源来源基本上没有供水重要。安全性和便利性要求某种形式的街道照明；工厂需要动力，一般是煤。后者通过河流和运河驳船运送，从 19 世纪中叶起通过铁路运输，其供应一般没有什么问题。家用的照明和能源供给产生了更大的难题。煤气被证明是最灵活和最便利的媒介。虽然 18 世纪 90 年代已出现气体燃烧装置，但伦敦在 1813 年才成为第一个有气体照明的城市；之后，柏林于 1816 年、巴黎于 19 世纪 20 年代拥有了气体照明。但燃气的使用需要煤的供应和输送气体的金属管道，这是一个耗资巨大的工程，同自来水供应一样仅限于较富裕的城区。

燃气的使用最初扩散得很慢，之后则更迅速。至 1850 年，至少35个德国城市有了燃气供给。至1860年其数量增至250个，在容易接近煤田的地区最多。直到19世纪的最后20年，电才开始取代燃气。电的配送比燃气更容易，但适于公共电力供应的大型发电机直到1880年后才开始建造。柏林第一家大规模的发电机厂建于1884年，巴黎则在1875年开始用电照明。在19世纪80年代，阿尔卑斯山和比利牛斯山可以使用水力发电，但其使用因长途传输困难而受限。

随着城市规模扩大，市内运输越来越重要。19世纪的大部分时间人们都在使用马力牵引，许多城市住宅的后面都藏有马房和马厩。但事实证明在规模不断增长、拥挤的城市中饲养马匹的问题太大，故而人们设计了其他运输工具。首先是马车，之后出现了马拉有轨车，后者在轨道上行驶。公共马车首先在1826年的南特运行，之后不久巴黎和伦敦也提供了"针对所有人的"类似服务。1853至1855年，巴黎拥有了基本的有轨车系统。

当较小的城市安装了马拉有轨车系统时，大城市已逐渐转向电力驱动的有轨电车。柏林是这方面的先驱，主要是因为当地有维尔纳·冯·西门子（Werner von Siemens）的电气工程。其他地方的马拉有轨车也转换为电力驱动，但这在19世纪结束前还不普遍。

铁路几乎未渗透到老旧的市镇中心，只有一些例外，如在伦敦和柏林，铁路成为城内流动的有效手段。但沿城市街道而建，并且往往使用同一轨距的电车轨道，可以被认为是铁路的延伸。伦敦的大都会铁路使用蒸汽动力，但较早转为电力。随后是巴黎地铁，必要时建在地下；之后的伦敦"地下铁"完全建在地下，至少在密集的建筑区如此。最后，由内燃机驱动的巴士开始在 1900 年后不久出现，它一度被证明是解决交通问题的适当措施。

城镇住房几乎未能与大量涌进的人口并进，大城市的拥挤和肮脏程度一直增加，直至 19 世纪晚期。工人阶层的住房在 19 世纪初期和中期是成排的排屋；如英格兰北部和比利时一样，通常是"背靠背"建造。19 世纪末期，经济公寓住宅在中欧大部分地区和西欧部分地区成为主要的工人住房形式。20 世纪初英国贸易委员会对德国的状况所做的调查显示，经济公寓"越来越占主导地位……在一些大城市，这些建筑往往类似于建在小庭院四周的兵营……没有什么景象比工人区中围绕着许多庭院的巨大建筑更令人沮丧……这些仅是一个建造者用于开发昂贵地皮的方法"[1]。这样的公寓逐渐主导着许多大城市，在科尼希斯许特"几乎整个工人阶层的人口……可能……据说都居住在一两间房屋的公寓中"，柏林被描述为"世界上最大的公寓城市之一"。[2]大部分工业住房，尤其是在鲁尔、柏林和上西里西亚，由公司建造，而该公司的工人也居住在这里。它是一种维持工人纪律的手段。最糟糕的无产阶级住房被发现于上西里西亚，它有时无非是建造得最为粗糙的集体宿舍。比利时和法国的公寓更少，但它们是巴黎和里尔重要的住房形式。

---

①　*Report of an Enquiry by the Board of Trade into Working Class Rents, Housing and Retail Prices in the Principal Industrial Towns of the German Empire,* in Parliamentary Papers, London, 1910, 85.

②　Ibid., 354.

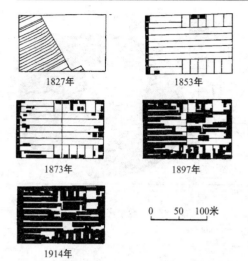

1827年　　　　　1853年

1873年　　　　　1897年

0　　50　　100米

1914年

图11-26　1827至1914年罗兹一个单一城市街区的变化。1827年的示意图代表农业条状地带，根据A. Ginsbert, *Łódź* (Łódź, 1962)

英国率先出现这样的工业贫民窟。城市和工业的增长来得较早，发生在人们了解城市问题的特点，或发现相应问题解决技术之前。在1844至1845年，弗里德里希·恩格斯描述了英国北部快速增长的工业城市中的生活状况。他描绘的是一个极其肮脏、拥挤和潦倒的景象。饮水、卫生和街道清理的缺乏，在小村庄可能不重要，但如果在25万人的密集城市的大部分区域没有这些，则是很严重的问题，如那个时期的曼彻斯特。恩格斯所描绘的状况早已在英国根植了50年，在欧洲大陆的时间甚至更长。图11-26显示的是罗兹的某个城区发生的变化。在不到90年的时间里，它从公耕地的条田发展为四英亩的密集建造了工厂和房屋的地区。

经过一段时间后，这些状况消失了。城市当局采取措施整顿了最糟糕的贫民窟，法律规定了最低生活标准。但也有的情况如

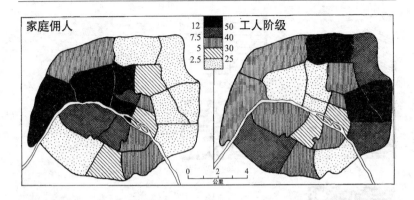

图11-27 1872年巴黎家庭佣人和工人阶级人口的分布。数字代表占总人口的比例，根据 L. Chevalier, *La formation de la population parisienne*

恩格斯所描述的那样，它们一直存在至 19 世纪末。

然而，在所有的大城市，住房质量和生活水平都存在对比。一些城郊地区——传统上位于背风面——具有低密度的住房，并且往往最先有自来水、煤气管和电。其他城郊地区则有高密度的住房，并且没有这些设施。感觉上它们的差异很明显，甚至今天人们仍能从存留的遗迹中判断出住房水平。城市不同的部门，有其他的生活质量衡量标准。如图 11-27 显示的是巴黎家庭佣人和体力劳动者的分布。这两种分布格局是互补的。在伦敦、柏林，实际上在所有大城市，都可以发现相似的格局。

随着城市变得更大，维持食物和其他必需品的供应问题增加了。较老的供应机制变得不足，传统市场不再持续。市场变得专门化，具有永久性，而非周期性和综合性的，其功能是批发而非零售。在巴黎、伦敦和其他地方出现了以下这类市场：卖农产品的列·阿莱（*les Halles*）和考文特花园（Covent Garden），卖鱼的比林格斯盖特（Billingsgate）。尽管农业变得更密集，但除较小的城市外，局部地区都不能被满足，食物必须从遥远的省份，甚至海外获得。至19世纪中叶，磨面、制糖和榨油被建成工厂企业，最常见的是在港口或货物分卸点。这种广泛的供应网络的演进，最终结束了高度城市化地区早期典型的连续性的粮食危机。

378

城市模式

图10-4（见第十章）显示的是快速增长前的城市模式。欧洲大陆超过10万人的城市不足20个。现代工业已发展了近一个世纪的英国有十个这样的城市，但在俄罗斯只有两个，即圣彼得堡和莫斯科。高度城市化的地带从英国北部穿过低地国家延伸至德国西北部。在其他地方，大中型城市分布得更广泛。至20世纪初，密集城市的发展地区在英国和低地国家被强化，并穿过中欧扩展至西里西亚（见第十二章，图12-3）。

法国在某种程度上不在大势所趋的范围之内。巴黎和一些港口及工业城市，其中有里尔、里昂和马赛，增长迅速；但中小城市的增长速度要缓慢得多。这反映了该世纪人口的缓慢增长和低水平的工业发展。在西欧，没有哪个地区能比法国的城市更显著和更深刻地保留了同乡村的联系和手工业传统。

然而，巴黎的城市发展比欧洲大陆任何其他城市都更快，直到19世纪晚期才被柏林超过。巴黎是高度集权的政府所在地，并且是文化、教育和时尚之地，以及大型消费中心。它吸引了消费

379

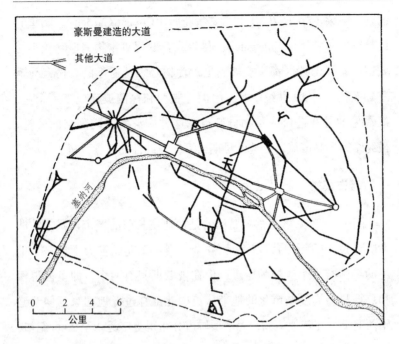

图11-28 1850至1856年豪斯曼重建巴黎，根据D. H. Pinkney, *Napoleon III and the Rebuilding of Paris* (Princeton, N. J., 1958)

品行业。人口通过移民迁入而增长，大约每30年翻一番。这一增长的实现，是以难以置信的肮脏和拥挤为代价的。大部分劳动人口居住在经济公寓住宅，靠近阴暗且恶臭的小巷。巴黎仍是"杂草丛生的中世纪城市"，配备的是完全不合格的污水、垃圾处理和供水等系统，拿破仑三世于1852年提出了重建城市的计划。他的计划大部分归功于伦敦西部新近的发展，经由塞纳省省长豪斯曼的发展和实施，这些规划由一系列交会于大广场的宽阔、笔直的街道组成。其动机不仅是要消除贫民窟，美化城市，而且是要使其受到政府火炮的控制。该计划引起了强烈反对，根本未能实现（图 11-28）。在豪斯曼建筑的洛可可外墙后面，仍坐落着雨果所描述的肮脏的建筑。

低地国家南部始终是高度城市化的。然而，较老的城市几乎很少发生新的工业增长；发生增长的城镇是长成于煤田附近的村庄。在尼德兰，城市的发展很大程度上采取的是阿姆斯特丹、海牙和鹿特丹以及位于它们之间的诸多城市扩张的形式，它们共同组成了所谓的兰斯塔德荷兰（*Randstad Holland*）城市网络或荷兰城市圈。

只有德国的城市发展堪比英国；但即使在德国，城市的发展直到 19 世纪中叶一直都很缓慢。直到 19 世纪 70 年代，柏林仍比巴黎小很多。之后随着 1871 年德意志帝国的形成，其城市发展变得极为迅速（图 11-29）；至 1910 年，大柏林人口已达 3 709 500 人。与此同时，老城衰落；城郊发展得最迅速，越过了 1861 年所建的城市边界并且一直到"一战"后才发生改变。柏林的扩展更像伦敦而非巴黎；它占据了广阔的面积，在城内有效的公共交通系统变得必要。然而，柏林同巴黎一样依赖经济公寓住宅，迅速建起了公寓以满足从东部涌入的人潮的需要。

同德国一样，波兰的城市在 19 世纪晚期有了大规模发展，其标志是华沙和罗兹的迅速扩大。斯堪的纳维亚的城市仍少而小，部分是因为其工业发展主要是乡村式的。俄罗斯的城市发展也缓慢；但圣彼得堡和莫斯科、基辅、基希讷乌（Kishinev）、萨拉托夫（Saratov）这样的地方中心，以及如敖德萨、里加这样的港口城市除外。敖德萨在 1914 年之前已达 25 万人的规模。

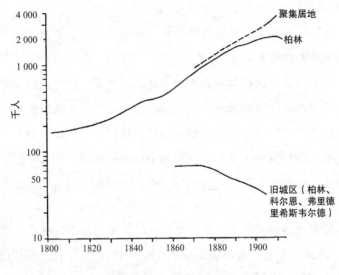

图11-29　大柏林的人口增长

　　哈布斯堡帝国和巴尔干地区的城镇生活不发达，城市仍主要是市场中心。只有维也纳表现出了特别迅速的城市增长，从19世纪早期的不足25万人，发展至1910年的200多万人。这一增长有时被归因于它是大帝国的首都，但在政府工作（包括军队）的人口从未超过10%。其余人口主要从事制造业和商业。适宜边境地区的城市直到19世纪一直保留着其防御设施，在工事的另一边是开阔的空间，以确保宽阔的射程。19世纪50年代，这样的地方即便处于军事敌对中，仍被转为民用。之后它们被一系列纪念性建筑所取代，这些建筑和巴黎的豪斯曼建筑一起跻身19世纪欧洲最好的城市再开发案例之列。

　　波希米亚和摩拉维亚与德国的发展更一致，主要是因为这些

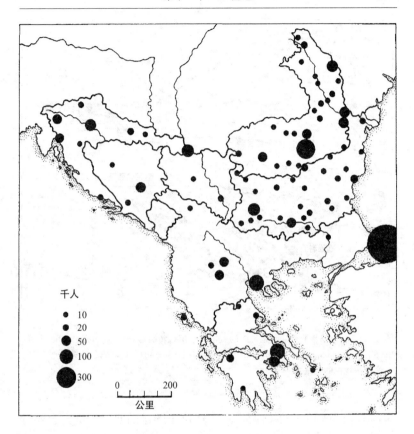

图11-30 约1910年巴尔干半岛的城镇

省份已成为哈布斯堡帝国的工业核心。布拉格仍是地方首府、文化中心和工业中心。其他城市的发展主要采取工业"新"城镇的形式，例如摩拉维亚煤田旁的俄斯特拉发（Ostrava）和波希米亚北部的磨坊小镇。哈布斯堡帝国仅有的另一个大城市是布达佩斯，由1872年之前的两个行政独立的城市——布达和佩斯组成，它们

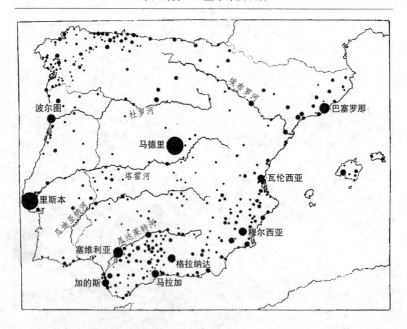

图11-31　约1855年西班牙与葡萄牙的城市和市镇，转引自 T. E.Gumprecht, "Die Stadte-Bevölkerung von Spanien," *Petermanns Mitteilungen* (1856), 303。这可能是最早用比例符号反映城市规模的尝试之一

分别位于宽阔的多瑙河两岸。布达位于陡峭的西岸，仍为主要行政中心；佩斯位于平坦的东岸，成为匈牙利的商业和工业中心。

巴尔干半岛没有显著的城市发展。半岛的大部分地区没有如西欧和中欧萌生那些城市，展销会继续发挥着其他地方首府城市所具有的的功能。唯一的大城市是君士坦丁堡，奥斯曼帝国的首都和重要的商业中心，可能拥有100万居民。随着石油工业的发展，布加勒斯特在19世纪末增长迅速，但其他巴尔干城市仍很小（图11-30）。

伊比利亚半岛和意大利半岛的城市模式，在 19 世纪几乎没有变化。图 11-31 显示的是 1855 年西班牙和葡萄牙的城市。它们的首要特征是明显的：马德里和里斯本的规模至少是它们国家其他城市的两倍。意大利符合古典传统，是高度城市化的（见本书第163 页），但许多城镇——特别是意大利南部和西西里——实际上是完全农业性的。意大利北部缓慢发展，直至 19 世纪的最后 25年，而随着意大利迟来的工业发展，米兰和都灵开始更加迅速地增长。

农　业

欧洲农业地理在 19 世纪发生了至关重要的变化。这些变化可能被概述为食物总生产有了极为可观的增长，主要源于更加密集的土地使用，其次是除一些偏远地区外，地方上结束了自给自足，还有就是国家甚至欧洲大陆范围的食品市场的发展。最后，19 世纪中期见证了摧毁前工业时代欧洲的一系列生计危机的终结。

没有普遍认可的有关 19 世纪初期农业生产的统计，但谷物生产增加了三倍，远大于人口增加的速度；这种说法可能是正确的。即使在 19 世纪初，仍有相当多的纯进口谷物——达总需求的12%——进入西欧和中欧。尽管有更大规模的生产，但在世纪末，进口已大大增加。西欧和中欧从东欧和俄罗斯以及海外获取粮食。人均消费量增加了，用于饲养动物的粮食量更多，并且用于酿造和蒸馏的工业用途引人注目。

除总生产增加外，谷物的相对重要性也发生了变化。小麦的

382

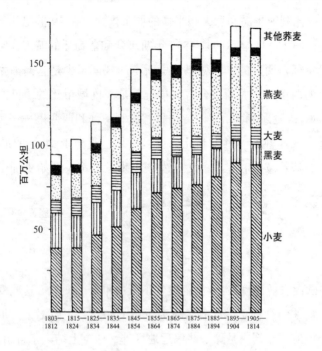

图11-32 法国的谷物生产, 基于 J. C. Toutain, *Le Produit de l'agriculture française de 1700 à 1958*, in *Histoire Quantitative de l'Histoire Economique Française* 2 (1961):16

产量在绝对意义上是增加的; 尤其在法国, 黑麦的产量有了补偿性的下降 (图 11-32)。在德国, 小麦和黑麦等基本谷物的产量增加 (图 11-33)。在瑞典, 小麦的产量在百分比上比黑麦增加得快 (图 11-34)。一般来说, 主要用于动物饲养和麦芽制造的粗粮的种植, 没有基本谷物增加得多 (图 11-35)。

休耕逐渐消失 (见本书第 391 页), 为其他农作物, 主要是人工草料和根茎类作物的种植提供了更多空间。另外, 土豆和甜菜

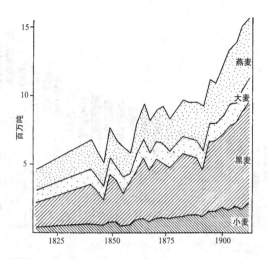

图11-33 普鲁士谷类产量的增加，基于 H. W. Finck von Finckenstein, *Die Entwicklung der Landwirtschaft in Preussen und Deutschland, 1800–1903* (Würzburg, 1960)

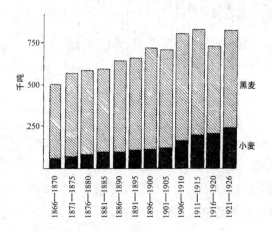

图11-34 1866至1926年瑞典的黑麦和小麦产量增加，根据H. Oswald, *Swedish Agriculture* (Uppsala, 1952)

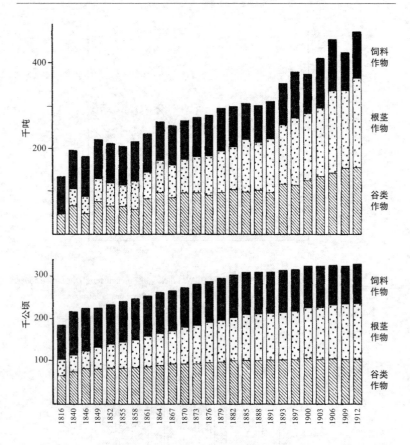

图11-35　普鲁士的土地利用和农业产量, 基于 Finck von Finckenstein, *Die Entwicklung der Landwirtschaft*, 329

日益重要。1815 年以前土豆的使用很有限，主要被当作园艺作物种植。但它的食品价值和高产量，使其吸引力增加。它成为爱尔兰的重要作物；自 19 世纪中叶起，又成为斯堪的纳维亚和中欧、东欧的重要作物。在那些广泛种植区域，它在缓解饥荒危机和促进入口增长方面发挥了重要作用。至 20 世纪初，西欧和斯堪的纳维亚的土豆种植面积明显超过了小麦。

甜菜在某种程度上取代了土豆，但其种植更具地方性。因为它需要大型的加工厂提取糖，所以往往被大规模种植或根本没有种植。在拿破仑战争期间，蔗糖的进口减少，人们开始栽培甜菜。之后又停止了栽培，直到 19 世纪 20 年代才恢复；甜菜先被种植于法国北部，而后于比利时、德国、波希米亚、波兰和俄罗斯。在德国，人们特别强调种植根茎类作物，几乎不种植绿色草料。根茎类作物“依次成为关键作物”。它们需要多施肥，其受欢迎的原因可能在于同时代化肥工业的发展。

农业结构

19 世纪农业生产大增长的关键在于农耕结构和技术的变化。19 世纪，封建土地所有制模式迅速催生了其他更有效的模式。任何有关农民与土地关系的讨论，因土地所有与使用之间的混乱而不明了。农民使用和耕种土地，但只有在例外的情况下——大革命后的法国、土耳其人被驱逐后的塞尔维亚、1864 年后的波兰——才能实际拥有土地。德国东部或波兰的权贵拥有大庄园，但其直接使用和耕种的土地只占很少一部分。大多数农民通过交租或服役而持有土地，大多数庄园被分成小单元由农民耕种。

欧洲东部、东南部和南部外围地区的特点是民众拥有和开发庄园；也就是说，民众是在外的地主，对土地和佃户的增加没有什么兴趣。但这并不完全正确。首先，面积达数千英亩、真正的大庄园数量很小（见本书第 330 页）。大多数庄园不足 1000 英亩，即使在德国东部和西班牙南部这样的地区，达到这个面积的土地明显不足一半。大庄园（超过 250 英亩）占波兰土地的比例更大——约 59%。即使在匈牙利，通常认为那里是大庄园的天下，但在 19 世纪有三分之一的土地被分成不足 40 英亩的小块土地租种，少于 40% 的土地是超过 140 英亩的佃户租种地。没有可获得的有关 19 世纪西班牙地产规模的统计数据，但在 1930 年，超过 250 英亩的庄园不到其总面积的一半。

所有大庄园的一大部分是由树林和荒地组成的。其面积各有不同；在森林覆盖的德国东部土地上，树林和荒地的面积可能是最大的。有许多这样的土地故意被保留了狩猎的用途，有少许被用于开发林木资源，另有一部分是贫瘠的土地。

大部分庄园的一部分仍由领主掌控，其以此为生，用于自己的直接需要。而其余的农业用地被租种。其土地的使用条件不同，但使用人通常都负有义务。它们在 19 世纪初仍包括在领主土地上的劳役，或出钱代偿劳役。农民有充足的理由抱怨其个人的状况和他服役或交纳租金的义务。因为这些往往是过量的，且源于早期领主与属民的封建关系。他可能没少抱怨所租种土地的规模，在以庄园为特征的大部分地区，这样的土地往往面积极小。这一般为政府所认可，即便尝试改变土地规模也是徒劳的，因为土地通常由地主本人所掌控，面对变化，他们有足够的筹码。

土地改革包括农民地位和个人义务的变化以及其农场规模的扩大，这是贯穿 19 世纪的一个重要的政治和社会问题。其所需要的是使农民获得更多土地，或作为永久业权，或通过支付合理的、具有安全使用保障的租金而获得。撇开政治上对这一改革的反对，有一个重要的法律事实，即德意志东部、匈牙利和西班牙的大多数庄园与其他地方的一些庄园的继承都是被限定的。通过采取法律措施打破限定继承，此种做法在19世纪初被德意志东部和西班牙所采用。领主可以提供部分地产用于出售，且无端地期望它会被渴望土地的农民抢购一空。实际却不会。尤其是在西班牙，许多进入市场的土地被城市资本家购买，农民发现自己不情愿地被更换了主人，并认识到新主人是一个更不道德的地主。结果是，这方面的土地改革在19世纪的发展相对缓慢。

尝试处理其他问题——个人地位和义务——的努力，也仅取得了有限的成功。领主原本有权向占有和耕种其土地的农民收取劳役和租金——通常很随意——现在他要求对放弃这些权利进行赔偿。普鲁士和西班牙在19世纪早期的改革中所发生的是，农民通过放弃部分租赁来赎买义务。小农场仍较小，因此最贫穷的农民挤在极小的土地上，被迫加入无地的临时工行列。大部分来自德意志东部的移民就出自这个阶层（见本章"人口"部分）。

除庄园之外，土地的租赁使用方式有四种。第一种，农民可能对其土地享有全权，可任意处置。他拥有土地，不用付租金或履行劳役，可以在一定范围内将其改善并传给其继承人。然而，他并不是完全不负有义务。他要缴税，且可能负担什一税。他受制于习俗，通常不得不遵守地方耕作和收成制度。他经常受限于遗赠土地的方式。尽管一般实施的是长子继承制——由第一个出生的儿子继承，但在欧洲部分地区，直接继承人之间的划分或依照习俗，或按法律要求。例如，在德意志西南部，佃户租种的土地是"可以分割的"，逐渐被细致地划分。同样的习俗也盛行于大

388 革命前的法国，并通过《拿破仑法典》推行至整个国家。遗嘱的条规以各种方式被规避，但尽管如此，分割继承的惯例趋于缩减农民租种土地的规模。

租赁土地使用权形成了另一种租赁。农民在协定租期内保有土地并交纳固定的租金。虽然这样的土地使用模式在英国最普遍，但也可见于欧洲所有地区。随着封建义务逐渐被摒弃，它们往往被某种形式的租赁安排所取代。有各种各样的土地使用权。租约可能是短期的，只有若干年；或长期的，长达99年；或也可能是某些特定的人终身使用——这是一种盛行于英格兰的投机。这些租约本身可能包含着有关收成和改良的限制。短期租约通常阻碍佃户在土地上做任何投资，即使是长期租约，对农民来说也比自由持有更不利。

第三种形式的租赁使用——分成制，是一种特殊的租赁。佃户使用土地若干年，领主不仅提供土地，而且往往提供农耕用的牲畜和工具，领主收到的租金是约定的一部分收成，通常是一半。这种制度遍及法国，在意大利大部分地区也很普遍，但在其他地方几乎不为人知。虽然人们谴责它阻碍了农业进步，但它有使无产农民自己耕种的优势，并且在歉收时一定程度上可以保护农民，因为农民的租金对应于收成，会有所减少。

此外，另一种唯一的租赁形式是租赁公共用地。这在法律上是最不正规的租赁土地的方式之一。它往往限于林地、牧场，偶尔还有草地。在许多情况下，其最终所有权从未被定义。虽然社区对公地有使用权，但社区的界线通常是模糊的。在英格兰，当公地逐渐在各声称者之间被划分时，在公耕地中没有任何土地的贫穷佃农往往未能分得一份。在波兰，公共林地的所有权最终归属于领主，他在农民拥有所租种的土地之后保留了其权利。在所有地方，公共资源对社区来说都是必要的，为之提供了饲养绵羊、猪和山羊的方式，以及建筑和取暖所用的木材。但因未定义所有权，公共资源也是一个争端多发的来源。

对农民来说，比他租赁土地的合法权利更重要的是任其随意耕种的土地规模。在所有地方都有各类土地耕种者，从无地的农民、仅有一个园圃的农舍居住者，到曾以最优惠的方式租种领主土地的佃户等。家族土地的规模因土壤、地形和气候条件而不同，但如果认为30英亩土地才足够的话，那么仅有小部分的欧洲农民有足够的土地维持生计，并且所有地方都有无地农民阶层在其富有的邻居的土地上寻找临时工的工作。

在英国，大部分土地由相对少数的贵族和士绅拥有。不管英国人可能有多么不喜欢这个观点——他们的土地同普鲁士和南西班牙一样是"大庄园"制的，但必须要承认的是，它们需要更娴熟的技能、花费更多心思来进行管理和耕种。这些土地往往被大片地租赁或"农场"化，这反过来需要雇用劳力来耕种。当"农民阶级"这个术语在欧洲大陆大部分地区为人所知时，它在事实上却并不存在。这是一个有效的土地租赁模式，具有重要意义，它逐渐满足大量的城市和工业人口的需要。只有在爱尔兰和苏格兰的部分地区，人们才能找到农民阶级，他们在残酷的土地占有环境下，挣扎在温饱线上。

相反，法国是一个农民国家。农民阶级在大革命时期占有了耕种的土地，但在王朝复辟之后他们又失去了大部分土地。因拥有的土地的平均值太小，法国农民出名的占有欲在几乎很少有人不需要额外占有公耕地条田的程度上是合理的。1826 年，90% 的法国农民人均拥有的土地不足 6.5 英亩；在整个 19 世纪，大多数人租种的土地太小，无法进行有效管理。

比利时的情况更糟。西博姆·朗特里（Seebohm Rowntree）记述说，"其租种土地的平均规模比欧洲任何国家都小"，在这个分割继承的土地上，"土地的平均规模稳定且持续地趋于进一步缩减"[①]。约 1880 年，不少于 55% 的农场土地可能无法提供充分就业或支撑家庭生计，仅仅成为家庭工艺甚或工厂就业的补充。

虽然德国存在明显的地区差异，但在其所有地方都可以发现极大和极小的农场。小农场在德国南部占优势；大农场主要集中于易北河东岸；东北部则兼有大小农场（见表 11-6）。在 1864 年之后，波兰兼有小型和中等规模的租种土地，其中也夹杂着曾努力保留农民公民权的小地产（见表 11-7）。哈布斯堡帝国的土地类型也极为广泛，从波希米亚、匈牙利的大土地，到奥地利的加利西亚和斯洛伐克、特兰西瓦尼亚的微型租种土地不等。

表11-6　1907年德意志以庄园形式被持有的土地（%）

公顷	普鲁士和梅克伦堡	德意志其他地方	全德意志
0—5	8.7	21.0	16.2
5—20	21.3	41.0	33.4

[①] *Land and Labour: Lessons from Belgium* (London, 1911), 179–180.

续前表

公顷	普鲁士和梅克伦堡	德意志其他地方	全德意志
20—100	29.5	29.9	29.8
超过100	40.5	8.1	20.6

表11-7 1892年波兰的农场规模（英亩）

	低于 12.5	12.5— 50	50—125	125— 250	超过250
农场所占百分比	38.85	52.77	7.02	0.34	1.02
面积所占百分比	5.96	25.43	8.0	1.81	58.8

农民的生活是矛盾的。在物质上，落后的巴尔干地区的农民往往比西部农民富有。因为土耳其的地主在19世纪早期从西伯利亚、晚些时候从保加利亚被驱逐出来，农民用极少的钱补偿地主，以此征占了土地。塞尔维亚和保加利亚，在较小程度上，还有黑山和希腊，成为农民小业主的国度。但罗马尼亚以及波斯尼亚和黑塞哥维那是例外。尽管处于土耳其帝国的统治下，罗马尼亚的土地仍为当地的贵族所持有；他们非但没有卷入19世纪的自由化大潮，反而充分地加强控制和征收劳工所得。农民受奴役的状况直到1864年才被废除，其土地改革来得晚且普遍无效。而波斯尼亚和黑塞哥维那在某些方面是相似的。当地的贵族们在被土耳其人征服后，以改宗伊斯兰教为代价保住了他们的地产。当奥斯曼帝国当局撤退后，他们作为斯拉夫人，并未失去他们的土地，他们的农民获益极少。

西班牙和意大利半岛的情况极为不同。在西班牙，农民社会在北方山区得以发展；而西班牙的加利西亚和奥地利的加利西亚一样，因极小的佃户租种的土地而臭名昭著。另一方面，梅塞塔高原的北部和西班牙东南部主要保留的是中等规模的农场，而西南部的特征大体上是雇用劳工工作的大庄园。地中海沿岸可以灌溉的果园（*huertas*）大都由小农经营的农场耕种。总体说来，西班牙将近三分之一的佃户租种的土地面积不足 12.5 英亩，而还有三分之一的土地则属于超过 650 英亩的庄园。极小的土地和极大的庄园之间的两极分化在西班牙是典型的，这可以解释其历史上的冲突和暴力。

在意大利，大地产在南部占主导；北部则相反，盛行中小规模的土地，大地产只存在于复垦地区，如波河三角洲，因为农民缺少投资的途径。在斯堪的纳维亚，农场土地的平均面积比欧洲其他地区更大。其土壤不能用于密集耕种，土地上的人口压力更小。例如在丹麦，20 世纪初只有 10% 的农场面积不足 25 英亩；在瑞典和斯堪的纳维亚其他地区，农场通常更大。

农业技术

土地占有制度和盛行的小规模农场土地遏制了农业进步。尽管如此，农业所取得的进步却足以使整个欧洲大陆的粮食总产量增加三倍。这主要是因为技术进步所取得的成果。这些进步可被归纳为：（1）农田制度的变化；（2）新收割制度的引入；（3）混合耕作的采用；（4）经过改进的工具和设备的使用。

19 世纪初，欧洲可以被划分为两个区域：开放式农业区和封闭式农业区。在开放式农业区，仍盛行的惯例是种植两种谷物和允许土地休耕。尽管遭到所有农学家谴责，制约因素仍使得这一制度得以保留，对此本书已有讨论（见本书第322—323页）。尽管如此，制度仍悄悄发生了变化。休耕地开始被耕种，每个耕种者分散的地块至少开始被合并为更少且更宽的地块。公耕制一统天下的局面开始削弱。

同其他许多方面一样，这方面的进步首先由低地国家和英国取得。至1866年，荒秃的休耕地在英格兰缩减至耕地的3%，在威尔士缩减至5%。至1911年，这两个地区的休耕地几乎消失。休耕地在低地国家不太重要，但在法国仍很重要，约1850年，法国五分之一的耕地是荒秃的休耕地，至1882年仍有七分之一是休耕地。休耕地最快从法国北方优质的土地上消失，而在西部的丘陵和中部的山区消失得最慢。1889年，法国闲置放牧场的习惯（*Vaine Pâture*）被废弃，在收割后的庄稼地上饲养动物是违法的；至19世纪末，休耕放牧的权利已不再是保留休耕地的理由。中欧和东欧的进步比西欧更缓慢，但即使是在这些地区，至20世纪初也几乎没有土地被固定用于休耕。

休耕放牧和闲置放牧场已是公耕制的基础。它们的衰败使不同条状土地变得集中和封闭，并引入了更多样的轮作。最重要的是饲养作物的种植取代了休耕。如紫花苜蓿和三叶草这样的作物，通过对氮的固定直接有助于土壤；至19世纪末，根茎作物种植一直伴随着化肥的广泛使用；还有，所有这样的农作物通过饲养大量的动物，增加了肥料的供给。

条块地块被慢慢地合并。它遭到太多既得利益者的反对；成片的土地一旦被合并到一起，分割继承的做法似乎就具有了划分土地的影响。爱弥尔·左拉的小说《土地》（*Terre*）讲的是 19 世纪中期博斯地区的农民生活，描述了一个农民租种的土地在继承人之间的划分。这个农民认为每块土地不论多么小都应被分割，每个共同继承人要"确保没人可以拿到其他两个人未得到的遗产"[①]。在英国，圈围公耕地的运动开始较早。至 19 世纪中期，公耕地几乎消失。1781 年，丹麦引入了允许个别农民合并土地的法律，这一步必然影响到社区中的其他所有人（图 11-36）。瑞典和挪威紧随其后，至 19 世纪中叶公耕地已几乎不见于整个斯堪的纳维亚。

德国在 1848 年之前没有什么进步。在一些地区，尤其是西南部，土地分块是违背人类智慧的，这里往往可能只存在有限的合并。在瑞士的一些地区，土地分块也是极端的。1884 年，其联邦政府提供财政帮助重塑社区的土地，但直到 1914 年也未取得大的进步。在东欧，条状土地合并被看作土地改革的一部分，此一任务直至 1918 年以后才得以实现，但那时还不完善。巴尔干地区的趋势则通常是加大土地分割。公共村庄（*zadruge*）和土耳其人所拥有的军功世袭村庄（*chiflik*）瓦解，分裂为大量的地块。其中一个例证是，7 英亩的土地被分裂为 122 个独立的地块。整个波兰、罗马尼亚和俄罗斯地区，在引入更合理的田地制度方面根本没有任何进展。

农民所使用的工具自中世纪以来几乎没有变化。直到 19 世纪晚期也没有任何重大的发展。传统的犁仍在继续使用（图 11-

[①] *Earth,* New English Library ed. (London, 1962), 21–22.

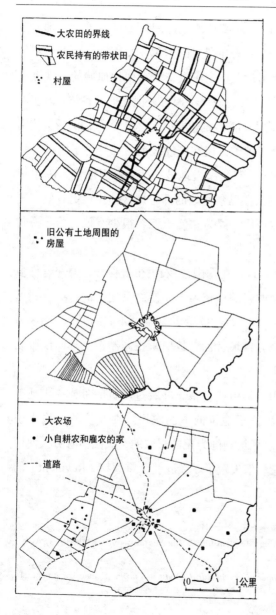

图11-36 丹麦的圈地。地图分别展现了1769（上）、1805（中）、1893年（下）的情况。根据H. Thorpe, "The Influence of Enclosure on the Formand Pattern of Rural Settlementin Denmark," *Institute of British Geographers: Transactionsand Papers* 17 (1951): 11-29

37）。在北美，"冰冷的"钢犁"划破了平原"，但在欧洲大部分地区，使用最多的是有金属头和犁刀的木犁。在南欧，轻古典犁的衍生工具仍在普遍使用；在整个东欧，流行使用原始的、铁锹式样的索卡[①]。播种是广撒的，农民"握着大把大把的谷粒，以庄严的姿势撒遍土地，作为人们赠予的祝福"[②]。有时，人们随后会使用耙敲破地上的土块掩埋种子，但在掩埋之前，部分种子已被鸟啄食。镰刀仍被用于收割，只是缓慢地被长柄大镰刀取代。19世纪70年代，镰刀几乎仍只在巴黎盆地的部分地区使用；更有效、更经济的长柄大镰刀被排斥，因为它使拾穗者很少有穗可拾。换句话说，它浪费掉的东西极少。

　　一个美国调查团发现，在德国，"农民十分保守，遵守着许多古老的、不因时间而改善的风俗习惯。使之采用新的、更有利可图的做法是极困难的"[③]。这些更好的措施需要不同的工具，但因为这些工具的制造大都是区域性的，故引入铁匠制造工具同说服农民使用工具一样困难。

395　　新方法由上层引入，由读过杂志并看过展览的贵族在土地上实施，再缓慢向下渗透至地位低下的农民。在左拉的劝谕小说《土地》中，富有的农民被刻画为积极进取的，试图引着穷人使用更优质的种子和化肥，但失败了。在波兰，雷蒙特（Reymont）的

---

　　① *sokha*，一种轻型木质犁。——译者
　　② W. Reymont, *Chłopi*; English trans.: *The Peasants* (New York, 1938), Vol. 1, Autumn, 7.
　　③ *Agricultural Cooperation and Rural Credit in Europe*, Senate Document 214, 63rd Congress, 1913, 270.

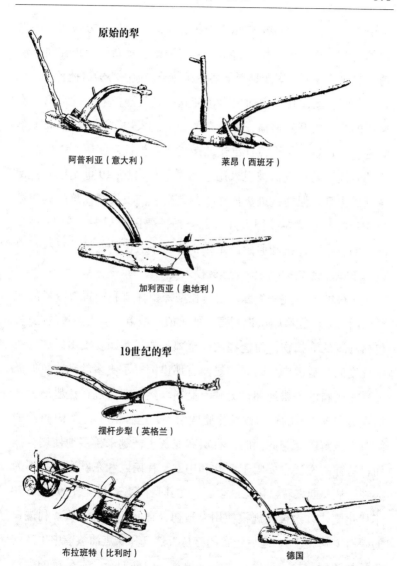

原始的犁

阿普利亚（意大利）　　　莱昂（西班牙）

加利西亚（奥地利）

19世纪的犁

摆杆步犁（英格兰）

布拉班特（比利时）　　　德国

图11-37　19世纪使用的犁的种类

小说《农民》(*Chłopi*) 展示了农民在土地上劳作的方式与其中世纪的先辈一样；但即使在这里，也有证据显示新思想正在向下渗透。当地的教士从华沙收到了某种新种子，他决心尝试播种。

在西北欧，其他方面发生了变化。在英国，上一世纪第一次使用的播种机开始传播；更复杂的耙被引入用于破土；堆放干草的谷仓、打谷机、更轻且更快的运货车都被投入使用。该世纪稍后的时期，马拉机器被引入用于切干草和收割；19 世纪中叶，钢犁开始出现。但这些进步依赖于制造行业的发展。在英国这些进步相对容易，但在欧洲大陆大部分地区要困难得多。在"一战"前夕的波兰，连枷和原始的木犁仍盛行于农民的农场。只有在贵族的庄园，更先进的设备才已被投入使用。

肥料供应一直是关键，它是长期保留休耕和闲置放牧场的主要原因。农民凭经验认识到肥料的价值。城市产生了大量的肥料，包括马厩的清扫物，而这些被运至郊县的果蔬园。围田区域有一定程度的肥料供应，因为一般而言那里饲养了更多的动物；但需要最多肥料的公耕地却极为缺乏肥料。然而，通过在休耕地上增加豆类和人工草的种植以及化肥的引入，这种情况随着 19 世纪的结束而被解除。与此同时，石灰和泥灰土被越来越多地使用。然而，这样的发展主要限于西欧和中欧，在南欧和东欧则几乎不为人知。从长期来看，化肥最重要，尤其是在德意志，到 19 世纪 70 年代化肥才首次被大规模使用。最初，它们主要包含从智利进口的硝石（硝酸钾），之后包含的是从天然气和煤焦油蒸馏中生产的硫酸盐和硝酸盐，最后是由来自德意志中部的新开发矿坑的天然盐和钢厂的碱性炉渣构成。化肥被最大程度利用的是英国、低地

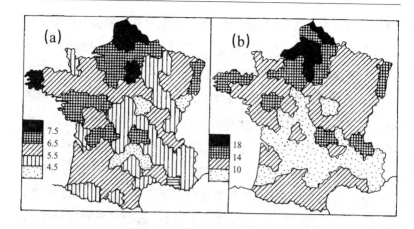

图11-38　(a) 产出率和 (b) 法国小麦每英亩收获的公担数，约1840年。根据M. Morineau, "Ya-t-il eu une révolution agricole en France au XVIIIe siècle?," *Revue Historique* 239 (1968): 299–326

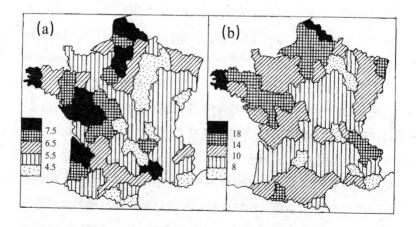

图11-39　(a) 产出率和 (b) 法国黑麦每英亩收获的公担数，约1840年。根据M. Morineau, "Ya-t-il eu une révolution agricole?"

国家和德意志。法国使用极少，南欧和东欧几乎没有。据称，谷物生产的最大增长，在很大程度上是向土壤中增加氮的结果。

　　公耕制的缓慢衰落和填闲作物的引进，为根本不同的轮作系统铺平了道路，更加适应了土壤的质量或市场的需求。在围田区域，经过一两年收成后，使田地长满草，一段时间内被留作"牧场"，这早已成为惯例。在德意志北部的梅克伦堡，《孤立国》（*The Isolated State*）的作者冯·杜能（von Thünen）耕作着他的特洛庄园，持续九年、多变的轮作被引入他的新型围田。每到一处，有进取心的农民都在混合种植谷类、豆类、根块类作物以及青草，尝试为其土壤找到最好的农作物轮作，从而为自己寻找最大的利益。

　　所有这些变化，尽管许多都很微小，却意味着农业总生产量的巨大增长。产出率，这一最有意义的农业增长标准显示，当时比之前几个世纪只有小幅提高。各地区的差别很大。在法国，约1840年，最高的收益率是最低收益率的两倍以上（图11-38、11-39）。19世纪产出率的增加有助于解释谷物生产的增加。德国的产出率最初比法国的低，但在19世纪末，随着对化肥使用的不断增加，其产出率也急剧增长。整个东欧和东南欧的收益率仍很低，这里极少有技术革新，也不使用化肥。

　　19世纪农业发展的重要特征是动物养殖的重要性增加了。田地的圈围有助于人们更好地维护和更仔细地饲养。根茎类作物和饲料产量的增加提高了饲养质量，而这伴随着动物饲养的平衡变化。对养羊来说，休耕地牧场一直很重要，此时饲养量下降了。奶牛和肉牛随着奶和肉的需求增加而变得更重要。西欧大部分地区在一定程度上成为混合农业区；在那些尤其适于种植草料和饲料的地区，人们更倾向于奶牛的养殖和牛奶、黄油、奶酪的生产。这些地区包括了英格兰、诺曼底和尼德兰的大部分黏土地。在丹 397麦，真正的种植业革命把一个之前主要生产三耕制谷物的国家，轻变为专门生产奶产品和培根的生产商。在瑞士，奶牛数量急剧增长；意大利北部的波河沿岸牧场，成为帕尔玛奶酪和戈尔贡佐拉（Gorgonzola）奶酪的生产地。大多数变化发生于19世纪晚期通往城市的便利交通得以发展之后。概括地说，在最便利的地区出售的是液体的奶；在较偏远的地区则专门提供黄油和奶酪。

　　猪以前是半野生的树林生物，此后猪的饲养开始转至乳制品生产国，以消耗这里的黄油及奶酪的副产品。马仍是重要的役畜，往往在诸多用途上取代了行动缓慢的牛。动物养殖的不断专业化导致了季节性迁移放牧的衰落。在西班牙梅塞塔高原，羊的季节性迁移（见本书第333页）正在消失。羊和牛虽仍在夏初迁至"阿尔卑斯山"，但它们的数量变少了，甚至因乘火车旅行而为人所知。

制造业

　　当拿破仑战争结束时，英国已成为工业强国。一个世纪的革新已改变了其纺织业和金属行业的技术。蒸汽机被越来越多地用于电力工厂和采矿中。世界大部分煤炭生产（多达五分之四）在英国，同时，稍小部分的全世界铁的生产（可能有一半）也在这里冶炼。欧洲大部分的棉纺锭在兰开夏，都集中于大型机械动力 398

厂。所有地方的传统工艺产业都在退出历史舞台。

欧洲大陆几乎还未采用这一产业技术。尽管英国有法律阻止机器出口和技工移民，但新技术知识仍通过这样或那样的方式进入大陆。只是，后者对此毫无准备。对革新的抵制，加上缺乏科学态度，使得大陆的企业家难以效仿英国同行。相关方案可以很容易获得。一个目击者在 1825 年的议会委员会前声称，列日的科克里尔"从一个拥有英国所有机械图纸的英格兰人"[1]那里获得了工程师的图纸。但难题是如何找到技工和机械工具来实施这些方案。尽管如此，较之英国正在上演的工业革命，拿破仑时期为欧洲大陆的工业革命做好了准备。法国人一扫"束缚经济发展⋯⋯久负盛名机构的枯枝朽木"[2]——行规、税费和贸易限制。

滑铁卢战役后的半个世纪对欧洲大部分地区来说是一个异常和平、生产增长和有效需求日益增长的时期，尤其是在乡村和农业领域。这反映在对英国革新技术的采用上——反对技术出口的法律在 1846 年被废除；并且至少在西欧，约 1850 年之后出现了生产的迅速增长。

工厂体系

原始工业在 19 世纪缓慢衰落。在一些地区它被工厂工业取代。

---

　　[1]　*Report from the Select Committee on the Laws relating to the Export of Tools and Machinery,* Parliamentary Papers, 1825, V, 115−166, 149.

　　[2]　F. Crouzet, "Western Europe and Great Britain: Catching up in the First Half of the Nineteenth Century," in *Economic Development in the Long Run,* ed. A. J. Youngson (London, 1972), 99.

更多情况下则是随着年轻男性的迁移和在工作岗位上的其他人的衰老，原始工业越来越不景气。在衰落的原始工业中，最后的从业者往往是年老的女性，她们仍在制作蕾丝或转动织袜机的手柄。原始工业对以后工业增长的贡献在于企业家的系统管理，在某些情况下则是积累财富以投资工厂发展。原始工业之所以在工厂生产主导的年代中长期存在，有许多原因，比如资本的缺乏和阻碍变化的机构、心理障碍。但最重要的是因为工厂体系的存在，它提供了一个替代机械动力工厂产业的可行方法。许多手工业无法被机械化，比如专业的木工行业。而其他一些手工业只供应地方市场，无法利用工厂所提供的规模经济，还有一些手工的存在是因为它们是农业的补充。

手工工人同机器进行了一场失败的斗争。他们受到只打算以最低价格购买其产品的商人资本家的支配，在经济萧条时期，他们根本没有任何收入。1848年，法国社会学家奥迪甘（A. Audiganne）写到家庭工人"极其匮乏和极度痛苦"，并补充说工厂的工作时间和工作环境比"在家庭中自由工作的那些人"[①]的好。该体系在纺织行业的附属部门，如蕾丝制作和刺绣以及像钉子之类的小金属商品生产中存在的时间最久。

工业革命的实质是把机械动力应用于生产过程中。工厂是必然结果，因为为了具有经济效益，动力必须以大的单位进行输出。尽管如此，车间和工厂之间的界限仍很难划分。在一些最早期的工厂中，生产过程是完全手工的，工厂的建造仅是为有纪律的协

---

① *De l'organisation du travail* (Paris, 1848), 66–67.

作劳动提供了一个场所。1815年后，英国制造的蒸汽机开始用于欧洲大陆的作坊中。不久，蒸汽机首先被瑟兰（Seraing）的科克里尔在列日附近制造，之后在柏林、汉诺威和鲁尔。蒸汽机被改装以适用于炼铁和轧钢厂，以及其他生产部门的许多不同用途。

至19世纪下半叶，工业增长主要是在纺织业和钢铁业中。生活标准的提高带来服装需求的增加，交通和其他社会营运费用的发展则必然要求大量的钢铁。直到19世纪的下半叶或最后三分之一的时间里，工厂制造的范围才扩展至化工品、玻璃、瓷器、纸张和消费品领域，尽管这些产品早已被小规模地制造。

伴随着从家庭生产到工厂生产的转变，地理位置发生了变化。在英国，主要生产部门已转向煤田。欧洲大陆的工厂很晚才发展起来。水力资源更充足了；在蒸汽动力的使用变得必要时，已有的铁路系统便把燃料带入工厂。在任何情况下，重要的纺织行业都没有因为对燃料的需要而位于煤田附近。在大多数情况下，从水力到蒸汽动力有一个逐渐转变的过程。然而，钢铁行业不是这样。至少在19世纪最后三分之一的时间之前，煤田令人无法抗拒。钢铁产业的燃料消耗巨大，并且至少部分矿石供给是在煤系中发现的。

19世纪下半叶，制造业技术和结构的变化带来了一定程度的位置迁移。不同的原材料来源决定了新位置；大港口成为工业中心，进行来料加工；使用煤的更大规模的经济体使一些产业，尤其是冶铁业，被建立在煤田之外的地方。最后，无论是在大的消费中心——大城市，还是在使用其产品的其他制造行业，生产的增长幅度都为市场所吸引。因此，在19世纪下半叶，每个大城市和每个重要工业区都在吸引着新的生产模式，以至于几乎没有哪个生产行业不在大伦敦，或巴黎，或柏林，或法国北部的工业区、下莱茵兰地区，或萨克森占有一席之地。

纺织行业

毛织品生产在欧洲大部分地区是家庭工业，但其商业生产在19世纪早期集中于若干限定地区。其中最重要的是英格兰的羊毛产地：东安格利亚和西部乡村。但至19世纪末，约克郡几乎垄断了英国的羊毛工业。羊毛工业分散在一些城镇中，利兹是其商业中心，但个别城镇也发展了欧洲其他地区所未有的狭窄的专门化生产。精纺毛料的织造与羊毛的劣质织造区分开。该工业位于或紧邻着煤田，即使在铁路时代之前，它也能通过运河和河流与港口相连。

其他地区的羊毛工业没有像西约克郡那样集中。在法国，19世纪初的羊毛工业在北部地区和诺曼底、香槟及朗格多克的城乡是很重要的。大多数地区没有特别的优势，并且它们的传统手工业在缓慢衰落。只有鲁昂附近的塞恩河谷沿线、兰斯和色当地区，最重要的是里尔地区，还留存着传统手工工业。

低地国家的纺织业留存于韦尔维耶，并穿过德国边界蔓延至亚琛和艾费尔高原的丘陵地区。随着家庭工业的衰落，布料生产集中于该地区的小城镇，并从这个地区蔓延至下莱茵兰和萨克森的矿山地区。大柏林在19世纪成为一个较大的布业中心，但因面对来自萨克森和下莱茵兰的竞争而衰落了。萨克森矿山地区的城镇在地理位置和物质资源上与韦尔维耶、亚琛十分相似，故它们在19世纪成为德国重要的羊毛纺织业中心。

在波兰和俄罗斯，试图发展纺织业的努力收效甚微，罗兹除外；且这里的棉花种植胜于布料的生产（见本书第404页）。在俄罗斯，建立在作坊工厂基础上的毛纺织业已在前一个世纪建立于沃罗涅日（Voronezh）、喀山和俄罗斯西部的斯摩棱斯克。虽然它经过了一个世纪的发展，在组织和设备方面仍远远落后于中欧的纺织业。事实上，这里的手摇纺织机使用的时间比欧洲几乎所有的地方都要长。另一方面，在波希米亚和摩拉维亚，受到来自西部的企业家和哈布斯堡帝国广阔市场的推动，纺织业的发展迅速。19世纪早期，水力带动的小工厂和作坊蓬勃发展。大多数位置更有利的工厂转为使用蒸汽动力，布尔诺、利贝雷茨（Liberec）和伊赫拉瓦在19世纪结束前成为纺织工业中心。

毛织业在南欧根本没有取得任何重要地位。19世纪，建立在工厂基础上的布业发展于加泰罗尼亚、巴塞罗那腹地和意大利北部的阿尔卑斯山麓地带。粗布在巴尔干地区的农舍制作，并在奥斯曼帝国销售。1836年保加利亚的斯利文（Sliven）建立了工厂工业，用于制作土耳其军队制服。之后其他地方也建立了工厂工业——如索非亚附近的普罗夫迪夫（Plovdiv）和其他地方——但巴尔干地区的工业是在小而低效的作坊中进行，无法与进口的高档布料竞争。在整个19世纪，欧洲毛织业的历史发展极缓慢。面料市场在扩大，但棉织物的市场份额在不断增大。

其他的传统纺织品生产是亚麻织造。它曾经是并且在很大程度上仍是农民产业。农民可以自己种植、做织前准备工作和纺亚麻线，再将其织成亚麻布、漂白和染色。19世纪上半叶，亚麻织造仍在亚麻生长较好的地方进行，即使是羊毛纺织也没有把亚麻织造从北欧的农舍中逐出。从布列塔尼到波兰，亚麻织造是家庭手工业中最重要的组成部分。它是小型农业的理想补充，织布机在黑暗的冬季总是忙碌的。1832 年马耶讷（Mayenne）的专区区长（*sous-préfet*）记述，没有它，"男人们会变得无所事事，家庭会被剥夺谋生的手段"[①]，坦南特（Tennent）建议比利时的旅行者在春季购买亚麻布，因为此时正值农民在市场上出售其冬的季劳动成果。没有哪个地方的亚麻布织造能比佛兰德斯的更重要，这里的亚麻布织造已完全代替了旧式的纺织工业。据说，在 1843 年，那里有 20% 的人口在以这样或那样的方式从事亚麻布生产。但随着棉布越来越容易获得且成本更低，对在农民农舍中纺织的粗亚麻布的市场需求在下降。

威斯特伐利亚平原因优质的亚麻而闻名，"它几乎是进行外部贸易的唯一商品"[②]。但这里的需求也衰落了，家庭织工放弃了其织布机。亚麻布工业在 19 世纪只在一些生产高档面料的工厂中留存下来。事实是，机器往往能纺织棉花和羊毛，不能很好地纺织亚麻。公共需求转向了棉布，英国和欧洲大陆大部分地区的工业革命正是基于棉布之上的。

毛织品工业缓慢发展和亚麻布绝对衰落的原因是棉布有了巨大的发展。棉质面料具有多种用途和吸引力，能够被染色且能印制彩色图案。它们容易清洗，其广泛采用对个人卫生来说本身就

402

[①] 引自 Claude Fohlen, *L'Industrie textile au temps du Second Empire* (Paris, 1956), 164。

[②] Jacob, *Agriculture and the Trade in Corn,* 91.

是一个不小的贡献。这些优点使棉质服装早在采用工厂生产使其降价前就成为时尚。始于珍妮纺纱机的一系列革新，在法国革命战争以前已开始传播至欧洲大陆；在 1815 至 1848 年这段时期，大多数国家都出现了工厂工业。至 19 世纪中期，手工纺纱已从西欧和中欧消失，手摇纺织机只在一些落后地区使用。棉纺工业在 19 世纪下半叶完全机械化，几乎所有工厂的动力都来自蒸汽。在英国，这促使棉纺工厂日益集中于兰开夏的煤田附近。但在欧洲大陆，它没有这样的影响。其向蒸汽动力的转变较慢，当需要煤炭供应时，铁路已出现在了煤炭运送中。其次，棉纺工业倾向于增长的地方是已具有重要的原初工业、从事纺织生产的地区，因为这样的地方所供应的劳动力熟悉纺纱和织造工艺。在英国，棉纺和毛织行业之间出现了一种隔离。而在欧洲大陆，这极少发生。其大多数纺织生产区同时生产毛织品和棉织品，甚至还处理亚麻和丝绸。一个工厂可能加工生产一种以上的材料。其混合面料的制作比英国更普遍，并且制品的面料根据市场情况和可获得的材料而变化。例如，当美洲的棉花供应被切断，出现了 1861 至 1865 年的"棉花匮乏"时，纺织生产从棉布转向了亚麻布。

在法国，棉纺织工业沿巴黎和鲁昂之间的塞纳河谷建立。1815 年之后迅速扩张，几乎每条从科（Caux）高原落至塞纳河的溪流边都有工厂。19 世纪上半叶，其纺纱完全机械化，但手摇纺织机的织工仍在农舍中劳作，并把时间分配在织布机和田地之间，他们保持了较长时间的重要性。法国工业的第二个区域是北部地区，以里尔为中心，并且工厂主要在该地区的许多小城镇上经营。这里的棉纺织工业继承了毛纺织工业，但在相对意义上仍是非专门化的。由于纺纱工序更早的机械化，相比纺布来说，里尔及其附近的鲁贝、图尔昆城镇的纱线更重要。事实上，里尔为法国大部分地区的编织、针织和蕾丝制造工业提供棉线。第三个棉纺区是阿尔萨斯（参见本书第338页）至19世纪中叶，阿尔萨斯的工业大都机械化了，其生产量仅次于北部工业区。1871年，阿尔萨斯被并入德意志帝国。许多纺织工人穿过孚日山脉进入洛林，他们在这里的埃皮纳勒（Epinal）和勒米尔蒙（Remiremont）建立了竞争性的工业。同时，阿尔萨斯其余的工业在德国的统治下和南德、萨克森日益扩大的企业竞争下没落了。

比利时的棉纺业于19世纪初建立于佛兰德斯，但1815年后未能顶住英国的竞争，之后才在根特复兴并获得成功。在尼德兰，棉花于19世纪早期开始取代亚麻，但在许多年以后工厂工业才在该国东部的阿尔莫洛（Almelo）建立。它受益于这个人口密集、农业落后地区的廉价劳动力，但结果是机械化进程极慢。

19世纪期间，有三个棉纺区出现在德国：下莱茵兰和威斯特伐利亚地区，南德地区，以及萨克森－西里西亚地区。这些在图11-40中显而易见。图11-40显示了德国所有织工的分布，其中1885年的棉纺织工会形成了最大的织工群体。在德国西北部，棉纺织首先开始作为家庭工艺取代亚麻制作；之后在乌珀河（Wupper）河谷沿线和格拉德巴赫、赖特及菲尔森（Viersen）成为工厂工业。第二个区域是南德地区，至19世纪晚期很快发展成为德国最大的生产地。它同阿尔萨斯一样，在很大程度上要归功于瑞士的企业和资本；并像后者一样，显示了有效的管理是如何克服因燃料不足和材料长途运输而造成的障碍。萨克森和西里西

403

404

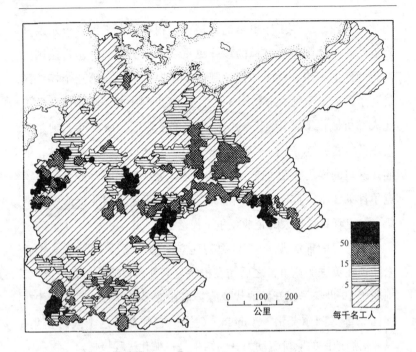

图11-40　约1885年德意志的织工分布。主要的布料生产区域——下莱茵兰、巴登和南德意志、萨克森和西里西亚——显而易见，根据 P. Kollmann, "Die gewerbliche Entfaltung im deutschen Reich," *Jahrbuch für Gesetzgebung, Verwaltung und Volkswirtschaft im Deutschen Reich* 12 (Leipzig, 1888): 437-528

亚地区形成了第三个区域。此地发展的大部分动力来自南德，如同南德发展的动力来源于瑞士一样。开姆尼茨（卡尔－马克思城）是其最早的中心，但它遍布奥尔山的丘陵地带，并进入西里西亚。其更重要的中心处不久就机械化了，但在大山最深处，手摇纺织机一直使用至 1912 年。

瑞士是早期的棉纺工业中心。纺纱厂早已于 1800 年在圣加仑和苏黎世建立，至1827年，仅苏黎世州就有106家机械纺纱厂。然而，这种早期的发展速度没能得到维持，部分是因为一些织工对使用机器有过激反应。迟至1900年，阿彭策尔州（Appenzell）只有不足十分之一的织机是机械化的。

瑞士的工业扩展至奥地利，尤其是福拉尔贝格（Vorarlberg）和蒂罗尔，它遭遇了同样的问题——小规模经营和机械化不足。因此，波希米亚和摩拉维亚集中了哈布斯堡帝国的棉纺织工业。小型的水力工厂遍布摩拉维亚丘陵地区和波希米亚东北部。从约1825至约1875年期间是其快速增长时期。纺锤数量增加了六倍，据称，纺纱至1830年、织布至1872年已完全机械化。

以英国的推动为基础的发展链条已从瑞士蔓延至德意志南部再至萨克森，最后扩散至波兰和俄罗斯。19世纪20年代，主要基于棉花的纺织工业在罗兹建立。来自开姆尼茨的企业家仅在俄罗斯关税区内建造他们的工厂，以便从俄罗斯的大市场中获利。在建造了从西里西亚运煤的铁路以前，该工业一直使用水力，并向外蔓延至周围乡村。约1880年之后，城市和工业迅速发展，罗兹成为所有纺织工业中心中最大且最集中的中心之一。1864年，俄罗斯政府把罗兹所在的"会议"波兰驱逐出关税区。罗兹的工业家立刻在比亚韦斯托克（Białystok）建立工业，刚好位于俄罗斯边界内。它从未发展到很大的规模，并且未遇到这个时期俄罗斯本身正在发展的纺织工业的竞争。

俄罗斯的棉布织造业主要建立于19世纪早期莫斯科地区的城市中。其大部分棉线是进口的；直到19世纪30年代俄罗斯开始从英国接受纺织机器，其棉纺工业才真正发展。俄罗斯对"印花"

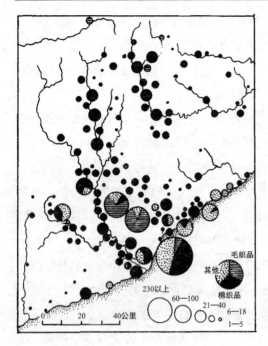

图11-41 加泰罗尼亚的纺织业区域。根据P. Vilar, "La vie industrielle dans la région de Barcelone," *Annales de Géographie* 38 (1929): 339–365

棉布的需求很大，在许多情况下是权贵建立工厂并安排自己的农奴在工厂工作。该工业的发展极为迅速，1860年时雇用的人口比其他任何制造行业都多。虽然19世纪60年代其发展中断了，但此后不断扩展，直到第一次世界大战。然而，即使在莫斯科、弗拉基米尔和东北部的伊万诺沃（Ivanovo）地区这些主要的中心，其棉纺工业直至19世纪末也没有完全机械化。

南欧的现代工业则来得较晚。该地区缺乏燃料资源，甚至水能的储备也严重受制于气候。19世纪中叶，棉纺织业在加泰罗尼亚建立，这是西班牙唯一一个足够开明而欢迎工业革新的地区。

然而，纺纱的机械化发展缓慢，至1850年时有四分之一的纺锤仍是手工摇的。织布的机械化来得更晚。在巴塞罗那的丘陵腹地，工业得以发展，这里的数十个小工厂使用了大部分可用的水力资源（图11-41）。西班牙的许多纺织品市场在其帝国内，其中大部分在1898年的美西战争中消失。

意大利的棉纺业在很大程度上也归功于瑞士人的推动。在蒙扎（Monza）、加拉拉泰（Gallarate）、布斯托阿西齐奥（Busto Arsizio）和其他邻近阿尔卑斯山的城市中，纺纱业机械化了；但同西班牙一样，其手摇纺织机直到19世纪晚期仍是重要的。1904年，英国的领事报告，意大利四分之一的织布机仍是手动的。表11-8显示了1861年意大利统一后棉纺业的急剧发展。

表11-8　意大利的棉纺织工业

	纺锤	动力织机
1868年	450 000	——
1876年	764 000	15 517
1900年	2 111 000	70 600
1914年	4 620 000	120 000

在迎合极为有弹性的奢侈品市场方面，丝织业不同于其他纺织制造行业。丝原料是意大利，在较小的范围内，也是法国南部的农产品。缫丝和捻丝广泛分布于乡村，但织造工作并不是留给农民粗糙的双手完成的，而是在里昂、克雷菲尔德、苏黎世和伦敦东部的斯皮塔佛德等少数中心由专业工匠——纺织业的贵

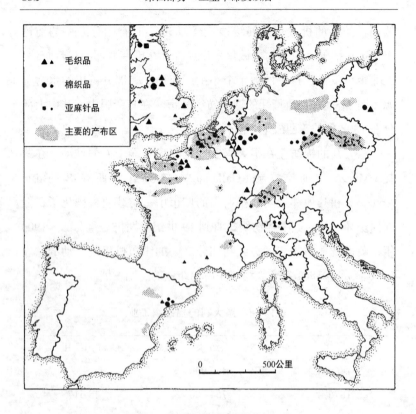

图11-42　19世纪中叶欧洲的纺织工业

族——操作。丝带织造发展至法国的圣埃蒂安地区（见本书第339
页）和巴塞尔、埃尔伯费尔德－巴门（Elberfeld-Barmen，即伍珀
塔尔［Wuppertal］）。

　　乡村纺织工艺的衰落留下了制造方面的遗产，即使用线（主
要是棉线）制作袜子、蕾丝和刺绣。这些制造商仍留存于诺曼底、
布列塔尼、中央高原、比利时和瑞士的村舍。但在19世纪结束前，

即使这些也被并入了能够机械地复制曾经由手工完成的传统设计的小工厂。

至19世纪中叶纺织业已呈现的空间布局一直保留至"一战"（图11-42）。许多主要中心都是大量手工行业的结晶。除英国外，纺织业中心的位置并未深受煤炭供应的影响。水力的存在更重要。除了英国，这些地区也没有出现狭窄的专业化现象。尽管纺织业间的平衡起伏变化，但所有纺织业都处理羊毛、亚麻以及棉花，且在19世纪下半叶快速增长。没有令人满意的有关产量或增长速度的指标。似乎羊毛消耗增长了至少三倍，棉纺锭数从1850年的约900万锭增至1913年的3300万锭，原棉消耗量增长了3.5倍。

钢铁行业

纺织行业的技术和空间模式，在19世纪中叶以后没有发生显著变化。但另一方面，钢铁行业经历了一系列技术变化，其空间模式则处于不断适应新环境的状态中。

在拿破仑战争之后几年间，英国的工业和欧洲其他地区的工业形成了强烈对比。前者完全放弃使用木炭，而使用焦炭进行冶炼，冶炼厂已被搅炼炉所取代。对煤炭的巨大需求则几乎完全把钢铁工业吸引至煤矿。而在欧洲大陆，可能除上西里西亚的"皇家"工厂外，没有一个用焦炭作为燃料的熔炉，数百个炉子的位置在很大程度上由木炭的可获取状况决定。

列日在1821年，萨尔和圣埃蒂安的煤矿在此后不久，鲁尔地区本身于1849年，都逐渐克服了使用焦炭作为高炉燃料的技术问题。这正是钢铁工业快速扩张的时期，新建成的熔炉大都建立在

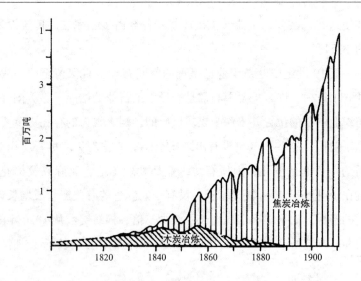

图11-43　英国炼铁工业中木炭和焦炭的使用

煤田或其附近。比利时中部和法国北部、圣埃蒂安地区、鲁尔和上西里西亚，对于炼铁和制钢来说变得日益重要。

　　但木炭炉的时代还未过去。使用焦炭炼铁仍有许多不足。尤其是因为它往往会吸收硫，不能很好地被提炼，而人们对木炭铁尤其优质钢的需求一直存在（图11-43）。尽管法国南部、德国中部和东欧许多地方的木炭稀缺，但新熔炉还是继续被建造出来。但19世纪下半叶，情况开始有了变化。一方面，人们对木炭的需求无法得到满足；另一方面，较好的焦化炉生产出优质的焦炭，提炼程序的改善克服了焦炭炼铁的不良品质。法国东部的上马恩（Haute Marne）省曾是最重要的木炭铁生产地之一，1864年有75个熔炉，1880年减至33个，1890年减至10个，1910年只有4个。

408

只有在瑞典，用木炭冶炼的铁仍是重要的。

出自熔炉的高碳铁，在炉床或在搅炼炉中被提炼（见本书第336—337页）。1815年之后不久搅炼炉被引入法国，至1827年据说已有149个搅炼炉在运作。它迅速传播至比利时、亚琛、萨尔、鲁尔以及摩拉维亚和上西里西亚。出自森林的木炭冶炼铁被带至煤田搅炼，正是搅炼炉首先把钢铁行业引至煤田。

钢继续通过"增碳"被软化或加工成为满足人们要求的软铁。亨茨曼程序（见本书第418页）在鲁尔地区的埃森由克虏伯完善，在波鸿（Bochum）、圣埃蒂安和比利时中部也很重要。在铁路建设和造船对钢铁需求增加的若干年中，没有重要的技术革新。高炉的规模和效率增加了，尤其是在1831年引进热鼓风之后。但仍没有廉价而快捷的制钢方法。之后，大约在1860年，贝西默（Bessemer）"吹风转炉"和平炉被开发出来并获得专利。前一工序是把热空气吹入液态金属，以氧化并去除碳，之后再通过增加碳使液态金属重新碳化。这一处理方法立刻获得认可，并且人们对钢的需求量非常大。在每个重要的煤田，吹风转炉都开始取代搅炼炉。但其不足很快出现。微小的气泡就能使金属产生缺陷；且该处理工序不能消除磷，而磷会使金属脆化，用行话说就是使金属变得"冷脆"。但实际上可以只使用无磷矿，其结果是钢铁工业的地理位置变得极为重要。

与此同时，皮尔·马丁（Pierre Martin）改造维尔纳·冯·西门子的反射炉，以适应精炼铁的需求。它大致与搅炼炉相似，但它燃烧煤气，在更高的温度下进行操作，以熔化铁并使碳氧化。它可以结合焦炉共同使用，煤气是这一过程的副产品。但西门子－

409

马丁的处理工序也不能消除金属中的磷。

到了这个时期，最重要的矿藏接近枯竭，而最知名的储备矿——在洛林和卢森堡，德国北部和瑞典北部——是含磷的。人们加紧尝试找到一个给铁"脱磷"的方法。1879 年，吉尔克里斯特（Gilchrist）和托马斯取得了成功，他们的处理工序被急切地采用。自此之后人们不再担心矿石的短缺。来自瑞典中部和北非的无磷矿，一定程度上失去了其短暂的重要性。显然，未来在于洛林的低等磷铁矿和瑞典北极地带基律纳（Kiruna）的高等矿石。

除瑞典的矿石外，磷铁矿金属含量较低，只有 30% 或更少。在当时的条件下，一些矿藏不值得开采。因为矿石运输很昂贵，而其中四分之三可能被浪费。与此同时，高炉的效率继续被改进，其燃料的消耗降低。把煤炭运送至铁矿区，同把矿石运至煤矿一样有利可图。而且，如果使用从海外进口的铁矿石，那么在海船卸载的港口建立冶炼厂似乎可行。从 19 世纪 80 年代开始，冶铁业的空间格局开始变化。老的中心，如比利时和法国北部、萨尔、鲁尔和上西里西亚仍很重要。一些中心，如圣埃蒂尔和萨克森，失去了冶炼能力，仅保留钢铁制造和金属制造。而大多数新工厂或位于法国东部和德国北部的铁矿区，或位于港口。临近 19 世纪80 年代末，电炉逐渐被用于制钢，但它对能源的大量消耗限定了其使用区域——如有充足水力发电的法国阿尔卑斯山地区。

钢铁市场比纺织品的市场发展得更快，1913 年的钢铁市场比一个世纪前大 70 倍。对生铁的需求几乎消失了，直到市场发展出了对用于城市供水和供气系统的生铁管道的需求。大约 1840 年起，对熟铁而后是对钢有更大消费需求的是铁路。一英里的轨道包含约50吨的金属，更重的机车则增至约140吨。19世纪中叶，轨道以每年3000英里以上的速度在铺设，仅轨道每年就消耗40多万吨的巨量金属。如果把火车头、铁路货车、桥梁和其他建筑物使用的金属也算上，那么铁路对金属的消费需求不少于60万吨，一年可能将近100万吨。而当欧洲铁路系统即将完成时，铁路开始在海外建造，使用的主要也是来自欧洲的钢铁。与此同时，铁和之后的钢又不断被用在造船、工厂和各种机械设备上。

410

第二次工业革命

第一次工业革命发生于纺织业和金属业，正是在这些行业取得了大部分技术进步，实现了工业生产的大幅增长。至19世纪下半叶，发生了另一波更多元的革新。受影响的商品从基础化学品到药品和燃料，从器具和机床设备到钢造船只和汽车，从纸张到鞋子。它们包括投资和消费品。任何一个技术革新都可能带来另一革新，从这个意义上讲，大部分革新是渐进的。最后，每个制造行业相互影响、促进，这使得大范围的进步成为可能。

在19世纪前三分之一的时间里，支配化学工业的是用于制造肥皂、玻璃和其他简单产品的基础化学品，以及为纺织业生产的漂白剂和染剂。这些需要大量的碳酸钠和普通的酸。最重要的生产中心是大港口和现有的制造区域。这些生产中心在英国、法国、比利时和莱茵兰逐渐发展起来。1860年之后，德国作为最重要的化学品产地开始崭露头角。与此同时，工业开始多元化。煤焦油蒸馏物变得日益重要，19世纪70年代，焦炉的废气开始被收集。

一方面是苯胺染料和药品，另一方面是化肥，它们都是炼焦的副产品，在这些方面英国和德国大大领先于欧洲其他国家。

在现代工业中一开始领先的法国开始衰落，至少是相对的；这部分是关于工业专利的司法决议的结果，部分是其竞争对手具有较高的天然优势的结果。其领先地位由瑞士取代，后者继承了法国的一些工业技术；之后瑞士又由德国取代。莱茵河两旁分布着化工厂，从北部的勒沃库森（Leverkusen）到南部的曼海姆和路德维希港（Ludwigshafen），一直延伸至瑞士重要的工业中心巴塞尔，而它主要生产染料和药品。位于河畔的优势是，煤炭和其他原料的运输便宜。同时，钾矿在萨克森施塔斯富特（Stassfurt）的发现和大量铜矿的开采，共同带来了化肥和基本化学品的生产，其结果是对德国的农业产生了重要的影响（见本书第 395—396页）。在英国，重化工生产在柴郡（Cheshire）的盐矿和利物浦的港口附近发展起来。与这些大型的、资本密集的工业并行的是无数的工厂，它们生产着更专业化的商品：漂白剂、涂料、油漆、油墨、肥皂和清洁材料。许多工厂都是以消费者为导向，在大型人口中心附近发展起来的。包括柏林、巴黎和伦敦在内的一些城市，都因其化工产业的数量和种类而闻名。其中有建立在柏林的爱克发公司（AGFA）生产的摄影器材。

使用金属的行业在"一战"前的十年中经历了类似发展。轧制钢早期的主导产品——铁轨、主梁、金属板——被大量更小且本质上更有价值的商品取代。在英国，这些商品在西米德兰兹地区尤为显著，有时以"伯明翰"商品之名为人所知。这些商品往往在作坊或小工厂制造，如鲁尔南面的绍尔兰（Sauerland）丘陵地带所发现的工厂。这里生产各种刀具、切割工具、锉刀、螺丝钉和螺栓，且种类日益繁多，令人眼花缭乱。类似的小金属商品也在比利时中部、萨克森和圣埃蒂尔生产，这些地区因其生产的自行车和缝纫机而闻名。

同时，重型机械的制造变得重要，包括火车头、船只的引擎、起重机，以及19世纪末的发电机和汽轮机。重型机械的制造主要位于旧的钢铁生产中心——列日、鲁尔、约克郡西部——附近，以及大型消费中心和港口。例如，柏林是最重要的电气工程中心；像汉堡、鹿特丹和伦敦等港口，以及英国的泰恩河（Tyne）和克莱德河口，发展成为重要的钢船建造中心。19世纪末，另一机器制造业汽车制造出现。它是劳动密集型的高端制造，吸引着它所要迎合的公众。几乎从一开始，巴黎就是其主要中心。但工业所在地同汽车制造一样不受限制，其主要因素很简单，就是企业所在地：符腾堡的坎施塔特（Cannstadt，戴姆勒公司），英格兰的牛津（莫里斯公司）和意大利的都灵（阿涅利－菲亚特公司[Agnelli-FIAT]）。汽车制造很快成为一个装配工业；为此，联通制造零部件的专门工厂是最需要考虑的。造船工业也是如此。钢材在很大程度上取代了木材，且在埃森、列日或谢菲尔德被预制，并与其他所有部件一起在造船活动主要的所在地沿海工厂被组装。船只不断增长的规模及其设计的复杂性产生了如下结果：生产在一些兼具深水位和容易获得所使用材料两大优势的造船中心集中起来。在这个时期的最后数十年，很多小港口消失了，而它们曾建造用于沿海贸易的小船只。

服装和鞋类工业的发展兼具多元化和集中化两个特点。随着生活标准的提高，越来越多的服装在车间和工厂里制造，家庭制造越来越少。该工业不可避免地受到两端的吸引——消费中心和服装制造地区。几乎在所有大城市如伦敦、巴黎、柏林，以及位于布业中心的城市如利兹，成衣制造都已成为一项重要工业。鞋类也是如此，其生产向一些大中心不断集中；同样，这种集中或者以皮革的供应为导向，或者以日益受时尚支配的市场为导向。

工 业 区

19世纪期间，生产逐渐集中于少数工业区，所有的工业区都以它们企业的范围和类别为特征。虽然大部分工业区包含的是纺织业或钢铁业，但也吸引着使用其产品或提供零部件、原料的其他行业。在一些工业区，这一范围有限。上西里西亚和鲁尔地区以钢铁为主导，而且还有发电和副产品工业如化学品和肥料。最多样的产业活动被发现于柏林、巴黎和伦敦这样的大消费中心附近。其次，这些工业区横跨两国边界，以至于法国－比利时两边或西里西亚的德－俄边界两侧没有显著的差别。似乎地理位置的固有力量和天然的资源，克服了政府所强加的任何条件。

一个工业区由许多城市中心组成，其中一两个通常是地区中心和商业中心。这些中心间的乡村随着田地遍布工厂、工人的住房、废石堆和工业化的废墟而缓慢工业化。最后，这样的地区发展出了由交通、水电供应系统和污水管网络组成的复杂的基础设施。这些基础设施因工业经营的性质和密度而不同。鲁尔、上西里西亚、英格兰、西米德兰兹、兰开夏和西约克郡等地区的基础设施最复杂。在加泰罗尼亚和意大利北部这样民族单一且散居的地区，基础设施相对简单。欧洲只有四个工业区——西北欧、洛林、上西里西亚和俄罗斯南部有可供人研究其发展的空间。

西北欧

这是最大且最复杂的工业区。至19世纪末其覆盖面积达2000平方英里，有800万人口。它产生于各地区各行业发展的聚合：佛兰德斯的纺织品、比利时中部的铁加工、列日附近的有色金属、下莱茵兰的纺织品和化学品、鲁尔的钢铁和绍尔兰的铁艺加工。该地区有三个无法估量其重要性的优势。19世纪初，该地区已是欧洲人口最密集和高度城市化的地区之一，并且有发展良好的农业。这是原始工业得以发展的重要地区，其中主要是纺织品以及铁加工。尽管它们对早期的生产发展极少有意义，但该地区的煤炭资源，尤其是鲁尔的煤炭，是欧洲大陆数量最多且品种最多的，为原始工业发展成为工厂工业提供了可能。最后，整个地区的水上运输方式也优于任何地区。莱茵河、默兹河和佛兰德斯平原的河流连接着港口和大陆腹地。尽管在货物运输量上铁路超过了河流，但随着运河的修建，河流在这个时期仍承担运输了许多大宗货物。

煤田 至少有六个独立但相关的煤田位于法国北部和鲁尔东部之间的弧形地区（图11-44）。在西部，煤层深深埋藏于晚期的沉淀物之下，直到19世纪中叶才被完全开发（图11-45）。在比利时中部，煤田较为狭窄，且煤层极为弯曲，难以开采。尽管如

413

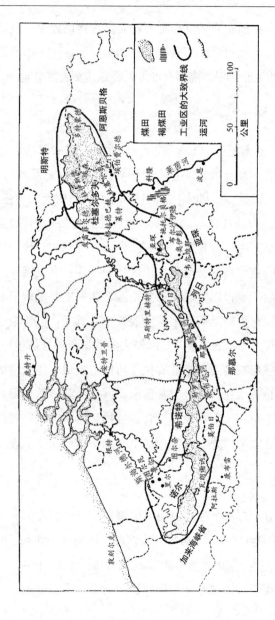

图11—44 西北欧的工业区域

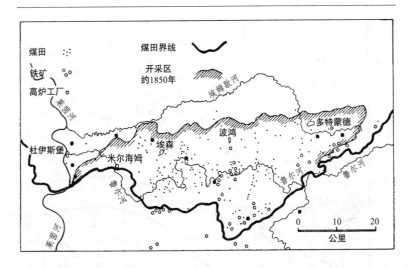

图11-45　约1850年鲁尔的煤田，根据N. J. G. Pounds, *The Ruhr* (Bloomington, Ind., 1952)

此，这个盆地最先变得重要，因为在默兹河谷两岸的煤出露于地面，易于开采和运输。亚琛煤田规模小，没有很大的重要性，但鲁尔不仅是欧洲最大的储藏地，并且含有各种煤炭。最早的工场位于南部的鲁尔山谷沿线，但随着煤的开采，逐渐穿过"隐藏地"扩展至北部（图 11-46），特许权不断扩大。法国北部的大多数煤田也隐藏于晚期的沉淀物之下。它隐藏得极深，直到 19 世纪晚期才为人们所知（图 11-47）。

　　图 11-48 显示了这个地区煤生产的总体增长。显然，增长大都位于鲁尔盆地；比利时中部地区显示，在约 1880 年后只有相对较少的增长。而且，鲁尔地区包含了所有的煤炭种类，从"硬"煤（无烟煤）到"软"的烟煤，并且包括大量的最适于制造冶金焦炭的煤储备。在如此充足的储备中，褐煤似乎是多余的。所谓

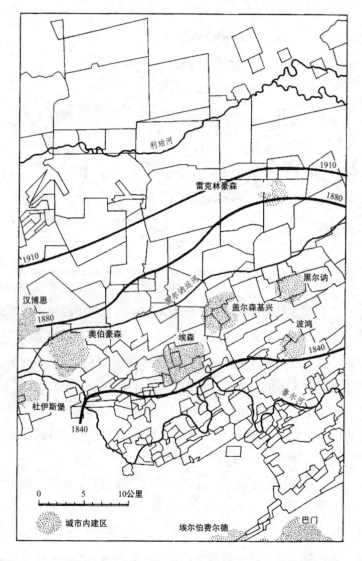

图11-46　鲁尔煤田南北横断面沿线的矿区。请留意特许的尺度向北递增，基于Hans
Spethmann, *Des Ruhrgebiet* (Berlin, 1933)

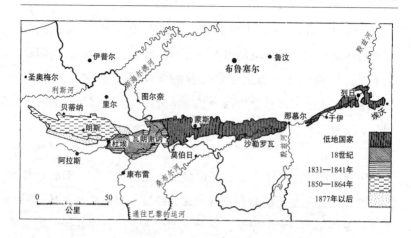

图11-47 伴随着隐藏煤田的开发，采煤从比利时向法国的扩散

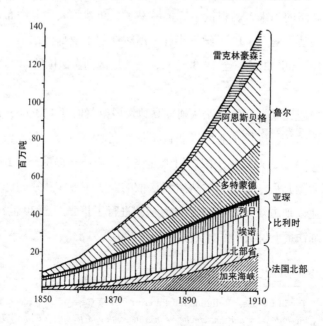

图11-48 西北欧煤产量的增加

的维尔煤田（Ville field）位于科隆西面。从19世纪初开始人们对其进行浅坑开采。其煤炭被用于制砖和烧石灰。1877年，人们建立了压制型煤的工厂，煤炭在发电站中被燃烧。

这个工业区可以被分为四个基本部分：法国北部、比利时中部、亚琛和鲁尔。

法国北部　这是整个工业区中最多元化的地区。纺织品是其基本产品，首先是毛织品和亚麻织品，而后是棉织品。在其纺织工业的发展早期，水力罕见，甚至也不用考虑附近存在煤。远至1838年，鲁贝几乎三分之一的纺纱厂"仍在用马拉轧棉机"[①]。但随着铁路的到来，燃料供给变得容易了，纺纱和大部分织布进入了蒸汽动力工厂。19世纪下半叶，所有纺织工业部门都集中于里尔、鲁贝和图尔昆，至19世纪末，这些地区拥有法国约40%的纺纱量。

19世纪初，炼铁工业从阿登高地发展至莫伯日（Maubeuge）；在桑布尔河，炼铁工业可以获益于从比利时煤田带至其上游的煤炭。1839年，人们在法国煤田上建立了冶炼厂和提炼厂，其他工厂也紧随其后。劳动力被从组织松散的纺织工业中吸引过来，炼铁工业以地方煤炭和进口矿石为基础进行了扩张。至20世纪初，其在炼铁量上仅次于洛林（见本书第420页）。

---

①　David Landes, "Religion and Enterprise: The Case of the French Textile Industry," in *Enterprise and Entrepreneurs in Nineteenth and Twentieth Century France,* ed. E. C. Carter, R. Foster, and J.N. Moody (Baltimore, Md., 1976), 47.

比利时中部和亚琛　这是该工业区中最先发展现代煤工业的地区。除了韦尔维耶地区的毛纺织工业以外，以钢铁为基础，工业也有了增长。默兹河南部丘陵地区的木炭铁工业正走向衰落，但企业家只是把他们的活动向北转移至煤田。1842 年，在煤田上有 45 个焦炭炉，而在阿登高地有 75 个较小的木炭炉。当冶炼厂和搅炼厂在列日和沙勒罗瓦（Charleroi）成倍增加时，木炭炉继续减少。比利时企业最后为首当其冲付出了代价。因为西北欧其他地方的新工厂比比利时更有效率；而随着矿石枯竭，煤炭开采越来越难，比利时中部地区相对于其他地区来说衰落了。

　　亚琛地区一直都不太重要。它的煤炭资源很少，但其南部的丘陵地区同比利时的阿登高地一样，不仅有传统的制铁工业，还有铅和锌矿石。在古山，铅和锌矿石被开采了整个世纪，直至枯竭。这个地区的重要性在于其邻近比利时。其毛纺织工业已被来自比利时韦尔维耶的企业所推进。亚琛和埃施韦勒（Eschweiler）的炼铁工业最初提炼从列日进口的生铁。1854 年，德国提高了进口生铁的关税。老式的工业不再具有经济效益，高炉——红土地（Rote Erde）工场——开始在亚琛附近建造。但地理位置的不经济性很快显现出来。矿石枯竭，燃料品质低劣，并且没有水上运输设施。工业家们一个接一个把他们的资产转至鲁尔或洛林，而给亚琛地区留下的只是纺织工业和金属加工业的残余。

莱茵兰和鲁尔　莱茵河下游的平原与右岸支流的河谷、鲁尔、埃姆歇（Emscher）和利佩（Lippe），共同成为 19 世纪欧洲工业化程度最高的地区。莱茵兰城市格拉德巴赫、赖特、菲尔森、克

雷菲尔德、埃尔伯费尔德 - 巴门的纺织工业继续增长。鲁尔地区
的钢铁工业扩展成为世界上最大、最集中的行业。直到19世纪晚
期，人们才知道煤炭资源的规模和种类以及铁矿石的存在。直到
19世纪40年代，人们认为重工业的中心仍位于鲁尔河南面的席根
兰可能是值得原谅的。19世纪40年代期间，英国的旅行家班菲尔
德（T. C. Banfield）可以把埃森的周围地区形容为"富有诗意的农
业区"。但在席根兰森林中熔炼的铁已被带至鲁尔河谷，并用当地
的煤炭进行提炼。韦特以及多特蒙德、波克姆和埃森附近设立了
高炉，也有坩埚法炼铁的小生产（见本书第408页）。之后，1849
年，在鲁尔河畔米尔海姆的鲁尔煤田首次采用焦炭炼铁。即使如
此，也没有什么直接变化，铁仍在鲁尔森林中熔炼，并在煤田提
炼。之后，随着煤的开采从鲁尔河谷向北推进至埃姆歇，所谓的
烟煤（Fettkohle）开始被开采，并且人们发现将其用于制造高炉
焦炭效果极佳。与此同时，铁矿石被发现与煤炭相间。虽然数量
不大，但足以把熔炼厂吸引至可以提供矿石和燃料的地区。这里
至少建立了七个工厂熔炼煤系矿石（图11-49）。这一供应源在约
20年中一直是重要的，那时的冶炼工业固定地建在煤田。而后人
们又开始寻找可代替的矿石资源。最后，这里为从北非、西班牙，
尤其是瑞典进口优等的矿石提供了可能。最初，矿石是从荷兰的
港口沿莱茵河溯流而来。1890至1899年间开凿了多特蒙德 - 埃姆
斯运河（Dortmund-Ems Canal），连通了鲁尔东部与北海的埃姆登
港口，确保了鲁尔的前途。之后，运河沿埃姆歇河谷开凿，以便
矿石可以被分销至整个地区，直至1914年运河才完工。

从19世纪中叶至"一战"爆发前，鲁尔的生铁和钢的产量稳

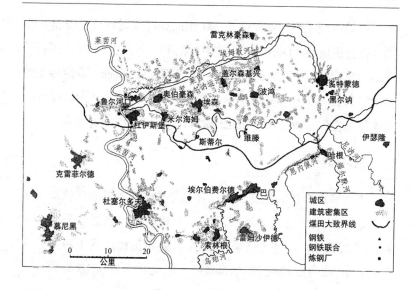

图11-49 1850至1870年鲁尔的工业区

定增长。1850年，其生铁产量约11 500吨，钢的产量只有数百吨。1913年，后者的产量超过了800万吨。有十几个大型的综合钢铁厂，以及许多仅提炼铁或制钢的工厂。其中，埃森的克虏伯工厂属于后者。其声誉最初是基于坩埚钢，之后则是用于制造武器的优等钢的生产；克虏伯善于制造武器设备。然而，如果认为克虏伯只是个"武器王国"，那就错了。埃森的工厂对工程和铁路设施同样重要。波鸿的工厂也制造特殊钢材。大部分鲁尔的公司采用基本的工序，事实上是为了使用瑞典矿石而不得不如此。但它们往往倾向于使用提炼炉和平炉，因为相比于吹风转炉这能产出更优质的铁。

狭义上来说，鲁尔是由采煤业和钢铁业所主导，但向南仅数英里的地区则主要生产化学品、纺织品和轻金属商品。19世纪晚期，在杜伊斯堡（Duisburg）上游的莱茵河沿岸，人们建造了勒沃库森的化学工厂。在雷姆沙伊德、索林根（Solingen）和绍尔兰的小镇，刀具、工具和轻金属商品继续被制造，位于乌珀河深谷的是埃尔伯费尔德和巴门两个纺织城市，今天合并为乌珀塔尔。

洛林和萨尔

洛林和卢森堡的汝拉丘陵包含劣等磷铁矿（鲕状褐铁矿）矿床。这些矿藏早已为人所知，但由于其产出的铁是劣质的，所以极少被开采。19世纪上半叶，人们更为重视出现于西部丘陵表面小山坳的所谓硬铁（fer fort），以及出现于东部洪斯吕克（Hunsrück）的古老岩石中的更小矿体。但这两者曾维持的工业在19世纪衰落下去，于20世纪初消失。这些曾在萨尔煤田冶炼的矿石开始被来自洛林的鲕状褐铁矿取代，但由于磷铁矿的品质差，该工业规模较小。

1879年情况发生了变化，基本工序使从鲕状褐铁矿熔炼出的铁能转变为钢（见本书第409页）。制铁公司仓促获得对矿田使用的特许权，这些特许权立刻在法国、德国和卢森堡之间被分割，以求建立起冶炼工厂。托马斯的发明来得正是时候。法国北部、比利时、鲁尔和萨尔的矿石已几乎耗尽。洛林和卢森堡的绝大部分特许权和工厂受控或附属于在更老的生产区经营的公司（图11-50）。燃料的供给源来自德国、比利时和法国北部；反过来，其矿石被运送至比利时、鲁尔和萨尔（图11-51）。然而，绝大多数矿石在矿田被冶炼，因为矿石太劣等而无法承担长途运输的费用。

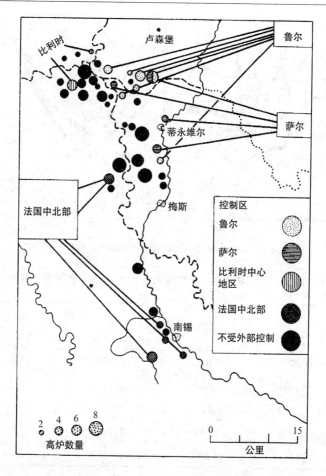

图11-50 约1910年洛林-卢森堡矿区的钢铁厂以及它们与西欧其他地区钢铁企业的联系

除了到萨尔相对短距离的旅途之外，事实证明，把煤炭运至矿田 421
比把矿石运至煤田要便宜。表11-9中生铁和钢的数量差异，大概
体现了被运至其他地方提炼的铁的数量。

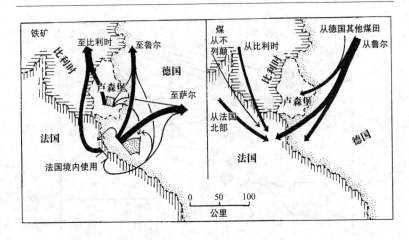

图11-51　约1910年洛林-卢森堡矿区矿石的去向以及煤的进口

表11-9　1913年洛林、卢森堡和萨尔的生铁与钢产量（千吨）

	生铁	钢	
		转炉	平炉
萨尔	1307	1700	300
卢森堡	2548	1275	40
德国"洛林"	3819	1783	150
法国"洛林"	3490	2134	157
总计	11 164	6892	647

上西里西亚

　　在上西里西亚煤田发展起来的生产区，位于普鲁士、俄罗斯和奥地利三国领土的交会处，即"三帝国之角"；该生产区的根基不外乎煤炭、钢铁、铅和锌。其煤田的面积大于鲁尔的煤田，但

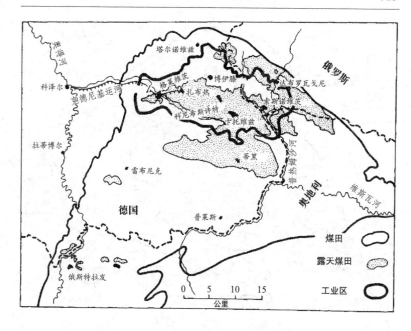

图11-52　上西里西亚-摩拉维亚的工业区

只有小部分区域的煤层贴近表面。大部分区域的煤层则处于地下深处，在当时难以开采（图11-52）。最易开采的煤层位于盆地的北面和南面的小范围里。正是在这些地区人们建立了现代工业。横穿煤田盆地北部的是石灰石矿床，包含了铅矿和锌矿，是在欧洲发现的最富有的矿床之一。另一方面，铁矿的储备很小，且品质一般，但足以维持早期工业。

　　上西里西亚人口稀疏；缺乏水上交通，在铁路修建之前几乎难以到达。如果不是普鲁士政府发挥作用，早期资源的发展前景将是狭隘的。正是以普鲁士政府的推动为基础，英国企业家引入

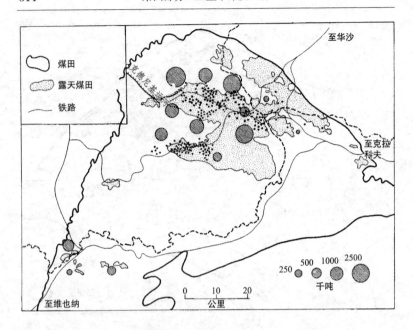

图11-53 上西里西亚-北摩拉维亚的采煤扩展；约1860年煤矿的分布

了焦炭冶炼。在小帕内夫河（Małapanew），早期的努力取得了
一定成功；随后人们在露天煤田上建立了熔炉，首先在格莱维茨
（即格利维采［Gliwice］），之后在科尼希斯许特（即霍茹夫）。其
发展过程是相似的：首先是对木炭炼铁的提炼，之后是焦炭冶炼。
最早的提炼炉建立于1828年。至1840年，有七个炼铁厂。一个
技术杂志的作家于1842年将其发展描述为"与英格兰等量齐观，
在欧洲大陆是一流的"[1]。与此同时，其煤矿开采分布至露天煤田的
大部分地区（图11-53），铅和锌的冶炼大约于1820年开始迅速

423

---

① *Berg- und Hüttenmännischen Zeitung* (Leipzig), 1, 1842, 58.

发展。

这个欧洲最有潜力的重工业中心，其最首要的问题是地处偏远且缺乏市场。一条运河，即克德尼基运河，从格莱维茨切通至奥得河。其目的是把煤运送至柏林，但运河太小且极少被使用。1846年通往布雷斯劳的铁路的开通扩大了金属制品市场，最早，中欧和东欧的工程和其他工厂开始向上西里西亚寻求供给。其有色金属的前景更好。铅的地位下降了，但锌的产量在整个世纪一直增长，超过了古山的产量，就锌这种金属而言，此种情况使该地一度成为它的主要来源地（图11-54）。但上西里西亚不再处于工业发展的前沿，部分是因为它主要是由没有创业精神的土地贵族控制的，部分是因为东欧的市场潜力极为有限。柏林以西的所有地方更多地得到鲁尔的供应。

普鲁士范围内的上西里西亚煤田发展之后，俄罗斯和奥地利部分的煤田也经历了类似但规模较小的发展（图11-55）。焦炭冶炼始于俄罗斯的栋布罗瓦（Dąbrowa），时值19世纪30年代，间歇性地持续了一个世纪；但俄罗斯国内的需求小，且工厂缺乏管理。煤炭也出露于奥地利的西里西亚，接近盆地的南缘。1826年人们在此建立了提炼工厂，处理来自奥地利的加利西亚其他地区的木炭生铁。十年之后增加了焦炭炉，维特科维采（Vitkovice）工厂在整个19世纪仍是哈布斯堡帝国中最重要的工厂（图11-56）。

随工业增长而来的是人口的稳定增长。在工业发展之前，该地区只有两个城市，即格莱维茨和博伊滕（Beuthen，即比托

424

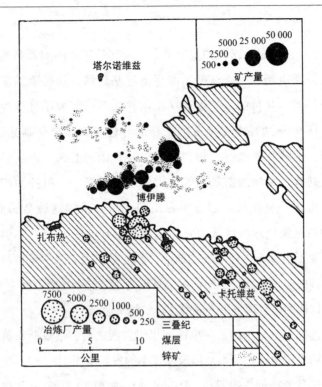

图11-54 约1860年上西里西亚锌的开采与冶炼

姆〔Bytom〕）。这两个城市都较小，甚至在历经一个世纪的增长后，每个城市的人口都不足 7 万人。其他城市如卡托维兹、科尼希斯许特和普鲁士地区的扎布热（Zabrze）、俄罗斯的索斯诺维茨（Sosnowiec）等，则是从村庄发展而来。主要基于煤炭开采的索斯诺维茨，已成为人口超过 10 万的丑陋的、蔓延扩展的城市。所有这些都证明了它们的快速发展。但哪怕按照 19 世纪工业欧洲的标准（见本书第 376 页），其住房条件也是恶劣的。街道仍未铺砌，

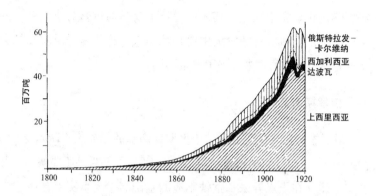

图11-55 1800至1920年上西里西亚煤田煤产量的增加，根据N. J. G. Pounds, *The Upper Silesian Industrial Region* (Bloomington, Ind., 1958), 74

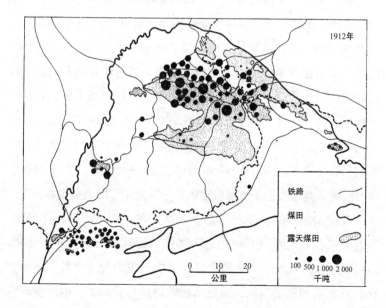

图11-56 1912年上西里西亚-摩拉维亚的采煤

公共设施几乎完全缺乏。其人口增长主要是通过盛行讲波兰语的
乡村移民，但中层管理阶级主要是德国人。种族差异反映在社会
分层上，给地区的未来带来了严重影响。

俄罗斯南部

最后一个出现的工业区位于俄罗斯南部的顿涅茨（Donetz）河
谷（图 11-57）。它的根基从宽度上讲比上西里西亚还要狭窄，几
乎完全建立在煤炭开采和钢铁制造的基础之上。事实上，19 世纪
的俄罗斯只有两个重要的生产行业：纺织和钢铁。前者可见于俄
罗斯中部广泛分散的城市中和莫斯科地区。后者至 19 世纪早期已
开始集中于乌拉尔山地区，主要由大量使用木炭冶炼磁铁矿的小
工厂组成。正是乌拉尔使俄罗斯成为欧洲最重要的产铁国家之一。
19 世纪后期，其产量增加，但遇到了严重问题。1861 年农奴制结
束后，事实证明足够的劳动力难以获得。虽然矿石仍充裕且具有
高品质，但作为燃料的炭变得昂贵，不得不跨距离运输，并且越
运越远。技术落后。热鼓风极少用于熔炉；直至 19 世纪后期，大
量的铁仍在锻铁炉中被提炼。熔炉仍较小；许多熔炉只是季节性
地运作，生铁产量从未达到 50 万吨。至 19 世纪末，铁必须通过
内河驳船运至主要位于莫斯科地区和俄罗斯中部的消费中心。

乌拉尔地区的主要产品是条形铁，在加工中心被转化为钢。
所有对乌拉尔工业进行记述的人都强调了其矿石的优质和充裕，
但痛惜木炭的锐减和当地硫化煤的劣质。19 世纪下半叶，不断增
长的对熟铁和钢的需求，通过从西欧进口得到满足。但沙皇政府
希望中断这一依赖，他们提高了铁的进口税，并鼓励国内工业的

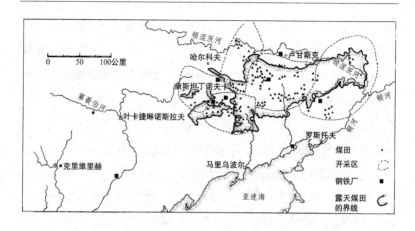

图11-57 乌克兰顿涅茨工业区，主要基于 *Atlas Châtel et Dollfus: Les Houillères Européennes* (Paris, 1931)

发展。发展显著的地方不是乌拉尔地区而是乌克兰，后者兼具充裕的铁和煤以及相对便利的交通两种优势。

顿涅茨煤田大致延伸至顿涅茨河南面，长约250英里，最宽处有100英里。其煤炭包含了整个煤系，无烟煤主要位于东边，长焰煤位于西边。其矿石出自西面约150英里的一个大矿床，在矿床中间是克利维里赫（Krivoi Rog）村。其矿石的品质通常在60%以上，产自厚厚的、容易开采的矿脉。欧洲其他地方都没有如此充裕的、用于炼铁工业的原材料。但直到1870年，人们才试图开采这一财富。用焦炭或无烟煤冶炼，比传统的木炭冶炼要求更多的资本投入和更高水平的专业技能。最早用焦炭冶炼克利维里赫的矿石的尝试失败了，直至1869年，特许权才被赋予一位威尔士铁器制造商——约翰·休斯（John Hughes）。休斯的工厂（位于尤佐夫卡［Yuzovo］[①]）成功了；之后在高进口税的推动下，其他公司也被建立，其中绝大多数带有西欧的资本。1884 年，从克利维里赫经过叶卡捷琳诺斯拉夫（Ekaterinoslav，即第聂伯罗彼得罗夫斯克［Dnepropetrovsk]）到达顿涅茨煤田的铁路完工，为其工业的快速扩张做好了准备。随着工厂在铁矿－煤矿轴线两端发展，如设想的那样产生了材料交换，而在鲁尔和洛林之间根本没有这样的交换。

19 世纪 80 年代是密集增长时期。生铁产量在 1881 年仍只有2.4 万吨，但至 1892 年已增至 27.4 万吨，至 1905 年，俄罗斯南部产量约 294.5 万吨，几乎占俄罗斯总产量的三分之二。当“一战”爆发时，其不足 18 间的制铁工厂每年生产 300 多万吨生铁。

俄罗斯南部地区从根本上不同于发展时间较久的乌拉尔地区。它以煤炭燃料为基础；其技术相对新式，从一开始就将大部分生铁在平炉中转化为钢。俄罗斯南部工厂服务的是国内市场。沙皇政府的倡议受到了铁路网络扩张对钢轨需求的推动，轧制钢材仍是其主要产品。在 1914 年以前，这里极少尝试建立多元化的产业结构。它仍是，甚至比上西里西亚更是一个专供煤、铁和钢的地区。其煤炭的产量在“一战”前的 30 年里急剧增加，于 1910 年达到 1635.3 万吨。根据 19 世纪 80 年代中叶的一位作家所述，只有最大的煤矿才在冬季和夏季拥有固定的工人。而较小的煤矿只是季节性地被开采；农民在冬季是采矿者，在夏季则是耕种者。克利维里赫的矿石产量稳定增长，于 1910 年前后达到俄罗斯总产量的 70%。

---

① 顿涅茨克的旧称。——译者

运输和贸易

　　正如所见，19 世纪生产发展的特点是，在日益复杂的运输网络的推动下，生产日益专门化和集中化成为可能并为此提供了动力。19 世纪初，所有的旅客和绝大多数货物通过公路旅行和运输。公路的质量因季节和基石而不同，旅行者相应地选择自己的路线。公路很快在英国大部分地区被铁路所取代；但在欧洲大陆，公路的重要性一直延续至 19 世纪 60 年代（图 11-58），在东欧其重要性保持的时间更长。主干道上勤奋的畜力服务持续到了铁路时代。

　　公路运输的困难推动了河流的使用和运河的开凿。河流早已用于货运。在 18 世纪的英格兰，运河开始取代河流，成为工业发展的一个本质特征。哈特维尔（R. M. Hartwell）记述道，"英格兰的运河地图就是英格兰的工业地图"[①]。如果说因为工业化的轰轰烈烈展开而使主要铁路网络建立，那么在欧洲大陆并非如此。没有监管，河流不易通航，一些河流——维斯瓦河、卢瓦尔河和它们之间的罗讷河——的天然险阻无法克服。其他地方做了改进，渠道加深和变直了，牵道仍用于拉船。在英格兰，当铁路承担了运货任务之后，运河系统遭废弃。在法国，运河网络和通航河流蔓延至国家的东北部，并且一直活跃至 19 世纪中叶。之后，其相对意义上的重要性衰落了，直至 1879 年弗雷西内（Freycinet）计划

430

　　[①]　"Economic Change in England and Europe, 1780-1830," *New Cambridge Modern History* 9 (1965), 31-59.

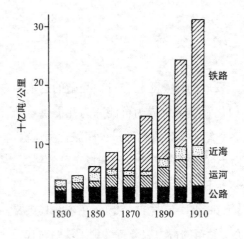

图11-58　法国的国内运输，基于 J. C. Toutain, *Les Transports en France de 1830 à 1965* (Paris, 1967)

被引入，用来复兴运河系统，并使水闸和驳船的尺寸标准化（图11-59）。随后是货物量的急剧增长，主要是低价的大商品。

　　欧洲其他地区都不如低地国家更适合水上交通。斯海尔德河、默兹河和莱茵河容易通航，并且地形适合开凿运河。在荷兰的部分地区，水路几乎取代了陆路，但其效用因比利时和尼德兰间的政治竞争而降低——双方为抢占对方的贸易而开凿了完全没必要的运河。

　　德国因其通航河流而闻名，其中莱茵河使用得最好且最多。尽管如此，河道中仍有障碍；其中上游蜿蜒，宾根附近多岩石，中部水流湍急。这些障碍在19世纪早期被克服，工程师图拉（J. G. Tulla）整顿和规范了上游，使其通航至曼海姆。随后莱茵河可以通行大驳船，远至斯特拉斯堡，20世纪初又延伸至瑞士的巴塞尔。由于冰冻和有时因异常的低水位造成的困难不能被克服，每年的不同时期仍因此而交通阻塞。较易处理的是人为障碍，通行

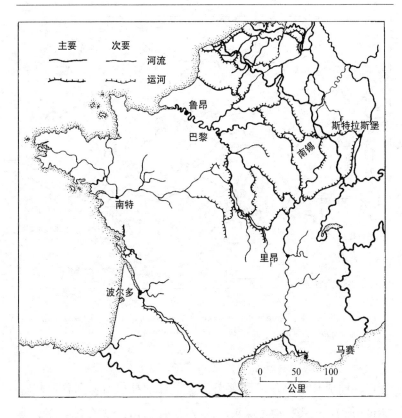

图11-59 19世纪晚期法国的内河航运。采用弗雷西内计划分为主干水道和次要水道。主 要 基 于 *Report on Canal Traffic in France,* Foreign Office, Miscellaneous Series, London, 342, 1895

费由沿河的城镇收取。那些未被拿破仑废止的费用逐渐被废弃，最终于1868年被《曼海姆公约》正式终止。

19世纪中期，水上交通量迅速增长。驳船的尺寸开始增大，蒸汽拖轮开始取代先前拉船的马。这一交通的中心是两大

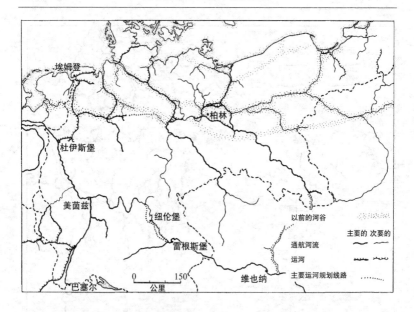

图11-60　北德平原的可通航水道，根据 *Royal Commission on Canalsand Waterways*, Vol. VI, *Foreign Inquiry*, Cmd 4841 (1909): 491—735

港口，即成长于鲁尔河和莱茵河交汇处的杜伊斯堡和鲁罗尔特（Rubrort）。主要货物是煤炭，从港口向河的上下游分配。煤炭供给阿姆斯特丹的远洋轮船和曼海姆的化学工厂。铁矿石顺着莱茵河被运至鲁尔；至19世纪末，瑞典、西班牙和非洲的矿石经由鹿特丹进口。货运的数量而非种类一直稳定增长，直至1914年"一战"爆发。其河畔码头和海洋码头被闸门港所取代，驳船可以在此装卸货物。

　　莱茵河的支流只有有限的价值。鲁尔河本身被煤船所用，直至采矿业向北发展而造成河谷一带的煤矿关闭。兰河（Lahn）一度把铁矿顺流带至莱茵河；但摩泽尔河几乎未被使用，它可能是最有价值的河流，这完全是因为它连着鲁尔和洛林的铁矿田。美茵河和内卡河（Neckar）有一定的价值，前者自19世纪早期通过路德维希大王运河同多瑙河相连，但该运河规模很小，几乎无用。

威悉河、易北河、奥得河和维斯瓦河等北欧河流斜穿过平原，从东南流向西北（图11-60）。它们的通航困难大于莱茵河，在冬季冰封的时间更久，没有维持船运的货物，如煤和铁矿石。尽管如此，它们运送货物进出于不来梅和汉堡港口。北部平原的特点是冰河时代末期创造的浅谷，它们相互连接。这些都便于人们开凿从莱茵河向东通往柏林和奥得河的运河。尽管这一运河系统到了1914年仍未完成，但环绕柏林的支流和连接柏林与港口的支流被充分利用。

东欧的河流极少被使用。维斯瓦河的水位浅，难以通航；其他河流最多运输漂浮的木材。俄罗斯的大河在先前的世纪中已是商业通道；甚至在19世纪早期，乌拉尔山脉的铁通过河流和湖泊向西被运至波罗的海。但最大且最能通航的河流——第聂伯河、顿河和伏尔加河——流至黑海或里海，事实证明，它们在俄罗斯早期的工业发展中意义不大。

多瑙河是欧洲最长且至今情况最复杂的河流，有望在欧洲商业中发挥重要作用，但它还有许多难题有待解决，包括上游的急流、位于匈牙利平原浅而弯的河道、下游的峡谷和急流。而它被忽视是由于其他因素：政治边界、注入黑海的事实和大部分河道沿线没有任何重要的货运。事实上，多瑙河最有用的部分是其三角洲，有三条支流在此汇入多瑙河，注入黑海。三角洲头部附近

432

是加拉茨（Galaţi）和布勒伊拉（Braila），它们发展于19世纪，是出口罗马尼亚谷物的港口。但在这条"与海运有关的"多瑙河的上游，通行量极少。铁门峡谷（Iron Gate）被认为不能穿过，但事实上小船偶尔会穿过湍流。同时代的人记述，如没有这个障碍，中欧的交通将通至黑海和地中海。但它是否能这样非常值得怀疑，事实上，它根本没有机会。

河流和运河在欧洲地中海地区的重要性可以忽略不计。气候和地形使其无法被利用。许多河流在夏季干涸，事实证明，向为数不多的运河供水是困难的。实际上，它们的最好的作用是灌溉而非通航。

铁路系统

至1850年，一个连接大城市和港口的初级网络已存在于西北欧（图11-61、11-62）。30年后，该网络在欧洲大陆完成，包括俄罗斯在内。只有巴尔干和北极地区的一些线路仍在建设中（图11-63）。越来越多的运输转向铁路，水路只处理一些大商品。

铁路运输的发展大大受益于欧洲大多数国家采用了标准的4英尺8.5英寸的英国尺度。只有伊比利亚半岛和俄罗斯明显背离了这一标准。建造铁路是政治行为，立法授权是必要的；铁路建成，便具有了重要的政治意义。俄罗斯铁路系统使用的是5英尺的标准，这不是出于经济原因，而是防止被中部的强国使用。因受到沙皇和奥地利皇帝的特别青睐，只有从维也纳到华沙的线路被允许使用标准尺寸建造。

国家铁路系统的建造被看作营造和维持国家统一的方式。在

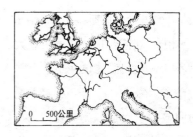

图11-61 1840年欧洲铁路的发展

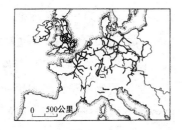

图11-62 1850年欧洲铁路的发展

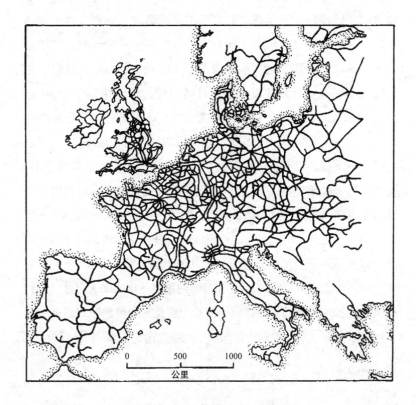

图11-63 1880年欧洲铁路的发展

434　德国，甚至在第一条铁路铺设前，弗里德里希·李斯特（Friedrich List）就已制订了将每个重要城市同柏林相连接的计划。在意大利，1861 年后，在具备可行性之后不久，人们便建设在整体上并不经济的铁路系统，意图用钢筋将整个国家连在一起。巴尔干地区的铁路建设比其他地方具有更为明显的政治性。奥斯曼帝国想建造一条从君士坦丁堡通向多瑙河的铁路，但不愿向塞尔维亚提供任何军事或经济援助。当奥斯曼人在 1875 至 1876 年的战争中战败时，该铁路仍未建成；而当该工程重启时，计划发生了意外变化，其路线穿过塞尔维亚而非奥匈帝国领土。1888 年，该线路完工，并且开通第一列"东方快车"（Orient Express）。这时，轮到哈布斯堡王朝计划建设一条穿过诺维帕扎的桑扎克（Sanjak of Novipazar）的铁路了；这阻止了塞尔维亚人的野心。这条铁路在 1912 年战争爆发时仍未完成，战争无限期地推迟了该项目。

　　另一方面，也有许多铁路的建造是为了满足真正的经济需求。此类的典型是于 1902 年开启的从瑞典北部的铁矿山穿过群山到达挪威不冻港纳尔维克（Narvik）的铁路线；或是从丹麦的奶牛养殖场通向埃斯比约（Esbjerg）的铁路线，通过埃斯比约，丹麦的奶产品出口至英国。类似的需求带来了从的里雅斯特（Trieste）和阜姆（Fiume，今里耶卡［Rijeka］）穿过迪纳里克（Dinaric）山脉分别到达奥地利和匈牙利的铁路建设；或是为避免三角洲的难以通航，从多瑙河下游穿过多布罗加（Dobrudja）到达黑海海岸的铁路建设。

435　**海上贸易**

　　在铁路时代来临前，海上贸易几乎同陆路运输一样重要。每个具有广阔海岸线的国家，都使用沿海航运进行运输和贸易。海岸线上散布着小港口，欧洲海域充满了数百吨的船只在运送货物和乘客。在欧洲的海岸线上，这样的沿海交通都是重要的。在一些地区，如挪威、意大利和希腊半岛，沿海航行几乎是唯一的旅行方式。几乎没有河流不在入海口提供一个小港口，以使内陆商业与海上贸易在此交汇。19世纪期间，大多数运输需求被吸引至铁路运输，只留下大件的、低价值的商品仍在使用近海航运，如煤、木材和建筑材料。至19世纪末，近海贸易的重要性与陆路交通的困难成正比；只有在挪威、地中海地区和英国的西海岸，其重要性较大。在其他地方，人们发现的只是朽坏的港口和木船，早已被弃用，慢慢腐烂成泥。

总是有一些为长途商业提供服务的大港口。它们充当集散地，接收遥远国度的商品，将其转运，并通过货车、内河驳船或沿海船只等进行更少量的分派。19世纪期间，它们的作用增大了，因为它们将其不太成功的竞争对手的商业吸引了过来。吕贝克相比于汉堡显得黯然失色；布列塔尼和诺曼底港口逊色于勒阿弗尔和南特，英国海岸线的无数小港逊色于伦敦、利物浦、赫尔和布里斯托尔。19世纪初，欧洲有数百个重要港口。至20世纪初，已缩减至仅20个大港口。

如果船只可以沿码头停泊进行装卸，那这个要求曾经是得到满足的。但随着船只规模和贸易量的增加，需要的是更长的码头，挖掘码头且使船只免受潮起潮落的影响，成为可取的方法。第一个这样的泊船处是法国1803年在安特卫普建立的。在一个世纪内，船坞已成为除地中海港口以外所有大港口的特点。

所有的港口都必须与它们的腹地连接。绝大多数大港口位于通航内河的河畔。仅具有较小重要性的内河航运，只存在于英国和欧洲的地中海地区——大体上是因为河流本身太小而没有太大价值，在这里必须使用陆路运输。19 世纪后半叶出现了铁路港。伦敦是一个铁路港；绝大多数地中海港口，如热那亚、的里雅斯特、阜姆和雅典的比雷埃夫斯以及马赛（尽管有罗讷河）也是如此。大港口的有效腹地相互重叠。它们随着港口建设、铁路建造和航道的改善而改变。汉堡的腹地于 19 世纪扩展至中欧，将柏林和萨克森纳入其网络，战胜了吕贝克、斯德丁和其他波罗的海港口的竞争。铁路建设为阜姆开启了同匈牙利的贸易，展开了同的里雅斯特的竞争。在整个 19 世纪，低地国家港口阿姆斯特丹、鹿特丹和安特卫普之间为了比利时与莱茵兰的贸易竞争激烈，每个港口的命运都受到运河建设、河流调节、码头建造和其政府政策的影响。最终，安特卫普失去了莱茵兰地区的贸易，只能为了比利时贸易与敦刻尔克（Dunkirk）竞争。大体说来，阿姆斯特丹不得不满足于尼德兰的贸易，而鹿特丹则作为工业化的鲁尔和莱茵兰地区的主要海港而不断壮大。

除了这些处理杂货的大港口外，有三种更专门的港口于 19 世纪发展起来：外港、商品港和"自由"港。除地中海地区外，没有一个大港口是位于海边的。所有港口都是在通航口或给予它们保护的海湾口成长起来的。河流或河口位置在 19 世纪逐渐有了巨大的缺点。它限制了船只的尺寸，要求保持很深的水道，并消耗船舶大量的工作时间。船只可能必须逆流航行至鲁昂、不来梅或南特卸下所有货物；但对部分货物或一些乘客来说，该行程是不值得的。于是，停留在"外港"——瑟堡（Cherbourg）或勒阿弗尔、不来梅哈芬（Bremerhaven）或圣纳泽尔（Saint-Nazaire）——更快且更经济。大多数大港口在19世纪下半叶发展了外港。在某些情况下，外港逐渐开始处理更大量的交通运输，如勒阿弗尔港、不来梅哈芬。

第二类新港口是处理特定商品的。纳尔维克的铁矿港和丹麦的埃斯比约港本书已有提及。其他类似的特定港有出口西班牙铁矿的毕尔巴鄂，出口厄尔巴岛铁矿的费拉约港（Portoferraio），以及那些位于西西里海岸、运送硫黄的港口。

"自由"港，或中转港，于19世纪末为满足特定的需求而发展起来。它产生于仅是为了再出口而不断进口商品的大港口。如果再出口在再次被运出前不用经受海关检查和征收费用，那么这样的交通运输将会受到鼓励。事实上，是一个区域从港口内被划出，位于国家的关外区域。商品可以在那里卸载，在仓库中保留一段时间，之后几乎不需任何手续就可再出口。汉堡和不来梅在并入关税同盟后保留了自由区。1894年，哥本哈根建立了自由区；塞萨洛尼基为方便同塞尔维亚的贸易也划出了一个这样的区域，其商品通过铁路而非海路抵达。

经过日益减少的港口，并且穿越欧洲地界的贸易，其重要性在这个世纪中有了大幅增长。法国的总贸易量于1850年大约翻一番，之后在"一战"前增加了四倍。德国的贸易量在1880至1913年间只增加了三倍。英国贸易的发展速度有些缓慢。尼德兰的贸易增加较快，但这在很大程度上是由于煤和铁矿石的中转运输。在大多数国家——英国和俄罗斯除外——很大一部分国际贸易是欧洲内部的，是跨过相互间的边界进行的。20 世纪初，欧洲国家有约 65% 的国外贸易是与欧洲大陆上的其他国家进行的。甚至英国，虽然与海外帝国具有密切的贸易关系，但仍有几乎占一半的欧洲内部贸易。不过除西北欧的工业化国家外，其他地方的人均贸易额很小，这一事实反映了国际生产分工在东欧和南欧仍进展不大。

精选书目
总论

Bairoch, P. "Europe's Gross National Product: 1800–1975." *Journal of European Economic History* 5 (1976): 273–340.

Berend, I. T., and G. Ranki. *Economic Development in East-Central Europe in the 19th and 20th Centuries.* New York, 1974.

Carr, R. *Spain, 1808–1939.* Oxford, 1966.

Clark, C. *Conditions of Economic Progress.* London, 1940.

Heckscher, E. F. *An Economic History of Sweden.* Cambridge, Mass., 1954.

Hobsbawm, E. J. *Industry and Empire.* Harmondsworth, 1969.

Ladurie, E. Le R. *Time of Feast, Time of Famine.* New York, 1971.

Lampe, J. R., and M. R. Jackson. *Balkan Economic History, 1550–1950.* Bloomington, Ind., 1982.

McGowan, B. *Economic Life in Ottoman Europe.* Cambridge, U.K., 1981.

Milward, A. S., and S. B. Saul. *The Development of the Economies of Continental Europe, 1850–1914.* London, 1977.

Milward, A. S., and S. B. Saul, *The Economic Development of Continental Europe, 1780–1870.* London, 1979.

Price, R. *The Economic Modernisation of France.* London, 1975.

Rostow, W. W. *The Stages of Economic Growth,* Cambridge, U.K., 1960.

Stavrianos, L. S. *The Balkans since 1433.* New York, 1958.

Vives, J. V. *An Economic History of Spain.* Princeton, N.J., 1969.

Wanklyn, H. G. *The Eastern Marchlands of Europe.* London, 1941.

人口

Clark, C. *Population, Growth and Land Use.* London, 1967.

Coon, C. S. *The Races of Europe.* New York, 1939.

Finkelstein, L., ed. *The Jews: Their History, Culture and Religion.* New York, 1949.

Foerster, R. F. *The Italian Emigration of our Times.* Cambridge, Mass., 1919.

McNeill, W. H. *Plagues and Peoples.* New York, 1976.

Mayer, K. B. *The Population of Switzerland.* New York, 1952.

Moller, Herbert, ed. *Population Movements in Modern European History.* New York, 1954.

Post, J. D. *The Last Great Subsistence Crisis in the Western World.* Baltimore, Md., 1977.

Rosenberg, C. E. "Cholera in Nineteenth Century Europe: A Tool for Social and Economic Analysis." *Comparative Studies in Society and History* 8 (1965-1966): 452-463.

Wace, A. J. B., and M. S. Thompson, *The Nomads of the Balkans.* London, 1914.

Walker, M. *Germany and the Emigration 1816-1885.* Cambridge, Mass., 1964.

Wanklyn, H. G. "Geographical Aspects of Jewish Settlement East of Germany." *Geographical Journal* 95 (1940): 175.

城市聚落

Bairoch, P. "Urbanisation and Economic Development in the Western World: Some Provisional Conclusions of an Empirical Study." In *Patterns of European Urbanisation since 1300,* ed. H. Schmal. London, 1981.

Chevallier, L. *Labouring Classes and Dangerous Classes.* London, 1973.

Clout, H. D. "Urban Growth, 1500-1900." *Themes in the Historical Geography of*

438

France. London, 1977.

Dickinson, R. E. *The City Region in Western Europe.* London, 1967.

Hall, P. *The World Cities.* London, 1966.

McKay, J. P. *Tramways and Trolleys: The Rise of Urban Mass Transport in Europe.* Princeton, N. J., 1976.

Pinkney, D. *Napoleon III and the Rebuilding of Paris.* Princeton, N.J., 1958.

Pounds, N. J. G. "The Urbanization of East-Central and Southeast Europe: An HistoricalPerspective." In *Eastern Europe: Essays in Geographical Problems,* ed. G. W. Hoffman. London, 1970.

Weber, A. F. *The Growth of Cities in the Nineteenth Century.* New York, 1899.

农业

Chorley, G. P. H. "The Agricultural Revolution in Northern Europe, 1750–1880: Nitrogen, Legumes and Crop Productivity." *Economic History Review* 34 (1981): 71–93.

Collins, E. J. T. "Labour Supply and Demand in European Agriculture 1800–1880". In *Agrarian Change and Economic Developments,* 61–94.

The Consolidation of Fragmented Agricultural Holdings. F. A. O.: Washington, D.C., 1950.

Conze, W. "The Effects of Nineteenth Century Liberal Agrarian Reforms on Social Structure in Central Europe." In *Essays in European Economic History,* ed. F. Crouzet, W.H. Chaloner, and W. H. Stern. London, 1969.

Dallas, G. *The Imperfect Peasant Economy: The Loire Country, 1800–1914.* Cambridge, U.K., 1982.

Jones, E. L., and S. J. Woolf, eds. *Agrarian Change and Economic Developments.* London, 1969.

Lambert, A. M. *The Making of the Dutch Landscape.* London, 1971.

Mayhew, A. *Rural Settlement and Farming in Germany.* London, 1973.

Mitrany, D. *The Land and the Peasant in Rumania.* London, 1930.

Morgan, O. S., ed. *Agricultural Systems of Middle Europe.* New York, 1933.

Parry, M. L. *Climatic Change, Agriculture and Settlement.* Folkestone, 1978.

Perkins, J. A. "The Agricultural Revolution in Germany 1850–1914." *Journal of European Economic History* 10 (1981): 71–118.

Salaman, R. N. *The History and Social Influence of the Potato.* Cambridge, U.K., 1949.

Seebohm Rowntree, B. *Land and Labour: Lessons from Belgium.* London, 1911.

Skrubbeltrang, F. *Agricultural Development and Rural Reform in Denmark.* Agricultural Studies, F. A. O., 1953.

Thorpe, H. "The Influence of Enclosure on the Form and Pattern of Rural Settlement in Denmark." *Transactions, Institute of British Geographers* (1951): 111–129.

制造业 439

Bythell, D. *The Handloom Weavers.* Cambridge, U.K., 1969.

Clough, S. B. "The Diffusion of Industry in the Last Century and a Half." *Studi in Onoredi Armando Sapori.* Milan, 1855.

Dehn, R. M. R. *The German Cotton Industry.* University of Manchester Economic Series, Vol. 14, 1913.

Elkins, T. H. "The Brown Coal Industry of Germany." *Geography* 38 (1953): 18–29.

Forrester, R. B. *The Cotton Industry in France.* University of Manchester Economic Series,Vol. 15, 1921.

Henderson, W. O. *Britain and Industrial Europe 1730–1870.* Liverpool, 1954.

Mendels, F. "Proto-Industrialization: The First Phase of the Industrialization Proces." *Journal of Economic History* 32 (1945): 241–261.

Mokyr, J. *Industrialization in the Low Countries, 1795–1850.* New Haven, Conn., 1976.

Montgomery, G. A. *The Rise of Modern Industry in Sweden.* London, 1939.

Pounds, N. J. G. *The Ruhr.* London and Bloomington, Ind., 1952.

Pounds, N. J. G. "The Spread of Mining in the Coal Basin of Upper Silesia and NorthernMoravia." *Annals of the Association of American Geographers* 48 (1958): 149–163.

Pounds, N. J. G. *The Upper Silesian Industrial Region.* Bloomington, Ind., 1958.

Pounds, N. J. G., and W. N. Parker. *Coal and Steel in Western Europe.* London and Bloomington, Ind., 1957.

Tegoborski, M. L. de. *Commentaries on the Productive Forces of Russia.* London, 1855.

Tilly, R. *Financial Institutions and Industrialization in the Rhineland 1815-1870.* Madison, Wis., 1966.

Warden, A. J. *The Linen Trade.* London, 1864.

Wrigley, E. A. *Industrial Growth and Population Change.* Cambridge, U.K., 1961.

运输和贸易

Beaver, S. H. "Railways in the Balkan Peninsula." *Geographical Journal* (1941): 273-294.

Bindoff, S. T. *The Scheldt Question to 1939.* London, 1945.

Boag, G. L. *The Railways of Spain.* London, 1923.

Cameron, R. E. *France and the Economic Development of Europe 1800-1914.* Princeton, N.J.,1961.

Henderson, W. O. *The Zollverein.* Cambridge, U.K., 1939.

Mance, Sir Osborne. *International River and Canal Transport.* Oxford, 1944.

International Sea Transport. Oxford, 1945.

Meyer, H. C. "German Economic Relations with Southeastern Europe." *American Historical Review* 57 (1952): 77-90.

Pounds, N. J. G. "A Free and Secure Access to the Sea." *Annals of the Association of American Geographers* (1959): 256-268.

Pounds, N. J. G. "Patterns of Trade in the Rhineland." *Science, Medicine and History.* Vol. 2, 419-434. Oxford, 1953.

Pounds, N. J. G. "Port and Outport in North-west Europe." *Geographical Journal* 109 (1947): 216-228.

Ringrose, D. R. *Transportation and Economic Stagnation in Spain, 1750-1850.* Durham, N. C., 1970.

第十二章 “一战”前夕的欧洲

　　长期的稳定和几乎未被干扰的增长在1914年因“八月的枪声”而终止，而当枪声于1918年11月重归寂静时，欧洲在社会、经济和政治的状况已极为不同于五年前。在上一世纪，人口增加了一倍多，国民生产总值增加了许多倍。在食物方面，总的来说，已自给自足的大陆开始依赖于世界其他地区，大陆与后者在日益复杂的贸易网络中相连接。城市人口在本世纪初仅占总人口的15%，“一战”前已增加至人口总数的45%或更多。20世纪初，民族主义对欧洲大陆许多地方来说是一种新的情感，而在其他地方是未知的。至1914年，民族主义已无处不在，可被强烈感知到；它引发了已知最具灾难性的战争，随后的和平协定亦由其主导。

人　口

　　1913年，极为密集的人口带从英国北部延伸至德国东部，意大利的大部分地区也是人口密集区。这些密集人口地区之间及其周围是其他人口低密度地区，它们融入了人口稀疏的欧洲“外围”区。这样的格局只是在细节上与一个世纪前不同。密集人口已变得更加密集，人口稀疏区在许多情况下则变得更稀疏。一个地区

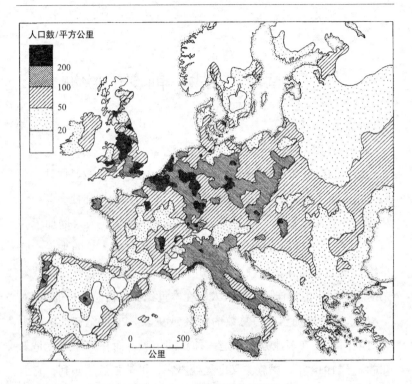

图12-1　1910年欧洲的人口密度

的人口增长伴随着来自另一个地区的移民。人们很自然地认为密集人口是现代城市化和工业增长的结果。在许多情况下确实如此。但图12-1显示的人口中密度区和高密度区与城市化或工业化无关，它们的人口仍主要是农业人口。事实上仍有两种密集人口区：一种以鲁尔、比利时中部或英格兰的西米德兰兹为典范，其人口主要被雇用于制造业和服务业；相反，另一种如西西里、西班牙西北部和奥地利的加利西亚这样的地区，其人口密度源于微型土地

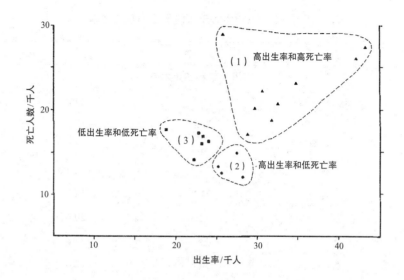

图12-2　图表显示人口行为的集聚模式：（1）高出生率和高死亡率；（2）高出生率和低死亡率；（3）低出生率和低死亡率

耕并导致一种近乎赤贫的状态。前一种可以从燃料资源、工业原料和交通便利等方面解释。后一种则不太容易解释。　　441

　　首先，农村人口过剩完全是相对的。喀尔巴阡山有 20 平方英里的面积，人口可能过量；法国北部平原有四倍于它的人口密度，可能人口并没有过量。在一些地区，乡村人口对资源造成了压力；在另一些地区，土地则大得足以进行有效耕种，产生令人满意的生活水准。在有些地区，主要是西北欧，极小的土地被施肥和密集耕种，其产出的产品用于满足附近城市的需要。而在另一些地区，土地更多地作为只生产粗粮的家庭农场。一般而言，西北欧的人口密集区人口不再过剩。而在一些欠发达的乡村地区，却已

表12-1　1913年每千人的出生率与死亡率

	出生率	死亡率
高出生率和高死亡率		
保加利亚	25.7	29.0
芬兰	28.8	17.1
匈牙利	34.3	23.2
奥地利	29.7	20.3
意大利	31.7	18.7
葡萄牙	32.5	20.6
俄罗斯	43.1	27.4
西班牙	30.6	22.3
罗马尼亚	42.1	26.1
死亡率降低和高出生率		
丹麦	25.6	12.5
德国	27.5	15.0
尼德兰	28.2	12.3
挪威	25.1	13.3
低出生率和低死亡率		
比利时	22.3	14.2
法国	18.8	17.7
爱尔兰	22.8	17.1
瑞典	23.2	13.7
瑞士	23.2	14.3
英国	24.1	13.8

表12-2 经济活动中人口的就业百分比

	农业、林业、渔业	制造业	商业、金融和服务业
奥地利	56.9	21.4	21.7
比利时	23.2	39.8	37.0
保加利亚	81.9	8.0	10.1
丹麦	41.7	24.1	34.2
英格兰和威尔士	8.1	45.6	46.3
芬兰	69.3	10.6	20.1
法国	40.9	31.9	27.2
德国	36.8	36.3	26.9
匈牙利	64.0	16.7	19.3
意大利	55.4	25.9	18.7
挪威	39.6	25.1	35.3
尼德兰	28.3	31.8	39.9
葡萄牙	57.4	21.5	21.1
罗马尼亚	79.6	7.8	12.6
苏格兰	11.0	55.7	33.3
西班牙	56.3	13.8	29.9
瑞典	46.2	25.1	28.7
瑞士	26.7	45.4	27.9

注释：没有关于俄罗斯的数据。

出现了几乎是马尔萨斯式的人口过剩。人们可能要问,在通讯和旅行比之前发达的时代,为什么劳动力没有从本质上人口过剩的地区"流向"那些可以把劳动力纳入第二和第三产业的地区呢?为什么劳动力找不到自己的位置?答案并不简单。事实上,有一些迁移,正如鲁尔地区受压抑的波兰人群所呈现的那样。农民的保守、对新环境的恐惧、政治对移民的限制、生活在不同宗教信仰人群中的问题,所有这些都阻碍了移民和迁居。但最重要的制约因素很可能是缺乏财力资源。迁居是件昂贵的事情,农村的穷人无法承担。

这些人口过剩的国家和地区仍有极高的出生率,而死亡率正开始下降。在欧洲内部,至关重要的划分是,还未完全经历从高出生率和高死亡率向低出生率、低死亡率的"人口转变"的国家和地区,与已发生转变的国家和地区之间的差异。现有数据是以国家为基础的。更精确的统计无疑将显示每个国家的基本情形。这个划分可见表 12-1 和图 12-2。东欧和南欧的所有国家和地区仍显示出了前工业时代的高出生率(超过 25‰)和相当高的死亡率(几乎超过 20‰)的模式,但后者趋于下降。中欧的特点是死亡率下降,但出生率仍相对较高。最后,西北欧和瑞典、瑞士则是低出生率(25‰以下)和普遍的低死亡率。

欧洲人口正在不断脱离土地,总的来说从事农业的人口不足总就业人口的一半。表 12-2 显示,表 12-1 中每个高出生率和高死亡率的国家都似乎有一半以上的就业人口从事农业。与之相反,每个低出生率和低死亡率的国家则有较低的农业就业率;只有爱尔兰除外,因为我们无法获得其单独的统计数据。

城市地图

前 100 年中发生的人口就业结构的变化带来了城市的快速增长，在这些城市中人们开展了绝大多数的工业和服务业活动。绝大多数小城镇的人口增长较少；依照 19 世纪初的标准，人口增长主要发生在那些已有相当多人口的城市。1913 年约 43.5% 的欧洲人口被归为市民，但必须要记住的是，各个国家所用标准不同

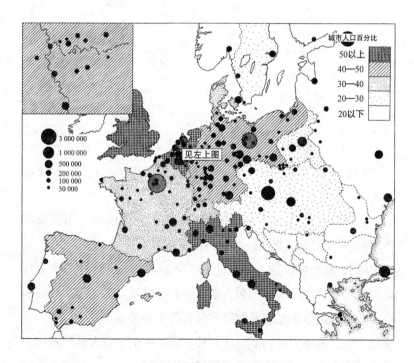

图12-3　约1910年欧洲的城市人口

表12-3 约1910年城市人口的百分比

意大利	62.4
比利时	56.6
尼德兰	53.0
德国	48.8
西班牙	42.0
法国	38.5
瑞士	36.6
丹麦	35.9
匈牙利	30.0
奥地利	27.3
瑞典	22.6
罗马尼亚	16.0
葡萄牙	15.6

（见图12-3和表12-3）。可以被看作市民的巴尔干人口比例可能不足15%，甚至可能低于10%。

这个时期约有150个城市的居民数量超过10万，不列颠群岛约有40个城市（图12-4），约占城市总人口的43%。150个城市中约有30个城市的人口超过50万。这些大城市承担着许多功能。绝大部分政治首都都包含在其中；所有城市都是公共管理的中心；所有城市都是交通网络和制造行业的焦点，其中许多光线充足，以消费者为导向。海外贸易不断集中于少量大港口意味着这些城市也增长迅速；在许多情况下，它们是其国家的第二大城

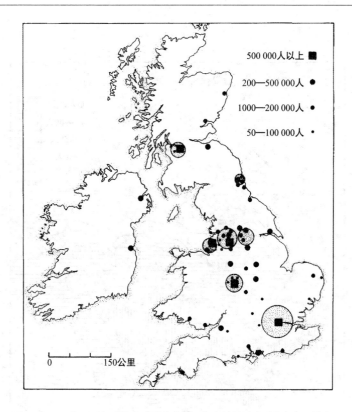

图12-4　1911年不列颠群岛的大城市分布。加点的圆圈表示大都市区的人口

市。城市地图的特点是出现了有卫星城的大都市。在大都市中，城市和城镇在地理上相互交融，相互间几乎没有空地。城市地图（图12-3）没有突出这些广阔的大都市区，因为它们至少在部分程度上是由那些少于5万人的城市组成的。在英格兰，西米德兰兹、兰开夏和约克郡西部的工业城市以及大伦敦，都形成了这样一个带有卫星城的大都市。它们的总人口几乎有1300万，约占这

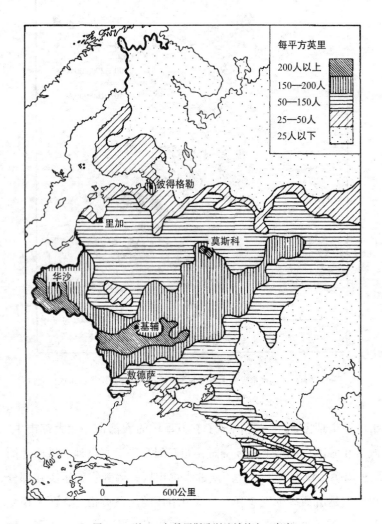

图12-5　约1910年俄罗斯欧洲地域的人口密度

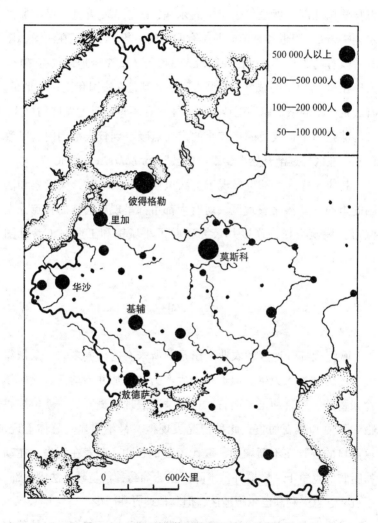

图12-6 20世纪早期俄罗斯欧洲地域的城市发展

个时期英格兰和威尔士总人口的 35%。在欧洲大陆，这样的大都市从法国北部扩展至鲁尔煤田的东端，跨距 350 英里，仅在那慕尔（Namur）附近和莱茵河西岸有明显的中断。该地区在法国和比利时段有约 340 万人，在德国段有 580 万人。整个地区仅有 10 个人口在 10 万以上的城市，但城市间，尤其是在法国和比利时北部，有大量小型的采矿镇和工业镇，其中许多不过是过度发展的村庄。其趋势是为了行政目的将较小的定居点吸收到较大范围内，以致鲁尔工业区已逐渐开始由少量"市县"（Stadtkreise）组成。

其他这样的大都市出现于上西里西亚、大柏林、大巴黎和法国的里昂－圣埃蒂安地区。所有大都市都呈现出同样的特点：大城市扩展至乡村，连接并最终吞并了小城镇和工业村（参见图12-5、12-6）。

农　业

欧洲大部分地区的农业产出是前所未有的，更多的民众依靠较少的劳动投入为生。但近年来生产力的增加并不均衡。就新作物如番茄、甜菜和玉米而言，这种情况表现得最明显；就传统谷物如黑麦和燕麦而言，此种情况表现得又最不明显。总体上说，较可口的谷物在不断增加，取代了其他谷物。荞麦在消失。在动物脂肪的竞争下，橄榄种植下降。虽然葡萄种植蔓延至法国南部、西班牙、意大利和巴尔干地区，但其他地方在减少。

尽管农业日益多元化，但在欧洲大部分地区谷物仍主导着农业系统，占据了至少一半的耕地。小麦的重要性已在增加；在西

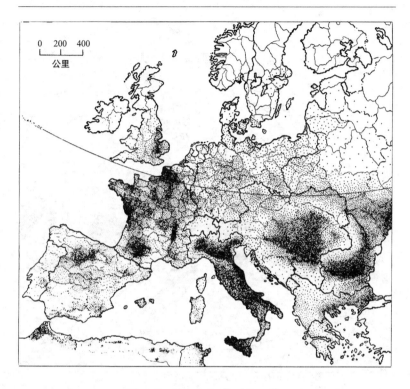

图12-7 约1913年欧洲的小麦种植。每点代表5000英亩

欧绝大多数地区它已取代了黑麦和人们饮食中的粗粮，在中欧和南欧也日益重要。相比绝大多数谷物，小麦受土壤和气候的影响更强烈，只在一些特定地区才是真正重要的。显示小麦生产区域的地图（图12-7）与产量图（图12-8）形成鲜明对照。在英格兰东部地区，以及法国北部和德国中部的优质黄土区，小麦的产量尤其高；但在南欧和东欧大部分地区则相对较低。

黑麦的分布在某些方面与小麦的分布相反。如图12-9所示，

448

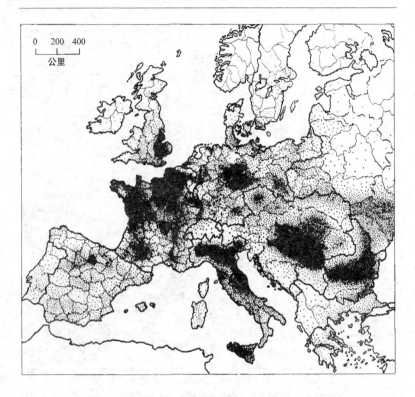

图12-8　约1913年欧洲的小麦产量。每点代表100 000蒲式耳

黑麦是贫瘠土壤和潮湿、凉爽气候中的作物，是俄罗斯和东欧大部分地区的主要谷物。粗粮——燕麦和大麦被种植于除斯堪的纳维亚北部之外几乎所有的地方。它们被用于饲养动物；大麦是最适合制作啤酒的谷物，生长于所有地方，在英格兰、丹麦、德国，酿造是很重要的。

　　玉米的种植已在近年大幅扩展。其收成丰厚，纯粹就产量而言，没有对手。但玉米的生长环境需要炎热、潮湿的夏季，而在

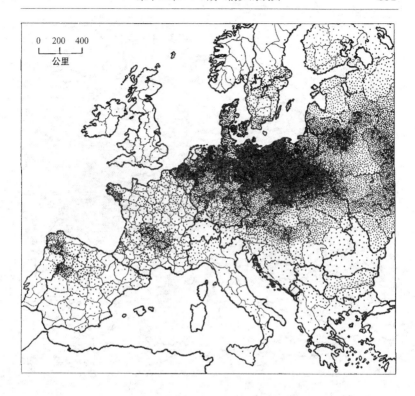

图12-9 约1913年欧洲的黑麦种植。每点代表5000英亩

欧洲大部分地区，夏季或凉爽或干燥。玉米只生长于介于南北之间的中间地带，如伊比利亚半岛的西北部地区、意大利北部、匈牙利和罗马尼亚。虽然玉米已进入到人们饮食中，但大多数用来饲养家畜。

欧洲在粮食上早已不能自给自足，部分是因为人口增长，部分是因为取代谷物种植的饲料作物和轮作草场的重要性在不断增加。小麦是最有价值的谷物，大部分进入了国际贸易。整个东欧

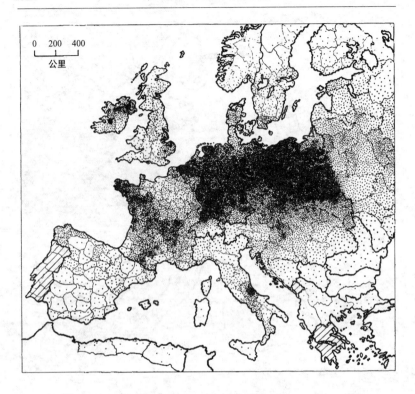

图12-10 约1913年欧洲的土豆种植。每点代表2000英亩

都有剩余的小麦，但绝大多数被出口至中欧和西欧。在"一战"
前的数年中，整个欧洲的进口量约占总消费量的五分之一。每个
国家的消耗量，从西班牙的不足2%和法国的4%，至德国的五分
之一以上，瑞典和丹麦的三分之一，以及英国的近五分之四不等。
450 西欧的粮食不足多于东欧和俄罗斯所能提供的，因而来自新大陆
和澳大利亚的供应是必需的。其他谷物大多在种植地附近就被消
耗掉，几乎没有国际性的——实际上是没有长途——贸易。

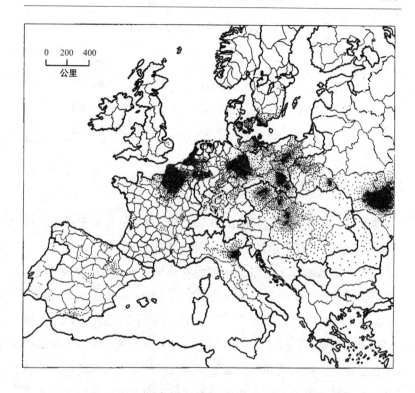

图12-11 约1913年欧洲的糖用甜菜生产。每点代表1000英亩

至1914年,土豆和甜菜等根茎类作物已开始在轮作和饮食中发挥重要作用。它们都适于凉爽、潮湿的天气。它们在太干旱的南欧或晚春霜冻会摧毁作物的斯堪的纳维亚都不重要。在法国,它们仅在传统三耕轮作制已被弃用的地方是重要的。它们在低地国家、德国、波兰和俄罗斯最重要。土豆的密集种植区(图12-10)几乎界定了德国的文化区,它在这里是饮食的重要组成部分。甜菜的分布较有限,部分是因为它们在深厚、肥沃的土壤中才生

表12-4 西欧、中欧和北欧的农畜（以千计）

	1860 年	1910 年
牛	48 062	64 371
羊	86 325[1]	47 594
猪	23 369[2]	46 941

[1] 瑞典的估值。

[2] 奥匈的估值。

长得最好，部分是因它们仅在加工厂附近可以从种植中获益。其结果是，甜菜只在少量核心地区很重要（图 12-11）。

近些年来出现了从耕地向混合农业的改变。牛群数量增加，且更重要的是它们的质量在改善。总的来说，牛是数量最多的耕畜（表 12-4）。牛一直是多用途的动物；但在 20 世纪初，有一种趋势是偏离饲养肉牛，而转向奶牛养殖。在一些地区，尤其是丹麦、尼德兰、法国西北部，而更令人吃惊的是意大利北部，养殖已大大地转向混合养殖和奶牛养殖，英国西部的农业耕地几乎完全用于牛群饲养（图 12-12）。

相反，几乎所有地方的羊群数量都在下降，只有在意大利和巴尔干地区羊群保留了之前的重要性。其原因在于，以往羊的饲养主要是为了获取羊毛；奶和肉的重要性较小。而吸纳其主要产品的毛纺织业不仅没有大幅地扩大，并且不断受到来自海外，尤其是澳大利亚的高级羊毛供给的影响。但还有其他原因：羊已完全适应收割后的休耕地，而欧洲大部分地区没有留下休耕地。地图（图 12-13）显示，除英国和尼德兰外，只有欧洲地中海地区

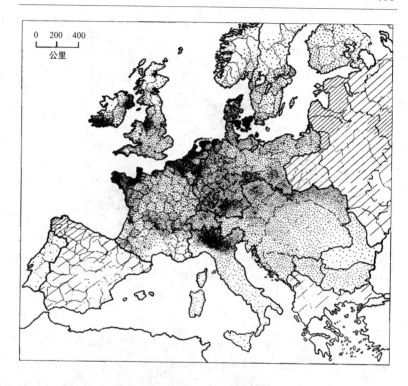

图12-12　约1913年欧洲的奶牛。每点代表5000头牛

仍有密集的羊群。在西班牙的梅塞塔、亚平宁山脉和巴尔干地区，羊提供了使用贫瘠土地的唯一可行方式。

养猪的重要性大大增加，大致平衡了羊群数量下降带来的影响。养猪需要的空间很小，并且随着饲料的供应其规模不断扩大，其饲料主要是粗粮以及奶牛场和城市的废料。在有土豆供应——通常是那些土豆量太少而无法出售的地方——和提供奶制品厂的副产品的地方，如丹麦，猪尤为重要（图12-14）。随着对海外

图12-13　约1913年欧洲羊的饲养。每点代表10 000只羊

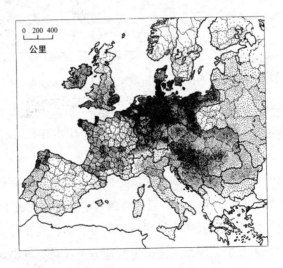

图12-14　约1913年欧洲猪的饲养。每点代表5000头猪

谷物资源的依赖不断加深，西欧和中欧开始趋于生产高蛋白食物，尽管在中欧这样的趋势不是那么强烈。

制造业

至1914年，西北欧已成为世界上占主导地位的工业区。它仍领先于美国，这个时期的日本则远远落在后面。包含英国和俄罗斯在内的欧洲，生产了世界上约50%的煤和约57%的钢铁。欧洲拥有世界上绝大多数的船舶，包含约30%的铁轨，并生产了绝大多数的纺织品和大部分化学物品。这一巨大的工业生产建立在煤铁之上；如没有煤和铁，欧洲制造业肯定仍是小规模且非机械化的。

作为能源，煤是有竞争对手的，但在1913年竞争还不明显（见表12-5）。煤炭的生产分布（不论是烟煤还是次烟煤）可见于表12-6和图12-15。总的来说，欧洲的煤炭生产超过了自给自足；主要是从英国出口，为世界其他地方供应燃料。欧洲内部的贸易

表12-5　1913年的能源来源

	10^{15} 卡路里	百分比
固体燃料	3997.0	90.53
木质燃料	207.0	4.69
油与石油	66.5	1.51
天然气	0.5	0.01
水电	144.0	3.26
总计	4415	100

表12-6　1913年烟煤与褐煤产量

	烟煤		褐煤	
	总量	百分比	总量	百分比
奥地利	16 460	8.7	27 378	21.83
[其中波希米亚－摩拉维亚]	[14 087]	—	[23 137]	—
比利时	24 371	4.0	—	—
保加利亚	11	—	358	
法国	40 844	6.7	—	—
德国	190 109	31.1	87 233	69.96
希腊	0.2	—	—	—
匈牙利	1320	—	8954	7.14
意大利	1	—	700	
挪威	33			
波兰	5770[1]	0.9	—	—
葡萄牙	25			
塞尔维亚	32[1]		273	
瑞典	364			
西班牙	3971		277	
罗马尼亚	—		250	
俄罗斯	36 011	5.9	无数据	无数据
英国	292 043	47.8	无数据	无数据
总计	611 365		125 423	

[1] 为1911年的数据。

表12-7 1913年欧洲的生铁与钢产量（以千吨计）

	生铁	钢
奥地利（包括波希米亚 – 摩拉维亚）	1758	2611
比利时	2485	2403
法国	5207	4687
德国	16 761	17 609
匈牙利	623	—
意大利	427	934
卢森堡	2548	1326
俄罗斯	4650	4925
［其中芬兰］	［9］	［7］
［其中波兰］	［418］	［无数据］
西班牙	425	242
瑞典	730	591
英国	10 425	7787
总计	46 039	43 115

也相当大。英国的煤被装船运至法国、德国、斯堪的纳维亚，甚至地中海港口。从摩拉维亚煤田运至维也纳，从上西里西亚运至柏林，从鲁尔运至瑞士、洛林和尼德兰。

虽然欧洲大多数国家都生产生铁并对其进行提炼，但82%铁的生产集中于德国、英国、法国和俄罗斯四个国家（图12-16和表12-7）。绝大多数被熔炼的铁通常在同一工厂被转化为钢。在大多数国家，钢的产量超过了生铁的产量。这可能已影响到了对之前铁储备的使用，但大多数情况下它反映了平炉中的废铁消耗。

表12-8　德国、法国和英国的钢产量（以千吨计）

	法国	德国	英国
转炉钢			
碱性	2806.5	10 630	552
酸性	272.7	155	1049
平炉钢	1582.5	7613	6063
坩埚钢	24.1	85	—
电炉钢	21.1	89	—
总计	4706.9	18 572	7664

455　另一方面，在法国、卢森堡和洛林的德国属区，生铁产量超过了钢，因为鲕状褐铁矿田的许多工厂生产的铁是在其他地方提炼的。钢铁工厂高度集中。欧洲不少于24%的钢产于鲁尔，25%的生铁在洛林和卢森堡的鲕状褐铁矿田熔炼。在英国，苏格兰东北部和中部生产了一半以上的钢。

至1914年，人们使用的制钢法已有若干种，所产铁的质量和用处大为不同。平炉钢在各方面优于转炉钢，坩埚钢和电炉钢基于特定用途而被制造出来。表12-8显示了三个主要产钢国的产量。将近60%产于法国和德国的钢是通过基本工序制造出来的，其大部分来自洛林的鲕状褐铁矿田。英国和俄罗斯的比例要小得多，它们有更大的低磷铁矿藏。然而，人们对瑞典北部和洛林的两大

456　磷铁矿藏的依赖越来越普遍。对瑞典矿石的使用反过来促生了冶炼厂落地在意大利、法国、尼德兰和德国的海岸地带，在这些地方，矿石从来自斯堪的纳维亚北部或甚至更远矿山的货船上被卸载下来。

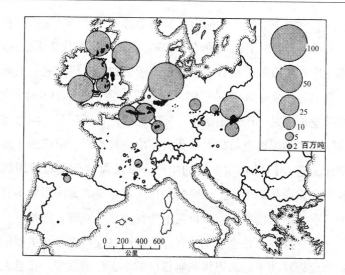

图12-15　1912年欧洲煤的生产。英国和德国的绝对优势明显

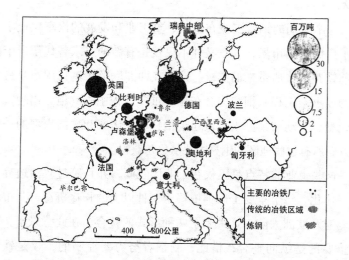

图12-16　1912年欧洲的钢铁产量

19 世纪晚期，在一个综合工厂内熔炼和提炼金属变得有利可图。有运输和燃料消耗两种经济结构。但此时这些优势不太显著。冶炼工序在沿海或矿田日益重要，而精炼和制造仍在老的工业中心。当冶炼事实上不再进行时，它通常会留下一系列衍生产业。圣埃蒂安地区是一个典型例子。那里的铁矿资源耗尽，而且在这个内陆地区难以由进口矿石取代。其冶炼被废弃，但该地区加强了用于武器制造的优质钢材的生产，以及像自行车和缝纫机这类轻型金属商品的生产；圣埃蒂安在这些方面成为法国最重要的产地。在法国其他地方和英格兰的中部地区、亚琛、席根兰、绍尔兰、萨克森等地，也出现了同样的发展过程。燃气平炉制钢厂建立的设施推动了远离煤田和制铁厂的小工厂的发展。在意大利北部尤其如此，这里的钢产量支持了汽车和轻型机械工业的发展壮大。

这个时期的钢铁工业在造船、重工业和发展的汽车工业中发现了广阔的新市场，其意义并不仅仅是有新的需求替代了半个世纪前铁路扩张所带来的需求。造船在西北欧的大港口周边是最重要的。重型工程和钢结构会在靠近重要制钢中心的地方出现。其他轻型、劳动密集型工程被建于柏林、汉诺威和德国南部的一些地方，所有这些地区的钢材主要从鲁尔获得。

这些工业的特点是不仅在工业区之间，并且跨过政治边界日益一体化。每个重要工厂都依赖于一种以上的长途资源，其市场可能遍及欧洲大陆。这带来了两种形式的整合。在此背景下，较为重要的是纵向整合；借此，制钢者努力要控制的不仅是铁资源的来源，还有矿石和燃料的来源，同时，甚至要努力控制金属制造和销售。西欧大部分地区的制钢公司在洛林获利。鲁尔的钢铁巨头拥有煤矿、焦化炉和莱茵河船队。柏林和布雷斯劳的工业在上西里西亚有工厂。虽然这样的名单几无止境，但有时控制被商业法的细节所掩盖了。克虏伯、斯廷思（Stinnes）或蒂森（Thyssen）的长臂已伸进奥地利、瑞典和西班牙。　460

　　另一种整合是横向的。两个或两个以上的生产同样商品的公司协商合并，以便更充分地利用资源、共享市场或控制价格。无数小工厂被收购，并入大工厂。这个过程的终极便是形成卡特尔。生产单位在生产水平和价格上达成共识，许多情况下在各自国内取得垄断地位。例如德国的煤炭卡特尔和钢铁行业内的一系列卡特尔协议。

　　欧洲曾是有色金属的主要生产地。总体上其产量维持不变，但在一些地区，如上西里西亚和西班牙，产量确实在不断增加。但需求量也已大大增加，欧洲的产量占世界产量的份额在减少，变成一个进口大多数金属的重地。冶炼工厂从采矿区，如比利时的古山地区转移至矿石和精矿所经过的港口。

　　19世纪的另一个主导行业——纺织业，未显示出这样的活力。亚麻纺业的规模总体上几乎不比半个世纪前大。毛纺业，根据羊毛原料的消耗来衡量的话，仍在继续发展，但其在主要中心的扩大缓慢。只有棉织业保持了其早期势头，在1913年拥有世界三分之二的纱锭。但欧洲织造行业的市场份额明显较小，机械纺线被出口给世界其他地方的手摇织工。不久，"新"的国家开始自己纺线。

　　化工行业是欧洲的发明，几乎仍被欧洲垄断。由于其产品的多样性，要衡量其规模是困难的。作为其他部门生产的根本，基本的酸碱生产已在急速增长，染料、药品和感光材料的生产也在增长。"一战"前的数年中，化工业的增长比其他任何生产部门都快。大致估算一下，有三分之一甚至一半的欧洲化工业位于德国，主要是萨克森和莱茵河沿岸，最多有五分之一在英国。

　　至 1914 年，长期的工业发展被其所创造的战争武器中断。欧洲——如果不再单单是英国——是"世界的工厂"。这个时期它的唯一竞争者是美国。在大部分行业，后者的产量远低于欧洲的水平，但其具有巨量且极少被开发的资源，增长潜力要大得多。在欧洲内部，70% 以上的生产能力在法国、德国和英国，而德国此时在大多数方面居于领先地位（见表 12-9）。

表12-9　1913年欧洲的制造业（%）

	法国	德国	英国	其他国家
烟煤	7	34	52	7
钢	12	46	20	22
机械	5	48	27	20
化学	14	41	19	26
原棉消费	11	19	43	27
总制造能力	13	32	27	28

　　至 1913 年，欧洲大部分的生产能力集中于从英国北部至德国西北部的一个相对狭窄的地带。其生产从这个"核心区"，向东、

向南延伸至"越来越未充分准备接受生产的地方"[①]。即便如此，欧 461
洲大陆的大部分地区在1913年仍未被核心区的技术进步所触及。
在核心和其他生产集中区周围，是拥有稠密人口和密集型农业的
外围区域，分散着较小的工厂和工业中心。它们有两种类型。孑
遗工业在不同程度上被技术上较先进的制造业所取代。第二类由
标志着工业革命延伸边缘的新工厂和新工业组成。这些工厂和工
业进入乡村地区，包围了建筑物林立的老区，如英格兰的西米德
兰兹、鲁尔和比利时中部。

运输和贸易

至1914年，除巴尔干和俄罗斯的部分地区外，欧洲铁路系
统已完全形成，在一些地区，甚至可以说已过度发展（见表12-
10）。没有什么指标能比铁路网的密度及其使用的强度更清楚地展
现了西北欧发达的工业中心和欧洲大陆其余地区之间的反差。使
用的强度比网络本身的密度有更大差异。从可以获得的对每公里
铁轨所运载的吨位和乘客的估计中，可以得出体现每个国家铁路
系统使用强度的指数。它们的排名见表12-11、12-12。

正如可能预期到的，这两个表间的相关度很高，但尼德兰的
指数已降至水路使用期望值以下。这些表的一个特征是，使用最
多的和使用最少的系统间有着巨大差异。由此可见，在最不能负
担的不发达国家，维持铁路系统的成本高得不成比例。罗马尼亚 463

[①] S. Pollard, *European Economic Integration 1815–1970* (London, 1974), 27.

表12-10　欧洲铁路网的密度

	铁轨长度（公里）	每1000平方公里的铁轨长度（公里）
奥匈帝国	22 981	36.8
比利时	4676	153.3
保加利亚	2109	24.2
丹麦	3868	89.7
芬兰	3560	10.9
法国	40 770	76.0
德国	63 378	117.2
希腊	1584	24.4
意大利	18 873	65.9
尼德兰	3305	97.8
挪威	3085	9.5
波兰	2796	22.0
葡萄牙	2958	32.6
罗马尼亚	3549	27.0
俄罗斯	68 006	3.1
塞尔维亚	1598	33.1
西班牙	15 088	29.8
瑞典	14 377	33.6
瑞士	4832	114.2
英国	32 623	139.5

在货物运输中的显著表现，应归因于石油和谷物的流通量。

表12-11 欧洲铁路的使用强度（总吨数）

	公里/吨货物（百万）	指数[1]
比利时	5729	1.224
德国	67 700	1.106
法国	25 200	0.622
尼德兰	1802	0.560
罗马尼亚	1443	0.420
奥匈帝国	17 287	0.399
意大利	7070	0.391
瑞士	1458	0.309
瑞典	3184	0.230
西班牙	3179	0.217
芬兰	649	0.178
丹麦	578	0.168
挪威	401	0.135
保加利亚	176	0.091
希腊	50	0.032

[1] 该指数由公式计算：强度 = $\dfrac{公里/吨}{铁轨（公里）}$。

至1913年，许多河流和运河都已停止使用。在英格兰，大多数运河被铁路公司取得，并放任它们衰落至无用。只有在英国北部的工业区，运河仍保有一定重要性。在法国，现代化系统被用

表12-12　欧洲铁路的使用强度（旅客数）

	公里/游客（百万）	指数
比利时	6242	1.334
德国	41 400	0.676
瑞士	2685	0.569
法国	19 300	0.477
尼德兰	1433	0.446
丹麦	950	0.276
意大利	5000	0.276
罗马尼亚	871	0.253
奥匈帝国	8321	0.193
芬兰	704	0.193
希腊	297	0.188
挪威	462	0.155
西班牙	2139	0.146
瑞典	1848	0.134
保加利亚	136	0.070

于运输大件货物，尤其是煤，但内河运输已缩减至可忽略不计的地步。只有那些从大港口向内陆腹地提供运输的河流，如塞纳河、斯海尔德河、默兹河、莱茵河和易北河，仍继续被大量使用。实际上，这意味着内陆通航只有在低地国家、德国西北部并且向东至柏林才是重要的。人们曾对发展多瑙河船运寄予厚望，但是在通航地理困难和地区政治问题面前愿望破灭了。1913年，整条多瑙河的运输量少于易北河下游。在南欧，内河和运河运输从未活跃过，几乎已停滞。

铁路运输使公路运输相形见绌，至少在西欧和中欧是如此。短途货车运输（至最近的市场、铁路或运河）仍重要，但长途公路运输在此时似乎没有什么前途。尽管如此，生活开始回归公路。事实证明，发展于19世纪80年代的自行车流行起来，西北欧越来越多的民众骑车去工作。随后是汽车。至1913年，整个欧洲的机动车数量约为45万辆。虽然大多数仅是富人的玩物，但商用车的比例越来越高，这表明货运开始重返公路。剩下来的只是使道路适于运输。

464

1913年的欧洲是一个复杂的贸易网络中心。世界上约一半的国际贸易是同欧洲进行的，但其贸易量增加的速度没有欧洲内部贸易发展所显示的那么快。约60%的欧洲国家的贸易是相互的。只有在英国，其欧洲以外的贸易占总贸易的相当大比例——约70%。欧洲大陆的其他国家与其他大陆之间的贸易（在它们的总贸易量中占比）不超过45%。其中，法国、荷兰和德国的海外贸易规模最大，而它们都有引人注目的殖民地。

在较发达国家的出口贸易中，占主导的是制造品，尤其是金属制品和纺织品。食物相对不重要；但工业原料，尤其是来自英国和德国的煤炭、法国和瑞典的铁矿，最为重要。食物和工业原料，尤其是原棉和金属矿，是这些国家的重要进口货物。在不发达的国家，天平则倾向相反的方向。食物和初级商品是其最大出口商品。例如，小麦占罗马尼亚出口货物的80%，占保加利亚的近30%。食物和葡萄酒占希腊出口货物的49%和西班牙的43%，而它们在意大利的贸易中也排在前列（见表12-13）。

465

表12-13　1913年欧洲国家的海外贸易（百万美元）

| | 进口 | | 出口 | | | |
	总量	自欧洲其他国家	总量	到欧洲其他国家	总贸易量	人均贸易
	工业化的西北欧					
法国	1618	752	1323	881	2941	63.2
比利时－卢森堡	875	513	682	540	1557	202.6
尼德兰	824	387	489	319	1313	224.1
德国	2565	1045	2405	1594	4970	151.1
瑞士	358	283	264	183	622	165.7
	斯堪的纳维亚					
瑞典	227	185	219	183	446	112.6
挪威	148	125	115	85	263	109.9
丹麦	230	169	173	165	403	146.2
芬兰	95	68	77	53	172	58.4
	东欧和东南欧					
奥匈帝国	688	453	563	452	1251	24.4
罗马尼亚	114	102	131	114	245	33.9
保加利亚	36	29	18	15	54	12.4
	南欧					
葡萄牙	84	63	32	19	116	20.5
西班牙	253	149	206	143	459	23.0
意大利	704	410	482	283	1186	34.2
希腊	31	22	23	18	54	20.4

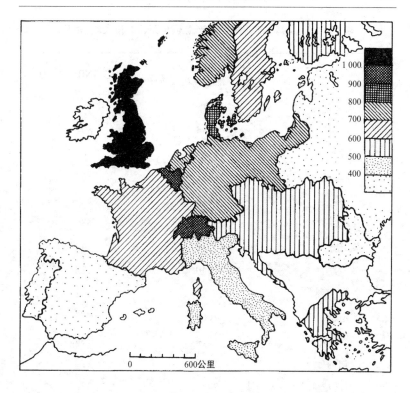

图12-17 1913年的人均国民生产总值（以美元计算）

国民收入

对于欧洲国家19世纪初的国民生产总值的估量，本书已做了表述（见本书第350—351页）。至1913年，该估量的数据基础已变得更充分且更可靠。表12-14和图12-17、图12-18比之前所掌握的数据有更大准确性。近20世纪初，地中海国家的排名并没

表12-14　1913年的国民生产总值（GNP）和人均GNP

	GNP（百万美元， 按1960年的物价水平）	人均 GNP（美元）
奥匈帝国	26 050	498
比利时	6794	894
保加利亚	1260	263
丹麦	2421	862
芬兰	1670	520
法国	27 401	689
德国	49 760	743
希腊	1540	322
意大利	15 624	441
尼德兰	4660	754
挪威	1834	749
葡萄牙	1800	292
罗马尼亚	2450	336
塞尔维亚	725	284
西班牙	7450	367
瑞典	3824	680
瑞士	3700	964
英国	44 074	965

有远远低于欧洲其余国家。至1913年，它们的排名已位列表末；只有巴尔干地区还占据稍低位置，因为其数据完全不充分。与此同时，之前与南欧相仿的斯堪的纳维亚国家已将自己的地位提升

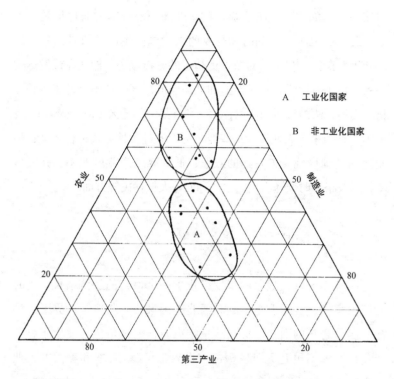

图12-18　1933年工业化与非工业化国家各产业人均国民生产总值

至与西北欧齐平。

　　图 12-18 依照农业、制造业和第三产业的贡献，绘制了八个　　466
工业化和八个非工业化国家的国民生产总值。它们很容易区分。
非工业化国家的第三产业和工业组成比例较低；但在工业化国家，
这三个部分相对均衡。

　　一般而言，人们可以获得国家和主要行政区的统计数据。但
经济区的统计数据却不易获得。即使对有关国民生产和财富进行

粗略估计，如图 12-18 所显示的，欧洲两部分间的对比仍是显著的，英国、瑞士、比利时和丹麦的人均国民生产总值是巴尔干地区和俄罗斯的三倍多。对数据更精确的分析显示，即使在最发达的国家，也仍有落后、低生产力和低消费的地区。英国有爱尔兰和苏格兰高地；法国有布列塔尼；意大利有其南部地区（Mezzogiorno）；德国有整个东部农业区。这些地区可以通过多种方式进行定义：不发达的基础设施、欠发达的农业、低的第三产业就业率、高文盲率，以及很多时候还有高出生率和向外大量移民等方面。

结　论

1914 年 8 月，战争的爆发终止了一个世纪的经济增长。当时欧洲国家——实际上是中欧和西北欧国家——制造了世界上一半甚至四分之三的商品。但当战争结束时，这个角色已发生了显著变化；欧洲不再是无可匹敌的"世界工厂"。日本和美国的工业生产已增长，英联邦和拉丁美洲国家也有了小幅增长。毋庸置疑，这一发展因战争而加速，但没有战争它终究也会到来。欧洲技术向世界其余地区的扩散，同英国的技术向欧洲大陆传播一样不可避免。变化的过程不能改变，能改变的只是其速度。斯文尼尔松（Svennilson）写道，"欧洲不得不面对世界经济发展趋势，它作为世界上最先进工业工厂的传统地位正在被海外国家的工业发展所削弱"[1]。但第一次世界大战不仅是中断增长的过程，还有更重要的

---

[1]　Svennilson, *Growth and Stagnation in the European Economy* (Geneva, 1954), 169–170.

意义。当战争碎片一被清除，增长便可恢复。世界经济又有了新
方向。在之后的十年中，它不再以欧洲为中心。从此以后，世界
有了多个经济、工业发展中心，而其中最重要的是美利坚合众国。

精选书目

亦参见第十一章的书目。

Bairoch, P. "Europe's Gross National Product: 1800-1975." *Journal of European Economic History* 5 (1976): 273-340 .

Brady, R. A. *The Rationalization Movement in German Industry.* Berkeley, Calif., 1933.

Finch, V. C , and O. E. Baker. *Geography of the World's Agriculture.* Washington, D.C., 1917.

Fontaine, A. *French Industry during the War.* Carnegie Endowment: New Haven, Conn., 1926.

Malenbaum, W. *The World Wheat Economy 1885-1939.* Harvard Economic Series, Vol. 92, 1953.

Mance, Sir Osborne. *International River and Canal Transport.* Oxford, 1944.

Mitchell, B. R. *European Historical Statistics 1750-1970.* London, 1975.

Pollard, S. *European Economic Integration 1815-1970.* London, 1974.

Report of the Royal Commission on Canals and Waterways. Parliamentary Papers, 1909, Vol. 13.

Svennilson, I. *Growth and Stagnation in the European Economy.* Geneva, 1954.

Warriner, D. *Economics of Peasant Farming.* London, 1939.

图片目录

索　引

（本索引中的页码为原书页码，即本书边码。）

图书在版编目(CIP)数据

欧洲历史地理/(英)诺曼·庞兹著;王大学,秦瑞芳,
屈伯文译.—北京:商务印书馆,2023
(汉译世界学术名著丛书)
ISBN 978 - 7 - 100 - 20942 - 7

Ⅰ.①欧⋯　Ⅱ.①诺⋯②王⋯③秦⋯④屈⋯　Ⅲ.
①历史地理—欧洲　Ⅳ.①K950.6

中国版本图书馆 CIP 数据核字(2022)第 057479 号

汉译世界学术名著丛书
欧洲历史地理
〔英〕诺曼·庞兹　著
王大学　秦瑞芳　屈伯文　译

商 务 印 书 馆 出 版
(北京王府井大街 36 号　邮政编码 100710)
商 务 印 书 馆 发 行
北 京 冠 中 印 刷 厂 印 刷
ISBN 978 - 7 - 100 - 20942 - 7
审 图 号:GS (2022) 3573 号

2023 年 11 月第 1 版　　　开本 850×1168　1/32
2023 年 11 月北京第 1 次印刷　　印张 22¾
定价:112.00 元